MESS

MESSALE FESTIVO 2010

isg edizioni

EDIZIONI MESSAGGERO PADOVA

A cura di Clemente Fillarini e Alberto Vela
Introduzioni alle feste di Dario Vivian
Testi della Preghiera dei fedeli di Gianni Cavagnoli
Disegni di Luciano Bartoli

Imprimatur
Padova, 2 novembre 2009
Onello Paolo Doni, *Vic. Gen.*

MESSAGGERO DI SANT'ANTONIO – EDITRICE
Basilica del Santo - Via Orto Botanico, 11 - 35123 Padova
ISBN 978-88-250-2300-8 (ed. EMP)
ISBN 978-88-250-2525-5 (ed. MSA)
www.edizionimessaggero.it

Via Mora, 57 - 36100 Vicenza
ISBN 978-88-7477-198-1
www.isgedizioni.com – sede@isgedizioni.com

PRESENTAZIONE

Con le parole che seguono i padri del concilio Vaticano II hanno sottolineato l'assoluta importanza della celebrazione liturgica nella vita del cristiano: «Cristo è sempre presente nella sua Chiesa, e in modo speciale nelle azioni liturgiche. È presente nel sacrificio della Messa, sia nella persona del ministro, essendo egli stesso che, "offertosi una volta sulla croce, offre ancora se stesso tramite il ministero dei sacerdoti", sia soprattutto sotto le specie eucaristiche. È presente con la sua virtù nei sacramenti, al punto che quando uno battezza è Cristo stesso che battezza. È presente nella sua parola, giacché è lui che parla quando nella Chiesa si legge la Sacra Scrittura. È presente infine quando la Chiesa prega e loda, lui che ha promesso: "Dove sono due o tre riuniti nel mio nome, là sono io, in mezzo a loro!" (Mt 18,20)» (*Sacrosanctum concilium*, 7).

La maggior parte dei cristiani partecipa normalmente a un'unica celebrazione: la Messa festiva. Come aiutare queste persone, spesso prive di un'approfondita formazione liturgica, a vivere realmente il momento della Messa come un incontro con Cristo nella sua Parola, nell'Eucaristia, nella preghiera e nella lode? Il presente Messale nasce proprio come risposta a questa domanda. La possibilità di avere tra le mani tutti i testi proclamati e pregati durante la celebrazione può essere infatti di grande aiuto per una partecipazione attiva alla liturgia. Ma non solo: il fatto di avere a disposizione i testi consente di potersi preparare prima di recarsi in chiesa, e di proseguire la riflessione e la preghiera anche una volta tornati a casa. Questo è certamente un aiuto per far sì che il momento comunitario non sia improvvisato o quasi casuale, ma sia atteso, vissuto e rimeditato come uno degli eventi più importanti della settimana. Di «messalini» ce ne sono molti, ma hanno un grosso limite: presentano ai non esperti non poche difficoltà. La prima è quella di saper trovare, tra le molte pagine, la domenica giusta e le letture giuste. Per ovviare a questo inconveniente, la caratteristica del presente messale è di avere le domeniche e le feste disposte in ordine cronologico, dal 1 gennaio al 31 dicembre, di modo che chi lo usa, cercando semplicemente la data, vi trova immediatamente la celebrazione di quel giorno. Per raggiungere l'obiettivo di offrire uno strumento utile, completo e semplice da usare non si sono voluti aggiungere troppi commenti, spiegazioni, monizioni, preghiere o altri elementi che poco hanno a che fare con la liturgia. Si è invece pensato di far precedere ogni celebrazione da un'introduzione scritta dal teologo don Dario Vivian, che spiega, in maniera chiara e profonda al tempo stesso, il messaggio delle letture o della festa di quel giorno. Si suggeriscono anche le Preghiere dei fedeli: un aiuto per le comunità che non riescono a preparare questa parte della liturgia e un suggerimento per la preghiera di chi utilizza il Messale anche al di fuori della celebrazione liturgica per la propria riflessione personale.

L'augurio che accompagna quest'opera è molto semplice: che sia un aiuto perché chiunque, anche il meno esperto di «cose sacre», possa avvicinarsi ai tesori contenuti nella Parola e nella liturgia.

Gli Editori

Nota. L'asterisco rosso * nelle letture indica che si può scegliere la «forma breve»; questa è posta subito dopo, tra due fili rossi, oppure la si ottiene dalla lettura stessa omettendo il testo racchiuso fra le parentesi quadre rosse.

1 GENNAIO

MARIA SANTISSIMA MADRE DI DIO

TESSERE LA PACE

Ogni inizio d'anno, giornata della pace, risuona nella liturgia questa benedizione, tanto cara a Francesco d'Assisi: «Il Signore faccia risplendere per te il suo volto e ti faccia grazia. Il Signore rivolga a te il suo volto e ti conceda pace» (Num 6,25-26). Noi l'accogliamo scommettendo, anno dopo anno, sulla speranza. Gli eventi ci scoraggiano a farlo, ma la fede non può non accettare la sfida; tutti coloro sui quali brilla il volto di Dio, nella differenza dei loro cammini, o testimoniano radicalmente che questo stesso Dio ha un nome di pace o farebbero meglio a non dirsi credenti. Nella benedizione Dio «dice bene» di noi, affinché a nostra volta «diciamo bene» di lui; eccolo, il fondamento della pace. Non sempre le religioni – nemmeno quella cristiana – hanno operato per la pace, forse perché a brillare su di esse non è stato il volto di Dio, ma i calcoli umani. Per questo motivo l'augurio di pace viene formulato ogni inizio d'anno ponendolo sotto il segno di Maria, la madre.

Non è una novità che il nome della pace è donna, in tutti i luoghi e in tutti i tempi. Mogli, madri, sorelle, amiche: dovunque c'è violenza e guerra, sono le donne a pagare i prezzi maggiori, ma insieme a conservare la determinazione e la forza per reagire. È estremamente difficile che siano le donne a dichiarare guerra e, in situazioni drammatiche, sono sempre loro a tessere fili di speranza, a preparare il dopo, a far emergere sempre e comunque la vita. Maria diviene il nome della pace anche per un altro motivo, per l'atteggiamento che assume in risposta al dono della maternità. Il verbo greco usato per indicare il meditare di Maria indica l'impegno per trovare unità, per affermare il valore di ciò che è simbolico (che mette insieme) e non diabolico (che divide). La sua riflessione profonda spezza la superficialità dei fatti e fa emergere la trama armonica nascosta, quella che Dio traccia nella nostra esistenza e in quella del mondo, spesso apparentemente caotiche e insensate.

L'impegno per la pace parte da questo risvolto interiore e si proietta all'esterno, perché c'è davvero un'urgenza a fronte della quale sembra colpevole non fare nulla. Ma l'azione non riuscirà a pacificare il mondo, se non si aprono spazi di interiorità riconciliata. È ancora una donna, Etty Hillesum, a darcene testimonianza nell'inferno del campo di concentramento: «Mio Dio, è un periodo duro per persone fragili come me. Vorrei tanto poter trasmettere ai tempi futuri tutta l'umanità che conservo in me stessa, malgrado le mie esperienze quotidiane. L'unico modo che abbiamo di preparare questi tempi nuovi è di prepararli fin d'ora in noi stessi. Vorrei tanto vivere per aiutare a preparare questi tempi nuovi: verranno di certo, non sento forse che stanno crescendo in me, ogni giorno?». Il buon anno verrà non dai semplici eventi che accadranno, ma dall'arte tutta spirituale di metterli insieme; Maria ci è maestra in questa attitudine e alla sua scuola ci poniamo in questo nuovo inizio.

INGRESSO
Sedulio

Salve, Madre santa:
tu hai dato alla luce il Re
che governa il cielo e la terra
per i secoli in eterno.

Oppure:
Is 9,2.6; Lc 1,33

Oggi su di noi splenderà la luce,
perché è nato per noi il Signore;
Dio onnipotente sarà il suo nome,
Principe della Pace, Padre dell'eternità:
il suo regno non avrà fine.

COLLETTA **O Dio, che nella verginità feconda di Maria hai donato agli uomini i beni della salvezza eterna, *fa' che sperimentiamo* la sua intercessione, poiché per mezzo di lei abbiamo ricevuto l'autore della vita, Cristo tuo Figlio. Egli è Dio...**

Oppure: **Padre buono, che in Maria, vergine e madre, benedetta fra tutte le donne, hai stabilito la dimora** del tuo Verbo fatto uomo tra noi, donaci il tuo Spirito, perché tutta la nostra vita nel segno della tua benedizione si renda disponibile ad accogliere il tuo dono. Per il nostro Signore...

PRIMA LETTURA *Invocheranno il mio Nome, e io li benedirò*

Dal libro dei Numeri 6,22-27

Il Signore parlò a Mosè e disse: «Parla ad Aronne e ai suoi figli dicendo: "Così benedirete gli Israeliti: direte loro:
Ti benedica il Signore
e ti custodisca.
Il Signore faccia risplendere per te il suo volto
e ti faccia grazia.
Il Signore rivolga a te il suo volto
e ti conceda pace".
Così porranno il mio nome sugli Israeliti e io li benedirò». — Parola di Dio.

SALMO RESPONSORIALE dal Salmo 66

℟. **Dio abbia pietà di noi e ci benedica.**

Dio abbia pietà di noi e ci benedica,
su di noi faccia splendere il suo volto;
perché si conosca sulla terra la tua via,
la tua salvezza fra tutte le genti. ℟.

Gioiscano le nazioni e si rallegrino,
perché tu giudichi i popoli con rettitudine,
governi le nazioni sulla terra. ℟.

Ti lodino i popoli, o Dio,
ti lodino i popoli tutti.
Ci benedica Dio e lo temano
tutti i confini della terra. ℟.

SECONDA LETTURA *Dio mandò il suo Figlio, nato da donna*

Dalla lettera di san Paolo apostolo ai Gàlati 4,4-7

Fratelli, quando venne la pienezza del tempo, Dio mandò il suo Figlio, nato da donna, nato sotto la Legge, per riscattare quelli che erano sotto la Legge, perché ricevessimo l'adozione a figli.

E che voi siete figli lo prova il fatto che Dio mandò nei nostri cuori lo Spirito del suo Figlio, il quale grida: Abbà! Padre! Quindi non sei più schiavo, ma figlio e, se figlio, sei anche erede per grazia di Dio. — Parola di Dio.

AL VANGELO cf. Eb 1,1-2

Alleluia, alleluia.
Molte volte
e in diversi modi nei tempi antichi
Dio ha parlato ai padri per mezzo dei profeti;
ultimamente, in questi giorni,
ha parlato a noi per mezzo del Figlio.
Alleluia.

VANGELO

I pastori trovarono Maria e Giuseppe e il bambino. Dopo otto giorni gli fu messo nome Gesù

Dal vangelo secondo Luca 2,16-21

In quel tempo, [i pastori] andarono, senza indugio, e trovarono Maria e Giuseppe e il bambino, adagiato nella mangiatoia. E dopo averlo visto, riferirono ciò che del bambino era stato detto loro.
Tutti quelli che udivano si stupirono delle cose dette loro dai pastori. Maria, da parte sua, custodiva tutte queste cose, meditandole nel suo cuore.
I pastori se ne tornarono, glorificando e lodando Dio per tutto quello che avevano udito e visto, com'era stato detto loro.
Quando furono compiuti gli otto giorni prescritti per la circoncisione, gli fu messo nome Gesù, come era stato chiamato dall'angelo prima che fosse concepito nel grembo. — Parola del Signore.

PREGHIERA UNIVERSALE

Fratelli e sorelle, nella sua infinita misericordia Dio illumina gli uomini di buona volontà, perché trovino nel loro cuore la speranza che li sostiene nel cammino quotidiano e la forza di recare un efficace contributo all'edificazione di un mondo, fondato sui valori della giustizia e della libertà. Imploriamo:

℟. **Signore, dona al mondo la pace!**

● Perché la «grammatica» della pace educhi tutti i credenti al rispetto di quello che è scritto nel cuore di ogni uomo e solleciti ciascuno a una risposta coerente con il piano divino, preghiamo.

● Perché chi esercita il potere politico, tecnologico, economico non usi mai la persona a suo piacimento, violando i diritti dei meno fortunati che devono essere rispettati per costruire la vera pace, preghiamo.

● Perché la costruzione della pace si fondi sul riconoscimento dell'uguaglianza tra le persone, che professano anche altre religioni, nella libera espressione della propria fede, preghiamo.

● Perché l'accordo con il creato e con gli altri favorisca la crescita dell'albero della pace che supera le visioni riduttive dell'uomo e di Dio, nel rispetto della dignità e libertà di ciascuno, preghiamo.

● Perché, grati al Signore di appartenere a questa sua Chiesa, in ogni Eucaristia ci sentiamo chiamati a servire con dedizione la causa della pace, quali difensori dei diritti di ogni persona, preghiamo.

● (*Altre intenzioni*).

Padre misericordioso, abbiamo elevato a te le nostre implorazioni, convinti che ogni uomo è il cuore di un'autentica pace. Per questo, all'inizio di un nuovo anno, rinnoviamo la disponibilità a essere attenti discepoli del tuo Figlio, mentre invochiamo su noi e su tutti gli uomini lo Spirito Santo, perché, nello scorrere del tempo, scopriamo sempre più il coraggio dell'amore: in Cristo Gesù, nostro Signore. **Amen.**

SULLE OFFERTE **O Dio, che nella tua provvidenza dai inizio e compimento a tutto il bene che è nel mondo, fa' che in questa celebrazione della divina Maternità di Maria gustiamo le primizie del tuo amore misericordioso per goderne felicemente i frutti. Per Cristo nostro Signore. Amen.**

PREFAZIO *La maternità della beata Vergine Maria*

È veramente cosa buona e giusta,
nostro dovere e fonte di salvezza,
rendere grazie sempre e in ogni luogo
a te, Signore, Padre santo, Dio onnipotente ed eterno.
Noi ti lodiamo, ti benediciamo, ti glorifichiamo
nella Maternità della beata sempre Vergine Maria.
Per opera dello Spirito Santo,
ha concepito il tuo unico Figlio;
e sempre intatta nella sua gloria verginale,
ha irradiato sul mondo la luce eterna,
Gesù Cristo nostro Signore.
Per mezzo di lui si allietano gli Angeli
e nell'eternità adorano la gloria del tuo volto.
Al loro canto concedi, o Signore,
che si uniscano le nostre umili voci nell'inno di lode:
Santo, Santo, Santo il Signore...

COMUNIONE Gesù Cristo è sempre lo stesso
Eb 13,8 ieri, oggi e nei secoli eterni.

Oppure: Maria serbava tutte queste cose
Lc 2,19 meditandole nel suo cuore.

DOPO LA COMUNIONE Con la forza del sacramento che abbiamo ricevuto guidaci, Signore, alla vita eterna, perché possiamo gustare la gioia senza fine con la sempre Vergine Maria, che veneriamo madre del Cristo e di tutta la Chiesa. Per Cristo nostro Signore.

3 GENNAIO

2ª DOMENICA DOPO NATALE

PRIMOGENITO DI OGNI CREATURA

I primi cristiani, che vivevano la loro fede nella memoria ancora recente di Gesù di Nazaret, non esitano a riconoscere il primato di Cristo fin dalla creazione. Che cosa significa? Nel Natale contempliamo l'epifania (manifestazione) di Dio, nel mistero nascosto di un Bimbo nato dal grembo di una donna, donato a noi dallo Spirito; dono quindi che viene dall'alto, anche se intessuto di umanità in tutto simile alla nostra, senza privilegio alcuno. C'è come una concentrazione di quanto i cieli non possono contenere – il mistero di un Amore incommensurabile – nella piccolezza di Gesù, nella sua carne di ebreo palestinese di quell'epoca, limitato nel tempo e nello spazio. Eppure, ciò che si manifesta in modo circoscritto fa intravedere un orizzonte divino illimitato, si dilata fino a prendere dentro ogni tempo e ogni spazio, riempie di sé tutto quanto esiste dal momento stesso in cui ha avuto inizio. L'epifania dell'Amore ha il volto di Gesù, che la madre sua presenta all'adorazione dei magi; ma ha insieme il volto di Cristo primogenito di ogni realtà creata, voluta e posta in essere da Dio in quanto espressione di una figliolanza/fraternità grande quanto il mondo e la storia.

Noi siamo cristiani *perché Dio l'abbiamo conosciuto in Gesù di Nazaret e viviamo in modo esplicito questa fede, di cui siamo testimoni gioiosi. Tutto ciò che è uscito ed esce dalle mani di Dio è invece* cristico, *plasmato a immagine di quel legame di amore che lega il Padre al Figlio; è segnato da un'impronta che potremmo dire genetica, ad indicare il Dna originario di tutto e di tutti: «In lui ci ha scelti prima della creazione del mondo, predestinandoci a essere per lui figli adottivi per opera di Gesù Cristo» (Ef*

1,4-5). In questa prospettiva ci è possibile recuperare l'universalismo della nostra fede, senza per questo sentire il bisogno di etichettare con l'esplicito aggettivo di cristiano ogni cosa con cui veniamo a contatto.

Anche il rapporto con gli altri cammini religiosi diventa più rispettoso e accogliente della verità cristica, che essi già contengono. Il Primo Testamento preannuncia l'universalità del Cristo attraverso la figura della Sapienza: «Io sono uscita dalla bocca dell'Altissimo e ho ricoperto come nube la terra. Il creatore dell'universo mi diede un ordine, mi fece piantare la tenda e mi disse: Fissa la tenda in Giacobbe e prendi in eredità Israele» (Sir 24,3.8). L'umanità capace di un cammino sapienziale è quella che scopre i semi del Verbo sparsi ovunque e intreccia così relazioni di reciprocità.

INGRESSO Sap 18,14-15

Nel quieto silenzio che avvolgeva ogni cosa,
mentre la notte giungeva a metà del suo corso,
il tuo Verbo onnipotente, o Signore,
è sceso dal cielo, dal trono regale.

COLLETTA **Dio onnipotente ed eterno, luce dei credenti, riempi della tua gloria il mondo intero, e rivelati a tutti i popoli nello splendore della tua verità. Per il nostro Signore...**

Oppure: **Padre di eterna gloria, che nel tuo unico Figlio ci hai scelti e amati prima della creazione del mondo e in lui, sapienza incarnata, sei venuto a piantare in mezzo a noi la tua tenda, illuminaci con il tuo Spirito, perché accogliendo il mistero del tuo amore, pregustiamo la gioia che ci attende, come figli ed eredi del regno. Per il nostro Signore...**

PRIMA LETTURA

La sapienza di Dio è venuta ad abitare nel popolo eletto

Dal libro del Siràcide 24,1-4.12-16 (Neovolgata)

La sapienza fa il proprio elogio,
in Dio trova il proprio vanto,

in mezzo al suo popolo proclama la sua gloria.
Nell'assemblea dell'Altissimo apre la bocca,
dinanzi alle sue schiere proclama la sua gloria,
in mezzo al suo popolo viene esaltata,
nella santa assemblea viene ammirata,
nella moltitudine degli eletti trova la sua lode
e tra i benedetti è benedetta, mentre dice:
«Allora il creatore dell'universo mi diede un ordine,
colui che mi ha creato mi fece piantare la tenda
e mi disse:
"Fissa la tenda in Giacobbe e prendi eredità in Israele,
affonda le tue radici tra i miei eletti".
Prima dei secoli, fin dal principio,
egli mi ha creato, per tutta l'eternità non verrò meno.
Nella tenda santa davanti a lui ho officiato
e così mi sono stabilita in Sion.
Nella città che egli ama mi ha fatto abitare
e in Gerusalemme è il mio potere.
Ho posto le radici in mezzo a un popolo glorioso,
nella porzione del Signore è la mia eredità,
nell'assemblea dei santi ho preso dimora».
— Parola di Dio.

SALMO RESPONSORIALE

dal Salmo 147

℟. **Il Verbo si è fatto carne**
e ha posto la sua dimora in mezzo a noi.

Celebra il Signore, Gerusalemme,
loda il tuo Dio, Sion,
perché ha rinforzato le sbarre delle tue porte,
in mezzo a te ha benedetto i tuoi figli. ℟.

Egli mette pace nei tuoi confini
e ti sazia con fiore di frumento.
Manda sulla terra il suo messaggio:
la sua parola corre veloce. ℟.

Annuncia a Giacobbe la sua parola,
i suoi decreti e i suoi giudizi a Israele.
Così non ha fatto con nessun'altra nazione,
non ha fatto conoscere loro i suoi giudizi. ℟.

SECONDA LETTURA

Mediante Gesù, Dio ci ha predestinati a essere suoi figli adottivi

Dalla lettera di san Paolo apostolo agli Efesini 1,3-6.15-18

Benedetto Dio, Padre del Signore nostro Gesù Cristo, che ci ha benedetti con ogni benedizione spirituale nei cieli in Cristo. In lui ci ha scelti prima della creazione del mondo per essere santi e immacolati di fronte a lui nella carità, predestinandoci a essere per lui figli adottivi mediante Gesù Cristo, secondo il disegno d'amore della sua volontà, a lode dello splendore della sua grazia, di cui ci ha gratificati nel Figlio amato.
Perciò anch'io [Paolo], avendo avuto notizia della vostra fede nel Signore Gesù e dell'amore che avete verso tutti i santi, continuamente rendo grazie per voi ricordandovi nelle mie preghiere, affinché il Dio del Signore nostro Gesù Cristo, il Padre della gloria, vi dia uno spirito di sapienza e di rivelazione per una profonda conoscenza di lui; illumini gli occhi del vostro cuore per farvi comprendere a quale speranza vi ha chiamati, quale tesoro di gloria racchiude la sua eredità fra i santi. — Parola di Dio.

AL VANGELO

cf. 1Tm 3,16

Alleluia, alleluia.
Gloria a te, o Cristo,
annunziato a tutte le genti;
gloria a te, o Cristo,
creduto nel mondo. **Alleluia.**

VANGELO *

Il Verbo si fece carne e venne ad abitare in mezzo a noi

Dal vangelo secondo Giovanni 1,1-18 [forma brve: 1,1-5.9-14]

[In principio era il Verbo,
e il Verbo era presso Dio
e il Verbo era Dio.
Egli era, in principio, presso Dio:
tutto è stato fatto per mezzo di lui
e senza di lui nulla è stato fatto di ciò che esiste.
In lui era la vita
e la vita era la luce degli uomini;
la luce splende nelle tenebre
e le tenebre non l'hanno vinta.]

Venne un uomo mandato da Dio:
il suo nome era Giovanni.
Egli venne come testimone
per dare testimonianza alla luce,
perché tutti credessero per mezzo di lui.
Non era lui la luce,
ma doveva dare testimonianza alla luce.
[Veniva nel mondo la luce vera,
quella che illumina ogni uomo.
Era nel mondo
e il mondo è stato fatto per mezzo di lui;
eppure il mondo non lo ha riconosciuto.
Venne fra i suoi,
e i suoi non lo hanno accolto.
A quanti però lo hanno accolto
ha dato potere di diventare figli di Dio:
a quelli che credono nel suo nome,
i quali, non da sangue
né da volere di carne
né da volere di uomo,
ma da Dio sono stati generati.
E il Verbo si fece carne
e venne ad abitare in mezzo a noi;
e noi abbiamo contemplato la sua gloria,
gloria come del Figlio unigenito che viene dal Padre,
pieno di grazia e di verità.]
Giovanni gli dà testimonianza e proclama:
«Era di lui che io dissi:
Colui che viene dopo di me
è avanti a me,
perché era prima di me».
Dalla sua pienezza
noi tutti abbiamo ricevuto:
grazia su grazia.
Perché la Legge fu data per mezzo di Mosè,
la grazia e la verità vennero per mezzo di Gesù Cristo.
Dio, nessuno lo ha mai visto:
il Figlio unigenito, che è Dio
ed è nel seno del Padre,
è lui che lo ha rivelato.
— Parola del Signore.

PREGHIERA UNIVERSALE

Fratelli e sorelle, il Padre della gloria illumini gli occhi della nostra mente, perché comprendiamo a quale speranza ci ha chiamati in Cristo suo Figlio, luce vera del mondo, sapienza che ha posto in mezzo a noi la sua tenda. A lui innalziamo la nostra preghiera, invocando:

℟. **Ascoltaci, o Signore!**

- «Egli era la luce»: Cristo, Parola vivente del Padre, ispiri ogni decisione e comportamento dei credenti, perché manifestino al mondo la verità di una Chiesa protesa ad annunciare il vangelo, nella fedeltà alla storia e all'umanità, preghiamo.
- «Veniva nel mondo la luce vera»: in Cristo siano distolte le opere infruttuose delle tenebre che inquinano l'agire sociale, rendendo irrespirabile il clima per l'edificazione di un umanesimo sempre più conforme agli ideali evangelici, preghiamo.
- «Noi abbiamo contemplato la sua gloria»: la debolezza della creatura, soprattutto nella sofferenza e nella povertà, sia risollevata dalla comunione con Cristo che non ha disdegnato di farsi come noi, perché la dignità della persona fosse salvaguardata, preghiamo.
- «Abbiamo ricevuto grazia su grazia»: l'incontro eucaristico domenicale ci arricchisca sempre più in ogni genere di esperienza, perché, mediante la nostra testimonianza, portiamo nel mondo la gratuità dell'amore e la trasparenza dell'operare, preghiamo.
- (*Altre intenzioni*).

Dio onnipotente, luce dei credenti, ascolta con bontà le nostre implorazioni e riempi della tua gloria il mondo intero. La tua sapienza ci guidi sulle strade della storia, perché sappiamo scegliere il vero bene e manifestare agli altri lo splendore della tua verità: in Cristo Gesù, nostro Signore. **Amen.**

SULLE OFFERTE **Santifica, o Padre, questi doni con la grazia del Natale del tuo unico Figlio, che a tutti i cre-**

denti indica la via della verità e promette la vita eterna. Per Cristo nostro Signore.

Prefazio di Natale (pp. 473-474).

COMUNIONE Gv 1,12

A tutti quelli che lo hanno accolto
il Verbo incarnato
ha dato il potere di diventare figli di Dio.

DOPO LA COMUNIONE **Questo sacramento agisca in noi, Signore Dio nostro, ci purifichi dal male e compia le nostre aspirazioni di giustizia e di pace. Per Cristo nostro Signore.**

6 GENNAIO

EPIFANIA DEL SIGNORE

VERRANNO A TE

Che cosa succede se leggiamo la profezia di Isaia alla luce del flusso inarrestabile, che vede popoli vicini e lontani venire a noi per terra e per mare? «Alza gli occhi intorno e guarda: tutti costoro si sono radunati, vengono a te. Allora guarderai e sarai raggiante, palpiterà e si dilaterà il tuo cuore» (Is 60,4-6). La frase risuona immediatamente come sarcastica, se la rapportiamo a quanto comunemente si sente dire dalle persone o ancor più da certi leader politici. Alla vista dell'ennesimo carico umano – se umano può dirsi, date le condizioni bestiali in cui questi esseri umani si trovano – chi mai è raggiante e quale cuore si dilata? Non vengono certo a noi i beni dei popoli, come afferma il profeta, anzi ci sembra più che evidente che si tratta piuttosto di mali. Eppure, se la parola di Dio non è solo parola antica che parla al passato, non c'è forse una provocatorietà da cogliere proprio in riferimento a chi giunge a noi da lontano? I magi nel presepio li collochiamo volentieri e uno, secondo tradizione, ha anche la pelle nera: che esotismo! Non altrettanto volentieri accettiamo a casa nostra, nelle nostre terre, chi non è invitato. Il problema è vasto e complesso, peraltro inevitabile e dalle proporzioni sempre più rilevanti; non si risolve di certo con una frase biblica. Gli aspetti politici, economici, culturali, religiosi, vanno affrontati con competenza e lucidità, in modo non ingenuo.

Tuttavia la parola del profeta e ancor più la suggestiva storia dei magi domandano anzitutto a noi credenti di operare un'autentica conversione. Ciò che è problema, si può rivelare risorsa; quanto provocato dalla povertà, si può trasformare in ricchezza; una situazione connotata da pesanti elementi di morte, può trasformarsi provvidenzialmente in vita. Certo, anche all'arrivo dei magi sorgono problemi. «Il re Erode restò turbato e con lui tutta Gerusalemme (Mt 2,3). Ci sono realtà che ci mettono in crisi, mandano all'aria equilibri consolidati, domandano di rivedere le nostre posizioni, di cambiare i nostri punti di vista. La prima reazione è di fare quadrato, difenderci, se possibile rispedire al mittente arrivi non richiesti. Persino qualche uomo di chiesa si è detto preoccupato per l'ingresso in Italia di persone con religioni, il cui impianto culturale è troppo distante dal nostro; da qui la proposta di favorire l'accoglienza di quanti sono di religione cristiana. E se invece una chiesa di antica tradizione come la nostra – che il vangelo ritiene di conoscerlo già – avesse bisogno di riscoprirlo attraverso la provocazione di diversità religiose, capaci di mandare in crisi un'identità cattolica scontata, ma in realtà assai imprecisa nei suoi contorni? Non si tratta di mettere tra parentesi la consapevolezza del dono cristiano. Non è detto, tuttavia, che ad aprirci gli occhi in modo più consapevole sulla nostra fede non possano essere proprio gli stranieri, così difficilmente accettati da noi. Più di un episodio evangelico è là a testimoniarlo.

INGRESSO
cf. Ml 3,1; 1Cr 19,12

È venuto il Signore nostro re:
nelle sue mani è il regno,
la potenza e la gloria.

COLLETTA **O Dio, che in questo giorno, con la guida della stella, hai rivelato alle genti il tuo unico Figlio, conduci benigno anche noi, che già ti abbiamo conosciuto per la fede, a contemplare la grandezza della tua gloria. Per il nostro Signore...**

PRIMA LETTURA *La gloria del Signore brilla sopra di te*

Dal libro del profeta Isaia 60,1-6

Àlzati, rivestiti di luce, perché viene la tua luce,
la gloria del Signore brilla sopra di te.
Poiché, ecco, la tenebra ricopre la terra,
nebbia fitta avvolge i popoli;
ma su di te risplende il Signore,
la sua gloria appare su di te.
Cammineranno le genti alla tua luce,
i re allo splendore del tuo sorgere.
Alza gli occhi intorno e guarda:

tutti costoro si sono radunati, vengono a te.
I tuoi figli vengono da lontano,
le tue figlie sono portate in braccio.
Allora guarderai e sarai raggiante,
palpiterà e si dilaterà il tuo cuore,
perché l'abbondanza del mare si riverserà su di te,
verrà a te la ricchezza delle genti.
Uno stuolo di cammelli ti invaderà,
dromedari di Màdian e di Efa,
tutti verranno da Saba, portando oro e incenso
e proclamando le glorie del Signore.
— Parola di Dio.

SALMO RESPONSORIALE

dal Salmo 71

℟. **Ti adoreranno, Signore, tutti i popoli della terra.**

O Dio, affida al re il tuo diritto,
al figlio di re la tua giustizia;
egli giudichi il tuo popolo secondo giustizia
e i tuoi poveri secondo il diritto. ℟.

Nei suoi giorni fiorisca il giusto
e abbondi la pace,
finché non si spenga la luna.
E dòmini da mare a mare,
dal fiume sino ai confini della terra. ℟.

I re di Tarsis e delle isole portino tributi,
i re di Saba e di Seba offrano doni.
Tutti i re si prostrino a lui,
lo servano tutte le genti. ℟.

Perché egli libererà il misero che invoca
e il povero che non trova aiuto.
Abbia pietà del debole e del misero
e salvi la vita dei miseri. ℟.

SECONDA LETTURA

Ora è stato rivelato che tutte le genti sono chiamate, in Cristo Gesù, a condividere la stessa eredità

Dalla lettera di san Paolo apostolo agli Efesini 3,2-3a.5-6

Fratelli, penso che abbiate sentito parlare del ministero della grazia di Dio, a me affidato a vostro favore: per rivelazione mi è stato fatto conoscere il mistero.

Esso non è stato manifestato agli uomini delle precedenti generazioni come ora è stato rivelato ai suoi santi apostoli e profeti per mezzo dello Spirito: che le genti sono chiamate, in Cristo Gesù, a condividere la stessa eredità, a formare lo stesso corpo e ad essere partecipi della stessa promessa per mezzo del Vangelo. — Parola di Dio.

AL VANGELO
cf. Mt 2,2

Alleluia, alleluia.
Abbiamo visto la tua stella in oriente
e siamo venuti per adorare il Signore.
Alleluia.

VANGELO *Siamo venuti dall'oriente per adorare il re*

Dal vangelo secondo Matteo 2,1-12

Nato Gesù a Betlemme di Giudea, al tempo del re Erode, ecco, alcuni Magi vennero da oriente a Gerusalemme e dicevano: «Dov'è colui che è nato, il re dei Giudei? Abbiamo visto spuntare la sua stella e siamo venuti ad adorarlo». All'udire questo, il re Erode restò turbato e con lui tutta Gerusalemme. Riuniti tutti i capi dei sacerdoti e gli scribi del popolo, si informava da loro sul luogo in cui doveva nascere il Cristo. Gli risposero: «A Betlemme di Giudea, perché così è scritto per mezzo del profeta: "E tu, Betlemme, terra di Giuda, non sei davvero l'ultima delle città principali di Giuda: da te infatti uscirà un capo che sarà il pastore del mio popolo, Israele"».
Allora Erode, chiamati segretamente i Magi, si fece dire da loro con esattezza il tempo in cui era apparsa la stella e li inviò a Betlemme dicendo: «Andate e informatevi accuratamente sul bambino e, quando l'avrete trovato, fatemelo sapere, perché anch'io venga ad adorarlo».
Udito il re, essi partirono. Ed ecco, la stella, che avevano visto spuntare, li precedeva, finché giunse e si fermò sopra il luogo dove si trovava il bambino. Al vedere la stella, provarono una gioia grandissima. Entrati nella casa, videro il bambino con Maria sua madre, si prostrarono e lo adorarono. Poi aprirono i loro scrigni e gli offrirono in dono oro, incenso e mirra. Avvertiti in sogno di non tornare da Erode, per un'altra strada fecero ritorno al loro paese. — Parola del Signore.

Dopo la lettura del Vangelo, il diacono o il sacerdote, o anche un cantore, può dare l'annunzio del giorno della Pasqua.

Fratelli carissimi, la gloria del Signore si è manifestata e sempre si manifesterà in mezzo a noi fino al suo ritorno. Nei ritmi e nelle vicende del tempo ricordiamo e viviamo i misteri della salvezza.
Centro di tutto l'anno liturgico è il Triduo del Signore crocifisso, sepolto e risorto, che culminerà nella domenica di Pasqua il 4 aprile.
In ogni domenica, Pasqua della settimana, la santa Chiesa rende presente questo grande evento nel quale Cristo ha vinto il peccato e la morte.
Dalla Pasqua scaturiscono tutti i giorni santi:

- **le Ceneri, inizio della Quaresima, il 17 febbraio;**
- **l'Ascensione del Signore, il 16 maggio;**
- **la Pentecoste, il 23 maggio;**
- **la prima domenica di Avvento, il 28 novembre.**

Anche nelle feste della santa Madre di Dio, degli Apostoli, dei Santi e nella commemorazione dei fedeli defunti, la Chiesa pellegrina sulla terra proclama la Pasqua del suo Signore.
A Cristo che era, che è e che viene, Signore del tempo e della storia, lode perenne nei secoli dei secoli. Amen.

PREGHIERA UNIVERSALE

Fratelli e sorelle, anche noi, come i magi, proviamo un'immensa gioia ogni volta che ci rivolgiamo nella preghiera al nostro Dio: in lui scopriamo la bellezza di accogliere la Parola per testimoniarla. Invochiamo il Padre perché ci illumini nel trasmettere agli altri il Cristo che abbiamo la grazia di ricevere nella fede. Imploriamo:

℟. **Ascoltaci, o Signore!**

● Perché i credenti rispondano con entusiasmo alla chiamata di cercare il Re dei Giudei che è nato, e si impegnino a collaborare alla missione della Chiesa, soprattutto nei confronti di chi si sente indifferente e lontano dall'esperienza cristiana, preghiamo.

- Perché quanti hanno responsabilità sappiano interpretare i segni della presenza di Dio e favoriscano lo sviluppo dei valori comuni, così che ogni uomo possa seguire le proprie aspirazioni di pace, attuando progetti di armonica bellezza, preghiamo.

- Perché nel dialogo tra le varie confessioni religiose non si abbia mai la presunzione del possesso della verità, ma si continui nella ricerca di ciò che unisce, soprattutto per confortare i sofferenti ed eliminare le sperequazioni più scandalose, preghiamo.

- Perché in ogni celebrazione eucaristica ci offriamo con Cristo al Padre per la salvezza dei popoli, e ci apriamo con particolare sollecitudine ai bambini senza famiglia, che attendono di trovare un affido e l'affetto di una comunità, preghiamo.

- *(Altre intenzioni)*.

Padre misericordioso, accogli le suppliche che ti abbiamo innalzato in questa festa della manifestazione di Cristo alle genti. Donaci di camminare come figli della luce sulle strade della quotidiana scoperta di te, guidati dalla stella dello Spirito, fonte dell'amore e della vera pace. Per Cristo nostro Signore. **Amen.**

SULLE OFFERTE **Guarda, o Padre, i doni della tua Chiesa, che ti offre non oro, incenso e mirra, ma colui che in questi santi doni è significato, immolato e ricevuto: Gesù Cristo nostro Signore. Egli vive e regna nei secoli dei secoli.**

PREFAZIO *Cristo luce di tutti i popoli*

È veramente cosa buona e giusta,
nostro dovere e fonte di salvezza,
rendere grazie sempre e in ogni luogo
a te, Signore, Padre santo, Dio onnipotente ed eterno.
Oggi in Cristo luce del mondo
tu hai rivelato ai popoli il mistero della salvezza,
e in lui apparso nella nostra carne mortale
ci hai rinnovati con la gloria dell'immortalità divina.

**E noi, uniti agli Angeli e agli Arcangeli,
ai Troni e alle Dominazioni
e alla moltitudine dei Cori celesti,
cantiamo con voce incessante
l'inno della tua gloria:
Santo, Santo, Santo il Signore...**

COMUNIONE
cf. Mt 2,2

Noi abbiamo visto la sua stella in oriente
e siamo venuti con doni
per adorare il Signore.

DOPO LA COMUNIONE **La tua luce, o Dio, ci accompagni sempre e in ogni luogo, perché contempliamo con purezza di fede e gustiamo con fervente amore il mistero di cui ci hai fatti partecipi. Per Cristo nostro Signore.**

10 GENNAIO
BATTESIMO DEL SIGNORE

È APPARSA LA GRAZIA DI DIO

Il clima natalizio ci sta alle spalle, siamo ritornati al ritmo quotidiano, anche se nella novità dell'anno appena iniziato. La grazia di Dio non è immediatamente percepibile. Anche per chi crede, la vita procede in base alla fortuna o alla sfortuna, al destino stabilito, non in forza dell'apparire della grazia di Dio. È vero, si chiedono grazie in determinati momenti; ma sembrano gli «aiutini» richiesti dai telespettatori, coinvolti nel quiz di turno. Non ci dispongono all'atteggiamento giusto nemmeno le grazie eccezionali, in base alle quali si fanno i santi: si finisce infatti per rincorrere la grazia del miracolo e non il miracolo della grazia! Già il Natale, tuttavia, dovrebbe averci fatto riflettere. Ai pastori, svegliati nel cuore della notte con i cieli aperti e il canto degli angeli, viene indicato un segno di grazia paradossale: un bambino, avvolto in fasce e posto in una mangiatoia; che cosa avrebbe di diverso dai bambini nati ai pastori? Come appare, dunque, la grazia di Dio?

Secondo il profeta Isaia, la grazia appare con segni grandiosi e il venire del Signore somiglia al trionfo di un potente del mondo. Ma il Dio di potenza e dominio, preceduto dai suoi trofei, è cancellato da quel segno del profeta Gesù: il crocifisso, che vogliamo sì esposto sui muri delle aule scolastiche, eppure ci guardiamo bene dal far diventare forma evangelica di vita. Il biglietto da visita, che ci presenta Gesù di Nazaret nella scena del battesimo, è sulla linea della povertà del Natale e dell'impotenza della Pasqua. Vi appare infatti una grazia di Dio, apportatrice di salvezza per tutti, fragile come un bimbo rifiutato e debole come un giusto crocifisso da malfattore. Al battesimo si delinea il medesimo paradosso; si è mai visto che il Figlio di Dio si metta in fila con i peccatori? E se lo confondessimo? Paolo, d'altra parte, non esita a dire che si è fatto peccato per noi. Riceve il battesimo da chi non è neanche degno di sciogliergli il legaccio dei sandali, eppure riterrà i suoi amici degni di vedersi addirittura lavati i piedi da lui! Appare la grazia: come nelle apparizioni e nelle visioni, alle quali la gente accorre? No, in modo assai più defilato, anche se non meno significativo.

«Mentre tutto il popolo veniva battezzato e Gesù, ricevuto anche lui il battesimo, stava in preghiera, il cielo si aprì» (Lc 3,21). Sono gli stessi cieli che il profeta desiderava ardentemente che si aprissero per far piovere il giusto, quei cieli che ancor oggi noi guardiamo come chiusi a causa di guerre, violenze, solitudini, cattiverie. Si aprono non sopra Gesù, ma dentro di lui; infatti è in preghiera, svelando così l'azione dello Spirito e la voce del Padre. Si aprono per noi e, come per Gesù, dentro la nostra interiorità coltivata nella preghiera; manifestano un dono di grazia apportatrice di salvezza, simboleggiato dall'immersione, che lo stesso Figlio prediletto fa, dentro l'umano di ciascuno e di tutti.

INGRESSO
cf. Mt 3,16-17

Dopo il battesimo di Gesù si aprirono i cieli,
e come colomba
lo Spirito di Dio si fermò su di lui,
e la voce del Padre disse:
«Questo è il Figlio mio prediletto,
nel quale mi sono compiaciuto».

COLLETTA **Padre onnipotente ed eterno, che dopo il battesimo nel fiume Giordano proclamasti il Cristo tuo diletto Figlio, mentre discendeva su di lui lo Spirito Santo, concedi ai tuoi figli, rinati dall'acqua e dallo Spirito, di vivere sempre nel tuo amore. Per il nostro Signore...**

Oppure: **O Padre, il tuo unico Figlio si è manifestato nella nostra carne mortale; concedi a noi, che lo abbiamo conosciuto come vero uomo, di essere interiormente rinnovati a sua immagine. Egli è Dio...**

Oppure: Padre d'immensa gloria, tu hai consacrato con potenza di Spirito Santo il tuo Verbo fatto uomo, e lo hai stabilito luce del mondo e alleanza di pace per tutti i popoli: concedi a noi che oggi celebriamo il mistero del suo battesimo nel Giordano, di vivere come fedeli imitatori del tuo Figlio prediletto, in cui il tuo amore si compiace. Egli è Dio...

PRIMA LETTURA

Si rivelerà la gloria del Signore e tutti gli uomini la vedranno

Dal libro del profeta Isaia 40,1-5.9-11

«Consolate, consolate il mio popolo – dice il vostro Dio –. Parlate al cuore di Gerusalemme e gridatele che la sua tribolazione è compiuta, la sua colpa è scontata, perché ha ricevuto dalla mano del Signore il doppio per tutti i suoi peccati».
Una voce grida: «Nel deserto preparate la via al Signore, spianate nella steppa la strada per il nostro Dio. Ogni valle sia innalzata, ogni monte e ogni colle siano abbassati; il terreno accidentato si trasformi in piano e quello scosceso in vallata. Allora si rivelerà la gloria del Signore e tutti gli uomini insieme la vedranno, perché la bocca del Signore ha parlato».
Sali su un alto monte, tu che annunci liete notizie a Sion! Alza la tua voce con forza, tu che annunci liete notizie a Gerusalemme. Alza la voce, non temere; annuncia alle città di Giuda: «Ecco il vostro Dio! Ecco, il Signore Dio viene con potenza, il suo braccio esercita il dominio. Ecco, egli ha con sé il premio e la sua ricompensa lo precede. Come un pastore egli fa pascolare il gregge e con il suo braccio lo raduna; porta gli agnellini sul petto e conduce dolcemente le pecore madri». — Parola di Dio.

SALMO RESPONSORIALE

dal Salmo 103

℟. **Benedici il Signore, anima mia.**

Sei tanto grande, Signore, mio Dio!
Sei rivestito di maestà e di splendore,
avvolto di luce come di un manto,
tu che distendi i cieli come una tenda. ℟.

Costruisci sulle acque le tue alte dimore,
fai delle nubi il tuo carro,
cammini sulle ali del vento,
fai dei venti i tuoi messaggeri
e dei fulmini i tuoi ministri. ℟.

Quante sono le tue opere, Signore!
Le hai fatte tutte con saggezza;
la terra è piena delle tue creature.
Ecco il mare spazioso e vasto:
là rettili e pesci senza numero,
animali piccoli e grandi. ℟.

Tutti da te aspettano
che tu dia loro cibo a tempo opportuno.
Tu lo provvedi, essi lo raccolgono;
apri la tua mano, si saziano di beni. ℟.

Nascondi il tuo volto: li assale il terrore;
togli loro il respiro: muoiono,
e ritornano nella loro polvere.
Mandi il tuo spirito, sono creati,
e rinnovi la faccia della terra. ℟.

SECONDA LETTURA *Il Signore ci ha salvato con un 'acqua che rigenera e rinnova nello Spirito Santo*

Dalla lettera di san Paolo apostolo a Tito 2,11-14; 3,4-7

Figlio mio, è apparsa la grazia di Dio, che porta salvezza a tutti gli uomini e ci insegna a rinnegare l'empietà e i desideri mondani e a vivere in questo mondo con sobrietà, con giustizia e con pietà, nell'attesa della beata speranza e della manifestazione della gloria del nostro grande Dio e salvatore Gesù Cristo. Egli ha dato se stesso per noi, per riscattarci da ogni iniquità e formare per sé un popolo puro che gli appartenga, pieno di zelo per le opere buone. Ma quando apparvero la bontà di Dio, salvatore nostro, e il suo amore per gli uomini, egli ci ha salvati, non per opere giuste da noi compiute, ma per la sua misericordia, con un'acqua che rigenera e rinnova nello Spirito Santo, che Dio ha effuso su di noi in abbondanza per mezzo di Gesù Cristo, salvatore nostro, affinché, giustificati per la sua grazia, diventassimo, nella speranza, eredi della vita eterna. — Parola di Dio.

AL VANGELO cf. Lc 3,16

Alleluia, alleluia.
Viene colui che è più forte di me,
disse Giovanni;
egli vi battezzerà in Spirito Santo e fuoco.
Alleluia.

VANGELO

Mentre Gesù, ricevuto il battesimo, stava in preghiera, il cielo si aprì

Dal vangelo secondo Luca 3,15-16.21-22

In quel tempo, poiché il popolo era in attesa e tutti, riguardo a Giovanni, si domandavano in cuor loro se non fosse lui il Cristo, Giovanni rispose a tutti dicendo: «Io vi battezzo con acqua; ma viene colui che è più forte di me, a cui non sono degno di slegare i lacci dei sandali. Egli vi battezzerà in Spirito Santo e fuoco».
Ed ecco, mentre tutto il popolo veniva battezzato e Gesù, ricevuto anche lui il battesimo, stava in preghiera, il cielo si aprì e discese sopra di lui lo Spirito Santo in forma corporea, come una colomba, e venne una voce dal cielo: «Tu sei il Figlio mio, l'amato: in te ho posto il mio compiacimento». — Parola del Signore.

PREGHIERA UNIVERSALE

Fratelli e sorelle, come Cristo dopo il Battesimo, anche noi preghiamo il Padre nella povertà di figli. Apriamo a lui il nostro cuore perché, nello Spirito Santo, ci ricolmi del suo amore e ci renda vero popolo che gli appartiene. Invochiamo:

℟. **Ascoltaci, o Signore!**

● Padre, nel Battesimo di Cristo ci riveli la predilezione per l'amato tuo Figlio. Aiuta i credenti a rafforzare in lui la loro dignità umana, ricevuta nella rinascita battesimale, e a difenderla da qualsiasi sopraffazione, per un autentico progresso, ti preghiamo.

● Padre, nel Battesimo di Cristo ci insegni ad appianare le nostre strade e a raddrizzare le nostre storture. Fa' che in ogni ambito ecclesiale e sociale tutti trovino protezione e conforto in te, pastore che raduna il suo gregge, ti preghiamo.

• Padre, nel Battesimo di Cristo ci inviti a confidare totalmente nella tua bontà. Illumina chi è impegnato nella missione della Chiesa, perché svolga generosamente ogni suo compito e consoli quanti sono nella sofferenza, ti preghiamo.

• Padre, nel Battesimo di Cristo ci indichi che dobbiamo seguire il tuo Figlio. Rendici maggiormente disponibili ad accogliere la sua Parola, perché, trasformati dal tuo amore, diventiamo, nella speranza, eredi della vita senza fine, ti preghiamo.

• *(Altre intenzioni)*.

Dio, nostro Padre, ascolta la preghiera che ti abbiamo innalzato nell'epifania di Cristo nelle acque del Giordano. Donaci di professare con cuore puro e docile la fede del nostro Battesimo, perché viviamo con sobrietà, giustizia e pietà in questo mondo, nell'attesa della manifestazione gloriosa del tuo Figlio, che con te vive e regna nei secoli dei secoli. Amen.

SULLE OFFERTE **Ricevi, o Padre, i doni che la Chiesa ti offre, celebrando la manifestazione del Cristo tuo diletto Figlio, e trasformarli per noi nel sacrificio perfetto, che ha lavato il mondo da ogni colpa. Per Cristo nostro Signore.**

PREFAZIO *Consacrazione e missione di Gesù*

È veramente cosa buona e giusta,
nostro dovere e fonte di salvezza,
rendere grazie sempre e in ogni luogo
a te, Signore, Padre santo, Dio onnipotente ed eterno.
Nel battesimo di Cristo al Giordano
tu hai operato segni prodigiosi
per manifestare il mistero del nuovo lavacro:
dal cielo hai fatto udire la tua voce,
perché il mondo credesse
che il tuo Verbo era in mezzo a noi;
con lo Spirito che si posava su di lui come colomba
hai consacrato il tuo Servo
con unzione sacerdotale, profetica e regale,

**perché gli uomini riconoscessero in lui il Messia,
inviato a portare ai poveri il lieto annunzio.
E noi, uniti alle potenze dei cieli,
con voce incessante proclamiamo la tua lode:
Santo, Santo, Santo il Signore...**

COMUNIONE
Gv 1,32.34

Questa è la testimonianza di Giovanni:
«Io l'ho visto, e ho attestato
che egli è il Figlio di Dio».

Oppure:
Lc 3,16

Giovanni disse: «Io vi battezzo con acqua;
ma viene uno che è più forte di me:
egli vi battezzerà in Spirito Santo e fuoco».

DOPO LA COMUNIONE **Dio misericordioso, che ci hai nutriti alla tua mensa, concedi a noi tuoi fedeli di ascoltare come discepoli il tuo Cristo, per chiamarci ed essere realmente tuoi figli. Per Cristo nostro Signore.**

17 GENNAIO

2ª DOMENICA DEL TEMPO ORDINARIO

IL MISTERO DELL'«ORA»

Le esperienze fondamentali di vita hanno bisogno di una iniziazione. Qualcuno deve introdurre in esse in modo significativo, facendone apprendere l'arte, dando fiducia e insieme chiedendo conto, accettando il rischio che vale sia per l'iniziatore che per l'iniziato. I genitori, ad esempio, non possono non essere iniziatori – come ogni educatore – e così oggi si interpreta anche la figura del catechista e ancor più del prete, il cui ruolo di iniziatore alla fede nella comunità è davvero qualificante. Chi se la sentirebbe di proporsi come iniziatore, se non venisse egli stesso iniziato dal cammino che condivide con colui che accompagna? I genitori iniziano alla vita i figli, ma ne sono anche iniziati; il prete introduce alla vita di fede persone, che lo aiutano a diventare egli stesso più credente. Venuto a mancare il vino, la madre di Gesù gli disse: «Non hanno vino» (Gv 2,3). Nell'episodio delle nozze di Cana, risalta la figura di Maria per il ruolo iniziatico che assume; in certo senso stana fuori il figlio e lo inizia alla sua responsabilità, non solo di annunciare il regno di Dio, ma anche di cominciare a porne i segni. Gesù, a dire il vero, si mostra restio ad accogliere l'invito della madre.

Più che comprensibile, se pensiamo a che cosa dovrà patire quando la sua «ora» sarà davvero giunta. La gloria che Gesù manifesta è quella della croce, quindi per lui non si tratta di esibirsi in un gesto strabiliante; gli è chiesto di entrare decisamente nella logica dell'amore, che arriverà al pane spezzato e al vino versato delle nozze consumate con l'umanità salvata dalla sua pasqua. Comincia a entrare nella sua ora nel segno del vino a Cana, dove appunto l'acqua diventa vino; vi giunge al culmine nel segno del pane al cenacolo, come chicco di grano marcito in terra per portare frutto. Il banchetto di nozze è pertanto già eucaristico ed è un banchetto la cui festa non finisce mai, dal momento che Uno è disposto a pagare il prezzo per la gioia di tutti. Ma la madre deve insistere: «Qualsiasi cosa vi dica, fatela» (Gv 2,5). Già era capitato a lei di essere iniziata al mistero dell'ora: «E anche a te una spada trafiggerà l'anima» (Lc 2,35). Per questo può iniziare il Figlio, che tuttavia dovrà accompagnarla fino alla soglia dell'offerta totale. Farà quello che Gesù le dice, assegnandole una maternità universale: «Donna, ecco tuo figlio!». Poi disse al discepolo: «Ecco tua madre!» (Gv 19,26.27). L'unica volta che la chiama madre, non è per proclamarla madre sua, ma madre nostra: il massimo dello spossessamento, il compimento del passaggio pasquale. Solo dall'amore pasquale prorompe la festa: «Sì, come un giovane sposa una vergine, così ti sposeranno i tuoi figli; come gioisce lo sposo per la sposa, così il tuo Dio gioirà per te» (Is 62,5). In modi differenti, egli ci dice sempre un'unica cosa: Ama fino in fondo!

INGRESSO Sal 65,4 — Tutta la terra ti adori, o Dio, e inneggi a te: inneggi al tuo nome, o Altissimo.

COLLETTA **Dio onnipotente ed eterno, che governi il cielo e la terra, ascolta con bontà le preghiere del tuo popolo e dona ai nostri giorni la tua pace. Per il nostro Signore...**

Oppure: **O Dio, che nell'ora della croce hai chiamato l'umanità a unirsi in Cristo, sposo e Signore, fa' che in questo convito domenicale la santa Chiesa sperimenti la forza trasformante del suo amore, e pregusti nella speranza la gioia delle nozze eterne. Per il nostro Signore...**

PRIMA LETTURA *Gioirà lo sposo per la sposa*

Dal libro del profeta Isaìa 62,1-5

Per amore di Sion non tacerò,
per amore di Gerusalemme non mi concederò riposo,
finché non sorga come aurora la sua giustizia
e la sua salvezza non risplenda come lampada.
Allora le genti vedranno la tua giustizia,
tutti i re la tua gloria;
sarai chiamata con un nome nuovo,

che la bocca del Signore indicherà.
Sarai una magnifica corona nella mano del Signore,
un diadema regale nella palma del tuo Dio.
Nessuno ti chiamerà più Abbandonata,
né la tua terra sarà più detta Devastata,
ma sarai chiamata Mia Gioia
e la tua terra Sposata,
perché il Signore troverà in te la sua delizia
e la tua terra avrà uno sposo.
Sì, come un giovane sposa una vergine,
così ti sposeranno i tuoi figli;
come gioisce lo sposo per la sposa,
così il tuo Dio gioirà per te.
— Parola di Dio.

SALMO RESPONSORIALE

dal Salmo 95

℟. **Annunciate a tutti i popoli le meraviglie del Signore.**

Cantate al Signore un canto nuovo,
cantate al Signore, uomini di tutta la terra.
Cantate al Signore, benedite il suo nome. ℟.

Annunciate di giorno in giorno la sua salvezza.
In mezzo alle genti narrate la sua gloria,
a tutti i popoli dite le sue meraviglie. ℟.

Date al Signore, o famiglie dei popoli,
date al Signore gloria e potenza,
date al Signore la gloria del suo nome. ℟.

Prostratevi al Signore nel suo atrio santo.
Tremi davanti a lui tutta la terra.
Dite tra le genti: «Il Signore regna!».
Egli giudica i popoli con rettitudine. ℟.

SECONDA LETTURA

L'unico e medesimo Spirito distribuisce a ciascuno come vuole

Dalla prima lettera di san Paolo apostolo ai Corìnzi 12,4-11

Fratelli, vi sono diversi carismi, ma uno solo è lo Spirito; vi sono diversi ministeri, ma uno solo è il Signore; vi sono diverse attività, ma uno solo è Dio, che opera tutto in tutti.

A ciascuno è data una manifestazione particolare dello Spirito per il bene comune: a uno infatti, per mezzo dello Spirito, viene dato il linguaggio di sapienza; a un altro invece, dallo stesso Spirito, il linguaggio di conoscenza; a uno, nello stesso Spirito, la fede; a un altro, nell'unico Spirito, il dono delle guarigioni; a uno il potere dei miracoli; a un altro il dono della profezia; a un altro il dono di discernere gli spiriti; a un altro la varietà delle lingue; a un altro l'interpretazione delle lingue.
Ma tutte queste cose le opera l'unico e medesimo Spirito, distribuendole a ciascuno come vuole. — Parola di Dio.

AL VANGELO
cf. 2Ts 2,14

Alleluia, alleluia.
Dio ci ha chiamati mediante il Vangelo,
per entrare in possesso della gloria
del Signore nostro Gesù Cristo. Alleluia.

VANGELO

Questo, a Cana di Galilea, fu l'inizio dei segni compiuti da Gesù

Dal Vangelo secondo Giovanni 2,1-11

In quel tempo, vi fu una festa di nozze a Cana di Galilea e c'era la madre di Gesù. Fu invitato alle nozze anche Gesù con i suoi discepoli.
Venuto a mancare il vino, la madre di Gesù gli disse: «Non hanno vino». E Gesù le rispose: «Donna, che vuoi da me? Non è ancora giunta la mia ora». Sua madre disse ai servitori: «Qualsiasi cosa vi dica, fatela».
Vi erano là sei anfore di pietra per la purificazione rituale dei Giudei, contenenti ciascuna da ottanta a centoventi litri. E Gesù disse loro: «Riempite d'acqua le anfore»; e le riempirono fino all'orlo. Disse loro di nuovo: «Ora prendetene e portatene a colui che dirige il banchetto». Ed essi gliene portarono.
Come ebbe assaggiato l'acqua diventata vino, colui che dirigeva il banchetto – il quale non sapeva da dove venisse, ma lo sapevano i servitori che avevano preso l'acqua – chiamò lo sposo e gli disse: «Tutti mettono in tavola il vino buono all'inizio e, quando si è già bevuto molto, quello meno buono. Tu invece hai tenuto da parte il vino buono finora».

Questo, a Cana di Galilea, fu l'inizio dei segni compiuti da Gesù; egli manifestò la sua gloria e i suoi discepoli credettero in lui. — Parola del Signore.

PREGHIERA UNIVERSALE

Fratelli e sorelle, eleviamo al Signore le nostre implorazioni, impegnandoci a conservare l'unità dello spirito nel vincolo della pace. Rinnoviamo davanti a lui la comune volontà di operare per la giustizia e per la riconciliazione di tutti i credenti, quale segno visibile di una umanità, arricchita dai doni del Padre. Invochiamo:

℟. **Ascoltaci, o Signore!**

- Signore, il convito di Cana ha sigillato le tue nozze con la Chiesa, rappresentata da Maria: fa' che il tuo popolo, diffuso su tutta la terra, ti serva nella fedeltà e collabori alla edificazione del tuo regno, con la ricchezza dei doni delle sue membra, ti preghiamo.

- Signore, in te l'umanità non si sente più abbandonata, ma sposata: dalla dispersione dei fenomeni migratori riuniscila in una sola famiglia, per indirizzarla su vie di salvezza, ti preghiamo.

- Signore, hai trasformato l'acqua dell'antica alleanza nella bontà del vino: con la forza dello Spirito: rovescia ogni situazione di ingiustizia e trasfigura la sofferenza di tanti sposi, insoddisfatti della loro unione o mortificati dai propri figli, ti preghiamo.

- Signore, a Cana Maria, tua Madre, ha indicato ai servi di fare quello che tu dicevi: rinsaldaci nell'ascolto della tua Parola, per tradurla in coerenza di vita e gustare la grandezza di appartenere alla Chiesa nella condivisione di questa mensa, ti preghiamo.

- (*Altre intenzioni*).

Padre, ascolta queste nostre invocazioni. Donaci occhi nuovi, perché, nella quotidianità, sappiamo riconoscerti nella ricchezza dei doni reciproci, per l'utilità comune. Fa' che le comunità cristiane vivano con gioia l'attesa dell'ora in cui manifesterai la pienezza della tua gloria: in Cristo Gesù, nostro Signore. **Amen.**

SULLE OFFERTE **Concedi a noi tuoi fedeli, Signore, di partecipare degnamente ai santi misteri perché, ogni volta che celebriamo questo memoriale del sacrificio del tuo Figlio, si compie l'opera della nostra redenzione. Per Cristo nostro Signore.**

Prefazio delle domeniche del Tempo ordinario (pp. 477-480).

COMUNIONE
Sal 22,5
Dinanzi a me hai preparato una mensa
e il mio calice trabocca.

Oppure:
1Gv 4,16
Abbiamo conosciuto l'amore
che Dio ha per noi
e vi abbiamo creduto.

Oppure:
Gv 2,11
Gesù manifestò la sua gloria
in Cana di Galilea
e i suoi discepoli credettero in lui.

DOPO LA COMUNIONE **Infondi in noi, o Padre, lo Spirito del tuo amore, perché nutriti con l'unico pane di vita formiamo un cuor solo e un'anima sola. Per Cristo nostro Signore.**

24 GENNAIO

3ª DOMENICA DEL TEMPO ORDINARIO

COSTITUITI DAL VANGELO

In occasione della stesura della costituzione europea, è emerso il problema delle «radici» di questi nostri popoli; evidentemente non si tratta solo di quanto viene scritto o non scritto in un documento, ma dei riferimenti profondi in base ai quali si elabora una visione della vita. Stiamo velocemente uscendo dall'universo simbolico religioso e cristiano, che in qualche modo costituiva l'orizzonte interpretativo dell'esistenza. Come per Israele di ritorno dall'esilio, si tratta di sapere dove sta il fondamento di ciò che si costruisce, perché non capiti di edificare sulla sabbia. Nel film televisivo La meglio gioventù, *lunga rievocazione di quarant'anni di vita italiana, l'unico rimando a simboli cristiani è la macchietta di un parroco di paese, intento a cose tutt'altro che religiose; eppure l'Italia è piena di preti, suore, parrocchie, sacramenti. Del resto, quando i mass media parlano di cose di chiesa è sempre in riferimento all'istituzione nei suoi vertici – papa e vescovi – non certo al tessuto vitale delle persone, delle famiglie, della società. Il percorso da fare è più umile, ma anche più incisivo; ce lo suggerisce il vangelo e la stessa esperienza di Gesù di Nazaret. L'evangelista Luca si propone di ripercorrere la storia di Gesù, rileggendola per la sua comunità e in particolare per Teofilo, «in modo che tu possa renderti conto della solidità degli insegnamenti che hai ricevuto» (Lc 1,4).*

Incuriosisce che egli ponga mano alla sua opera, dopo che molti altri hanno steso il racconto evangelico; ma ogni generazione rilegge – e in certo senso riscrive – l'evangelo, facendone eco nella propria vita e con la propria vita. Che a noi manchi proprio questa avventura della fede, per cui udiamo e di conseguenza proclamiamo un vangelo vecchio, stanco e risaputo? Inutile, soprat-

tutto per le giovani generazioni, scrivere in una costituzione ciò che sa di muffa e non dice più niente all'oggi. È vero che ci sono studiosi innamorati delle lingue morte e riesumarle può avere un suo fascino; ma il vangelo o ha una comunità viva di donne e uomini che lo parlano nella vita quotidiana, o serve a poco metterlo tra i reperti archeologici. Dopo aver proclamato nella sinagoga di Nazaret il passo di Isaia, Gesù afferma a tutta l'assemblea che aveva occhi solo per lui: «Oggi si è adempiuta questa Scrittura che voi avete ascoltato» (Lc 4,21). In modo analogo la chiesa annuncia un vangelo che si compie oggi, facendo emergere da esso quella carica di liberazione che è buona notizia per ogni persona e per ogni tipo di povertà.

INGRESSO Sal 95,1.6

Cantate al Signore un canto nuovo,
cantate al Signore da tutta la terra;
splendore e maestà dinanzi a lui,
potenza e bellezza nel suo santuario.

COLLETTA **Dio onnipotente ed eterno, guida i nostri atti secondo la tua volontà, perché nel nome del tuo diletto Figlio portiamo frutti generosi di opere buone. Per il nostro Signore...**

Oppure: **O Padre, tu hai mandato il Cristo, re e profeta, ad annunziare ai poveri il lieto messaggio del tuo regno, fa' che la sua parola, che oggi risuona nella Chiesa, ci edifichi in un corpo solo e ci renda strumento di liberazione e di salvezza. Per il nostro Signore...**

PRIMA LETTURA

Leggevano il libro della legge e ne spiegavano il senso

Dal libro di Neemìa 8,2-4a.5-6.8-10

In quei giorni, il sacerdote Esdra portò la legge davanti all'assemblea degli uomini, delle donne e di quanti erano capaci di intendere.
Lesse il libro sulla piazza davanti alla porta delle Acque, dallo spuntare della luce fino a mezzogiorno, in presenza degli uomini, delle donne e di quelli che erano capaci d'intendere; tutto il popolo tendeva l'orecchio al libro

della legge. Lo scriba Esdra stava sopra una tribuna di legno, che avevano costruito per l'occorrenza.
Esdra aprì il libro in presenza di tutto il popolo, poiché stava più in alto di tutti; come ebbe aperto il libro, tutto il popolo si alzò in piedi. Esdra benedisse il Signore, Dio grande, e tutto il popolo rispose: «Amen, amen», alzando le mani; si inginocchiarono e si prostrarono con la faccia a terra dinanzi al Signore.
I levìti leggevano il libro della legge di Dio a brani distinti e spiegavano il senso, e così facevano comprendere la lettura.
Neemìa, che era il governatore, Esdra, sacerdote e scriba, e i leviti che ammaestravano il popolo dissero a tutto il popolo: «Questo giorno è consacrato al Signore, vostro Dio; non fate lutto e non piangete!». Infatti tutto il popolo piangeva, mentre ascoltava le parole della legge.
Poi Neemìa disse loro: «Andate, mangiate carni grasse e bevete vini dolci e mandate porzioni a quelli che nulla hanno di preparato, perché questo giorno è consacrato al Signore nostro; non vi rattristate, perché la gioia del Signore è la vostra forza». — Parola di Dio.

SALMO RESPONSORIALE al Salmo 18

℟. **Le tue parole, Signore, sono spirito e vita.**

La legge del Signore è perfetta,
rinfranca l'anima;
la testimonianza del Signore è stabile,
rende saggio il semplice. ℟.

I precetti del Signore sono retti,
fanno gioire il cuore;
il comando del Signore è limpido,
illumina gli occhi. ℟.

Il timore del Signore è puro,
rimane per sempre;
i giudizi del Signore sono fedeli,
sono tutti giusti. ℟.

Ti siano gradite le parole della mia bocca;
davanti a te i pensieri del mio cuore,
Signore, mia roccia e mio redentore. ℟.

SECONDA LETTURA * *Voi siete corpo di Cristo, ognuno secondo la propria parte*

Dalla prima lettera di san Paolo apostolo ai Corìnzi 12,12-30

Fratelli, come il corpo è uno solo e ha molte membra, e tutte le membra del corpo, pur essendo molte, sono un corpo solo, così anche il Cristo. Infatti noi tutti siamo stati battezzati mediante un solo Spirito in un solo corpo, Giudei o Greci, schiavi o liberi; e tutti siamo stati dissetati da un solo Spirito.
E infatti il corpo non è formato da un membro solo, ma da molte membra. Se il piede dicesse: «Poiché non sono mano, non appartengo al corpo», non per questo non farebbe parte del corpo. E se l'orecchio dicesse: «Poiché non sono occhio, non appartengo al corpo», non per questo non farebbe parte del corpo. Se tutto il corpo fosse occhio, dove sarebbe l'udito? Se tutto fosse udito, dove sarebbe l'odorato?
Ora, invece, Dio ha disposto le membra del corpo in modo distinto, come egli ha voluto. Se poi tutto fosse un membro solo, dove sarebbe il corpo? Invece molte sono le membra, ma uno solo è il corpo. Non può l'occhio dire alla mano: «Non ho bisogno di te»; oppure la testa ai piedi: «Non ho bisogno di voi». Anzi proprio le membra del corpo che sembrano più deboli sono le più necessarie; e le parti del corpo che riteniamo meno onorevoli le circondiamo di maggiore rispetto, e quelle indecorose sono trattate con maggiore decenza, mentre quelle decenti non ne hanno bisogno.
Ma Dio ha disposto il corpo conferendo maggiore onore a ciò che non ne ha, perché nel corpo non vi sia divisione, ma anzi le varie membra abbiano cura le une delle altre. Quindi se un membro soffre, tutte le membra soffrono insieme; e se un membro è onorato, tutte le membra gioiscono con lui.
Ora voi siete corpo di Cristo e, ognuno secondo la propria parte, sue membra. Alcuni perciò Dio li ha posti nella Chiesa in primo luogo come apostoli, in secondo luogo come profeti, in terzo luogo come maestri; poi ci sono i miracoli, quindi il dono delle guarigioni, di assistere, di governare, di parlare varie lingue. Sono forse tutti apo-

stoli? Tutti profeti? Tutti maestri? Tutti fanno miracoli? Tutti possiedono il dono delle guarigioni? Tutti parlano lingue? Tutti le interpretano? — Parola di Dio.

Forma breve:

Dalla prima lettera di san Paolo ap. ai Corìnzi 12,12-14.27

Fratelli, come il corpo è uno solo e ha molte membra, e tutte le membra del corpo, pur essendo molte, sono un corpo solo, così anche il Cristo.
Infatti noi tutti siamo stati battezzati mediante un solo Spirito in un solo corpo, Giudei o Greci, schiavi o liberi; e tutti siamo stati dissetati da un solo Spirito.
E infatti il corpo non è formato da un membro solo, ma da molte membra.
Ora voi siete corpo di Cristo e, ognuno secondo la propria parte, sue membra. — Parola di Dio.

VANGELO
Lc 4,18

Alleluia, alleluia.
Il Signore mi ha mandato
a portare ai poveri il lieto annuncio,
a proclamare ai prigionieri la liberazione.
Alleluia.

VANGELO *Oggi si è compiuta questa Scrittura*

Dal Vangelo secondo Luca 1,1-4; 4,14-21

Poiché molti hanno cercato di raccontare con ordine gli avvenimenti che si sono compiuti in mezzo a noi, come ce li hanno trasmessi coloro che ne furono testimoni oculari fin da principio e divennero ministri della Parola, così anch'io ho deciso di fare ricerche accurate su ogni circostanza, fin dagli inizi, e di scriverne un resoconto ordinato per te, illustre Teòfilo, in modo che tu possa renderti conto della solidità degli insegnamenti che hai ricevuto.
In quel tempo, Gesù ritornò in Galilea con la potenza dello Spirito e la sua fama si diffuse in tutta la regione. Insegnava nelle loro sinagoghe e gli rendevano lode.
Venne a Nàzaret, dove era cresciuto, e secondo il suo solito, di sabato, entrò nella sinagoga e si alzò a leggere.

Gli fu dato il rotolo del profeta Isaìa; aprì il rotolo e trovò il passo dove era scritto:
«Lo Spirito del Signore è sopra di me;
per questo mi ha consacrato con l'unzione
e mi ha mandato a portare ai poveri il lieto annuncio,
a proclamare ai prigionieri la liberazione
e ai ciechi la vista;
a rimettere in libertà gli oppressi
e proclamare l'anno di grazia del Signore».
Riavvolse il rotolo, lo riconsegnò all'inserviente e sedette. Nella sinagoga, gli occhi di tutti erano fissi su di lui. Allora cominciò a dire loro: «Oggi si è compiuta questa Scrittura che voi avete ascoltato». — Parola del Signore.

PREGHIERA UNIVERSALE

Fratelli e sorelle, con un'unica voce eleviamo al Signore le nostre implorazioni, impegnandoci a conservare l'unità dello spirito nel vincolo della fraternità. Rinnoviamo davanti a lui la comune volontà per la giustizia e per la riconciliazione di tutti i credenti, che scaturisce dall'ascolto della Parola, riscoperta quale sorgente di conversione. Invochiamo:

℟. **Ascoltaci, o Signore!**

● Padre, fa' che il tuo popolo ascolti la voce di Cristo, perché trovi sostegno nel cammino della solidarietà e della concordia. La gioia di appartenerti sia la speranza di quanti ti cercano e attendono coerenza dai tuoi testimoni, ti preghiamo.

● Padre, dona ai cristiani la consolazione dello Spirito nell'unità reciproca, superando le divisioni delle varie confessioni religiose. Concedi al mondo la vera pace, che il tuo Figlio trasmette a chi si affida totalmente a lui, ti preghiamo.

● Padre, unisci le membra del tuo corpo, perché dalla loro armonica strutturazione scaturisca una profonda corresponsabilità nella diffusione del tuo regno. Fa' che i meno considerati, come i poveri e i sofferenti, siano i più onorati dai credenti, ti preghiamo.

- Padre, in questa nostra comunità risuoni l'oggi della salvezza, che ci fa riconoscere la presenza di Cristo negli avvenimenti della storia. Apri i nostri cuori, perché ascoltiamo il tuo vangelo, e sciogli la nostra lingua, perché annunciamo la fede, ti preghiamo.
- (*Altre intenzioni*).

Padre misericordioso, ti benediciamo e ti glorifichiamo perché agisci in noi con la tua potenza, ci guarisci e ci guidi nei sentieri del tempo. Inviaci nel mondo per compiere la tua volontà e abbattere le mura che ci separano. Fa' che possiamo vivere sempre più uniti in una sola fede e un solo battesimo, per crescere nella tua pace, che supera ogni intelligenza: ora e nei secoli dei secoli. **Amen.**

SULLE OFFERTE **Accogli i nostri doni, Padre misericordioso, e consacrali con la potenza del tuo Spirito, perché diventino per noi sacramento di salvezza. Per Cristo nostro Signore.**

Prefazio delle domeniche del Tempo ordinario (pp. 477-480).

COMUNIONE Guardate al Signore e sarete raggianti,
Sal 33,6 e il vostro volto non sarà confuso.

Oppure: «Io sono la luce del mondo», dice il Signore;
Gv 8,12 «chi segue me, non cammina nelle tenebre,
ma avrà la luce della vita».

Oppure: «Lo Spirito del Signore è sopra di me:
Lc 4,18 mi ha mandato per annunziare ai poveri
il lieto messaggio».

DOPO LA COMUNIONE **O Dio, che in questi santi misteri ci hai nutriti col corpo e col sangue del tuo Figlio, fa' che ci rallegriamo sempre del tuo dono, sorgente inesauribile di vita nuova. Per Cristo nostro Signore.**

31 GENNAIO

4ª DOMENICA DEL TEMPO ORDINARIO

PROVOCATORE PER AMORE

Un sole basso segna l'orizzonte di questo nostro tempo, con la sensazione diffusa di essere più al tramonto che all'alba. Può darsi che l'abbiano pensato di ogni epoca, certo è che noi sentiamo le difficoltà di oggi. Avremmo probabilmente bisogno di voci profetiche, ma le varie istituzioni – chiesa compresa – ne hanno paura. Dio stesso, nell'inviare il profeta Geremia, deve renderlo forte di fronte alle reazioni, ai rifiuti, ai contraccolpi inevitabili suscitati dalla sua parola. E Gesù interpreterà la sua missione alla luce delle vicende capitate ai profeti, per cui paragonandosi ad essi intravede l'esito della sua azione e predicazione: il rifiuto che lo condurrà alla morte violenta. Sarà anch'egli martire della parola di Dio, testimone sino al sangue come tanti che l'hanno proclamata fino in fondo. Una salvezza che passa attraverso il perdersi, interroga pertanto ogni profeta come ha interrogato Gesù: davvero questo è il prezzo della fedeltà al progetto di Dio?

Capita a tutti di pensarlo, in particolare quando non si vorrebbe proprio fare i martiri e si preferirebbe rimanersene in pace. Ma quando si sceglie di non tacere, facendo finta di niente, allora succede quanto è successo a Gesù nella sua patria. Poteva essere più accomodante con i suoi paesani, provocarli di meno e accontentarli di più. Non se la sente tuttavia di tacere, favorendo la loro chiusura e il loro opportunismo; li provoca a operare il passaggio da una religiosità che cerca miracoli a una fede che trasforma i cuori. Fare altrimenti significherebbe disinteressarsi: che le cose vadano come vanno, che le persone si arrangino. Da qui viene la scomodità del profeta, persona che vive fino in fondo il prezzo del farsi carico, dell'amare.

Quando Paolo parla della carità ai cristiani di Corinto, non addita una scelta sdolcinata e alla fin fine comoda, che aggira i conflitti e non affronta le contraddizioni. In troppi ambienti ecclesiastici e religiosi si preferisce avere a che fare con eterni minorenni, che in nome della carità fanno silenzio e obbediscono; mentre le voci profetiche sono non solo non ascoltate, ma accusate di mancanza di carità. «La carità è magnanima, benevola è la carità; non è invidiosa, non si vanta, non si gonfia d'orgoglio, non manca di rispetto, non cerca il proprio interesse, non si adira, non tiene conto del male ricevuto, non gode dell'ingiustizia, ma si rallegra della verità» (1Cor 13,4-6). Si tratta forse di atteggiamenti remissivi o non piuttosto di scelte mature, forti, profeticamente spiazzanti? Per amare davvero e fare delle nostre comunità luoghi dove si vive la carità, abbiamo più che mai bisogno della provocazione dei profeti.

INGRESSO Sal 105,47

Salvaci, Signore Dio nostro,
e raccoglici da tutti i popoli,
perché proclamiamo il tuo santo nome
e ci gloriamo della tua lode.

COLLETTA **Dio grande e misericordioso, concedi a noi tuoi fedeli di adorarti con tutta l'anima e di amare i nostri fratelli nella carità del Cristo. Egli è Dio e vive e regna con te, nell'unità dello Spirito Santo, per tutti i secoli dei secoli.**

Oppure: **O Dio, che nel profeta accolto dai pagani e rifiutato in patria manifesti il dramma dell'umanità che accetta o respinge la tua salvezza, fa' che nella tua Chiesa non venga meno il coraggio dell'annunzio missionario del Vangelo. Per il nostro Signore...**

PRIMA LETTURA *Ti ho stabilito profeta delle nazioni*

Dal libro del profeta Geremìa 1,4-5.17-19

Nei giorni del re Giosìa, mi fu rivolta questa parola del Signore:
«Prima di formarti nel grembo materno, ti ho conosciuto,
prima che tu uscissi alla luce, ti ho consacrato;
ti ho stabilito profeta delle nazioni.
Tu, dunque, stringi la veste ai fianchi,

àlzati e di' loro tutto ciò che ti ordinerò;
non spaventarti di fronte a loro,
altrimenti sarò io a farti paura davanti a loro.
Ed ecco, oggi io faccio di te
come una città fortificata,
una colonna di ferro
e un muro di bronzo
contro tutto il paese,
contro i re di Giuda e i suoi capi,
contro i suoi sacerdoti e il popolo del paese.
Ti faranno guerra, ma non ti vinceranno,
perché io sono con te per salvarti».
— Parola di Dio.

SALMO RESPONSORIALE dal Salmo 70

℟. **La mia bocca, Signore, racconterà la tua salvezza.**

In te, Signore, mi sono rifugiato,
mai sarò deluso.
Per la tua giustizia, liberami e difendimi,
tendi a me il tuo orecchio e salvami. ℟.

Sii tu la mia roccia,
una dimora sempre accessibile;
hai deciso di darmi salvezza:
davvero mia rupe e mia fortezza tu sei!
Mio Dio, liberami dalle mani del malvagio. ℟.

Sei tu, mio Signore, la mia speranza,
la mia fiducia, Signore, fin dalla mia giovinezza.
Su di te mi appoggiai fin dal grembo materno,
dal seno di mia madre sei tu il mio sostegno. ℟.

La mia bocca racconterà la tua giustizia,
ogni giorno la tua salvezza.
Fin dalla giovinezza, o Dio, mi hai istruito
e oggi ancora proclamo le tue meraviglie. ℟.

SECONDA LETTURA * *Rimangono la fede, la speranza, la carità; ma la più grande di tutte è la carità*

Dalla prima lettera di san Paolo ap. ai Corìnzi 12,31-13,13

Fratelli, desiderate intensamente i carismi più grandi. E allora, vi mostro la via più sublime.

Se parlassi le lingue degli uomini e degli angeli, ma non avessi la carità, sarei come bronzo che rimbomba o come cimbalo che strepita.
E se avessi il dono della profezia, se conoscessi tutti i misteri e avessi tutta la conoscenza, se possedessi tanta fede da trasportare le montagne, ma non avessi la carità, non sarei nulla.
E se anche dessi in cibo tutti i miei beni e consegnassi il mio corpo, per averne vanto, ma non avessi la carità, a nulla mi servirebbe.
La carità è magnanima, benevola è la carità; non è invidiosa, non si vanta, non si gonfia d'orgoglio, non manca di rispetto, non cerca il proprio interesse, non si adira, non tiene conto del male ricevuto, non gode dell'ingiustizia ma si rallegra della verità. Tutto scusa, tutto crede, tutto spera, tutto sopporta.
La carità non avrà mai fine. Le profezie scompariranno, il dono delle lingue cesserà e la conoscenza svanirà. Infatti, in modo imperfetto noi conosciamo e in modo imperfetto profetizziamo. Ma quando verrà ciò che è perfetto, quello che è imperfetto scomparirà. Quand'ero bambino, parlavo da bambino, pensavo da bambino, ragionavo da bambino. Divenuto uomo, ho eliminato ciò che è da bambino.
Adesso noi vediamo in modo confuso, come in uno specchio; allora invece vedremo faccia a faccia. Adesso conosco in modo imperfetto, ma allora conoscerò perfettamente, come anch'io sono conosciuto. Ora dunque rimangono queste tre cose: la fede, la speranza e la carità. Ma la più grande di tutte è la carità!
— Parola di Dio.

Forma breve:

Dalla prima lettera di san Paolo ap. ai Corìnzi 13,4-13

Fratelli, la carità è magnanima, benevola è la carità; non è invidiosa, non si vanta, non si gonfia d'orgoglio, non manca di rispetto, non cerca il proprio interesse, non si adira, non tiene conto del male ricevuto, non gode dell'ingiustizia ma si rallegra della verità. Tutto scusa, tutto crede, tutto spera, tutto sopporta.

La carità non avrà mai fine. Le profezie scompariranno, il dono delle lingue cesserà e la conoscenza svanirà. Infatti, in modo imperfetto noi conosciamo e in modo imperfetto profetizziamo. Ma quando verrà ciò che è perfetto, quello che è imperfetto scomparirà. Quand'ero bambino, parlavo da bambino, pensavo da bambino, ragionavo da bambino. Divenuto uomo, ho eliminato ciò che è da bambino.
Adesso noi vediamo in modo confuso, come in uno specchio; allora invece vedremo faccia a faccia. Al presente conosco in modo imperfetto, ma allora conoscerò perfettamente, come anch'io sono conosciuto. Ora dunque rimangono queste tre cose: la fede, la speranza e la carità. Ma la più grande di tutte è la carità!
— Parola di Dio.

AL VANGELO
Lc 4,18

Alleluia, alleluia.
Il Signore mi ha mandato
a portare ai poveri il lieto annuncio,
a proclamare ai prigionieri la liberazione.
Alleluia.

VANGELO

Gesù come Elia ed Eliseo è mandato non per i soli Giudei

Dal Vangelo secondo Luca 4,21-30

In quel tempo, Gesù cominciò a dire nella sinagoga: «Oggi si è compiuta questa Scrittura che voi avete ascoltato».
Tutti gli davano testimonianza ed erano meravigliati delle parole di grazia che uscivano dalla sua bocca e dicevano: «Non è costui il figlio di Giuseppe?». Ma egli rispose loro: «Certamente voi mi citerete questo proverbio: "Medico, cura te stesso. Quanto abbiamo udito che accadde a Cafàrnao, fallo anche qui, nella tua patria!"». Poi aggiunse: «In verità io vi dico: nessun profeta è bene accetto nella sua patria. Anzi, in verità io vi dico: c'erano molte vedove in Israele al tempo di Elìa, quando il cielo fu chiuso per tre anni e sei mesi e ci fu una grande carestia in tutto il paese; ma a nessuna di esse fu mandato Elìa, se non a una vedova a Sarèpta di Sidòne. C'erano molti

lebbrosi in Israele al tempo del profeta Eliseo; ma nessuno di loro fu purificato, se non Naamàn, il Siro».
All'udire queste cose, tutti nella sinagoga si riempirono di sdegno. Si alzarono e lo cacciarono fuori della città e lo condussero fin sul ciglio del monte, sul quale era costruita la loro città, per gettarlo giù. Ma egli, passando in mezzo a loro, si mise in cammino. — Parola del Signore.

PREGHIERA UNIVERSALE

Fratelli e sorelle, esprimiamo nella preghiera la nostra riconoscenza a Dio, che ci ha donato il suo Figlio Gesù, perché fosse riferimento sicuro nel cammino quotidiano. A lui guardiamo come modello, perché, con carità paziente e disinteressata, superiamo le divisioni tra noi mediante l'unità di intenti e di volere. Imploriamo:

℟. **Ascoltaci, o Signore!**

- Tutti erano meravigliati delle parole di grazia, che uscivano dalla bocca di Cristo: perché i credenti continuino a provare ammirazione per Gesù, accogliendolo nella loro vita come il profeta e servendolo nelle sue membra sofferenti, preghiamo.

- Nella sinagoga di Nazaret si è passati in fretta dalla lode allo sdegno: perché chi ha compiti educativi rimanga ancorato ai valori cristiani del rispetto reciproco e dell'esemplarità, conformando la propria testimonianza alla verità, preghiamo.

- Il Signore rende forti contro il male: perché i credenti si rendano sempre più disponibili a costruire il futuro, cercando di tradurre l'impegno educativo nelle differenti realtà che caratterizzano ogni ambiente sociale ed ecclesiale, preghiamo.

- La via migliore di tutte rimane la carità: perché ogni celebrazione eucaristica ci raccolga nell'unità e ci apra alle molteplici esigenze giovanili, per rimanere ancorati saldamente al Signore, sfidando le difficoltà esistenti, preghiamo.

- (*Altre intenzioni*).

Padre, accogli le nostre invocazioni e aiutaci a collaborare nella missione educativa, per l'avvenire di questa nostra comunità: nei confronti della famiglia, perché sia vinto ogni egoismo che divide; nei confronti della società, per proporre esempi concreti di dedizione e di gratuità; nei confronti del mondo, per testimoniare la forza dell'amore, che tutto copre, tutto crede, tutto spera, tutto sopporta: in Cristo Gesù, nostro Signore. **Amen.**

SULLE OFFERTE **Accogli con bontà, o Signore, questi doni che noi, tuo popolo santo, deponiamo sull'altare, e trasformali in sacramento di salvezza. Per Cristo nostro Signore.**

Prefazio delle domeniche del Tempo ordinario (pp. 477-480).

COMUNIONE
Sal 30,17-18

Fa' risplendere sul tuo servo
la luce del tuo volto,
e salvami per la tua misericordia.
Che io non resti confuso, Signore,
perché ti ho invocato.

Oppure:
Lc 4,21

«Oggi si è adempiuta la Scrittura
che voi avete udita con i vostri orecchi».

DOPO LA COMUNIONE **O Dio, che ci hai nutriti alla tua mensa, fa' che per la forza di questo sacramento, sorgente inesauribile di salvezza, la vera fede si estenda sino ai confini della terra. Per Cristo nostro Signore.**

7 FEBBRAIO
5ª DOMENICA DEL TEMPO ORDINARIO

SULLA TUA PAROLA

Pietro si riconosce peccatore di fronte a Gesù, ma stranamente non si tratta del momento in cui l'ha tradito. In quella situazione non occorrono parole, sono sufficienti le lacrime amare. Qui invece è appena avvenuta un'esperienza assai bella e significativa: la pesca abbondante, dopo una notte spesa inutilmente. Non sembra proprio l'occasione per confessare i peccati, anche se il vangelo annota: «Lo stupore infatti aveva invaso lui e tutti quelli che erano con lui per la pesca che avevano fatto» (Lc 5,9). Infatti un'antica tradizione, ripresa di recente, afferma che la confessio peccati va preceduta dalla confessio laudis. La lode viene prima del peccato, perché l'amore di misericordia precede e sopravanza i nostri fallimenti e rifiuti, e alla sua luce si riconosce la colpa. Non l'incombere del castigo, ma lo stupore della buona notizia che ci raggiunge motiva la nostra confessione; ha pertanto una qualità profondamente evangelica. Lo vediamo nelle donne e negli uomini, che hanno camminato con Dio. Isaia, coinvolto in una manifestazione grandiosa della gloria del Signore, non se ne vanta, ma riconosce la sua piccolezza; Paolo di Tarso ha un'esperienza inenarrabile e in essa sperimenta la sua fragilità: «Io infatti sono il più piccolo fra gli apostoli. Per grazia di Dio, però, sono quello che sono» (1Cor 15,9-10). La minorità di Francesco d'Assisi, la sua piccolezza, non è falsa modestia, bensì consapevolezza profonda sgorgante da una gratuità assolutamente non meritocratica. La stessa storia della chiesa non è certo elenco delle sue riuscite, vanto o addirittura orgoglio delle sue imprese, esibizione della sua grandezza. Avvertiamo invece la grandezza dei mea culpa del papa, avversati anche da ecclesiastici e tuttavia passaggi di grazia che segnano la vicinanza dello Sposo alla sua sposa.

Proprio partendo dal riconoscimento delle inconsistenze umane, è possibile non sopravvalutare i fallimenti. Troppo spesso, infatti, siamo così centrati su di noi da ingigantire gli scacchi della vita, rendendoli assoluti. Così si tirano i remi in barca e ci si chiude nella propria delusione; lo si fa come coppia, come genitori, come educatori, come preti... Per fortuna – sua e nostra – Pietro dichiara: «Ma sulla tua parola getterò le reti» (Lc 5,5). Non lo avesse detto e fatto, non avrebbe sperimentato l'abbondanza dalla pesca; si è fidato non di sé, ma della parola dell'Amico e Maestro. Il vangelo, in questa come in altre cose, è assai paradossale. Ci dice che nella crisi non ci si ritira, non si gioca in difesa, non si pensa: Salviamo il salvabile! È invece il momento di rischiare di più, di prendere il largo, di rispondere in modo nuovo alle sollecitazioni storiche. Isaia, dopo che si è lasciato purificare le labbra dal fuoco della parola di Dio, non ha esitazioni: «Eccomi, manda me!» (Is 6,8).

INGRESSO Sal 94,6-7

Venite, adoriamo il Signore,
prostràti davanti a lui che ci ha fatti;
egli è il Signore nostro Dio.

COLLETTA **Custodisci sempre con paterna bontà la tua famiglia, Signore, e poiché unico fondamento della nostra speranza è la grazia che viene da te, aiutaci sempre con la tua protezione. Per il nostro Signore...**

Oppure: **Dio di infinita grandezza, che affidi alle nostre labbra impure e alle nostre fragili mani il compito di portare agli uomini l'annunzio del Vangelo, sostienici con il tuo Spirito, perché la tua parola, accolta da cuori aperti e generosi, fruttifichi in ogni parte della terra. Per il nostro Signore...**

PRIMA LETTURA *Eccomi, manda me!*

Dal libro del profeta Isaìa 6,1-2a.3-8

Nell'anno in cui morì il re Ozìa, io vidi il Signore seduto su un trono alto ed elevato; i lembi del suo manto riempivano il tempio. Sopra di lui stavano dei serafini; ognuno aveva sei ali. Proclamavano l'uno all'altro, dicendo: «Santo, santo, santo il Signore degli eserciti!

Tutta la terra è piena della sua gloria».
Vibravano gli stipiti delle porte al risuonare di quella voce, mentre il tempio si riempiva di fumo.
E dissi:
«Ohimè! Io sono perduto,
perché un uomo dalle labbra impure io sono
e in mezzo a un popolo
dalle labbra impure io abito;
eppure i miei occhi hanno visto
il re, il Signore degli eserciti».
Allora uno dei serafini volò verso di me; teneva in mano un carbone ardente che aveva preso con le molle dall'altare. Egli mi toccò la bocca e disse:
«Ecco, questo ha toccato le tue labbra,
perciò è scomparsa la tua colpa
e il tuo peccato è espiato».
Poi io udii la voce del Signore che diceva: «Chi manderò e chi andrà per noi?». E io risposi: «Eccomi, manda me!».
— Parola di Dio.

SALMO RESPONSORIALE

dal Salmo 137

℟. Cantiamo al Signore, grande è la sua gloria.

Ti rendo grazie, Signore, con tutto il cuore:
hai ascoltato le parole della mia bocca.
Non agli dèi, ma a te voglio cantare,
mi prostro verso il tuo tempio santo. ℟.

Rendo grazie al tuo nome
per il tuo amore e la tua fedeltà:
hai reso la tua promessa più grande del tuo nome.
Nel giorno in cui ti ho invocato, mi hai risposto,
hai accresciuto in me la forza. ℟.

Ti renderanno grazie, Signore, tutti i re della terra,
quando ascolteranno le parole della tua bocca.
Canteranno le vie del Signore:
grande è la gloria del Signore! ℟.

La tua destra mi salva.
Il Signore farà tutto per me.
Signore, il tuo amore è per sempre:
non abbandonare l'opera delle tue mani. ℟.

SECONDA LETTURA * *Così predichiamo e così avete creduto*

Dalla prima lettera di san Paolo ap. ai Corìnzi 15,1-11

Vi proclamo, fratelli, il Vangelo che vi ho annunciato e che voi avete ricevuto, nel quale restate saldi e dal quale siete salvati, se lo mantenete come ve l'ho annunciato. A meno che non abbiate creduto invano!

A voi infatti ho trasmesso, anzitutto, quello che anch'io ho ricevuto, cioè

che Cristo morì per i nostri peccati secondo le Scritture

e che fu sepolto

e che è risorto il terzo giorno secondo le Scritture

e che apparve a Cefa e quindi ai Dodici.

In seguito apparve a più di cinquecento fratelli in una sola volta: la maggior parte di essi vive ancora, mentre alcuni sono morti. Inoltre apparve a Giacomo, e quindi a tutti gli apostoli. Ultimo fra tutti apparve anche a me come a un aborto.

Io infatti sono il più piccolo tra gli apostoli e non sono degno di essere chiamato apostolo perché ho perseguitato la Chiesa di Dio. Per grazia di Dio, però, sono quello che sono, e la sua grazia in me non è stata vana. Anzi, ho faticato più di tutti loro, non io però, ma la grazia di Dio che è con me.

Dunque, sia io che loro, così predichiamo e così avete creduto. — Parola di Dio.

Forma breve:

Dalla prima lettera di san Paolo ap. ai Corìnzi 15,3-8.11

Fratelli, a voi ho trasmesso, anzitutto, quello che anch'io ho ricevuto, cioè

che Cristo morì per i nostri peccati secondo le Scritture

e che fu sepolto

e che è risorto il terzo giorno secondo le Scritture

e che apparve a Cefa e quindi ai Dodici.

In seguito apparve a più di cinquecento fratelli in una sola volta: la maggior parte di essi vive ancora, mentre alcuni sono morti. Inoltre apparve a Giacomo, e quindi a tutti gli apostoli. Ultimo fra tutti apparve anche a me come a un aborto.

Dunque, sia io che loro, così predichiamo e così avete creduto. — Parola di Dio.

AL VANGELO
Mt 4,19

Alleluia, alleluia.
Venite dietro a me, dice il Signore,
vi farò pescatori di uomini.
Alleluia.

VANGELO *Lasciarono tutto e lo seguirono*

Dal Vangelo secondo Luca 5,1-11

In quel tempo, mentre la folla gli faceva ressa attorno per ascoltare la parola di Dio, Gesù, stando presso il lago di Gennèsaret, vide due barche accostate alla sponda. I pescatori erano scesi e lavavano le reti. Salì in una barca, che era di Simone, e lo pregò di scostarsi un poco da terra. Sedette e insegnava alle folle dalla barca.
Quando ebbe finito di parlare, disse a Simone: «Prendi il largo e gettate le vostre reti per la pesca». Simone rispose: «Maestro, abbiamo faticato tutta la notte e non abbiamo preso nulla; ma sulla tua parola getterò le reti». Fecero così e presero una quantità enorme di pesci e le loro reti quasi si rompevano. Allora fecero cenno ai compagni dell'altra barca, che venissero ad aiutarli. Essi vennero e riempirono tutte e due le barche fino a farle quasi affondare.
Al vedere questo, Simon Pietro si gettò alle ginocchia di Gesù, dicendo: «Signore, allontànati da me, perché sono un peccatore». Lo stupore infatti aveva invaso lui e tutti quelli che erano con lui, per la pesca che avevano fatto; così pure Giacomo e Giovanni, figli di Zebedèo, che erano soci di Simone. Gesù disse a Simone: «Non temere; d'ora in poi sarai pescatore di uomini».
E, tirate le barche a terra, lasciarono tutto e lo seguirono. — Parola del Signore.

PREGHIERA UNIVERSALE

Fratelli e sorelle, rendiamo grazie al Signore, perché, nella sua fedeltà, risponde alle nostre invocazioni e accresce in noi la forza. Nella preghiera, che ora gli eleviamo con fiducia, ricerchiamo la serenità interiore, mentre come Isaia avvertiamo le immense esigenze del suo regno e dichiariamo la nostra disponibilità: «Eccomi, manda me!». Per questo ci uniamo nell'invocare:

℟. **Ascoltaci, o Signore!**

- Signore, hai invitato i tuoi discepoli a calare le reti, dopo una notte di fatica: aiuta la tua Chiesa a continuare la sua missione nella storia, perché la vita non sia solo rispettata, ma anche amata con entusiasmo e desiderata come dono, ti preghiamo.

- Signore, Pietro ha riconosciuto di essere peccatore davanti a te: illumina chi adempie qualsiasi compito educativo e ministero ecclesiale, perché sia capace di ammettere la sua debolezza umana e di lasciarsi totalmente trasformare, ti preghiamo.

- Signore, hai costituito i tuoi discepoli pescatori di uomini: suscita ancora, nelle comunità cristiane, persone disponibili a collaborare alla diffusione del tuo regno, nell'apertura alle necessità di ogni persona povera e sofferente, ti preghiamo.

- Signore, in questo incontro domenicale con te ci chiami a trasmettere il tuo vangelo, così come l'abbiamo ricevuto: purificaci le labbra e il cuore, perché guardiamo con speranza ai giovani, per assicurare loro un futuro di serenità, ti preghiamo.

- (*Altre intenzioni*).

Padre, per tua grazia siamo quello che siamo e la tua azione nei nostri confronti non risulta mai vana. Accogli con bontà queste nostre implorazioni e fa' che, con la forza dello Spirito, continuiamo a essere pescatori di uomini nel nostro tempo, perché ogni persona accolga la vita come dono e la partecipi agli altri nella solidarietà e nella condivisione. Per Cristo nostro Signore. **Amen.**

SULLE OFFERTE **Il pane e il vino che hai creato, Signore, a sostegno della nostra debolezza, diventino per noi sacramento di vita eterna. Per Cristo nostro Signore.**

Prefazio delle domeniche del Tempo ordinario (pp. 477-480).

COMUNIONE
Sal 106,8-9

Rendiamo grazie al Signore
per la sua misericordia,
per i suoi prodigi verso i figli degli uomini;
egli sazia il desiderio dell'assetato
e ricolma di beni l'affamato.

Oppure:
Mt 5,5-6

Beati coloro che piangono,
perché saranno consolati.
Beati coloro che hanno fame e sete
di giustizia, perché saranno saziati.

Oppure:
Lc 3,5

«Maestro,
tutta la notte abbiamo faticato invano,
ma sulla tua parola getterò la rete».

DOPO LA COMUNIONE **O Dio, che ci hai resi partecipi di un solo pane e di un solo calice, fa' che uniti al Cristo in un solo corpo portiamo con gioia frutti di vita eterna per la salvezza del mondo. Per Cristo nostro Signore.**

14 FEBBRAIO
6ª DOMENICA DEL TEMPO ORDINARIO

CAPOVOLTI DALLA PASQUA

Le Scritture parlano il linguaggio della vita più di quanto si pensi e non rifuggono nemmeno dai sentimenti negativi. Molto meglio, d'altra parte, imprecare mentre si prega Dio – vedi tanti salmi – che lasciarci trascinare dal nostro risentimento o fingere di non provare avversione. Lasciamo alle anime belle le sdolcinature religiose, incapaci di fare i conti con una Parola che si è fatta carne. Il vangelo è umanità concreta, passione coinvolgente simile a un fuoco che deve bruciare, e Gesù si rammarica che non arda. «Maledetto l'uomo che confida nell'uomo» (Ger 17,5), dice il profeta. Sarebbe limitativo pensare che egli voglia semplicemente esternare la sua reazione a un inganno sofferto. La lettura di fede evidenzia il limite radicale di un'esistenza chiusa nell'orizzonte dei calcoli umani, che finisce con il farti maledire non solo l'altro, ma la tua stessa vita. La maledizione di Geremia va infatti interpretata alla luce della contrapposizione, che Gesù fa nella versione di Luca delle beatitudini; ai quattro «Beati» succedono i quattro «Guai», per cui sembrerebbe che anche Gesù da una parte benedica e dall'altra maledica. In realtà la traduzione non rende bene l'espressione usata dall'evangelista: più che «Guai», andrebbe tradotto «Ahimè per voi». Non quindi una maledizione, semmai un rammarico e una commiserazione. Poveri voi, che siete ricchi, sazi, ridete e ricevete applausi da tutti; sul palcoscenico dell'esistenza potete anche recitare una parte, ma alla chiusura del sipario rimane solitudine, amarezza, non senso. Eppure la parola di Dio annuncia, quale buona notizia, la possibilità di un capovolgimento: «Benedetto l'uomo che confida nel Signore» (Ger 17,7).

Non si tratta semplicemente di sostituire Dio all'uomo, ma di operare una conversione; per cui le relazioni non le vivi come fos-

sero polizze di assicurazioni, facendo ricorso a Dio con il medesimo calcolo con cui valutiamo le opportunità umane. Comprendiamo pertanto il senso delle beatitudini, assolutamente non spiritualizzate da Luca. Nella loro concretezza sono dense del rimando all'unica presenza, che può riempire obiettive situazioni di mancanza: lo Spirito Santo che dà vita. Ma la povertà, la fame, il pianto, l'insulto, come possono trasformarsi in esperienze di beatitudine? Ce lo suggerisce Paolo, nella sua riflessione alla comunità di Corinto: «Cristo è risorto dai morti, primizia di coloro che sono morti» (1Cor 15,20). Le nostre morti, se vissute in Cristo, sono esperienza paradossale di una vita ancora più piena e più grande in quanto risorta. Il manifesto rivoluzionario di Gesù – anticipato da sua madre Maria, nel cantico che parla di affamati riempiti di beni e di ricchi rimandati a mani vuote – è primizia dell'annuncio pasquale, dove finalmente la tomba si fa gravida di beatitudine che sazia, rallegra, consola.

INGRESSO
Sal 30,3-4

Sii per me difesa, o Dio,
rocca e fortezza che mi salva,
perché tu sei mio baluardo e mio rifugio;
guidami per amore del tuo nome.

COLLETTA **O Dio, che hai promesso di essere presente in coloro che ti amano e con cuore retto e sincero custodiscono la tua parola, rendici degni di diventare tua stabile dimora. Per il nostro Signore...**

Oppure: **O Dio, che respingi i superbi e doni la tua grazia agli umili, ascolta il grido dei poveri e degli oppressi che si leva a te da ogni parte della terra: spezza il giogo della violenza e dell'egoismo che ci rende estranei gli uni agli altri, e fa' che accogliendoci a vicenda come fratelli diventiamo segno dell'umanità rinnovata nel tuo amore. Per il nostro Signore...**

PRIMA LETTURA *Maledetto chi confida nell'uomo; benedetto chi confida nel Signore*

Dal libro del profeta Geremìa 17,5-8

Così dice il Signore:
«Maledetto l'uomo che confida nell'uomo,

e pone nella carne il suo sostegno,
allontanando il suo cuore dal Signore.
Sarà come un tamarisco nella steppa;
non vedrà venire il bene,
dimorerà in luoghi aridi nel deserto,
in una terra di salsedine, dove nessuno può vivere.
Benedetto l'uomo che confida nel Signore
e il Signore è la sua fiducia.
È come un albero piantato lungo un corso d'acqua,
verso la corrente stende le radici;
non teme quando viene il caldo,
le sue foglie rimangono verdi,
nell'anno della siccità non si dà pena,
non smette di produrre frutti».
— Parola di Dio.

SALMO RESPONSORIALE

dal Salmo 1

℟. **Beato l'uomo che confida nel Signore.**

Beato l'uomo che non entra nel consiglio dei malvagi,
non resta nella via dei peccatori
e non siede in compagnia degli arroganti,
ma nella legge del Signore trova la sua gioia,
la sua legge medita giorno e notte. ℟.

È come albero piantato lungo corsi d'acqua,
che dà frutto a suo tempo:
le sue foglie non appassiscono
e tutto quello che fa, riesce bene. ℟.

Non così, non così i malvagi,
ma come pula che il vento disperde;
poiché il Signore veglia sul cammino dei giusti,
mentre la via dei malvagi va in rovina. ℟.

SECONDA LETTURA

Se Cristo non è risorto, vana è la vostra fede

Dalla prima lettera di san Paolo ap. ai Corìnzi 15,12.16-20

Fratelli, se si annuncia che Cristo è risorto dai morti, come possono dire alcuni tra voi che non vi è risurrezione dei morti?

Se infatti i morti non risorgono, neanche Cristo è risorto; ma se Cristo non è risorto, vana è la vostra fede e voi siete ancora nei vostri peccati. Perciò anche quelli che sono morti in Cristo sono perduti.
Se noi abbiamo avuto speranza in Cristo soltanto per questa vita, siamo da commiserare più di tutti gli uomini. Ora, invece, Cristo è risorto dai morti, primizia di coloro che sono morti. — Parola di Dio.

AL VANGELO
Lc 6,23ab

Alleluia, alleluia.
Rallegratevi ed esultate, dice il Signore,
perché, ecco,
la vostra ricompensa è grande nel cielo.
Alleluia.

VANGELO *Beati i poveri. Guai a voi, ricchi*

Dal Vangelo secondo Luca 6,17.20-26

In quel tempo, Gesù, disceso con i Dodici, si fermò in un luogo pianeggiante. C'era gran folla di suoi discepoli e gran moltitudine di gente da tutta la Giudea, da Gerusalemme e dal litorale di Tiro e di Sidòne.
Ed egli, alzàti gli occhi verso i suoi discepoli, diceva:
«Beati voi, poveri,
perché vostro è il regno di Dio.
Beati voi, che ora avete fame,
perché sarete saziati.
Beati voi, che ora piangete,
perché riderete.
Beati voi, quando gli uomini vi odieranno e quando vi metteranno al bando e vi insulteranno e disprezzeranno il vostro nome come infame, a causa del Figlio dell'uomo. Rallegratevi in quel giorno ed esultate perché, ecco, la vostra ricompensa è grande nel cielo. Allo stesso modo infatti agivano i loro padri con i profeti.
Ma guai a voi, ricchi,
perché avete già ricevuto la vostra consolazione.
Guai a voi, che ora siete sazi,
perché avrete fame.
Guai a voi, che ora ridete,
perché sarete nel dolore e piangerete.

Guai, quando tutti gli uomini diranno bene di voi. Allo stesso modo infatti agivano i loro padri con i falsi profeti». — Parola del Signore.

PREGHIERA UNIVERSALE

Fratelli e sorelle, nella preghiera fiduciosa ripercorriamo le promesse di felicità del Signore, garantite dalla sua opera in favore dei poveri e dei sofferenti. Affrettiamo ora, nella storia, la condizione definitiva della vita, quando la nostra gioia sarà piena in Dio, che contempleremo nella maestà della sua gloria. Imploriamo:

℟. **Ascoltaci, o Signore!**

- «Beati voi poveri»: perché la Chiesa si impegni a rendere felici, in nome di Cristo, coloro che vivono profondamente la condizione umana di miseria, testimoniando la ricchezza del regno e cercando di attuare la giustizia evangelica, preghiamo.

- «Beati voi che ora avete fame»: perché coloro che non mangiano a sazietà e non possiedono mezzi sufficienti per vivere decorosamente trovino appoggio nella solidarietà dei credenti, che traducono la fede nella concretezza dell'amore, preghiamo.

- «Beati voi che ora piangete»: perché i malati e quanti sono provati da qualsiasi genere di afflizione superino le difficoltà del cammino mediante la speranza, che non toglie la fragilità, ma dà la possibilità di percorrerlo con pazienza, preghiamo.

- «Beati voi quando gli uomini vi odieranno»: perché le persecuzioni incontrate nella nostra esperienza di credenti siano affrontate con fiducia nel Signore, alimentata al banchetto eucaristico, che ci rende attenti e disponibili verso i bisognosi, preghiamo.

- (*Altre intenzioni*).

Padre, siamo come alberi piantati lungo corsi d'acqua, radicati nel fecondo terreno della tua Parola: accogli le invocazioni che ti abbiamo innalzato per l'umanità povera e malata, perché già pregusti nella speranza la felicità della totale liberazione. Suscita in questa nostra comunità relazioni fraterne, che rendano visibile la fede professata: in Cristo Gesù, nostro Signore. **Amen.**

SULLE OFFERTE **Questa nostra offerta, Signore, ci purifichi e ci rinnovi, e ottenga a chi è fedele alla tua volontà la ricompensa eterna. Per Cristo nostro Signore.**

Prefazio delle domeniche del Tempo ordinario (pp. 477-480).

COMUNIONE Sal 77,29-30

Hanno mangiato e si sono saziati
e Dio li ha soddisfatti nel loro desiderio,
la loro brama non è stata delusa.

Oppure: Gv 3,16

Dio ha tanto amato il mondo da donare
il suo unico Figlio,
perché chiunque crede in lui
non perisca, ma abbia la vita eterna.

Oppure: Lc 6,20

«Beati voi, poveri,
perché vostro è il regno di Dio»,
dice il Signore.

DOPO LA COMUNIONE **Signore, che ci hai nutriti al convito eucaristico, fa' che ricerchiamo sempre quei beni che ci danno la vera vita. Per Cristo nostro Signore.**

17 FEBBRAIO

MERCOLEDÌ DELLE CENERI

LASCIAMOCI CONVERTIRE DA DIO

Inizia il tempo di quaresima e giustamente si pensa al cammino da intraprendere per una conversione di vita; tuttavia il rischio è di ritenere che esso dipenda anzitutto da noi, dalla nostra buona volontà. Stupisce dunque che Paolo dica, in modo accorato: «In nome di Cristo siamo ambasciatori: per mezzo nostro è Dio stesso che esorta. Vi supplichiamo in nome di Cristo: lasciatevi riconciliare con Dio» (2Cor 5,20). L'iniziativa è di Dio, che ha l'urgenza di operare riconciliazione nella nostra vita quasi fosse lui a stare male per la nostra lontananza e il nostro peccato. Il padre corse incontro al figlio prodigo, non aspettava altro; così fa Dio con noi, con questa umanità che ama e vuole riabbracciare. Noi dobbiamo in certo senso arrenderci all'amore che libera e salva, lasciar fare alla grazia non ponendole ostacoli. Immergerci nel tempo quaresimale è paradossalmente esperienza più gioiosa che penosa: «Ecco ora il momento favorevole, ecco ora il giorno della salvezza!» (2Cor 6,2).

Le ceneri sul capo sono meno segno della polvere cui siamo destinati (la formula antica sottolinea questo) e più annuncio della buona notizia alla quale veniamo invitati a credere: il cambiamento del cuore, la conversione che Lui ci dona (la formula attuale lo dice: Convertiti e credi al vangelo). Già il profeta invita alla conversione, evidenziando un ritorno motivato dal volto misericordioso di Dio e non dalla sua ira: «Ritornate al Signore, vostro Dio, perché egli è misericordioso e pietoso, lento all'ira, di grande amore (Gl 2,13); chiede inoltre che non si facciano gesti esteriori, come il lacerarsi le vesti, ma interiori e profondi; anche se il riconoscimento delle colpe e la richiesta di perdono collettiva avvengono in un clima penitenziale, di digiuno e di pianto. «La-

ceratevi il cuore» (Gl 2,13): perché, dirà Geremia, l'alleanza rinnovata non può che essere scritta sul cuore; ed Ezechiele aggiungerà: reso da cuore di pietra a cuore di carne, capace di amare. Sulla linea di un cammino di interiorità, le parole di Gesù rivisitano la tradizionale prassi religiosa – presente in tante tradizioni – fatta di elemosina, preghiera e digiuno. Prassi quanto mai significativa, perché aiuta a mettere a fuoco le tre relazioni fondamentali della nostra vita: con il prossimo (l'elemosina come condivisione) con Dio (la preghiera come dialogo di intimità) con se stessi (il digiuno come dominio di sé nella sobrietà). Ma l'indicazione del vangelo è di operare nel segreto. *Solo la dimensione interiore impedisce all'elemosina di diventare ipocrisia, alla preghiera di trasformarsi in ubriacatura di parole, al digiuno di scadere nell'esibizionismo. Soprattutto la consegna di fare tutto ciò al cospetto del Padre, rimette nelle sue mani l'iniziativa del nostro cammino di conversione quaresimale. La ricompensa che ci dona non è altro che la riconciliazione supplicata da Paolo; per essa il Padre non solo dona il Figlio, ma «lo fece peccato in nostro favore» (2Cor 5,21).*

INGRESSO
Sap 11,24-25.27

Tu ami tutte le creature, Signore,
e nulla disprezzi di ciò che hai creato;
tu dimentichi i peccati
di quanti si convertono e li perdoni,
perché tu sei il Signore nostro Dio.

Si omette l'atto penitenziale, perché sostituito dal rito di imposizione delle ceneri

COLLETTA **O Dio, nostro Padre, concedi, al popolo cristiano di iniziare con questo digiuno un cammino di vera conversione, per affrontare vittoriosamente con le armi della penitenza il combattimento contro lo spirito del male. Per il nostro Signore...**

PRIMA LETTURA *Laceratevi il cuore e non le vesti*

Dal libro del profeta Gioele 2,12-18

Così dice il Signore:
«Ritornate a me con tutto il cuore,
con digiuni, con pianti e lamenti.

Laceratevi il cuore e non le vesti,
ritornate al Signore, vostro Dio,
perché egli è misericordioso e pietoso,
lento all'ira, di grande amore,
pronto a ravvedersi riguardo al male».
Chi sa che non cambi e si ravveda
e lasci dietro a sé una benedizione?
Offerta e libagione per il Signore, vostro Dio.
Suonate il corno in Sion,
proclamate un solenne digiuno,
convocate una riunione sacra.
Radunate il popolo,
indite un'assemblea solenne,
chiamate i vecchi,
riunite i fanciulli, i bambini lattanti;
esca lo sposo dalla sua camera
e la sposa dal suo talamo.
Tra il vestibolo e l'altare piangano
i sacerdoti, ministri del Signore, e dicano:
«Perdona, Signore, al tuo popolo
e non esporre la tua eredità al ludibrio
e alla derisione delle genti».
Perché si dovrebbe dire fra i popoli:
«Dov'è il loro Dio?».
Il Signore si mostra geloso per la sua terra
e si muove a compassione del suo popolo.
— Parola di Dio.

SALMO RESPONSORIALE

dal Salmo 50

℟. **Perdonaci, Signore: abbiamo peccato.**

Pietà di me, o Dio, nel tuo amore;
nella tua grande misericordia
cancella la mia iniquità.
Lavami tutto dalla mia colpa,
dal mio peccato rendimi puro. ℟.

Sì, le mie iniquità io le riconosco,
il mio peccato mi sta sempre dinanzi.
Contro di te, contro te solo ho peccato,
quello che è male ai tuoi occhi, io l'ho fatto. ℟.

Crea in me, o Dio, un cuore puro,
rinnova in me uno spirito saldo.
Non scacciarmi dalla tua presenza
e non privarmi del tuo santo spirito. ℟.

Rendimi la gioia della tua salvezza,
sostienimi con uno spirito generoso.
Signore, apri le mie labbra
e la mia bocca proclami la tua lode. ℟.

SECONDA LETTURA

Riconciliatevi con Dio... Ecco il momento favorevole

Dalla seconda lettera di san Paolo ap. ai Corinzi 5,20-6,2

Fratelli, noi, in nome di Cristo, siamo ambasciatori: per mezzo nostro è Dio stesso che esorta. Vi supplichiamo in nome di Cristo: lasciatevi riconciliare con Dio. Colui che non aveva conosciuto peccato, Dio lo fece peccato in nostro favore, perché in lui noi potessimo diventare giustizia di Dio.
Poiché siamo suoi collaboratori, vi esortiamo a non accogliere invano la grazia di Dio. Egli dice infatti:
«Al momento favorevole ti ho esaudito
e nel giorno della salvezza ti ho soccorso».
Ecco ora il momento favorevole, ecco ora il giorno della salvezza! — Parola di Dio.

AL VANGELO

cf. Sal 94,8

Lode a te, o Cristo, re di eterna gloria!
Oggi non indurite il vostro cuore,
ma ascoltate la voce del Signore.
Lode a te, o Cristo, re di eterna gloria!

VANGELO

Il Padre tuo, che vede nel segreto, ti ricompenserà

Dal vangelo secondo Matteo 6,1-6.16-18

In quel tempo, Gesù disse ai suoi discepoli: «State attenti a non praticare la vostra giustizia davanti agli uomini per essere ammirati da loro, altrimenti non c'è ricompensa per voi presso il Padre vostro che è nei cieli.
Dunque, quando fai l'elemosina, non suonare la tromba davanti a te, come fanno gli ipòcriti nelle sinagoghe e nelle strade, per essere lodati dalla gente. In verità io vi

dico: hanno già ricevuto la loro ricompensa. Invece, mentre tu fai l'elemosina, non sappia la tua sinistra ciò che fa la tua destra, perché la tua elemosina resti nel segreto; e il Padre tuo, che vede nel segreto, ti ricompenserà.
E quando pregate, non siate simili agli ipòcriti che, nelle sinagoghe e negli angoli delle piazze, amano pregare stando ritti, per essere visti dalla gente. In verità io vi dico: hanno già ricevuto la loro ricompensa. Invece, quando tu preghi, entra nella tua camera, chiudi la porta e prega il Padre tuo, che è nel segreto; e il Padre tuo, che vede nel segreto, ti ricompenserà.
E quando digiunate, non diventate malinconici come gli ipòcriti, che assumono un'aria disfatta per far vedere agli altri che digiunano. In verità io vi dico: hanno già ricevuto la loro ricompensa. Invece, quando tu digiuni, profùmati la testa e làvati il volto, perché la gente non veda che tu digiuni, ma solo il Padre tuo, che è nel segreto; e il Padre tuo, che vede nel segreto, ti ricompenserà». — Parola del Signore.

LITURGIA DI PENITENZA

Terminata l'omelia, il sacerdote invita alla preghiera:

Raccogliamoci, fratelli carissimi, in umile preghiera, davanti a Dio nostro Padre, perché faccia scendere su di noi la sua benedizione e accolga l'atto penitenziale che stiamo per compiere.

Tutti si raccolgono, per alcuni istanti, in preghiera silenziosa; e il sacerdote prosegue:

O Dio, che hai pietà di chi si pente e doni la tua pace a chi si converte, accogli con paterna bontà la preghiera del tuo popolo e benedici ✠ questi tuoi figli, che riceveranno l'austero simbolo delle ceneri, perché, attraverso l'itinerario spirituale della Quaresima, giungano completamente rinnovati a celebrare la Pasqua del tuo Figlio, il Cristo nostro Signore. Egli vive e regna nei secoli dei secoli.

Oppure: O Dio, che non vuoi la morte ma la conversione dei peccatori, ascolta benigno la nostra preghiera: benedici ✠ queste ceneri, che stiamo per imporre sul nostro capo, riconoscendo che il nostro corpo tornerà in polvere. L'esercizio della penitenza quaresimale ci ottenga il perdono dei peccati e una vita rinnovata a immagine del Signore risorto. Egli vive e regna nei secoli dei secoli.

I fedeli processionalmente, si presentano al celebrante, che impone a ciascuno le ceneri, dicendo:

Convertitevi, e credete al Vangelo.

Oppure:

Ricòrdati che sei polvere, e in polvere tornerai.

Mentre i fedeli ricevono le ceneri si esegue un canto adatto, oppure si recitano una delle seguenti antifone e il responsorio.

ANTIFONA
cf. Gl 2,13

Rinnoviamo la nostra vita
in spirito di umiltà e di penitenza;
facciamo digiuno
e supplichiamo con lacrime il Signore,
perché è pieno di misericordia il nostro Dio,
disposto a perdonare tutti i nostri peccati.

Oppure:
Gl 2,17
Est 13,17

Fra il vestibolo e l'altare del tempio
piangeranno i sacerdoti ministri del Signore,
e diranno:
Perdona, Signore, perdona il tuo popolo,
e fa' che i tuoi fedeli sempre ti cantino lodi».

RESPONSORIO
cf. Bar 3,2

Rinnoviamoci, e ripariamo al male
che nella nostra ignoranza abbiamo fatto,
perché non ci sorprenda la morte
e non ci manchi il tempo di convertirci.
℟. **Ascoltaci, Signore, pietà di noi,**
contro di te abbiamo peccato.

Oppure
Sal 78,9

O Dio della nostra salvezza,
vieni in nostro aiuto
e per la gloria del tuo nome salvaci, Signore.
℟. **Ascoltaci, Signore, pietà di noi,**
contro di te abbiamo peccato.

Terminata l'imposizione delle ceneri, il sacerdote si lava le mani. Il rito si conclude con la preghiera universale.

PREGHIERA UNIVERSALE

Fratelli e sorelle, la Quaresima ci impegna a riconoscere i limiti della nostra esistenza e la precarietà delle nostre scelte che il segno della cenere ci ha richiamato. Nel segreto del cuore rivolgiamo ora al Padre la nostra fiduciosa preghiera, perché, percorrendo il cammino di riscoperta della nostra identità battesimale, possiamo giungere alla Pasqua totalmente rinnovati. Imploriamo:

℟. **Convertici, Signore!**

- Per i credenti in Cristo, perché, avvertendo sempre più la necessità della penitenza, nella docilità alla parola di Dio seguano l'itinerario della preghiera, del digiuno e della carità, per convertirsi al Padre e riconciliarsi con i fratelli, preghiamo.

- Per coloro che gestiscono il potere economico, perché amministrino con giustizia i beni di questo mondo, privilegiando le categorie sociali più povere e promuovendo la solidarietà verso quanti hanno problemi di lavoro e di sussistenza, preghiamo.

- Per i ragazzi e i giovani, perché in questo periodo non lascino cadere a vuoto l'invito del Signore a rinsaldare l'amicizia con lui e a intensificare il dialogo e la generosità verso coloro che sono più bisognosi di attenzione e di affetto, preghiamo.

- Per noi qui riuniti, perché in questo cammino verso la Pasqua ritroviamo la capacità di verificare i nostri comportamenti e le motivazioni del nostro agire, per non lasciarci suggestionare e conquistare dal desiderio di apparire, preghiamo.

- (*Altre intenzioni*).

Padre santo e misericordioso, che educhi i tuoi figli con la forza e la dolcezza dell'amore, spezza le durezze del nostro orgoglio e crea in noi un cuore docile, capace di ascoltare la tua Parola e di accogliere il dono della vita nuova: in Cristo Gesù, nostro Signore. **Amen.**

SULLE OFFERTE Accogli, Signore, questo sacrificio, col quale iniziamo solennemente la Quaresima, e fa' che mediante le opere di carità e penitenza vinciamo i nostri vizi e liberi dal peccato possiamo celebrare la Pasqua del tuo Figlio. Egli vive e regna nei secoli dei secoli.

Prefazio di Quaresima III o IV (pp. 474-475).

COMUNIONE Sal 1,2-3
Chi medita giorno e notte
sulla legge del Signore
al tempo opportuno porterà il suo frutto.

Oppure: Mt 6,6
Prega il Padre tuo nel segreto
ed egli ti ricompenserà.

DOPO LA COMUNIONE Questo sacramento che abbiamo ricevuto, o Padre, ci sostenga nel cammino quaresimale, santifichi il nostro digiuno e lo renda efficace per la guarigione del nostro spirito. Per Cristo nostro Signore.

21 FEBBRAIO

1ª DOMENICA DI QUARESIMA

VICINO A TE È LA PAROLA

Quando abbiamo la parola sulla bocca e nel cuore, comunichiamo tra di noi con semplicità e verità, superiamo chiusure e pregiudizi. Purtroppo capita che le parole sulla bocca non corrispondano a quelle nel cuore; o che quanto abbiamo in cuore non riusciamo a comunicarlo con la bocca. È l'avventura rischiosa e splendida delle relazioni: coniugali, filiali, amicali; affidate alla parola fragile eppure grande, capace di aprirci all'incontro come di naufragare nell'ambiguità. Il testo biblico, tuttavia, non allude solamente alla parola nostra; annuncia la prossimità alla nostra esistenza della parola di Dio, cioè di un Dio che si fa Parola incisa nel nostro cuore. Israele si gloria di avere un Dio che parla al suo popolo: quale altra nazione ha un Dio così? Comprendiamo pertanto che anche Gesù di Nazaret, da buon ebreo, abbia come riferimento per le sue scelte di vita la parola di quel Dio, che gli è così vicino al punto che non esita a chiamarlo Abbà, *babbo mio. La scena delle tentazioni è là a raccontarcelo. Gesù sta per iniziare la sua vita pubblica, deve decidere come spendersi in questa missione che, umanamente, sarà anche il suo modo di realizzarsi. Ha trascorso circa trent'anni in una presa di coscienza intima e profonda, che lo ha maturato facendo emergere tutte le sue doti. Ed ecco la proposta del tentatore, alla quale decisamente risponde: «Sta scritto» (Lc 4,4). Sulla bocca e nel cuore non può che avere le Scritture e ad esse si appella per mettere a tacere ogni specie di tentazione.*

Non dimentichiamo che anche Gesù crede ed è alla sua fede che noi guardiamo, tenendo lo sguardo fisso su di lui. Si fida e si affida a Dio; alla parola del Padre si aggrapperà fino in fondo, in particolare nella sua ultima tentazione già qui delineata: «il diavolo si allontanò da lui fino al momento fissato» (Lc 4,13). È il momento dell'agonia, della passione e della croce; vi risuona un invito analogo a quelli che gli suggerisce il tentatore nel deserto. Sono inviti immediatamente positivi – il pane, la gloria, il sostegno degli angeli – come sembra positivo e di buon senso che gli chiedano di scendere dalla croce per credergli. Un romanzo, da cui è stato tratto un film, immagina che Gesù accolga in sogno l'invito a scendere dalla croce. Il Padre infatti non può volere sofferenza e morte. Vive la sua vita come tutti, ma al momento di chiudere gli occhi gli appaiono i discepoli. In un paradossale rovesciamento di quanto racconta il vangelo, sono essi a rimproverarlo di averli abbandonati, tradendo l'aspettativa di salvezza di tutta l'umanità. Gesù si risveglia e, come è avvenuto, vince la tentazione e risponde in fedeltà alle Scritture rimanendo sulla croce. La parola di Dio è sulla bocca e nel cuore dell'uomo più libero che ci sia, Gesù di Nazaret, così libero da dare la vita.

INGRESSO
Sal 90,15-16

Egli mi invocherà e io lo esaudirò;
gli darò salvezza e gloria,
lo sazierò con una lunga vita.

COLLETTA **O Dio, nostro Padre, con la celebrazione di questa Quaresima, segno sacramentale della nostra conversione, concedi a noi tuoi fedeli di crescere nella conoscenza del mistero di Cristo e di testimoniarlo con una degna condotta di vita. Per il nostro Signore...**

Oppure: **Signore nostro Dio, ascolta la voce della Chiesa che t'invoca nel deserto del mondo: stendi su di noi la tua mano, perché nutriti con il pane della tua parola e fortificati dal tuo Spirito, vinciamo con il digiuno e la preghiera le continue seduzioni del maligno. Per il nostro Signore...**

PRIMA LETTURA *Professione di fede del popolo eletto*

Dal libro del Deuteronòmio 26,4-10

Mosè parlò al popolo e disse:
«Il sacerdote prenderà la cesta dalle tue mani e la deporrà davanti all'altare del Signore, tuo Dio, e tu pronuncerai queste parole davanti al Signore, tuo Dio: «Mio padre era un Araméo errante; scese in Egitto, vi stette come un

forestiero con poca gente e vi diventò una nazione grande, forte e numerosa. Gli Egiziani ci maltrattarono, ci umiliarono e ci imposero una dura schiavitù. Allora gridammo al Signore, al Dio dei nostri padri, e il Signore ascoltò la nostra voce, vide la nostra umiliazione, la nostra miseria e la nostra oppressione; il Signore ci fece uscire dall'Egitto con mano potente e con braccio teso, spargendo terrore e operando segni e prodigi. Ci condusse in questo luogo e ci diede questa terra, dove scorrono latte e miele. Ora, ecco, io presento le primizie dei frutti del suolo che tu, Signore, mi hai dato». Le deporrai davanti al Signore, tuo Dio, e ti prostrerai davanti al Signore, tuo Dio». — Parola di Dio.

SALMO RESPONSORIALE

dal Salmo 90

℟. **Resta con noi, Signore, nell'ora della prova.**

Chi abita al riparo dell'Altissimo
passerà la notte all'ombra dell'Onnipotente.
Io dico al Signore: «Mio rifugio e mia fortezza,
mio Dio in cui confido». ℟.

Non ti potrà colpire la sventura,
nessun colpo cadrà sulla tua tenda.
Egli per te darà ordine ai suoi angeli
di custodirti in tutte le tue vie. ℟.

Sulle mani essi ti porteranno,
perché il tuo piede non inciampi nella pietra.
Calpesterai leoni e vipere,
schiaccerai leoncelli e draghi. ℟.

«Lo libererò, perché a me si è legato,
lo porrò al sicuro, perché ha conosciuto il mio nome.
Mi invocherà e io gli darò risposta;
nell'angoscia io sarò con lui,
lo libererò e lo renderò glorioso». ℟.

SECONDA LETTURA *Professione di fede di chi crede in Cristo*

Dalla lettera di san Paolo apostolo ai Romani 10,8-13

Fratelli, che cosa dice [Mosè]? «Vicino a te è la Parola, sulla tua bocca e nel tuo cuore», cioè la parola della fede che noi predichiamo. Perché se con la tua bocca procla-

merai: «Gesù è il Signore!», e con il tuo cuore crederai che Dio lo ha risuscitato dai morti, sarai salvo. Con il cuore infatti si crede per ottenere la giustizia, e con la bocca si fa la professione di fede per avere la salvezza. Dice infatti la Scrittura: «Chiunque crede in lui non sarà deluso». Poiché non c'è distinzione fra Giudeo e Greco, dato che lui stesso è il Signore di tutti, ricco verso tutti quelli che lo invocano. Infatti: «Chiunque invocherà il nome del Signore sarà salvato». — Parola di Dio.

AL VANGELO Mt 4,4

Lode a te, o Cristo, re di eterna gloria!
Non di solo pane vivrà l'uomo,
ma di ogni parola che esce dalla bocca di Dio.
Lode a te, o Cristo, re di eterna gloria!

VANGELO

Gesù fu guidato dallo Spirito nel deserto e tentato dal diavolo

Dal Vangelo secondo Luca 4,1-13

In quel tempo, Gesù, pieno di Spirito Santo, si allontanò dal Giordano ed era guidato dallo Spirito nel deserto, per quaranta giorni, tentato dal diavolo. Non mangiò nulla in quei giorni, ma quando furono terminati, ebbe fame. Allora il diavolo gli disse: «Se tu sei Figlio di Dio, di' a questa pietra che diventi pane». Gesù gli rispose: «Sta scritto: "Non di solo pane vivrà l'uomo"».
Il diavolo lo condusse in alto, gli mostrò in un istante tutti i regni della terra e gli disse: «Ti darò tutto questo potere e la loro gloria, perché a me è stata data e io la do a chi voglio. Perciò, se ti prostrerai in adorazione dinanzi a me, tutto sarà tuo». Gesù gli rispose: «Sta scritto: "Il Signore, Dio tuo, adorerai: a lui solo renderai culto"».
Lo condusse a Gerusalemme, lo pose sul punto più alto del tempio e gli disse: «Se tu sei Figlio di Dio, gèttati giù di qui; sta scritto infatti: "Ai suoi angeli darà ordini a tuo riguardo affinché essi ti custodiscano"; e anche: "Essi ti porteranno sulle loro mani perché il tuo piede non inciampi in una pietra"». Gesù gli rispose: «È stato detto: "Non metterai alla prova il Signore Dio tuo"».
Dopo aver esaurito ogni tentazione, il diavolo si allontanò da lui fino al momento fissato. — Parola del Signore.

PREGHIERA UNIVERSALE

Fratelli e sorelle, all'inizio della Quaresima accolga il Signore la confessione della nostra fede, perché, ancorati alla Parola, percorriamo le sue vie. La preghiera che ora innalziamo ci aiuti a restare saldi nella prova, confermando la speranza in Dio, nostro rifugio, che ordina ai suoi angeli di custodirci in tutti i nostri passi. Imploriamo:

℟. **Salvaci, o Signore!**

- Signore, proteggi e conferma la tua Chiesa nella sincera adesione a te. Allontana i suoi figli dalle discordie, che rendono fragile il loro cammino, e indirizzali al più autentico stile di vita cristiano, scaturito dal vangelo, ti preghiamo.

- Signore, proteggi i popoli del mondo e liberali dalle violenze e dalle ingiustizie che tuttora li angustiano. Guida i governanti nella ricerca della vera libertà e nella difesa appassionata dei poveri e degli ultimi, ti preghiamo.

- Signore, proteggi i sofferenti nel corpo e nello spirito e suscita nei credenti una maggiore apertura verso le necessità degli altri. Aiuta gli indifferenti a superare l'egoismo, che non permette loro di accorgersi degli amici, ti preghiamo.

- Signore, proteggici in questa Quaresima e riparaci alla tua ombra, perché troviamo in te sicurezza. Tu, che non fai distinzione alcuna fra gli uomini e sei ricco verso quanti ti invocano, aprici all'impegno di riconoscerti sempre nei fratelli, ti preghiamo.

- (*Altre intenzioni*).

Padre, nella tua immensa bontà ascolta le preghiere che ti abbiamo innalzato, fiduciosi nella tua misericordia. Sostienici con il tuo Spirito nel cammino verso la Pasqua del tuo Figlio che ci hai dato come maestro di vita, perché, conquistati dal suo vangelo, diventiamo nuovi nei pensieri e nelle opere: ora e nei secoli dei secoli. **Amen.**

SULLE OFFERTE **Si rinnovi, Signore, la nostra vita e col tuo aiuto si ispiri sempre più al sacrificio, che santifica l'inizio della Quaresima, tempo favorevole per la nostra salvezza. Per Cristo nostro Signore.**

PREFAZIO *Gesù vittorioso sulla tentazione del maligno*

È veramente cosa buona e giusta,
nostro dovere e fonte di salvezza,
rendere grazie sempre e in ogni luogo
a te, Signore, Padre Santo,
Dio onnipotente ed eterno,
per Cristo nostro Signore.
Egli consacrò l'istituzione del tempo penitenziale
con il digiuno di quaranta giorni,
e vincendo le insidie dell'antico tentatore
ci insegnò a dominare le seduzioni del peccato perché,
celebrando con spirito rinnovato il mistero pasquale,
possiamo giungere alla Pasqua eterna.
E noi, uniti agli angeli e ai santi,
cantiamo senza fine l'inno della tua lode:
Santo, Santo, Santo il Signore...

COMUNIONE «Solo al Signore Dio tuo ti prostrerai,
Lc 4,8 lui solo adorerai».

Oppure: Il Signore ti coprirà con la sua protezione,
Sal 90,4 sotto le sue ali troverai rifugio.

DOPO LA COMUNIONE **Il pane del cielo che ci hai dato, o Padre, alimenti in noi la fede, accresca la speranza, rafforzi la carità, e ci insegni ad avere fame di Cristo, pane vivo e vero, e a nutrirci di ogni parola che esce dalla tua bocca. Per Cristo nostro Signore.**

28 FEBBRAIO

2ª DOMENICA DI QUARESIMA

APRIRE SQUARCI DI CIELO

La nostra patria è nei cieli; siamo infatti come alberi, che hanno le radici in alto e fanno frutti in basso. A radicarci in alto è Colui che è sceso in basso fino a svuotarsi per amore, come dice l'inno contenuto nella lettera di Paolo ai Filippesi. A renderci fecondi dentro la storia è il suo Spirito, che progressivamente trasforma la nostra carne mortale e la fa diventare trasparenza di assoluto. La dimensione di cielo che ci caratterizza alimenta l'attesa non semplicemente del giorno ultimo, ma di ogni giorno nel quale il Signore Gesù viene. Venga il tuo regno, preghiamo nella preghiera che lui ci ha insegnato; più viene il regno, più c'è trasfigurazione profonda nei cuori e nelle vicende umane. Ci frapponiamo invece alla sua venuta, alla venuta del regno di Dio, alla trasformazione delle persone e delle cose, quando non ci lasciamo coinvolgere nel dono che viene dall'alto. Siamo persone che «si vantano di ciò di cui dovrebbero vergognarsi e non pensano che alle cose della terra» (Fil 3,19).

Il tempo di quaresima è appunto tempo propizio per smetterla di essere intenti solo alle cose della terra e aprire spazi di cielo: nella preghiera, nella carità, nella sobrietà di vita. È tempo – per dirla con il poeta – per uscire «a riveder le stelle». Dio condusse fuori Abràm e gli disse: «Guarda in cielo e conta le stelle, se riesci a contarle» (Gn 15,5). Dio lo conduce non solo fuori dalla soglia di casa, ma fuori dalla sua patria, dalle sue sicurezze, dai progetti già formulati, fuori anche e soprattutto da una religiosità scontata, che ha come interlocutore un Dio che non ci dice più niente. Guardando il cielo, ma camminando saldamente dentro la storia, Abramo sperimenterà che davvero Dio sta trasfigurando il suo misero corpo, insieme a quello della moglie Sara; corpi di vecchi avvizziti, senza nemmeno più desideri, celebreranno la vita generando il figlio della promessa.

«Ecco un braciere fumante e una fiaccola ardente passare in mezzo agli animali divisi» (Gn 15,17). Il fuoco ardente, che ha attraversato i corpi di Sara e Abramo, è qui anticipato dalla fiamma che avvolge il sacrificio e non è stata accesa da nessuno, perché viene dal cielo, irrompe dall'alto. Che sia lo stesso fuoco di folgore, che intravidero i tre amici di Gesù sul monte della trasfigurazione? «Gesù prese con sé Pietro, Giovanni e Giacomo e salì sul monte a pregare. Mentre pregava, il suo volto cambiò d'aspetto e la sua veste divenne candida e sfolgorante» (Lc 9,29). È il fuoco di cielo del roveto, che arde senza consumarsi; quello della cima del monte Sinai, dove Mosè trascorre la sua quaresima di quaranta giorni e quaranta notti; la fiamma nel cuore incendiato dalle Scritture dei due di Emmaus. La trasfigurazione pertanto non è privilegio di pochi, è il respiro di tutti, la boccata di ossigeno che permette di continuare il passo talora stanco e triste con rinnovata speranza.

INGRESSO
Sal 26,8-9

Di te dice il mio cuore:
«Cercate il suo volto».
Il tuo volto io cerco, o Signore.
Non nascondermi il tuo volto.

Oppure:
Sal 24,6.3-22

Ricorda, Signore, il tuo amore e la tua bontà,
le tue misericordie che sono da sempre.
Non trionfino su di noi i nostri nemici;
libera il tuo popolo, Signore,
da tutte le sue angosce.

COLLETTA **O Padre, che ci chiami ad ascoltare il tuo amato Figlio, nutri la nostra fede con la tua parola e purifica gli occhi del nostro spirito perché possiamo godere la visione della tua gloria. Per il nostro Signore...**

Oppure: **Dio grande e fedele, che riveli il tuo volto a chi ti cerca con cuore sincero, rinsalda la nostra fede nel mistero della croce e donaci un cuore docile, perché nell'adesione amorosa alla tua volontà seguiamo come discepoli il Cristo tuo Figlio. Egli è Dio...**

PRIMA LETTURA *Dio stipula l'alleanza con Abram fedele*

Dal libro della Gènesi 15,5-12.17-18

In quei giorni, Dio condusse fuori Abram e gli disse: «Guarda in cielo e conta le stelle, se riesci a contarle» e soggiunse: «Tale sarà la tua discendenza». Egli credette al Signore, che glielo accreditò come giustizia.
E gli disse: «Io sono il Signore, che ti ho fatto uscire da Ur dei Caldei per darti in possesso questa terra». Rispose: «Signore Dio, come potrò sapere che ne avrò il possesso?». Gli disse: «Prendimi una giovenca di tre anni, una capra di tre anni, un ariete di tre anni, una tortora e un colombo».
Andò a prendere tutti questi animali, li divise in due e collocò ogni metà di fronte all'altra; non divise però gli uccelli. Gli uccelli rapaci calarono su quei cadaveri, ma Abram li scacciò.
Mentre il sole stava per tramontare, un torpore cadde su Abram, ed ecco terrore e grande oscurità lo assalirono. Quando, tramontato il sole, si era fatto buio fitto, ecco un braciere fumante e una fiaccola ardente passare in mezzo agli animali divisi. In quel giorno il Signore concluse quest'alleanza con Abram:
«Alla tua discendenza
io do questa terra,
dal fiume d'Egitto
al grande fiume, il fiume Eufrate».
— Parola di Dio.

SALMO RESPONSORIALE dal Salmo 26

℟. **Il Signore è mia luce e mia salvezza.**

Il Signore è mia luce e mia salvezza:
di chi avrò timore?
Il Signore è difesa della mia vita:
di chi avrò paura? ℟.

Ascolta, Signore, la mia voce.
Io grido: abbi pietà di me, rispondimi!
Il mio cuore ripete il tuo invito:
«Cercate il mio volto!».
Il tuo volto, Signore, io cerco. ℟.

Non nascondermi il tuo volto,
non respingere con ira il tuo servo.
Sei tu il mio aiuto, non lasciarmi,
non abbandonarmi, Dio della mia salvezza. ℟.
Sono certo di contemplare la bontà del Signore
nella terra dei viventi.
Spera nel Signore, sii forte,
si rinsaldi il tuo cuore e spera nel Signore. ℟.

SECONDA LETTURA *

Cristo ci trasfigurerà nel suo corpo glorioso

Dalla lettera di san Paolo apostolo ai Filippési 3,17-4,1

Fratelli, fatevi insieme miei imitatori e guardate quelli che si comportano secondo l'esempio che avete in noi. Perché molti – ve l'ho già detto più volte e ora, con le lacrime agli occhi, ve lo ripeto – si comportano da nemici della croce di Cristo. La loro sorte finale sarà la perdizione, il ventre è il loro dio. Si vantano di ciò di cui dovrebbero vergognarsi e non pensano che alle cose della terra. La nostra cittadinanza infatti è nei cieli e di là aspettiamo come salvatore il Signore Gesù Cristo, il quale trasfigurerà il nostro misero corpo per conformarlo al suo corpo glorioso, in virtù del potere che egli ha di sottomettere a sé tutte le cose.
Perciò, fratelli miei carissimi e tanto desiderati, mia gioia e mia corona, rimanete in questo modo saldi nel Signore, carissimi! — Parola di Dio.

Forma breve

Dalla lettera di san Paolo apostolo ai Filippési 3,20-4,1

Fratelli, la nostra cittadinanza è nei cieli e di là aspettiamo come salvatore il Signore Gesù Cristo, il quale trasfigurerà il nostro misero corpo per conformarlo al suo corpo glorioso, in virtù del potere che egli ha di sottomettere a sé tutte le cose.
Perciò, fratelli miei carissimi e tanto desiderati, mia gioia e mia corona, rimanete in questo modo saldi nel Signore, carissimi! — Parola di Dio.

AL VANGELO cf. Mc 9,7

Lode e onore a te, Signore Gesù!
Dalla nube luminosa, si udì la voce del Padre:
«Questi è il mio Figlio, l'amato: ascoltatelo!».
Lode e onore a te, Signore Gesù!

VANGELO *Mentre Gesù pregava, il suo volto cambiò d'aspetto*

Dal Vangelo secondo Luca 9,28b-36

In quel tempo, Gesù prese con sé Pietro, Giovanni e Giacomo e salì sul monte a pregare. Mentre pregava, il suo volto cambiò d'aspetto e la sua veste divenne candida e sfolgorante. Ed ecco, due uomini conversavano con lui: erano Mosè ed Elìa, apparsi nella gloria, e parlavano del suo esodo, che stava per compiersi a Gerusalemme.
Pietro e i suoi compagni erano oppressi dal sonno; ma, quando si svegliarono, videro la sua gloria e i due uomini che stavano con lui.
Mentre questi si separavano da lui, Pietro disse a Gesù: «Maestro, è bello per noi essere qui. Facciamo tre capanne, una per te, una per Mosè e una per Elìa». Egli non sapeva quello che diceva.
Mentre parlava così, venne una nube e li coprì con la sua ombra. All'entrare nella nube, ebbero paura. E dalla nube uscì una voce, che diceva: «Questi è il Figlio mio, l'eletto; ascoltatelo!».
Appena la voce cessò, restò Gesù solo. Essi tacquero e in quei giorni non riferirono a nessuno ciò che avevano visto. — Parola del Signore.

PREGHIERA UNIVERSALE

Fratelli e sorelle, nella speranza di poter contemplare fin d'ora il volto del Signore consolidiamo, con la preghiera umile e confidente, il desiderio di rimanere uniti a Cristo, mentre attendiamo la sua venuta alla fine della storia. Come fece Abramo, rinsaldiamo il patto d'alleanza con Dio, per renderci disponibili a collaborare alla liberazione dell'umanità. Imploriamo:

℟. **Padre della gloria, ascoltaci!**

● Padre, in questo cammino di conversione, fa' che la Chiesa sperimenti la gioia di credere fermamente in te, nell'ascolto di Cristo. Sostienila nella durezza delle prove, perché non sia distolta dall'assimilare con speranza la logica della croce, ti preghiamo.

- Padre, riconduci a te quanti sono tentati di ripiegarsi sul proprio egoismo, vantandosi di ciò di cui dovrebbero vergognarsi. Insegna loro che la nostra fissa dimora non è in questo mondo e che nulla può assumere la dimensione dell'eterno, ti preghiamo.

- Padre, vieni incontro alla disperazione dei poveri, mediante la solidarietà. Risolleva gli ammalati dall'abbattimento e i coniugi dalle delusioni del loro cammino e rendi i giovani più generosi nel dono di sé, ancorati alla Parola del tuo Figlio, ti preghiamo.

- Padre, presente tra noi nella liturgia, fa' che in questa Quaresima ti ricerchiamo nella riflessione e nella preghiera, perché sempre più ti scopriamo quale guida sicura, ti preghiamo.

- (*Altre intenzioni*).

Padre, nel tuo Figlio trasfigurato davanti ai discepoli ci riveli la trasparente immagine della tua infinita misericordia: accogli queste nostre invocazioni. Aiutaci a seguirti, come Abramo, nella provvisorietà della storia, tenendo fisso lo sguardo su ciò che non passa, per rafforzarci nella totale apertura a te e ai fratelli: in Cristo Gesù, nostro Signore. **Amen.**

SULLE OFFERTE **Questa offerta, Signore misericordioso, ci ottenga il perdono dei nostri peccati e ci santifichi nel corpo e nello spirito, perché possiamo celebrare degnamente le feste pasquali. Per Cristo nostro Signore.**

PREFAZIO *La trasfigurazione annunzio della beata passione*

È veramente cosa buona e giusta,
nostro dovere e fonte di salvezza,
rendere grazie sempre e in ogni luogo
a te, Signore, Padre santo,
Dio onnipotente ed eterno,
per Cristo nostro Signore.

Egli, dopo aver dato ai discepoli
l'annunzio della sua morte,
sul santo monte manifestò la sua gloria
e chiamando a testimoni la legge e i profeti
indicò agli apostoli che solo attraverso la passione
possiamo giungere al trionfo della risurrezione.
E noi, uniti agli angeli del cielo,
acclamiamo senza fine la tua santità,
cantando l'inno di lode:
Santo, Santo, Santo il Signore...

COMUNIONE
Mt 17,5

«Questo è il mio Figlio prediletto,
nel quale mi sono compiaciuto.
Ascoltatelo».

DOPO LA COMUNIONE Per la partecipazione ai tuoi gloriosi misteri ti rendiamo fervide grazie, Signore, perché a noi ancora pellegrini sulla terra fai pregustare i beni del cielo. Per Cristo nostro Signore.

7 MARZO
3ª DOMENICA DI QUARESIMA

INCENDIATI DI PAROLA

L'avventura di Mosè somiglia tanto alla nostra. Era dovuto fuggire dall'Egitto per l'uccisione di una guardia, provocata dall'indignazione di vedere il suo popolo schiavizzato e oppresso; ora però ha messo su famiglia, cura gli affari del suocero, la fiamma del rivoluzionario gli si è spenta dentro. Ma sul monte di Dio, l'Oreb, ha un appuntamento: lo attende un grande spettacolo e guardando ciò che sta avvenendo fuori, vede quanto gli capita dentro. In una sorta di gioco delle parti, la scena gli fa da specchio al contrario; mentre il roveto arde e non si consuma, Mosè si consuma senza ardere. Lo deve scuotere Dio stesso, che a differenza di lui non dorme sonni tranquilli a fronte della situazione in cui versa il popolo. Lo coinvolge nell'impresa di liberare la sua gente e all'interno di questa chiamata gli rivela il suo nome e il suo volto. Mosè tornerà al monte di Dio a stipulare un patto di libertà, non però in un pellegrinaggio privato di devozione, ma in un cammino collettivo di impegno responsabile. La fiamma del roveto ha fatto il suo effetto e ciò che ha ripreso ad ardere nel suo cuore non si spegnerà più.

Gesù di Nazaret, Mosè nuovo e definitivo, non è da meno nel farsi bruciare dall'avventura spirituale, che lo vede annunciatore del Regno da lui inaugurato con gesti di guarigione e piantato nel cuore della storia dalla sua pasqua di morte e di risurrezione. È un fuoco che lo fa indignare, quando vede la rassegnazione di chi non si lascia scuotere dal vangelo; per questo la quaresima è iniziata con l'invito: Convertiti e credi al vangelo! Lo rivela anche l'episodio curioso, che vede Gesù invitato ad esprimersi sui fatti del giorno. Forse si aspettavano da lui un commento moralistico e di giu-

dizio sulle responsabilità altrui, come facciamo noi di solito davanti alla televisione. Ma egli li sorprende e li spiazza: «Se non vi convertite, perirete tutti allo stesso modo» (Lc 13,2). Terrorismo psicologico? Si tratta piuttosto della lettura di fede, che non si chiama fuori da nessun avvenimento dal momento che in esso risuona l'appello al cambiamento di vita. La parola di Dio illumina la storia e la storia fa risuonare in modo sempre nuovo la Parola; nel cuore di questa circolarità si colloca un annuncio esigente e insieme accogliente, di verità ma anche e soprattutto di misericordia. «Lascialo ancora quest'anno, finché gli avrò zappato attorno e avrò messo il concime. Vedremo se porterà frutto per l'avvenire» (Lc 13,9). La sterilità del fico, simile a quella della nostra vita personale e del mondo, non chiude i conti, per Dio; per nostra fortuna, o meglio per grazia, li riapre di continuo.

INGRESSO
Sal 24,15-16

I miei occhi sono sempre rivolti al Signore,
perché libera dal laccio i miei piedi.
Volgiti a me e abbi misericordia, Signore,
perché sono povero e solo.

Oppure:
Ez 36,23-26

«Quando manifesterò in voi la mia santità,
vi raccoglierò da tutta la terra;
vi aspergerò con acqua pura
e sarete purificati da tutte le vostre sozzure
e io vi darò uno spirito nuovo»,
dice il Signore.

COLLETTA **Dio misericordioso, fonte di ogni bene, tu ci hai proposto a rimedio del peccato il digiuno, la preghiera e le opere di carità fraterna; guarda a noi che riconosciamo la nostra miseria e, poiché ci opprime il peso delle nostre colpe, ci sollevi la tua misericordia. Per il nostro Signore...**

Oppure: **Padre santo e misericordioso, che mai abbandoni i tuoi figli e riveli ad essi il tuo nome, infrangi la durezza della mente e del cuore, perché sappiamo cogliere con la semplicità dei fanciulli i tuoi insegnamenti, e portiamo frutti di vera e continua conversione. Per il nostro Signore...**

PRIMA LETTURA *Io-Sono mi ha mandato a voi*

Dal libro dell'Èsodo 3,1-8a.13-15

In quei giorni, mentre Mosè stava pascolando il gregge di Ietro, suo suocero, sacerdote di Madian, condusse il bestiame oltre il deserto e arrivò al monte di Dio, l'Oreb. L'angelo del Signore gli apparve in una fiamma di fuoco dal mezzo di un roveto. Egli guardò ed ecco: il roveto ardeva per il fuoco, ma quel roveto non si consumava.
Mosè pensò: «Voglio avvicinarmi a osservare questo grande spettacolo: perché il roveto non brucia?». Il Signore vide che si era avvicinato per guardare; Dio gridò a lui dal roveto: «Mosè, Mosè!». Rispose: «Eccomi!». Riprese: «Non avvicinarti oltre! Togliti i sandali dai piedi, perché il luogo sul quale tu stai è suolo santo!». E disse: «Io sono il Dio di tuo padre, il Dio di Abramo, il Dio di Isacco, il Dio di Giacobbe». Mosè allora si coprì il volto, perché aveva paura di guardare verso Dio.
Il Signore disse: «Ho osservato la miseria del mio popolo in Egitto e ho udito il suo grido a causa dei suoi sovrintendenti: conosco le sue sofferenze. Sono sceso per liberarlo dal potere dell'Egitto e per farlo salire da questa terra verso una terra bella e spaziosa, verso una terra dove scorrono latte e miele».
Mosè disse a Dio: «Ecco, io vado dagli Israeliti e dico loro: "Il Dio dei vostri padri mi ha mandato a voi". Mi diranno: "Qual è il suo nome?". E io che cosa risponderò loro?». Dio disse a Mosè: «Io sono colui che sono!». E aggiunse: «Così dirai agli Israeliti: "Io-Sono mi ha mandato a voi"». Dio disse ancora a Mosè: «Dirai agli Israeliti: "Il Signore, Dio dei vostri padri, Dio di Abramo, Dio di Isacco, Dio di Giacobbe mi ha mandato a voi". Questo è il mio nome per sempre; questo è il titolo con cui sarò ricordato di generazione in generazione». — Parola di Dio.

SALMO RESPONSORIALE dal Salmo 102

℟. **Il Signore ha pietà del suo popolo.**

Benedici il Signore, anima mia,
quanto è in me benedica il suo santo nome.
Benedici il Signore, anima mia,
non dimenticare tutti i suoi benefici. ℟.

Egli perdona tutte le tue colpe,
guarisce tutte le tue infermità,
salva dalla fossa la tua vita,
ti circonda di bontà e misericordia. ℟.

Il Signore compie cose giuste,
difende i diritti di tutti gli oppressi.
Ha fatto conoscere a Mosè le sue vie,
le sue opere ai figli d'Israele. ℟.

Misericordioso e pietoso è il Signore,
lento all'ira e grande nell'amore.
Perché quanto il cielo è alto sulla terra,
così la sua misericordia è potente
su quelli che lo temono. ℟.

SECONDA LETTURA *La vita del popolo con Mosè nel deserto è stata scritta per nostro ammonimento*

Dalla prima lettera di san Paolo ap. ai Corìnzi 10,1-6.10-12

Non voglio che ignoriate, fratelli, che i nostri padri furono tutti sotto la nube, tutti attraversarono il mare, tutti furono battezzati in rapporto a Mosè nella nube e nel mare, tutti mangiarono lo stesso cibo spirituale, tutti bevvero la stessa bevanda spirituale: bevevano infatti da una roccia spirituale che li accompagnava, e quella roccia era il Cristo. Ma la maggior parte di loro non fu gradita a Dio e perciò furono sterminati nel deserto.
Ciò avvenne come esempio per noi, perché non desiderassimo cose cattive, come essi le desiderarono.
Non mormorate, come mormorarono alcuni di loro, e caddero vittime dello sterminatore. Tutte queste cose però accaddero a loro come esempio, e sono state scritte per nostro ammonimento, di noi per i quali è arrivata la fine dei tempi. Quindi, chi crede di stare in piedi, guardi di non cadere. — Parola di Dio.

AL VANGELO
Mt 4,17

Lode e onore a te, Signore Gesù!
Convertitevi, dice il Signore,
il regno dei cieli è vicino.
Lode e onore a te, Signore Gesù!

VANGELO *Se non vi convertite, perirete tutti allo stesso modo*

Dal Vangelo secondo Luca 13,1-9

In quel tempo si presentarono alcuni a riferire a Gesù il fatto di quei Galilei, il cui sangue Pilato aveva fatto scorrere insieme a quello dei loro sacrifici. Prendendo la parola, Gesù disse loro: «Credete che quei Galilei fossero più peccatori di tutti i Galilei, per aver subìto tale sorte? No, io vi dico, ma se non vi convertite, perirete tutti allo stesso modo. O quelle diciotto persone, sulle quali crollò la torre di Sìloe e le uccise, credete che fossero più colpevoli di tutti gli abitanti di Gerusalemme? No, io vi dico, ma se non vi convertite, perirete tutti allo stesso modo». Diceva anche questa parabola: «Un tale aveva piantato un albero di fichi nella sua vigna e venne a cercarvi frutti, ma non ne trovò. Allora disse al vignaiolo: "Ecco, sono tre anni che vengo a cercare frutti su quest'albero, ma non ne trovo. Tàglialo dunque! Perché deve sfruttare il terreno?". Ma quello gli rispose: "Padrone, lascialo ancora quest'anno, finché gli avrò zappato attorno e avrò messo il concime. Vedremo se porterà frutti per l'avvenire; se no, lo taglierai"». — Parola del Signore.

PREGHIERA UNIVERSALE

Fratelli e sorelle, affidiamoci, nella preghiera, a quel Dio, sconosciuto alle precedenti generazioni, ma rivelato da Gesù Cristo, perché, superando ogni timore e falso pregiudizio, lo scopriamo nella benevolenza con cui ci segue e ci capisce, anche nelle nostre scelte sbagliate. Ripetiamo:

℟. **Padre, ascoltaci!**

• Padre di misericordia, tu ti sveli ai credenti nelle modalità più imprevedibili. Conferma l'impegno della Chiesa a ricercarti negli eventi della storia e a saper accogliere i tuoi inviti a cambiare vita, senza mormorazioni né ribellioni, ti preghiamo.

• Padre di tutti, in te anche le tragedie che avvengono nel mondo diventano una perorazione alla pace. Illumina i governanti a non venire meno al loro compito, spegnendo i focolai delle polemiche, per tendere piuttosto all'unità, ti preghiamo.

● Padre di bontà, tu agisci nell'intimo dei cuori, perché gli uomini da te amati ti scoprano nello splendore della verità. Sostieni chi è provato dalle amarezze quotidiane e apri gli occhi di chi è indifferente, perché si assuma le proprie responsabilità, ti preghiamo.

● Padre dell'universo, tu sconfiggi le cattiverie umane con la tua tenerezza, per guidare i tuoi figli su strade di speranza. Fa' che, sostenuti dall'incontro eucaristico con Cristo, portiamo i frutti da te attesi, rinsaldandoci nell'impegno, ti preghiamo.

● (*Altre intenzioni*).

Padre, con l'azione del tuo Santo Spirito tu disponi al bene ogni essere vivente: accogli le nostre suppliche. Mostraci la tua infinita condiscendenza ogni volta che ci accostiamo al roveto ardente del tuo amore, perché vi attingiamo una rinnovata forza e testimoniamo nel mondo la fiducia, che affretta l'avvento della vera pace tra i popoli: in Cristo Gesù, nostro Signore. **Amen.**

SULLE OFFERTE **Per questo sacrificio di riconciliazione perdona, o Padre, i nostri debiti e donaci la forza di perdonare ai nostri fratelli. Per Cristo nostro Signore.**

Prefazio di Quaresima (pp. 474-475).

COMUNIONE
Lc 13,5

«Se non vi convertirete, perirete»,
dice il Signore.

Oppure:
Sal 83,4-5

Il passero trova la casa,
la rondine il nido dove porre i suoi piccoli,
presso i tuoi altari, Signore degli eserciti,
mio re e mio Dio.
Beato chi abita la tua casa:
sempre canta le tue lodi.

DOPO LA COMUNIONE **O Dio, che ci nutri in questa vita con il pane del cielo, pegno della tua gloria, fa' che manifestiamo nelle nostre opere la realtà presente nel sacramento che celebriamo. Per Cristo nostro Signore.**

14 MARZO

4ª DOMENICA DI QUARESIMA

INDOSSIAMO LA PRIMA VESTE

Capita, nella vita, di sentirci come fossimo figli di nessuno. Veniamo da una società nella quale incombeva la figura del «padre padrone», per cui c'era probabilmente bisogno di ucciderlo simbolicamente; ma l'esito è stato quello di una «società senza padri». Da figli costretti alla dipendenza mortificante, ci siamo ritrovati orfani; privi di un riferimento autorevole, rischiamo di non arrivare a gestire la nostra libertà. La parabola di Gesù non cade in psicologismi di maniera; narra un fatto che è capitato, capita e capiterà nella concretezza della vita delle famiglie. Eppure noi ci chiediamo il perché di questa voglia di emancipazione così urgente e, a giudicare da quanto avviene in seguito, assai poco maturata nel figlio più giovane. Il padre doveva farlo ragionare, ci viene da pensare, invece non fa una piega e il figlio, passato qualche giorno, se ne va. A Gesù, in realtà, preme raccontarci di Dio; per cui va in crisi non semplicemente il buonsenso di una relazione educativa, ma un'immagine divina che ci spiazza per troppa libertà.

Gesù viene a dirci che Dio è un padre, che nemmeno discute le nostre rivendicazioni e finisce per favorire le nostre dissipazioni; non c'è più religione! Uscendo decisamente dai sentieri battuti di una lettura consolidata della parola di Dio, ci si potrebbe chiedere se il figlio che se ne va dalla casa del padre sia semplicemente un figlio che vuole emanciparsi. Già i Padri alludevano al Figlio che, non considerando un tesoro geloso il suo stare con il Padre, va a raggiungere i fratelli là dove sono, nella loro lontananza. Forse è proprio quanto intende dire Paolo, quando afferma: «Colui che non aveva conosciuto peccato, Dio lo fece peccato in nostro favore, perché in lui noi potessimo diventare giustizia di Dio

(2Cor 5,21). Non deve scandalizzarci, quindi, che Gesù si sia fatto figlio prodigo come noi. È questa sua condivisione a rendere possibile il ritorno, esperienza nella quale si scopre l'autentico volto di Dio, che primariamente non giudica e non discrimina ma accoglie e perdona. «Oggi ho allontanato da voi l'infamia d'Egitto» (Gs 5,9), dice Dio al suo popolo dopo averlo liberato; proprio come il padre della parabola riveste di bellezza il figlio, togliendogli l'infamia del peccato. Il tempo di quaresima ci fa rivivere il nostro battesimo, attingendo al dono d'amore che ci fa figli e fratelli, figlie e sorelle, nel segno della prima veste (così nel testo originale del vangelo) con cui il padre riveste il figlio ritornato. Non dobbiamo fare altro che cedere alla supplica, rivoltaci in nome di Cristo stesso: «Lasciatevi riconciliare con Dio» (2Cor 5,20).

INGRESSO
cf. Is 66,10-11

Rallégrati, Gerusalemme,
e voi tutti che l'amate, riunitevi.
Esultate e gioite,
voi che eravate nella tristezza:
saziatevi dell'abbondanza
della vostra consolazione.

COLLETTA **O Padre, che per mezzo del tuo Figlio operi mirabilmente la nostra redenzione, concedi al popolo cristiano di affrettarsi con fede viva e generoso impegno verso la Pasqua ormai vicina. Per il nostro Signore...**

Oppure: **O Dio, Padre buono e grande nel perdono, accogli nell'abbraccio del tuo amore, tutti i figli che tornano a te con animo pentito; ricoprili delle splendide vesti di salvezza, perché possano gustare la tua gioia nella cena pasquale dell'Agnello. Egli è Dio...**

PRIMA LETTURA *Il popolo di Dio, entrato nella terra promessa, celebra la Pasqua*

Dal libro di Giosuè 5,9a.10-12

In quei giorni, il Signore disse a Giosuè: «Oggi ho allontanato da voi l'infamia dell'Egitto».
Gli Israeliti rimasero accampati a Gàlgala e celebrarono la Pasqua al quattordici del mese, alla sera, nelle steppe di Gerico.

Il giorno dopo la Pasqua mangiarono i prodotti della terra, àzzimi e frumento abbrustolito in quello stesso giorno.
E a partire dal giorno seguente, come ebbero mangiato i prodotti della terra, la manna cessò. Gli Israeliti non ebbero più manna; quell'anno mangiarono i frutti della terra di Canaan. — Parola di Dio.

SALMO RESPONSORIALE dal Salmo 33

℟. **Gustate e vedete com'è buono il Signore.**

Benedirò il Signore in ogni tempo,
sulla mia bocca sempre la sua lode.
Io mi glorio nel Signore:
i poveri ascoltino e si rallegrino. ℟.

Magnificate con me il Signore,
esaltiamo insieme il suo nome.
Ho cercato il Signore: mi ha risposto
e da ogni mia paura mi ha liberato. ℟.

Guardate a lui e sarete raggianti,
i vostri volti non dovranno arrossire.
Questo povero grida e il Signore lo ascolta,
lo salva da tutte le sue angosce. ℟.

SECONDA LETTURA *Dio ci ha riconciliati con sé mediante Cristo*

Dalla seconda lettera di san Paolo ap. ai Corìnzi 5,17-21

Fratelli, se uno è in Cristo, è una nuova creatura; le cose vecchie sono passate; ecco, ne sono nate di nuove.
Tutto questo però viene da Dio, che ci ha riconciliati con sé mediante Cristo e ha affidato a noi il ministero della riconciliazione. Era Dio infatti che riconciliava a sé il mondo in Cristo, non imputando agli uomini le loro colpe e affidando a noi la parola della riconciliazione.
In nome di Cristo, dunque, siamo ambasciatori: per mezzo nostro è Dio stesso che esorta. Vi supplichiamo in nome di Cristo: lasciatevi riconciliare con Dio.
Colui che non aveva conosciuto peccato, Dio lo fece peccato in nostro favore, perché in lui noi potessimo diventare giustizia di Dio. — Parola di Dio.

AL VANGELO
Lc 15,18

Lode e onore a te, Signore Gesù!
Mi alzerò, andrò da mio padre e gli dirò:
Padre, ho peccato verso il Cielo e davanti a te.
Lode e onore a te, Signore Gesù!

VANGELO *Questo tuo fratello era morto ed è tornato in vita*

Dal Vangelo secondo Luca 15,1-3.11-32

In quel tempo, si avvicinavano a Gesù tutti i pubblicani e i peccatori per ascoltarlo. I farisei e gli scribi mormoravano dicendo: «Costui accoglie i peccatori e mangia con loro».
Ed egli disse loro questa parabola: «Un uomo aveva due figli. Il più giovane dei due disse al padre: "Padre, dammi la parte di patrimonio che mi spetta". Ed egli divise tra loro le sue sostanze. Pochi giorni dopo, il figlio più giovane, raccolte tutte le sue cose, partì per un paese lontano e là sperperò il suo patrimonio vivendo in modo dissoluto. Quando ebbe speso tutto, sopraggiunse in quel paese una grande carestia ed egli cominciò a trovarsi nel bisogno. Allora andò a mettersi al servizio di uno degli abitanti di quella regione, che lo mandò nei suoi campi a pascolare i porci. Avrebbe voluto saziarsi con le carrube di cui si nutrivano i porci; ma nessuno gli dava nulla. Allora ritornò in sé e disse: "Quanti salariati di mio padre hanno pane in abbondanza e io qui muoio di fame! Mi alzerò, andrò da mio padre e gli dirò: Padre, ho peccato verso il Cielo e davanti a te; non sono più degno di essere chiamato tuo figlio. Trattami come uno dei tuoi salariati". Si alzò e tornò da suo padre.
Quando era ancora lontano, suo padre lo vide, ebbe compassione, gli corse incontro, gli si gettò al collo e lo baciò. Il figlio gli disse: "Padre, ho peccato verso il Cielo e davanti a te; non sono più degno di essere chiamato tuo figlio". Ma il padre disse ai servi: "Presto, portate qui il vestito più bello e fateglielo indossare, mettetegli l'anello al dito e i sandali ai piedi. Prendete il vitello grasso, ammazzatelo, mangiamo e facciamo festa, perché questo mio figlio era morto ed è tornato in vita, era perduto ed è stato ritrovato". E cominciarono a far festa.

Il figlio maggiore si trovava nei campi. Al ritorno, quando fu vicino a casa, udì la musica e le danze; chiamò uno dei servi e gli domandò che cosa fosse tutto questo. Quello gli rispose: “Tuo fratello è qui e tuo padre ha fatto ammazzare il vitello grasso, perché lo ha riavuto sano e salvo”. Egli si indignò, e non voleva entrare. Suo padre allora uscì a supplicarlo. Ma egli rispose a suo padre: “Ecco, io ti servo da tanti anni e non ho mai disobbedito a un tuo comando, e tu non mi hai mai dato un capretto per far festa con i miei amici. Ma ora che è tornato questo tuo figlio, il quale ha divorato le tue sostanze con le prostitute, per lui hai ammazzato il vitello grasso”. Gli rispose il padre: “Figlio, tu sei sempre con me e tutto ciò che è mio è tuo; ma bisognava far festa e rallegrarsi, perché questo tuo fratello era morto ed è tornato in vita, era perduto ed è stato ritrovato”». — Parola del Signore.

PREGHIERA UNIVERSALE

Fratelli e sorelle, come il figlio prodigo della parabola, ci prostriamo oggi davanti al Padre misericordioso, implorando pietà e invocando la sua protezione perché ci apra alla consapevolezza di essere creature nuove e di annunciare a tutti la sua misericordia. Il suo Spirito d’amore e di speranza ci illumini e ci doni la forza di pregare con fiducia. Imploriamo:

℟. **Pietà di noi, Signore!**

- Signore, abbi pietà della tua Chiesa, santa, ma chiamata a purificarsi in questo tempo quaresimale. Rendila solidale con quanti avvertono profondamente il loro peccato e fa’ che mostri a tutti il tuo volto di misericordia, ti preghiamo.

- Signore, abbi pietà di coloro che, abbagliati dall’orgoglio, non si ritengono bisognosi di pentimento. Chiama a conversione chi confida nella violenza imponendosi sugli altri, particolarmente sui deboli, ti preghiamo.

- Signore, abbi pietà di quanti non sono tenuti in considerazione per le menomazioni fisiche e i comportamenti al di fuori dell’ordinarietà. Sostieni i coniugi, tentati di lasciarsi per le incomprensioni, perché trovino la volontà di rappacificarsi, ti preghiamo.

● Signore, abbi pietà di noi, qui riuniti per questo banchetto di riconciliazione. Donaci di attingere da questo sacramento la gioia del ritorno a te e il desiderio di rientrare in noi stessi, ogni volta che sbagliamo, ti preghiamo.

● (*Altre intenzioni*).

Padre, tu non ti lasci vincere dalle nostre colpe, ma ci accogli con amore: apri i nostri occhi e riscalda il nostro cuore con il fuoco della tua carità. Il tuo Spirito ricomponga nell'unità ciò che la colpa ha disgregato e rinnovi la nostra vita, perché risplenda sempre più in noi l'immagine del tuo Figlio, che viene incontro alla nostra povertà, e con te vive e regna nei secoli dei secoli. **Amen.**

SULLE OFFERTE **Ti offriamo con gioia, Signore, questi doni per il sacrificio: aiutaci a celebrarlo con fede sincera e a offrirlo degnamente per la salvezza del mondo. Per Cristo nostro Signore.**

Prefazio di Quaresima (pp. 474-475).

COMUNIONE
Gv 3,19-21

«Rallégrati, figlio mio,
perhé tuo fratello era morto
ed è tornato in vita,
era perduto ed è stato ritrovato».

Oppure:
Sal 121,3-4

Gerusalemme è costruita
come città salda e compatta.
Là salgono insieme le tribù,
le tribù del Signore,
secondo la legge di Israele,
per lodare il nome del Signore.

DOPO LA COMUNIONE **O Dio, che illumini ogni uomo che viene in questo mondo, fa' risplendere su di noi la luce del tuo volto, perché i nostri pensieri siano sempre conformi alla tua sapienza e possiamo amarti con cuore sincero. Per Cristo nostro Signore.**

21 MARZO

5ª DOMENICA DI QUARESIMA

NON CONDANNATI, MA AMATI

Non solo non ci accorgiamo del nuovo che sta germogliando nella storia, ripiegando sempre sull'antico: violenza, potere, soldi; soprattutto non prendiamo coscienza della novità, che potrebbe spuntare dentro di noi. Stiamo a pensare e ripensare quanto è avvenuto, rimestiamo sui nostri errori non per riconoscerli bensì per giustificarli; così non ci liberiamo dei fantasmi di ciò che è stato e finiamo per rimanerne schiavi. Lo stesso capita con gli altri, troppo spesso identificati con i loro errori. È come se dicessimo: tu sei il tuo peccato, lo sarai sempre, segnato in modo indelebile da ciò che hai compiuto. Ma Dio fa cose nuove, anche e soprattutto nei nostri cuori vecchi. Non c'è nessuna situazione che sia senza via d'uscita, nessuna esperienza che porti in un vicolo cieco. La sua fedeltà è infatti più grande dei nostri peccati; il suo braccio potente, che aprì al popolo una strada nel mare e un sentiero in mezzo alle acque, sa trarre fuori da ogni schiavitù interiore.

Si tratta del medesimo Dio che ci rivela Gesù Cristo: lo annuncia con le sue parole, lo rende presente nei suoi gesti. Gli scribi e i farisei gli conducono una donna sorpresa in adulterio; chi è mai? È figura di tutto il popolo, come denunciano i profeti: «Tu, infatuata per la tua bellezza e approfittando della tua fama, ti sei prostituita concedendo i tuoi favori ad ogni passante» (Ez 16,15). I tradimenti di fede sono simboleggiati nella figura dell'adultera, dal momento che l'alleanza con Dio è analoga al rapporto d'amore tra sposo e sposa, l'amato e l'amata. Se è così, scribi e farisei non possono chiamarsi fuori dall'infedeltà comune; il peccato di un popolo va confessato insieme. Il tempo di quaresima è tempo propizio per la comunità cristiana, affinché possa riconoscersi quale chiesa bisognosa di perdono; solo così può testimoniare che la santità di Dio è continuamente donata alla sua sposa, che pure consuma tradimenti.

I Padri non esitano per questo a definirla casta meretrix. *Non si tratta quindi anzitutto di puntare il dito, nemmeno con l'intento di salvaguardare una morale che sembra oggi particolarmente compromessa. Non è la scelta di Gesù, che invece provoca la gente propensa a condannare l'adultera: «Chi di voi è senza peccato, scagli per primo la pietra contro di lei» (Gv 8,7). La pietra diviene improvvisamente uno specchio, sul quale si riflette la nostra stessa infedeltà; scagliandola, la getteremmo in realtà contro noi stessi. Infatti molto spesso chi non arriva a perdonare, lo fa perché o non si sente perdonato o non perdona a se stesso. Abbiamo estremo bisogno di sentirci dire: «Neanch'io ti condanno; va' e d'ora in poi non peccare più» (Gv 8,11). L'autentico cambiamento di vita non sgorga dalla paura, ma dall'amore; non è provocato dal castigo, ma dalla misericordia.*

INGRESSO
Sal 42,1-2

Fammi giustizia, o Dio,
e difendi la mia causa
contro gente senza pietà;
salvami dall'uomo ingiusto e malvagio,
perché tu sei il mio Dio e la mia difesa.

COLLETTA **Vieni in nostro aiuto, Padre misericordioso, perché possiamo vivere e agire sempre in quella carità, che spinse il tuo Figlio a dare la vita per noi. Egli è Dio...**

Oppure: **Dio di bontà, che rinnovi in Cristo tutte le cose, davanti a te sta la nostra miseria: tu che hai mandato il tuo Figlio unigenito non per condannare, ma per salvare il mondo, perdona ogni nostra colpa e fa' che rifiorisca nel nostro cuore il canto della gratitudine e della gioia. Per il nostro Signore...**

PRIMA LETTURA

Ecco, io faccio una cosa nuova
e darò acqua per dissetare il mio popolo

Dal libro del profeta Isaìa 43,16-21

Così dice il Signore,
che aprì una strada nel mare

e un sentiero in mezzo ad acque possenti,
che fece uscire carri e cavalli,
esercito ed eroi a un tempo;
essi giacciono morti, mai più si rialzeranno,
si spensero come un lucignolo, sono estinti:
«Non ricordate più le cose passate,
non pensate più alle cose antiche!
Ecco, io faccio una cosa nuova:
proprio ora germoglia, non ve ne accorgete?
Aprirò anche nel deserto una strada,
immetterò fiumi nella steppa.
Mi glorificheranno le bestie selvatiche,
sciacalli e struzzi,
perché avrò fornito acqua al deserto,
fiumi alla steppa,
per dissetare il mio popolo, il mio eletto.
Il popolo che io ho plasmato per me
celebrerà le mie lodi».
— Parola di Dio.

SALMO RESPONSORIALE Salmo 125

℟. **Grandi cose ha fatto il Signore per noi.**

Quando il Signore ristabilì la sorte di Sion,
ci sembrava di sognare.
Allora la nostra bocca si riempì di sorriso,
la nostra lingua di gioia. ℟.

Allora si diceva tra le genti:
«Il Signore ha fatto grandi cose per loro».
Grandi cose ha fatto il Signore per noi:
eravamo pieni di gioia. ℟.

Ristabilisci, Signore, la nostra sorte,
come i torrenti del Negheb.
Chi semina nelle lacrime
mieterà nella gioia. ℟.

Nell'andare, se ne va piangendo,
portando la semente da gettare,
ma nel tornare, viene con gioia,
portando i suoi covoni. ℟.

SECONDA LETTURA *A motivo di Cristo, ritengo che tutto sia una perdita, facendomi conforme alla sua morte*

Dalla lettera di san Paolo apostolo ai Filippési 3,8-14

Fratelli, ritengo che tutto sia una perdita a motivo della sublimità della conoscenza di Cristo Gesù, mio Signore. Per lui ho lasciato perdere tutte queste cose e le considero spazzatura, per guadagnare Cristo ed essere trovato in lui, avendo come mia giustizia non quella derivante dalla Legge, ma quella che viene dalla fede in Cristo, la giustizia che viene da Dio, basata sulla fede: perché io possa conoscere lui, la potenza della sua risurrezione, la comunione alle sue sofferenze, facendomi conforme alla sua morte, nella speranza di giungere alla risurrezione dai morti.

Non ho certo raggiunto la mèta, non sono arrivato alla perfezione; ma mi sforzo di correre per conquistarla, perché anch'io sono stato conquistato da Cristo Gesù. Fratelli, io non ritengo ancora di averla conquistata. So soltanto questo: dimenticando ciò che mi sta alle spalle e proteso verso ciò che mi sta di fronte, corro verso la mèta, al premio che Dio ci chiama a ricevere lassù, in Cristo Gesù. — Parola di Dio.

AL VANGELO **Lode e onore a te, Signore Gesù!**
cf. Gl 2,12-13
Ritornate a me con tutto il cuore,
dice il Signore,
perché io sono misericordioso e pietoso.
Lode e onore a te, Signore Gesù!

VANGELO *Chi di voi è senza peccato, getti per primo la pietra contro di lei*

Dal Vangelo secondo Giovanni 8,1-11

In quel tempo, Gesù si avviò verso il monte degli Ulivi. Ma al mattino si recò di nuovo nel tempio e tutto il popolo andava da lui. Ed egli sedette e si mise a insegnare loro. Allora gli scribi e i farisei gli condussero una donna sorpresa in adulterio, la posero in mezzo e gli dissero: «Maestro, questa donna è stata sorpresa in flagrante adulterio. Ora Mosè, nella Legge, ci ha comandato di la-

pidare donne come questa. Tu che ne dici?». Dicevano questo per metterlo alla prova e per avere motivo di accusarlo.
Ma Gesù si chinò e si mise a scrivere col dito per terra. Tuttavia, poiché insistevano nell'interrogarlo, si alzò e disse loro: «Chi di voi è senza peccato, getti per primo la pietra contro di lei». E, chinatosi di nuovo, scriveva per terra. Quelli, udito ciò, se ne andarono uno per uno, cominciando dai più anziani.
Lo lasciarono solo, e la donna era là in mezzo. Allora Gesù si alzò e le disse: «Donna, dove sono? Nessuno ti ha condannata?». Ed ella rispose: «Nessuno, Signore». E Gesù disse: «Neanch'io ti condanno; va' e d'ora in poi non peccare più». — Parola del Signore.

PREGHIERA UNIVERSALE

Fratelli e sorelle, per noi tutto è una perdita, se rapportato alla grandezza della chiamata a ottenere la salvezza in Cristo Gesù per raggiungere la vita senza fine. Nella preghiera imploriamo il coraggio di non cullarci nei risultati raggiunti, ma di perseverare nel cammino verso la meta. Imploriamo:

℟. **Salvaci, o Signore!**

● Signore, illumina i credenti nel ricercare il bene, camminando sulla via della misericordia. Rendili consapevoli della facilità allo sbaglio e aiutali a ritrovare solidarietà nella Chiesa, per sentirsi rinnovati e impegnati nella comune missione, ti preghiamo.

● Signore, guida i responsabili di questa società, perché non si creino illusioni nel ricorso alla repressione e alla forza, come strumenti di educazione ai valori. La giustizia sia esercitata nel rispetto della dignità umana e non a scopo punitivo, ti preghiamo.

● Signore, sostieni i ragazzi che sbagliano, perché siano aiutati a riacquistare fiducia, rinsaldando l'amicizia reciproca. Accompagna gli educatori, che si dedicano al recupero dei giovani, perché non si scoraggino nelle difficoltà, ti preghiamo.

• Signore, fa' che quando ci accostiamo a questo banchetto eucaristico ci sentiamo accolti e indirizzati verso un futuro nuovo. Guida la nostra comunità nell'educare saggiamente i suoi figli ad accostarsi al sacramento della Riconciliazione, ti preghiamo.

• (*Altre intenzioni*).

O Dio, sorgente di ogni bene, ascolta le nostre invocazioni. Tu che tutto disponi secondo un disegno di assoluta fedeltà, crea in noi un cuore nuovo, per annunciare al mondo che ci ami con predilezione e con noi scrivi pagine inedite di storia, nella gratuità della tua misericordia: in Cristo Gesù, nostro Signore. **Amen.**

SULLE OFFERTE **Esaudisci, Signore, le nostre preghiere: tu che ci hai illuminati con gli insegnamenti della fede, trasformaci con la potenza di questo sacrificio. Per Cristo nostro Signore.**

Prefazio di Quaresima (pp. 474-475).

COMUNIONE
Gv 8,10-11

«Donna, nessuno ti ha condannata?».
«Nessuno, Signore».
«Neppure io ti condanno:
d'ora in poi non peccare più».

DOPO LA COMUNIONE **Dio onnipotente, concedi a noi tuoi fedeli di essere sempre inseriti come membra vive nel Cristo, poiché abbiamo comunicato al suo corpo e al suo sangue. Per Cristo nostro Signore.**

28 MARZO

DOMENICA DELLE PALME
E DELLA PASSIONE DEL SIGNORE

IL GRIDO DELLA CROCE

La domenica delle Palme colpisce per il brusco passaggio dall’»Osanna» al «Crocifiggilo», dal clima festoso dell’ingresso a Gerusalemme all’angoscia del Getsemani e del Golgota. Nell’inno della lettera ai Filippesi, si dice di Cristo Gesù: «Svuotò se stesso, assumendo una condizione di servo, divenendo simile agli uomini. Dall’aspetto divenuto come uomo, umiliò se stesso facendosi obbediente fino alla morte e a una morte in croce. Per questo Dio lo esaltò» (Fil 2,7-9). Il movimento è inverso rispetto a quello liturgico: si va infatti dall’abbassamento all’innalzamento, dallo svuotamento di sé all’esaltazione che gli dona il Padre. Sembrerebbe meglio così, perché si intravede il lieto fine; non come in questa domenica, che inizia con i rami frondosi e chiude sulla scena della sepoltura, contemplando un morto. In realtà non c’è differenza tra le due prospettive; morte e vita, vita e morte, non hanno semplicemente una consequenzialità cronologica, ma una contemporaneità esistenziale. Infatti Gesù Cristo, che si abbassa in uno svuotamento d’amore fino al punto di farsi innalzare sulla croce, sta toccando il fondo o arriva al vertice della condivisione? E il Padre, che lo esalta dandogli un nome sopra ogni altro nome, lo pone in alto o lo inchioda all’obbedienza del dono di sé?

La grande settimana, che si apre con questa domenica della Passione, è davvero un rimescolamento delle carte; viene messa alla prova la logica, che noi diamo per scontata. Se ci si immerge nella paradossalità evangelica, si sperimenta che perdere è trovare, mentre tenere stretto equivale a non avere più nulla. Ci vuole grande determinazione, per rimanere sul punto dove si incrocia-

no la morte e la vita, l'abbassamento e l'esaltazione, il salvare e il perdere. È come lasciarsi inchiodare ai due bracci di una croce, rimanendo tesi tra due estremi e quindi con le braccia spalancate. «Per questo rendo la mia faccia dura come pietra» (Is 50,7), dice il servo del Signore; come Gesù, che compie il suo viaggio verso Gerusalemme nell'ora in cui l'esultanza dell'ingresso trascolora nella tristezza del tradimento fino alla tragedia della cattura e della condanna. Egli non è da meno nel prendere la sua ferma decisione (a muso duro, sembra dire l'evangelista Luca); non perché abbia un animo esacerbato, semmai per la forza tutta interiore che non si lascia condizionare da logiche facili. Facendosi tutto e solo Amore, riesce a mettere in sintonia il canto gioioso delle Palme con il grido soffocato della croce.

Per questo nel culmine della sofferenza e della morte fa fiorire il vangelo della misericordia e non esita ad annunciare al ladrone, che lo prega: «In verità ti dico, oggi con me sarai nel paradiso» (Lc 23,43).

BENEDIZIONE DEI RAMI E PROCESSIONE

I fedeli si radunano nel luogo dal quale partirà la processione portando in mano i rami di ulivo o di palma. All'arrivo dei ministri e del sacerdote si canta l'antifona seguente o un canto adatto.

ANTIFONA Osanna al Figlio di Davide.
Mt 21,9 Benedetto colui che viene nel nome del Signore:
è il Re d'Israele.
Osanna nell'alto dei cieli.

Il sacerdote saluta il popolo con le parole seguenti o con altre simili:

Fratelli carissimi, questa assemblea liturgica è preludio alla Pasqua del Signore, alla quale ci stiamo preparando con la penitenza e con le opere di carità fin dall'inizio della Quaresima.
Gesù entra in Gerusalemme per dare compimento al mistero della sua morte e risurrezione. Accompagniamo con fede e devozione il nostro Salvatore nel suo ingresso nella città santa, e chiediamo la grazia di seguirlo fino alla croce, per essere partecipi della sua risurrezione.

Recita poi una delle seguenti orazioni:

ORAZIONE Preghiamo. Dio onnipotente ed eterno, benedici ✠ questi rami [di ulivo], e concedi a noi tuoi fedeli, che accompagniamo esultanti il Cristo, nostro Re e Signore, di giungere con lui alla Gerusalemme del cielo. Egli vive e regna nei secoli dei secoli.

Oppure: Preghiamo. Accresci, o Dio, la fede di chi spera in te, e concedi a noi tuoi fedeli, che rechiamo questi rami in onore di Cristo trionfante, di rimanere uniti a lui, per portare frutti di opere buone. Per Cristo nostro Signore.

VANGELO *Benedetto colui che viene nel nome del Signore*

Dal Vangelo secondo Luca 19,28-40

In quel tempo, Gesù camminava davanti a tutti salendo verso Gerusalemme. Quando fu vicino a Bètfage e a Betània, presso il monte detto degli Ulivi, inviò due discepoli dicendo: «Andate nel villaggio di fronte; entrando, troverete un puledro legato, sul quale non è mai salito nessuno. Slegatelo e conducetelo qui. E se qualcuno vi domanda: "Perché lo slegate?", risponderete così: "Il Signore ne ha bisogno"».
Gli inviati andarono e trovarono come aveva loro detto. Mentre slegavano il puledro, i proprietari dissero loro: «Perché slegate il puledro?». Essi risposero: «Il Signore ne ha bisogno».
Lo condussero allora da Gesù; e gettati i loro mantelli sul puledro, vi fecero salire Gesù. Mentre egli avanzava, stendevano i loro mantelli sulla strada. Era ormai vicino alla discesa del monte degli Ulivi, quando tutta la folla dei discepoli, pieni di gioia, cominciò a lodare Dio a gran voce per tutti i prodigi che avevano veduto, dicendo:
«Benedetto colui che viene,
il re, nel nome del Signore.
Pace in cielo
e gloria nel più alto dei cieli!».
Alcuni farisei tra la folla gli dissero: «Maestro, rimprovera i tuoi discepoli». Ma egli rispose: «Io vi dico che, se questi taceranno, grideranno le pietre». — Parola del Signore.

Il celebrante, o un altro ministro, fa un'esortazione con queste parole o con altre simili:

Imitiamo, fratelli carissimi, le folle di Gerusalemme, che acclamavano Gesù, Re e Signore, e avviamoci in pace.

Inizia quindi la processione verso la chiesa, dove si celebra la Messa. Durante il cammino si eseguono i seguenti canti o altri adatti:

INGRESSO
Salmo 23

Le folle degli Ebrei, portando rami d'ulivo,
andavano incontro al Signore
e acclamavano a gran voce:
Osanna nell'alto dei cieli.

Del Signore è la terra e quanto contiene,
l'universo e i suoi abitanti.
È lui che l'ha fondata sui mari,
e sui fiumi l'ha stabilita. ℟.

Chi salirà il monte del Signore,
chi starà nel suo luogo santo?
Chi ha mani innocenti e cuore puro,
chi non pronunzia menzogna,
chi non giura a danno del suo prossimo. ℟.

Egli otterrà benedizione dal Signore,
giustizia da Dio sua salvezza.
Ecco la generazione che lo cerca,
che cerca il tuo volto, Dio di Giacobbe. ℟.

Sollevate, porte, i vostri frontali,
alzatevi, porte antiche, ed entri il re della gloria.
Chi è questo re della gloria?
Il Signore forte e potente,
il Signore potente in battaglia. ℟.

Sollevate, porte, i vostri frontali,
alzatevi, porte antiche, ed entri il re della gloria.
Chi è questo re della gloria?
Il Signore degli eserciti è il re della gloria. ℟.

Oppure:
Salmo 46

Le folle degli Ebrei,
lungo la strada stendevano i mantelli,
e acclamavano a gran voce:
Osanna al Figlio di Davide.
Benedetto colui che viene nel nome del Signore.

Applaudite, popoli tutti,
acclamate Dio con voci di gioia;
perché terribile è il Signore, l'Altissimo,
re grande su tutta la terra. ℟.

Egli ci ha assoggettati i popoli,
ha messo le nazioni sotto i nostri piedi.
La nostra eredità ha scelto per noi,
vanto di Giacobbe suo prediletto. ℟.

Ascende Dio tra le acclamazioni,
il Signore al suono di tromba.
Cantate inni a Dio, cantate inni;
cantate inni al nostro re, cantate inni;
perché Dio è re di tutta la terra,
cantate inni con arte. ℟.

Dio regna sui popoli,
Dio siede sul suo trono santo.
I capi dei popoli si sono raccolti
con il popolo del Dio di Abramo,
perché di Dio sono i potenti della terra:
egli è l'Altissimo. ℟.

Inno a Cristo Re

Gloria a te, lode in eterno, Cristo re, salvatore,
come i fanciulli un tempo dissero in coro: Osanna.

Gloria a te, lode in eterno, Cristo re, salvatore,
come i fanciulli un tempo dissero in coro: Osanna.

Tu sei il re di Israele, di Davide l'inclita prole,
che, in nome del Signore, re benedetto vieni. ℟.

Tutti gli angeli in coro ti lodan nell'alto dei cieli,
lodan te sulla terra uomini e cose insieme. ℟.

Tutto il popolo ebreo recava a te incontro le palme,
or con preghiere e voti, canti eleviamo a te. ℟.

A te che andavi a morte levavano il canto di lode,
ora te nostro re, tutti cantiamo in coro. ℟.

Ti furono accetti, tu accetta le nostre preghiere,
re buono, re clemente, cui ogni bene piace. ℟.

Mentre la processione entra in chiesa, si canta il seguente responsorio, o un altro canto che si riferisce all'ingresso del Signore:

Mentre il Cristo entrava nella città santa,
la folla degli Ebrei, preannunziando la risurrezione
del Signore della vita,
agitava rami di palma e acclamava:
Osanna nell'alto dei cieli.

Quando fu annunziato
che Gesù veniva a Gerusalemme,
il popolo uscì per andargli incontro;
agitava rami di palma e acclamava:
Osanna nell'alto dei cieli.

CELEBRAZIONE DELL'EUCARISTIA

Se c'è stata la processione, la Messa inizia dalla colletta, altrimenti, quando non c'è la processione, la Messa inizia come al solito con l'antifona d'ingresso.

INGRESSO Sal 23,9-10 Sei giorni prima della solenne celebrazione della Pasqua, quando il Signore entrò in Gerusalemme, gli andarono incontro i fanciulli: portavano in mano rami di palma, e acclamavano a gran voce:

℟. **Osanna nell'alto dei cieli:**
Gloria a te che vieni,
pieno di bontà e di misericordia.

Sollevate, porte, i vostri frontali,
alzatevi, porte antiche,
ed entri il re della gloria.
Chi è questo re della gloria?
Il Sigore degli eserciti è il re della gloria. ℟.

COLLETTA **O Dio onnipotente ed eterno, che hai dato come modello agli uomini il Cristo tuo Figlio, nostro Salvatore, fatto uomo e umiliato fino alla morte di croce, fa' che abbiamo sempre presente il grande insegnamento della sua passione, per partecipare alla gloria della risurrezione. Egli è Dio...**

PRIMA LETTURA

Non ho sottratto la faccia agli insulti e agli sputi, sapendo di non restare confuso

Dal libro del profeta Isaìa 50,4-7

**Il Signore Dio mi ha dato una lingua da discepolo,
perché io sappia indirizzare
una parola allo sfiduciato.
Ogni mattina fa attento il mio orecchio
perché io ascolti come i discepoli.
Il Signore Dio mi ha aperto l'orecchio
e io non ho opposto resistenza,
non mi sono tirato indietro.
Ho presentato il mio dorso ai flagellatori,
le mie guance a coloro che mi strappavano la barba;
non ho sottratto la faccia
agli insulti e agli sputi.
Il Signore Dio mi assiste,
per questo non resto svergognato,
per questo rendo la mia faccia dura come pietra,
sapendo di non restare confuso. — Parola di Dio.**

SALMO RESPONSORIALE

dal Salmo 21

℟. **Dio mio, Dio mio, perché mi hai abbandonato?**

Si fanno beffe di me quelli che mi vedono,
storcono le labbra, scuotono il capo:
«Si rivolga al Signore; lui lo liberi,
lo porti in salvo, se davvero lo ama!». ℟.

Un branco di cani mi circonda,
mi accerchia una banda di malfattori;
hanno scavato le mie mani e i miei piedi.
Posso contare tutte le mie ossa. ℟.

Si dividono le mie vesti,
sulla mia tunica gettano la sorte.
Ma tu, Signore, non stare lontano,
mia forza, vieni presto in mio aiuto. ℟.

Annuncerò il tuo nome ai miei fratelli,
ti loderò in mezzo all'assemblea.
Lodate il Signore, voi suoi fedeli,
gli dia gloria tutta la discendenza di Giacobbe,
lo tema tutta la discendenza d'Israele. ℟.

SECONDA LETTURA

Cristo umiliò se stesso, per questo Dio lo esaltò

Dalla lettera di san Paolo apostolo ai Filippési 2,6-11

**Cristo Gesù, pur essendo nella condizione di Dio,
non ritenne un privilegio l'essere come Dio,
ma svuotò se stesso assumendo una condizione di servo,
diventando simile agli uomini.
Dall'aspetto riconosciuto come uomo,
umiliò se stessofacendosi obbediente fino alla morte
e a una morte di croce.
Per questo Dio lo esaltò
e gli donò il nomeche è al di sopra di ogni nome,
perché nel nome di Gesù ogni ginocchio si pieghi
nei cieli, sulla terra e sotto terra,
e ogni lingua proclami:
«Gesù Cristo è Signore!»,
a gloria di Dio Padre. — Parola di Dio.**

AL VANGELO
Fil 2,8-9

Lode e onore a te, Signore Gesù!
Per noi Cristo si è fatto obbediente
fino alla morte e a una morte di croce.
Per questo Dio lo esaltò e gli donò il nome
che è al di sopra di ogni nome.
Lode e onore a te, Signore Gesù!

Indicazioni per la lettura dialogata del Vangelo: ✠ = *Gesù;* **C** = *Cronista;* **P** = *Popolo, folla o singole persone.*

VANGELO *

La passione del Signore

Passione di nostro Signore Gesù Cristo
secondo Luca[1] 22,14-23,56

*Ho tanto desiderato mangiare questa Pasqua con voi,
prima della mia passione*

[C Quando venne l'ora, Gesù prese posto a tavola e gli apostoli con lui, e disse loro: ✠ «Ho tanto desiderato

---

[1] Per la forma breve (Lc 23,1-49) si dice: **In quel tempo, tutta l'assemblea si alzò; condussero Gesù da Pilato** (e si prosegue da p. 117 fino a **guardare a tutto questo**), omettendo il testo contenuto fra le parentesi quadre in rosso.

mangiare questa Pasqua con voi, prima della mia passione, perché io vi dico: non la mangerò più, finché essa non si compia nel regno di Dio». C E, ricevuto un calice, rese grazie e disse: ✠ «Prendetelo e fatelo passare tra voi, perché io vi dico: da questo momento non berrò più del frutto della vite, finché non verrà il regno di Dio».

Fate questo in memoria di me

C Poi prese il pane, rese grazie, lo spezzò e lo diede loro dicendo: ✠ «Questo è il mio corpo, che è dato per voi; fate questo in memoria di me». C E, dopo aver cenato, fece lo stesso con il calice dicendo: ✠ «Questo calice è la nuova alleanza nel mio sangue, che è versato per voi.

Guai a quell'uomo dal quale il Figlio dell'uomo viene tradito!

Ma ecco, la mano di colui che mi tradisce è con me, sulla tavola. Il Figlio dell'uomo se ne va, secondo quanto è stabilito, ma guai a quell'uomo dal quale egli viene tradito!». C Allora essi cominciarono a domandarsi l'un l'altro chi di loro avrebbe fatto questo.

Io sto in mezzo a voi come colui che serve

E nacque tra loro anche una discussione: chi di loro fosse da considerare più grande. Egli disse: ✠ «I re delle nazioni le governano, e coloro che hanno potere su di esse sono chiamati benefattori. Voi però non fate così; ma chi tra voi è più grande diventi come il più giovane, e chi governa come colui che serve. Infatti chi è più grande, chi sta a tavola o chi serve? Non è forse colui che sta a tavola? Eppure io sto in mezzo a voi come colui che serve. Voi siete quelli che avete perseverato con me nelle mie prove e io preparo per voi un regno, come il Padre mio l'ha preparato per me, perché mangiate e beviate alla mia mensa nel mio regno. E siederete in trono a giudicare le dodici tribù di Israele.

Tu, una volta convertito, conferma i tuoi fratelli

Simone, Simone, ecco: Satana vi ha cercati per vagliarvi come il grano; ma io ho pregato per te, perché la tua fede non venga meno. E tu, una volta convertito, conferma i tuoi fratelli». C E Pietro gli disse: P «Signore, con te sono pronto ad andare anche in prigione e alla morte». C Gli risposte: ✠ «Pietro, io ti dico: oggi il gallo non canterà prima che tu, per tre volte, abbia negato di conoscermi».

Deve compiersi in me questa parola della Scrittura

C Poi disse loro: ✠ «Quando vi ho mandato senza borsa, né sacca, né sandali, vi è forse mancato qualcosa?». C Risposero: P «Nulla». C Ed egli soggiunse: ✠ «Ma ora, chi ha una borsa la prenda, e così chi ha una sacca; chi non ha spada, venda il mantello e ne compri una. Perché io vi dico: deve compiersi in me questa parola della Scrittura: "E fu annoverato tra gli empi". Infatti tutto quello che mi riguarda volge al suo compimento». C Ed essi dissero: P «Signore, ecco qui due spade». C Ma egli disse: ✠ «Basta!».

Entrato nella lotta, pregava più intensamente

C Uscì e andò, come al solito, al monte degli Ulivi; anche i discepoli lo seguirono. Giunto sul luogo, disse loro: ✠ «Pregate, per non entrare in tentazione». C Poi si allontanò da loro circa un tiro di sasso, cadde in ginocchio e pregava dicendo: ✠ «Padre, se vuoi, allontana da me questo calice! Tuttavia non sia fatta la mia, ma la tua volontà». C Gli apparve allora un angelo dal cielo per confortarlo. Entrato nella lotta, pregava più intensamente, e il suo sudore diventò come gocce di sangue che cadono a terra. Poi, rialzatosi dalla preghiera, andò dai discepoli e li trovò che dormivano per la tristezza. E disse loro: ✠ «Perché dormite? Alzatevi e pregate, per non entrare in tentazione».

Giuda, con un bacio tu tradisci il Figlio dell'uomo?

C Mentre ancora egli parlava, ecco giungere una folla; colui che si chiamava Giuda, uno dei Dodici, li precedeva e si avvicinò a Gesù per baciarlo. Gesù gli disse: ✠ «Giuda, con un bacio tu tradisci il Figlio dell'uomo?». C Allora quelli che erano con lui, vedendo ciò che stava per accadere, dissero: P «Signore, dobbiamo colpire con la spada?». C E uno di loro colpì il servo del sommo sacerdote e gli staccò l'orecchio destro. Ma Gesù intervenne dicendo: ✠ «Lasciate! Basta così!». C E, toccandogli l'orecchio, lo guarì. Poi Gesù disse a coloro che erano venuti contro di lui, capi dei sacerdoti, capi delle guardie del tempio e anziani: ✠ «Come se fossi un ladro siete venuti con spade e bastoni. Ogni giorno ero con voi nel tempio e non avete mai messo le mani su di me; ma questa è l'ora vostra e il potere delle tenebre».

Uscito fuori, Pietro pianse amaramente

C Dopo averlo catturato, lo condussero via e lo fecero entrare nella casa del sommo sacerdote. Pietro lo seguiva da lontano. Avevano acceso un fuoco in mezzo al cortile e si erano seduti attorno; anche Pietro sedette in mezzo a loro. Una giovane serva lo vide seduto vicino al fuoco e, guardandolo attentamente, disse: P «Anche questi era con lui». C Ma egli negò dicendo: P «O donna, non lo conosco!». C Poco dopo un altro lo vide e disse: P «Anche tu sei uno di loro!». C Ma Pietro rispose: P «O uomo, non lo sono!». C Passata circa un'ora, un altro insisteva: P «In verità, anche questi era con lui; infatti è Galileo». C Ma Pietro disse: P «O uomo, non so quello che dici». C E in quell'istante, mentre ancora parlava, un gallo cantò. Allora il Signore si voltò e fissò lo sguardo su Pietro, e Pietro si ricordò della parola che il Signore gli aveva detto: «Prima che il gallo canti, oggi mi rinnegherai tre volte». C E, uscito fuori, pianse amaramente.

Fa' il profeta! Chi è che ti ha colpito?

E intanto gli uomini che avevano in custodia Gesù lo deridevano e lo picchiavano, gli bendavano gli occhi e gli dicevano: P «Fa' il profeta! Chi è che ti ha colpito?». C E molte altre cose dicevano contro di lui, insultandolo.

Lo condussero davanti al loro Sinedrio

Appena fu giorno, si riunì il consiglio degli anziani del popolo, con i capi dei sacerdoti e gli scribi; lo condussero davanti al loro Sinedrio e gli dissero: P «Se tu sei il Cristo, dillo a noi». C Rispose loro: ✠ «Anche se ve lo dico, non mi crederete; se vi interrogo, non mi risponderete. Ma d'ora in poi il Figlio dell'uomo siederà alla destra della potenza di Dio». C Allora tutti dissero: P «Tu dunque sei il Figlio di Dio?». C Ed egli rispose loro: ✠ «Voi stessi dite che io lo sono». C E quelli dissero: P «Che bisogno abbiamo ancora di testimonianza? L'abbiamo udito noi stessi dalla sua bocca».

Non trovo in quest'uomo alcun motivo di condanna

C Tutta l'assemblea si alzò; lo condussero da Pilato] e cominciarono ad accusarlo: P «Abbiamo trovato costui che metteva in agitazione il nostro popolo, impediva di pagare tributi a Cesare e affermava di essere Cristo re». C Pilato allora lo interrogò: P «Sei tu il re dei Giudei?». C Ed egli rispose: ✠ «Tu lo dici». C Pilato disse ai capi dei sacerdoti e alla folla: P «Non trovo in quest'uomo alcun motivo di condanna». C Ma essi insistevano dicendo: P «Costui solleva il popolo, insegnando per tutta la Giudea, dopo aver cominciato dalla Galilea, fino a qui». C Udito ciò, Pilato domandò se quell'uomo era Galileo e, saputo che stava sotto l'autorità di Erode, lo rinviò a Erode, che in quei giorni si trovava anch'egli a Gerusalemme.

Erode con i suoi soldati insulta Gesù

Vedendo Gesù, Erode si rallegrò molto. Da molto tempo infatti desiderava vederlo, per averne sentito parlare, e sperava di vedere qualche miracolo fatto da lui. Lo interrogò, facendogli molte domande, ma egli non gli rispose nulla. Erano presenti anche i capi dei sacerdoti e gli scribi, e insistevano nell'accusarlo. Allora anche Erode, con i suoi soldati, lo insultò, si fece beffe di lui, gli mise addosso una splendida veste e lo rimandò a Pilato. In quel giorno Erode e Pilato diventarono amici tra loro; prima infatti tra loro vi era stata inimicizia.

Pilato abbandona Gesù alla loro volontà

Pilato, riuniti i capi dei sacerdoti, le autorità e il popolo, disse loro: P «Mi avete portato quest'uomo come agitatore del popolo. Ecco, io l'ho esaminato davanti a voi, ma non ho trovato in quest'uomo nessuna delle colpe di cui lo accusate; e neanche Erode: infatti ce l'ha rimandato. Ecco, egli non ha fatto nulla che meriti la morte. Perciò, dopo averlo punito, lo rimetterò in libertà». C Ma essi si misero a gridare tutti insieme: P «Togli di mezzo costui! Rimettici in libertà Barabba!». C Questi era stato messo in prigione per una rivolta, scoppiata in città, e per omicidio. Pilato parlò loro di nuovo, perché voleva rimettere in libertà Gesù. Ma essi urlavano: P «Crocifiggilo! Crocifiggilo!». C Ed egli, per la terza volta, disse loro: P «Ma che male ha fatto costui? Non ho trovato in lui nulla che meriti la morte. Dunque, lo punirò e lo rimetterò in libertà». C Essi però insistevano a gran voce, chiedendo che venisse crocifisso, e le loro grida crescevano. Pilato allora decise che la loro richiesta venisse eseguita. Rimise in libertà colui che era stato messo in prigione per rivolta e omicidio, e che essi richiedevano, e consegnò Gesù al loro volere.

Figlie di Gerusalemme, non piangete su di me

Mentre lo conducevano via, fermarono un certo Simone di Cirene, che tornava dai campi, e gli misero addosso la croce, da portare dietro a Gesù. Lo seguiva una grande moltitudine di popolo e di donne, che si battevano il petto e facevano lamenti su di lui.
Ma Gesù, voltandosi verso di loro, disse: ✠ «Figlie di Gerusalemme, non piangete su di me, ma piangete su voi stesse e sui vostri figli. Ecco, verranno giorni nei quali si dirà: "Beate le sterili, i grembi che non hanno generato e i seni che non hanno allattato". Allora cominceranno a dire ai monti: "Cadete su di noi!", e alle colline: "Copriteci!". Perché, se si tratta così il legno verde, che avverrà del legno secco?».
C Insieme con lui venivano condotti a morte anche altri due, che erano malfattori.

Padre, perdona loro perché non sanno quello che fanno

Quando giunsero sul luogo chiamato Cranio, vi crocifissero lui e i malfattori, uno a destra e l'altro a sinistra. Gesù diceva: ✠ «Padre, perdona loro perché non sanno quello che fanno».
C Poi dividendo le sue vesti, le tirarono a sorte.

Costui è il re dei Giudei

Il popolo stava a vedere; i capi invece lo deridevano dicendo: P «Ha salvato altri! Salvi se stesso, se è lui il Cristo di Dio, l'eletto». C Anche i soldati lo deridevano, gli si accostavano per porgergli dell'aceto e dicevano: P «Se tu sei il re dei Giudei, salva te stesso». C Sopra di lui c'era anche una scritta: «Costui è il re dei Giudei».

Oggi con me sarai nel paradiso

Uno dei malfattori appesi alla croce lo insultava: «Non sei tu il Cristo? Salva te stesso e noi!». L'altro invece lo rimproverava dicendo: P «Non hai alcun timore di Dio, tu che sei condannato alla stessa pena? Noi, giustamente, perché riceviamo quello che abbiamo meritato per le nostre azioni; egli invece non ha fatto nulla di male». C E disse: P «Gesù, ricordati di me quando entrerai nel tuo regno». C Gli rispose: P «In verità io ti dico: oggi con me sarai nel paradiso».

Padre, nelle tue mani consegno il mio spirito

C Era già verso mezzogiorno e si fece buio su tutta la terra fino alle tre del pomeriggio, perché il sole si era eclissato. Il velo del tempio si squarciò a metà. Gesù, gridando a gran voce, disse: ✠ «Padre, nelle tue mani consegno il mio spirito». C Detto questo, spirò.

(Qui si genuflette e si fa una breve pausa).

Visto ciò che era accaduto, il centurione dava gloria a Dio dicendo: P «Veramente quest'uomo era giusto». C Così pure tutta la folla che era venuta a vedere questo spettacolo, ripensando a quanto era accaduto, se ne tornava battendosi il petto. Tutti i suoi conoscenti, e le donne che lo avevano seguito fin dalla Galilea, stavano da lontano a guardare tutto questo.

Giuseppe pone il corpo di Gesù in un sepolcro nuovo

[Ed ecco, vi era un uomo di nome Giuseppe, membro del Sinedrio, buono e giusto. Egli non aveva aderito alla decisione e all'operato degli altri. Era di Arimatèa, una città della Giudea, e aspettava il regno di Dio. Egli si presentò a Pilato e chiese il corpo di Gesù. Lo depose dalla croce, lo avvolse con un lenzuolo e lo mise in un sepolcro scavato nella roccia, nel quale nessuno era stato ancora sepolto. Era il giorno della Parascève e già splendevano le luci del sabato. Le donne che erano venute con Gesù dalla Galilea seguivano Giuseppe; esse osservarono il sepolcro e come era stato posto il corpo di Gesù, poi tornarono indietro e prepararono aromi e oli profumati. Il giorno di sabato osservarono il riposo come era prescritto.] — Parola del Signore.

PREGHIERA UNIVERSALE

Fratelli e sorelle, Gesù risponde con il silenzio alla curiosità di Erode e invita le donne di Gerusalemme a piangere su se stesse e sui propri figli. Nei momenti più drammatici della passione parla solo con il Padre, affidandosi totalmente a lui. La nostra preghiera esprima davanti a Dio il grido degli innocenti e dei perseguitati, che attendono dal suo amore la risposta di liberazione della Pasqua. Imploriamo:

℟. **Padre, ascoltaci!**

- «Pregate per non entrare in tentazione»: perché la Chiesa adempia questo mandato soprattutto nei momenti difficili e verso coloro che attendono il soccorso della solidarietà, preghiamo.

- «Questo è il potere delle tenebre»: perché nelle relazioni sociali e familiari la vendetta e la violenza non prevalgano mai sul dialogo, ma sia esercitata la misericordia, insegnata da Cristo nella passione e affidata alla Chiesa, preghiamo.

- «Padre, nelle tue mani consegno il mio spirito»: la totale fiducia di Gesù morente vinca la disperazione di quanti si sentono abbandonati dalla benevolenza divina e li aiuti a superare la paura, preghiamo.

- «Veramente quest'uomo era giusto»: ogni nostra celebrazione eucaristica sia una confessione di fede nel Cristo e annunci la salvezza a tutti, perché si convertano, accogliendo il tempo di misericordia che Dio dona ai suoi figli, preghiamo.

- (*Altre intenzioni*).

Padre, mentre con le donne stiamo ad osservare il sepolcro in cui viene deposto Gesù, ti chiediamo di volgere il tuo sguardo particolarmente ai ragazzi e ai giovani: aiutali ad appoggiarsi a te nella loro crescita, ricercando il compimento della tua volontà, anche quando devono bere il calice amaro delle incomprensioni e delle rinunce: in Cristo Gesù, nostro Signore. **Amen.**

SULLE OFFERTE Dio onnipotente, la passione del tuo unico Figlio affretti il giorno del tuo perdono; non lo meritiamo per le nostre opere, ma l'ottenga dalla tua misericordia questo unico mirabile sacrificio. Per Cristo nostro Signore.

PREFAZIO *La passione redentrice del Signore*

È veramente cosa buona e giusta,
nostro dovere e fonte di salvezza,
rendere grazie sempre e in ogni luogo
a te, Signore, Padre santo,
Dio onnipotente ed eterno,
per Cristo nostro Signore.
Egli, che era senza peccato,
accettò la passione per noi peccatori
e, consegnandosi a un'ingiusta condanna,
portò il peso dei nostri peccati.
Con la sua morte lavò le nostre colpe
e con la sua risurrezione
ci acquistò la salvezza.
E noi, con tutti gli angeli del cielo,
innalziamo a te il nostro canto,
e proclamiamo insieme la tua lode:
Santo, Santo, Santo il Signore...

COMUNIONE
Mt 26,42;
cf. Mc 14,36; Lc 22,42

«Padre, se questo calice non può passare
senza che io lo beva,
sia fatta la tua volontà».

DOPO LA COMUNIONE O Padre, che ci hai nutriti con i tuoi santi doni, e con la morte del tuo Figlio ci fai sperare nei beni in cui crediamo, fa' che per la sua risurrezione possiamo giungere alla meta della nostra speranza. Per Cristo nostro Signore.

1 APRILE

GIOVEDÌ SANTO
CENA DEL SIGNORE

SPEZZARSI PER AMORE

Seduti a tavola, nell'intimità della relazione che si crea tra commensali, viviamo esperienze che ci rimangono impresse nella memoria. Così avviene per gli amici di Gesù, anche se la tavola dell'ultima cena ha in sé l'amaro del tradimento e prelude alla solitudine del Cristo. Tuttavia al cuore dell'esperienza condivisa tra Maestro e discepoli sta il dono di un amore che, nonostante tutto, sa andare sino alla fine. Sembra anzi che l'oscurità del rifiuto faccia risaltare ancor più lo splendore della consegna, racchiusa nei segni del pane e del vino. Per questo il racconto tramandato di quanto è successo in quella sera si specifica proprio con l'annotazione: «Il Signore Gesù, nella notte in cui veniva tradito, prese del pane...» (1Cor 11,23). Il pane che si spezza e il vino che si versa sono profezia della pasqua; infatti i discepoli lo capiranno non in quella sera, ma dopo la sua morte e risurrezione. Il dono dello Spirito farà loro comprendere il mistero del chicco di grano: marcisce e muore per dare frutto. Compreso questo, presero subito a ripetere il gesto di Gesù radunandosi nelle case; per questo Paolo dice: «Ho ricevuto dal Signore quello che a mia volta vi ho trasmesso» (1Cor 11,23). Non era presente all'ultima cena, ma è testimone di una pratica che rende presente e vivo l'evento della nostra salvezza: spezzare un po' di pane, bere del vino, nella consapevolezza che si tratta della presenza stessa del Signore Gesù, nell'atto del dono supremo di sé. L'antica memoria del passaggio dalla schiavitù alla libertà, che il popolo ebraico celebra nella cena pasquale, è ricompresa alla luce della liberazione dal male, dal peccato e dalla morte, acquistataci dal Cristo una volta per tutte. «È la Pasqua del Signore!» (Es 12,11), si dicono l'un l'altro in attesa di partire per l'impegnativo viaggio verso la terra promessa. Lo stesso diciamo noi, commensali di Gesù nella cena eucaristica, credendo che quei segni quotidiani condivisi in tavola sintetizzano l'attesa di liberazione dell'umanità intera e la rendono davvero possibile nel corpo dato e nel sangue versato. Il rischio, vissuto fin da subito dalle comunità cristiane, è di accontentarsi di fare il gesto eucaristico all'interno della celebrazione.

Ma che cosa intende dire Gesù, quando dà ai suoi amici la consegna: «Fate questo in memoria di me» (1Cor 11,24)? Non di ripetere semplicemente un rito, ma di dare la vita spezzandola per amore. Ecco allora la scelta provocatoria di Giovanni, che, pur dedicando lunghi capitoli ai discorsi di Gesù nella cena d'addio del giovedì santo, non racconta il momento così denso dello spezzare il pane, tramandato con solennità da Paolo alla comunità di Corinto. Al suo posto c'è il gesto della lavanda dei piedi, alla fine del quale il Maestro dona la lezione più alta ai discepoli: «Vi ho dato un esempio, perché anche voi facciate come io ho fatto a voi» (Gv 13,14-15). Dice di fare questo in sua memoria, perché l'eucaristia del rito si trasformi in eucaristia della vita.

1. RITI INIZIALI E LITURGIA DELLA PAROLA

INGRESSO
cf. Gal 6,14

Di null'altro mai ci glorieremo
se non della croce di Gesù Cristo,
nostro Signore:
egli è la nostra salvezza, vita e risurrezione;
per mezzo di lui siamo stati salvati e liberati.

Si dice il Gloria.

COLLETTA **O Dio, che ci hai riuniti per celebrare la santa Cena nella quale il tuo unico Figlio, prima di consegnarsi alla morte, affidò alla Chiesa il nuovo ed eterno sacrificio, convito nuziale del suo amore, fa' che dalla partecipazione a così grande mistero attingiamo pienezza di carità e di vita. Per il nostro Signore...**

PRIMA LETTURA *Prescrizioni per la cena pasquale*

Dal libro dell'Èsodo 12,1-8.11-14

In quei giorni, il Signore disse a Mosè e ad Aronne in ter-

ra d'Egitto: «Questo mese sarà per voi l'inizio dei mesi, sarà per voi il primo mese dell'anno. Parlate a tutta la comunità d'Israele e dite: "Il dieci di questo mese ciascuno si procuri un agnello per famiglia, un agnello per casa. Se la famiglia fosse troppo piccola per un agnello, si unirà al vicino, il più prossimo alla sua casa, secondo il numero delle persone; calcolerete come dovrà essere l'agnello secondo quanto ciascuno può mangiarne.
Il vostro agnello sia senza difetto, maschio, nato nell'anno; potrete sceglierlo tra le pecore o tra le capre e lo conserverete fino al quattordici di questo mese: allora tutta l'assemblea della comunità d'Israele lo immolerà al tramonto. Preso un po' del suo sangue, lo porranno sui due stipiti e sull'architrave delle case nelle quali lo mangeranno. In quella notte ne mangeranno la carne arrostita al fuoco; la mangeranno con azzimi e con erbe amare. Ecco in qual modo lo mangerete: con i fianchi cinti, i sandali ai piedi, il bastone in mano; lo mangerete in fretta. È la Pasqua del Signore!
In quella notte io passerò per la terra d'Egitto e colpirò ogni primogenito nella terra d'Egitto, uomo o animale; così farò giustizia di tutti gli dèi dell'Egitto. Io sono il Signore! Il sangue sulle case dove vi troverete servirà da segno in vostro favore: io vedrò il sangue e passerò oltre; non vi sarà tra voi flagello di sterminio quando io colpirò la terra d'Egitto. Questo giorno sarà per voi un memoriale; lo celebrerete come festa del Signore: di generazione in generazione lo celebrerete come un rito perenne"».
— Parola di Dio.

SALMO RESPONSORIALE — Sal 115

℟. **Il tuo calice, Signore, è dono di salvezza.**

Che cosa renderò al Signore,
per tutti i benefici che mi ha fatto?
Alzerò il calice della salvezza
e invocherò il nome del Signore. ℟.

Agli occhi del Signore è preziosa
la morte dei suoi fedeli.
Io sono tuo servo, figlio della tua schiava:
tu hai spezzato le mie catene. ℟.

A te offrirò un sacrificio di ringraziamento
e invocherò il nome del Signore.
Adempirò i miei voti al Signore
davanti a tutto il suo popolo. ℟.

SECONDA LETTURA *Ogni volta che mangiate questo pane e bevete al calice, voi annunciate la morte del Signore*

Dalla prima lettera di san Paolo ap. ai Corinzi 11,23-26

Fratelli, io ho ricevuto dal Signore quello che a mia volta vi ho trasmesso: il Signore Gesù, nella notte in cui veniva tradito, prese del pane e, dopo aver reso grazie, lo spezzò e disse: «Questo è il mio corpo, che è per voi; fate questo in memoria di me».
Allo stesso modo, dopo aver cenato, prese anche il calice, dicendo: «Questo calice è la Nuova Alleanza nel mio sangue; fate questo, ogni volta che ne bevete, in memoria di me».
Ogni volta infatti che mangiate questo pane e bevete al calice, voi annunciate la morte del Signore, finché egli venga. — Parola di Dio.

AL VANGELO
cf. Gv 13,34

Gloria e lode a te, Cristo Signore!
Vi do un comandamento nuovo,
dice il Signore:
come io ho amato voi,
così amatevi anche voi gli uni gli altri.
Gloria e lode a te, Cristo Signore!

VANGELO *Li amò sino alla fine*

Dal vangelo secondo Giovanni 13,1-15

***Prima della* festa di Pasqua, Gesù, sapendo che era venuta la sua ora di passare da questo mondo al Padre, avendo amato i suoi che erano nel mondo, li amò sino alla fine.**
Durante la cena, quando il diavolo aveva già messo in cuore a Giuda, figlio di Simone Iscariota, di tradirlo, Gesù, sapendo che il Padre gli aveva dato tutto nelle mani e che era venuto da Dio e a Dio ritornava, si alzò da tavola, depose le vesti, prese un asciugamano e se lo cinse attor-

no alla vita. Poi versò dell'acqua nel catino e cominciò a lavare i piedi dei discepoli e ad asciugarli con l'asciugamano di cui si era cinto.
Venne dunque da Simon Pietro e questi gli disse: «Signore, tu lavi i piedi a me?». Rispose Gesù: «Quello che io faccio, tu ora non lo capisci; lo capirai dopo». Gli disse Pietro: «Tu non mi laverai i piedi in eterno!». Gli rispose Gesù: «Se non ti laverò, non avrai parte con me». Gli disse Simon Pietro: «Signore, non solo i miei piedi, ma anche le mani e il capo!». Soggiunse Gesù: «Chi ha fatto il bagno, non ha bisogno di lavarsi se non i piedi ed è tutto puro; e voi siete puri, ma non tutti». Sapeva infatti chi lo tradiva; per questo disse: «Non tutti siete puri».
Quando ebbe lavato loro i piedi, riprese le sue vesti, sedette di nuovo e disse loro: «Capite quello che ho fatto per voi? Voi mi chiamate il Maestro e il Signore, e dite bene, perché lo sono. Se dunque io, il Signore e il Maestro, ho lavato i piedi a voi, anche voi dovete lavare i piedi gli uni agli altri. Vi ho dato un esempio, infatti, perché anche voi facciate come io ho fatto a voi». — Parola del Signore.

---

2. LAVANDA DEI PIEDI

Dopo l'omelia può aver luogo la lavanda dei piedi. Il rito viene accompagnato da canti adatti che possono essere scelti tra le seguenti antifone.

ANTIFONA 1
cf. Gv 13,4.5.15

Il Signore si alzò da tavola
versò dell'acqua in un catino,
e cominciò a lavare i piedi ai discepoli:
ad essi volle lasciare questo esempio.

ANTIFONA 2
Gv 13,6.7.8

«Signore, tu lavi i piedi a me?».
Gesù gli rispose dicendo:
«Se non ti laverò, non avrai parte con me».

Venne dunque a Simon Pietro,
e disse a lui Pietro: ℟.

«Quello che io faccio, ora non lo comprendi,
ma lo comprenderai un giorno». ℟.

ANTIFONA 3 cf. Gv 13,14
«Se vi ho lavato i piedi,
io, Signore e Maestro,
quanto più voi avete il dovere
di lavarvi i piedi l'un l'altro».

ANTIFONA 4 Gv 13,35
«Da questo tutti sapranno
che siete miei discepoli,
se vi amerete gli uni gli altri».
Gesù disse ai suoi discepoli: ℟.

ANTIFONA 5 Gv 13,34
«Vi do un comandamento nuovo:
che vi amiate gli uni gli altri
come io ho amato voi», dice il Signore.

ANTIFONA 6 cf. 1Cor 13,13
Fede, speranza e carità,
tutte e tre rimangano tra voi:
ma più grande di tutte è la carità.
Fede, speranza e carità,
tutte e tre le abbiamo qui al presente:
ma più grande di tutte è la carità. ℟.

In questa Messa non si dice il Credo.

PREGHIERA UNIVERSALE

Fratelli e sorelle, la Chiesa continua a celebrare il sacramento che Cristo le ha affidato nel cenacolo, mentre sedeva a mensa con i suoi discepoli. Educati a questa scuola di sapienza e di disponibilità, imploriamo il Signore, perché nell'Eucaristia ci doni la certezza della sua presenza accanto a noi. Invochiamo:

℟. **Ascoltaci, o Signore!**

- Signore Gesù, tu susciti in mezzo al tuo popolo chi si impegna nel servizio. Fa' che quanti credono in te siano sempre disponibili e sostieni coloro che svolgono un ministero al servizio della missione della Chiesa, ti preghiamo.

- Signore Gesù, tu non lasci mancare i testimoni della fede anche nelle persecuzioni. Infondi nei tuoi discepoli il coraggio della verità, perché il sangue sparso dai martiri del nostro tempo sia seme di nuovi cristiani e garanzia di pace, ti preghiamo.

• Signore Gesù, tu hai istituito l'Eucaristia, per tramandare la memoria viva della tua misericordia. Solleva quanti gemono nella solitudine; dona speranza ai genitori; illumina i ragazzi e i giovani perché non manchino di fiducia, ti preghiamo.

• Signore Gesù, tu nel Giovedì santo ci hai trasmesso il tuo testamento nell'offerta della tua vita. Ogni volta che ci riuniamo per la celebrazione eucaristica, aiutaci ad esserti fedeli, attingendo da questa mensa l'entusiasmo per divenire veri amici, ti preghiamo.

• (*Altre intenzioni*).

Accogli, Padre, le nostre invocazioni. Nel Signore Gesù, che ha lavato i piedi agli apostoli, ci hai dato l'esempio perché ti seguiamo ogni giorno come autentici discepoli. Rendici attenti alla voce del tuo Spirito per essere riconosciuti tuoi figli, quando il Cristo passerà a servirci alla mensa del regno, dove vive e regna nei secoli dei secoli. Amen.

3. LITURGIA EUCARISTICA

SULLE OFFERTE **Concedi a noi tuoi fedeli, Signore, di partecipare degnamente ai santi misteri, perché ogni volta che celebriamo questo memoriale del sacrificio del Signore, si compia l'opera della nostra redenzione. Per Cristo nostro Signore.**

PREFAZIO *L'Eucaristia memoriale del sacrificio di Cristo*

È veramente cosa buona e giusta,
nostro dovere e fonte di salvezza,
rendere grazie sempre e in ogni luogo
a te, Signore, Padre santo,
Dio onnipotente e misericordioso,
per Cristo nostro Signore.
Sacerdote vero ed eterno,
egli istituì il rito del sacrificio perenne;
a te per primo si offrì vittima di salvezza,
e comandò a noi di perpetuare l'offerta in sua memoria.

Il suo corpo per noi immolato è nostro cibo e ci dà forza,
il suo sangue per noi versato
è la bevanda che ci redime da ogni colpa.
Per questo mistero del tuo amore,
uniti agli angeli e ai santi,
cantiamo con gioia l'inno della tua lode:
Santo, Santo, Santo il Signore...

COMUNIONE
1Cor 11,24.25

Questo è il mio corpo, che è per voi;
questo calice è la nuova alleanza
nel mio sangue, dice il Signore.
Fate questo ogni volta che ne prendete
in memoria di me.

Oppure:
Gv 13,1

Il Signore Gesù,
sapendo che era giunta la sua ora,
dopo aver amato i suoi che erano nel mondo,
li amò sino alla fine.

DOPO LA COMUNIONE Padre onnipotente, che nella vita terrena ci hai nutriti alla cena del tuo Figlio, accoglici come tuoi commensali al banchetto glorioso del cielo. Per Cristo nostro Signore.

4. REPOSIZIONE DEL SANTISSIMO SACRAMENTO

Il Santissimo Sacramento viene portato processionalmente, per essere adorato dai fedeli, all'altare della reposizione appositamente preparato. Qui rimarrà fino alla celebrazione della Passione del Signore del venerdì santo.
Durante la processione si canta il Pange lingua *(o almeno le ultime due strofe).*

(Testo latino)	*(Traduzione conoscitiva)*
Pange lingua, gloriosi corporis mysterium, sanguinisque prætiosi quem in mundi prætium fructus ventris generosi Rex effudit gentium.	Canta, o lingua, il gran mistero di quel corpo glorioso e del sangue prezioso, frutto di fecondo seno, che per riscattare il mondo delle genti effuse il Re.

Nobis datus, nobis natus ex intacta Virgine, et in mundo conversatus sparso verbi semine, sui moras incolatus miro clausit ordine.	A noi dato, per noi nato dalla Vergine illibata, visse qui tra noi spargendo la semente del suo Verbo, e in mirabil forma chiuse la dimora sua quaggiù.
In supremæ nocte cenæ recumbens cum fratribus, observata lege plene cibis in legalibus, cibum turbæ duodenæ se dat suis manibus.	Nella notte della Cena coi fratelli a mensa assiso, con i cibi della Legge dell'Antico Testamento agli apostoli se stesso in bevanda e cibo dié.
Verbum caro, panem verum, Verbo, carnem efficit: fitque sanguis Christi merum: et si sensus deficit, ad firmandum cor sincerum sola fides sufficit.	Il divin Verbo incarnato muta il pane nel suo corpo e il vino nel suo sangue: ciò che il senso non afferra solo una profonda fede può accertare un cuor sincer.
Tantum, ergo, sacramentum veneremur cernui; et antiquum documentum novo cedat ritui: præstet fides supplementum sensuum defectui.	Adoriamo il sacramento che Dio Padre ci donò. Nuovo patto, nuovo rito nella fede si compì. Al mistero è fondamento la parola di Gesù.
Genitori, Genitoque laus et jubilatio, salus, honor, virtus quoque sit et benedictio; Procedenti ab utroque compar sit laudatio. Amen.	Gloria al Padre onnipotente, gloria al Figlio redentor, lode grande, sommo onore all'eterna carità. Gloria immensa, eterno amore alla santa Trinità. Amen.

2 APRILE
VENERDÌ SANTO
PASSIONE DEL SIGNORE

VOLGERE LO SGUARDO AL CROCIFISSO

«Ecco l'uomo!» (Gv 19,5). La frase di Pilato sa di scherno, se guardiamo al Cristo incoronato di spine con addosso il mantello di porpora; ma risuona come confessione profetica della sua umanità, che in quella tragedia dà voce all'umanità di tutti. Dove infatti sia l'uomo è interrogativo ben presente nella ricerca dei filosofi, dal tempo di Diogene; ma lo è anche nelle domande spesso inespresse, che tutti portiamo dentro. Ci chiediamo infatti dove siamo noi, smarriti e incerti, ma anche dove sia questa umanità così frantumata e disorientata. Il Cristo ci fa da specchio, svelando fino in fondo una condizione umana che non verremmo vedere. L'identificazione è immediata per le situazioni crocifisse, non ci vuole molto infatti a cogliere nel volto sfigurato di Gesù i volti segnati dalla povertà, dall'emarginazione, dalla violenza. Ma certe sfigurazioni interiori non si vedono, vengono coperte da un'esteriorità esibita come successo, riuscita, soldi, carriera... Guardare all'uomo dei dolori è comunque essere costretti a guardarsi dentro in verità, senza barare.

Fino a quando è possibile fingere ciò che non è, illudersi con quanto inevitabilmente delude? «Non ha apparenza né bellezza per attirare i nostri sguardi, non splendore per poterci piacere» (Is 53,2). La nostra società distoglie lo sguardo da ciò che non è giovane, bello, sano, ricco, potente; chi ci mette sotto gli occhi la vecchiaia o la malattia, la povertà o il fallimento, viene escluso, confinato entro spazi nascosti, rimosso. E se invece proprio in quegli aspetti di umanità meno accettati fosse racchiuso il segreto di una condizione umana bisognosa di guarigione e di salvezza? La tradizione liturgica nel venerdì santo ci fa vivere lo svelamento della croce, che prelude all'adorazione e al bacio del legno insieme maledetto e benedetto: infatti è il patibolo a cui viene appeso l'Innocente condannato e il trono di grazia dal quale il suo abbraccio d'amore si spalanca a prendere dentro davvero tutti. È uno svelamento di fede, attraverso il quale i nostri occhi si aprono a vedere oltre ciò che si mostra; il massimo del dolore diviene il massimo dell'amore, la violenza mortale si trasforma in nonviolenza pacifica, lo svuotamento totale è la glorificazione che illumina di sé tutta la storia. «Accostiamoci con piena fiducia al trono della grazia, per ricevere misericordia e trovare grazia, così da essere aiutati al momento opportuno» (Eb 4,16). *Tolto il velo e riconosciuto in quell'uomo ogni uomo, nella sua condizione colpita a morte la nostra stessa condizione bisognosa di salvezza, possiamo davvero avvicinarci alla croce e stare presso di essa come la Madre e il discepolo che Gesù amava. Il costato trafitto diviene allora un grembo, che si squarcia per generare un'umanità guarita dalla sua presunzione di autosufficienza e capace finalmente di lasciarsi amare nei suoi limiti e nei suoi stessi peccati. «Volgeranno lo sguardo a colui che hanno trafitto»* (Gv 19,37); *non va distolto, anche se ci verrebbe da farlo, la croce va contemplata fino in fondo.*

Per antichissima tradizione in questo giorno e nel giorno seguente, la Chiesa non celebra l'Eucaristia. Nelle ore pomeridiane ha luogo la celebrazione della Passione del Signore che si svolge in tre momenti: Liturgia della Parola, Adorazione della Croce, Comunione eucaristica. L'azione liturgica inizia con la preghiera silenziosa, in ginocchio, di tutta l'assemblea. Il sacerdote, secondo l'opportunità, si inginocchia o si prostra.

ORAZIONE **Ricòrdati, Padre, della tua misericordia; santifica e proteggi sempre questa tua famiglia, per la quale Cristo, tuo Figlio, inaugurò nel suo sangue il mistero pasquale. Egli vive e regna nei secoli dei secoli.**

Oppure: **O Dio, che nella passione del Cristo nostro Signore ci hai liberati dalla morte, eredità dell'antico peccato trasmessa a tutto il genere umano, rinnovaci a somiglianza del tuo Figlio; e come abbiamo portato in** noi, per la nostra nascita, l'immagine dell'uomo terreno, così per l'azione del tuo Spirito fa' che portiamo l'immagine dell'uomo celeste. Per Cristo nostro Signore.

1. LITURGIA DELLA PAROLA

PRIMA LETTURA *Egli è stato trafitto per le nostre colpe*

Dal libro del profeta Isaia 52,13-53,12

Ecco, il mio servo avrà successo,
sarà onorato, esaltato e innalzato grandemente.
Come molti si stupirono di lui
– tanto era sfigurato per essere d'uomo il suo aspetto
e diversa la sua forma da quella dei figli dell'uomo –,
così si meraviglieranno di lui molte nazioni;
i re davanti a lui si chiuderanno la bocca,
poiché vedranno un fatto mai a essi raccontato
e comprenderanno ciò che mai avevano udito.
Chi avrebbe creduto al nostro annuncio?
A chi sarebbe stato manifestato il braccio del Signore?
È cresciuto come un virgulto davanti a lui
e come una radice in terra arida.
Non ha apparenza né bellezza
per attirare i nostri sguardi,
non splendore per poterci piacere.
Disprezzato e reietto dagli uomini,
uomo dei dolori che ben conosce il patire,
come uno davanti al quale ci si copre la faccia;
era disprezzato e non ne avevamo alcuna stima.
Eppure egli si è caricato delle nostre sofferenze,
si è addossato i nostri dolori;
e noi lo giudicavamo castigato,
percosso da Dio e umiliato.
Egli è stato trafitto per le nostre colpe,
schiacciato per le nostre iniquità.
Il castigo che ci dà salvezza si è abbattuto su di lui;
per le sue piaghe noi siamo stati guariti.
Noi tutti eravamo sperduti come un gregge,
ognuno di noi seguiva la sua strada;
il Signore fece ricadere su di lui

l'iniquità di noi tutti.
Maltrattato, si lasciò umiliare
e non aprì la sua bocca;
era come agnello condotto al macello,
come pecora muta di fronte ai suoi tosatori,
e non aprì la sua bocca.
Con oppressione e ingiusta sentenza fu tolto di mezzo;
chi si affligge per la sua posterità?
Sì, fu eliminato dalla terra dei viventi,
per la colpa del mio popolo fu percosso a morte.
Gli si diede sepoltura con gli empi,
con il ricco fu il suo tumulo,
sebbene non avesse commesso violenza
né vi fosse inganno nella sua bocca.
Ma al Signore è piaciuto prostrarlo con dolori.
Quando offrirà se stesso in sacrificio di riparazione,
vedrà una discendenza, vivrà a lungo,
si compirà per mezzo suo la volontà del Signore.
Dopo il suo intimo tormento vedrà la luce
e si sazierà della sua conoscenza;
il giusto mio servo giustificherà molti,
egli si addosserà le loro iniquità.
Perciò io gli darò in premio le moltitudini,
dei potenti egli farà bottino,
perché ha spogliato se stesso fino alla morte
ed è stato annoverato fra gli empi,
mentre egli portava il peccato di molti
e intercedeva per i colpevoli.
— Parola di Dio.

SALMO RESPONSORIALE dal Salmo 30

℟. **Padre, nelle tue mani consegno il mio spirito.**

In te, Signore, mi sono rifugiato,
mai sarò deluso;
difendimi per la tua giustizia.
Alle tue mani affido il mio spirito;
tu mi hai riscattato, Signore, Dio fedele. ℟.

Sono il rifiuto dei miei nemici
e persino dei miei vicini,
il terrore dei miei conoscenti;

chi mi vede per strada mi sfugge.
Sono come un morto, lontano dal cuore;
sono come un coccio da gettare. ℟.

Ma io confido in te, Signore;
dico: «Tu sei il mio Dio,
i miei giorni sono nelle tue mani».
Liberami dalla mano dei miei nemici
e dai miei persecutori. ℟.

Sul tuo servo fa' splendere il tuo volto,
salvami per la tua misericordia.
Siate forti, rendete saldo il vostro cuore,
voi tutti che sperate nel Signore. ℟.

SECONDA LETTURA *Cristo imparò l'obbedienza e divenne causa di salvezza per tutti coloro che gli obbediscono*

Dalla lettera agli Ebrei 4,14-16; 5,7-9

Fratelli, poiché abbiamo un sommo sacerdote grande, che è passato attraverso i cieli, Gesù il Figlio di Dio, manteniamo ferma la professione della fede. Infatti non abbiamo un sommo sacerdote che non sappia prendere parte alle nostre debolezze: egli stesso è stato messo alla prova in ogni cosa come noi, escluso il peccato.
Accostiamoci dunque con piena fiducia al trono della grazia per ricevere misericordia e trovare grazia, così da essere aiutati al momento opportuno.
[Cristo, infatti,] nei giorni della sua vita terrena, offrì preghiere e suppliche, con forti grida e lacrime, a Dio che poteva salvarlo da morte e, per il suo pieno abbandono a lui, venne esaudito. Pur essendo Figlio, imparò l'obbedienza da ciò che patì e, reso perfetto, divenne causa di salvezza eterna per tutti coloro che gli obbediscono.
— Parola di Dio.

AL VANGELO
cf. Fil 2,8-9

Gloria e lode a te, Cristo Signore!
Per noi Cristo si è fatto obbediente
fino alla morte e a una morte di croce.
Per questo Dio lo esaltò e gli donò il nome
che è al di sopra di ogni nome.
Gloria e lode a te, Cristo Signore!

Indicazioni per la lettura dialogata: ✠ *= Gesù;* C *= Cronista;* P *= Popolo, folla o singoli personaggi.*

VANGELO *Passione del Signore*

Passione di nostro Signore Gesù Cristo
secondo Giovanni 18,1-19,42

Catturarono Gesù e lo legarono

C In quel tempo, Gesù uscì con i suoi discepoli al di là del torrente Cèdron, dove c'era un giardino, nel quale entrò con i suoi discepoli. Anche Giuda, il traditore, conosceva quel luogo, perché Gesù spesso si era trovato là con i suoi discepoli. Giuda dunque vi andò, dopo aver preso un gruppo di soldati e alcune guardie fornite dai capi dei sacerdoti e dai farisei, con lanterne, fiaccole e armi. Gesù allora, sapendo tutto quello che doveva accadergli, si fece innanzi e disse loro: ✠ «Chi cercate?». C Gli risposero: P «Gesù, il Nazareno». C Disse loro Gesù: ✠ «Sono io!». Vi era con loro anche Giuda, il traditore. C Appena disse loro «Sono io», indietreggiarono e caddero a terra. Domandò loro di nuovo: ✠ «Chi cercate?». C Risposero: P «Gesù, il Nazareno». C Gesù replicò: ✠ «Vi ho detto: sono io. Se dunque cercate me, lasciate che questi se ne vadano», C perché si compisse la parola che egli aveva detto: «Non ho perduto nessuno di quelli che mi hai dato». Allora Simon Pietro, che aveva una spada, la trasse fuori, colpì il servo del sommo sacerdote e gli tagliò l'orecchio destro. Quel servo si chiamava Malco. Gesù allora disse a Pietro: ✠ «Rimetti la spada nel fodero: il calice che il Padre mi ha dato, non dovrò berlo?».

Lo condussero prima da Anna

C Allora i soldati, con il comandante e le guardie dei Giudei, catturarono Gesù, lo legarono e lo condussero prima da Anna: egli infatti era suocero di Caifa, che era sommo sacerdote quell'anno. Caifa era quello che aveva consigliato ai Giudei: «È conveniente che un solo uomo muoia *per il popolo*».

Intanto Simon Pietro seguiva Gesù insieme a un altro discepolo. Questo discepolo era conosciuto dal sommo sacerdote ed entrò con Gesù nel cortile del sommo sacerdote. Pietro invece si fermò fuori, vicino alla porta. Allo-

ra quell'altro discepolo, noto al sommo sacerdote, tornò fuori, parlò alla portinaia e fece entrare Pietro. E la giovane portinaia disse a Pietro: P «Non sei anche tu uno dei discepoli di quest'uomo?». C Egli rispose: P «Non lo sono». C Intanto i servi e le guardie avevano acceso un fuoco, perché faceva freddo, e si scaldavano; anche Pietro stava con loro e si scaldava.
Il sommo sacerdote, dunque, interrogò Gesù riguardo ai suoi discepoli e al suo insegnamento. Gesù gli rispose: ✠ «Io ho parlato al mondo apertamente; ho sempre insegnato nella sinagoga e nel tempio, dove tutti i Giudei si riuniscono, e non ho mai detto nulla di nascosto. Perché interroghi me? Interroga quelli che hanno udito ciò che ho detto loro; ecco, essi sanno che cosa ho detto». C Appena detto questo, una delle guardie presenti diede uno schiaffo a Gesù, dicendo: P «Così rispondi al sommo sacerdote?». C Gli rispose Gesù: ✠ «Se ho parlato male, dimostrami dov'è il male. Ma se ho parlato bene, perché mi percuoti?». C Allora Anna lo mandò, con le mani legate, a Caifa, il sommo sacerdote.

Non sei anche tu uno dei suoi discepoli? Non lo sono!

Intanto Simon Pietro stava lì a scaldarsi. Gli dissero: P «Non sei anche tu uno dei suoi discepoli?». C Egli lo negò e disse: P «Non lo sono». C Ma uno dei servi del sommo sacerdote, parente di quello a cui Pietro aveva tagliato l'orecchio, disse: P «Non ti ho forse visto con lui nel giardino?». C Pietro negò di nuovo, e subito un gallo cantò.

Il mio regno non è di questo mondo

Condussero poi Gesù dalla casa di Caifa nel pretorio. Era l'alba ed essi non vollero entrare nel pretorio, per non contaminarsi e poter mangiare la Pasqua. Pilato dunque uscì verso di loro e domandò: P «Che accusa portate contro quest'uomo?». C Gli risposero: P «Se costui non fosse un malfattore, non te l'avremmo consegnato». C Allora Pilato disse loro: P «Prendetelo voi e giudicatelo secondo la vostra Legge!». C Gli risposero i Giudei: P «A noi non è consentito mettere a morte nessuno». C Così si compivano le parole che Gesù aveva detto, indicando di quale morte doveva morire.

Pilato allora rientrò nel pretorio, fece chiamare Gesù e gli disse: P «Sei tu il re dei Giudei?». C Gesù rispose: ✠ «Dici questo da te, oppure altri ti hanno parlato di me?». C Pilato disse: P «Sono forse io Giudeo? La tua gente e i capi dei sacerdoti ti hanno consegnato a me. Che cosa hai fatto?». C Rispose Gesù: ✠ «Il mio regno non è di questo mondo; se il mio regno fosse di questo mondo, i miei servitori avrebbero combattuto perché non fossi consegnato ai Giudei; ma il mio regno non è di quaggiù». C Allora Pilato gli disse: P «Dunque tu sei re?». C Rispose Gesù: ✠ «Tu lo dici: io sono re. Per questo io sono nato e per questo sono venuto nel mondo: per dare testimonianza alla verità. Chiunque è dalla verità, ascolta la mia voce». C Gli dice Pilato: P «Che cos'è la verità?».

C E, detto questo, uscì di nuovo verso i Giudei e disse loro: P «Io non trovo in lui colpa alcuna. Vi è tra voi l'usanza che, in occasione della Pasqua, io rimetta uno in libertà per voi: volete dunque che io rimetta in libertà per voi il re dei Giudei?». C Allora essi gridarono di nuovo: P «Non costui, ma Barabba!». C Barabba era un brigante.

Salve, re dei Giudei!

Allora Pilato fece prendere Gesù e lo fece flagellare. E i soldati, intrecciata una corona di spine, gliela posero sul capo e gli misero addosso un mantello di porpora. Poi gli si avvicinavano e dicevano: P «Salve, re dei Giudei!». C E gli davano schiaffi.

Pilato uscì fuori di nuovo e disse loro: P «Ecco, io ve lo conduco fuori, perché sappiate che non trovo in lui colpa alcuna». C Allora Gesù uscì, portando la corona di spine e il mantello di porpora. E Pilato disse loro: P «Ecco l'uomo!».

C Come lo videro, i capi dei sacerdoti e le guardie gridarono: P «Crocifiggilo! Crocifiggilo!». C Disse loro Pilato: P «Prendetelo voi e crocifiggetelo; io in lui non trovo colpa». C Gli risposero i Giudei: P «Noi abbiamo una Legge e secondo la Legge deve morire, perché si è fatto Figlio di Dio».

C All'udire queste parole, Pilato ebbe ancor più paura. Entrò di nuovo nel pretorio e disse a Gesù: P «Di dove sei tu?». C Ma Gesù non gli diede risposta. Gli disse allora Pilato: P «Non mi parli? Non sai che ho il potere di metterti in libertà e il potere di metterti in croce?». C Gli rispose Gesù: ✠ «Tu non avresti alcun potere su di me, se ciò non ti fosse stato dato dall'alto. Per questo chi mi ha consegnato a te ha un peccato più grande».

Via! Via! Crocifiggilo!

C Da quel momento Pilato cercava di metterlo in libertà. Ma i Giudei gridarono: P «Se liberi costui, non sei amico di Cesare! Chiunque si fa re si mette contro Cesare». C Udite queste parole, Pilato fece condurre fuori Gesù e sedette in tribunale, nel luogo chiamato Litòstroto, in ebraico Gabbatà. Era la Parascève della Pasqua, verso mezzogiorno. Pilato disse ai Giudei: P «Ecco il vostro re!». C Ma quelli gridarono: P «Via! Via! Crocifiggilo!». C Disse loro Pilato: P «Metterò in croce il vostro re?». C Risposero i capi dei sacerdoti: P «Non abbiamo altro re che Cesare». C Allora lo consegnò loro perché fosse crocifisso.

Lo crocifissero e con lui altri due

Essi presero Gesù ed egli, portando la croce, si avviò verso il luogo detto del Cranio, in ebraico Gòlgota, dove lo crocifissero e con lui altri due, uno da una parte e uno dall'altra, e Gesù in mezzo. Pilato compose anche l'iscrizione e la fece porre sulla croce; vi era scritto: «Gesù il Nazareno, il re dei Giudei». Molti Giudei lessero questa iscrizione, perché il luogo dove Gesù fu crocifisso era vicino alla città; era scritta in ebraico, in latino e in greco. I capi dei sacerdoti dei Giudei dissero allora a Pilato: P «Non scrivere: "Il re dei Giudei", ma: "Costui ha detto: Io sono il re dei Giudei"». C Rispose Pilato: P «Quel che ho scritto, ho scritto».

Si sono divisi tra loro le mie vesti

C I soldati poi, quando ebbero crocifisso Gesù, presero le sue vesti, ne fecero quattro parti – una per ciascun soldato –, e la tunica. Ma quella tunica era senza cuciture, tessuta tutta d'un pezzo da cima a fondo. Perciò dissero tra loro: P «Non stracciamola, ma tiriamo a sorte a chi tocca». C Così si compiva la Scrittura, che dice: «Si sono divisi tra loro le mie vesti e sulla mia tunica hanno gettato la sorte». E i soldati fecero così.

Ecco tuo figlio! Ecco tua madre!

Stavano presso la croce di Gesù sua madre, la sorella di sua madre, Maria madre di Clèopa e Maria di Màgdala. Gesù allora, vedendo la madre e accanto a lei il discepolo che egli amava, disse alla madre: ✠ «Donna, ecco tuo figlio!». C Poi disse al discepolo: ✠ «Ecco tua madre!». C E da quell'ora il discepolo l'accolse con sé.
Dopo questo, Gesù, sapendo che ormai tutto era compiuto, affinché si compisse la Scrittura, disse: ✠ «Ho sete». C Vi era lì un vaso pieno di aceto; posero perciò una spugna, imbevuta di aceto, in cima a una canna e gliela accostarono alla bocca. Dopo aver preso l'aceto, Gesù disse: ✠ «È compiuto!». C E, chinato il capo, consegnò lo spirito.

(Qui si genuflette e si fa una breve pausa).

E subito ne uscì sangue e acqua

Era il giorno della Parascève e i Giudei, perché i corpi non rimanessero sulla croce durante il sabato – era infatti un giorno solenne quel sabato –, chiesero a Pilato che fossero spezzate loro le gambe e fossero portati via. Vennero dunque i soldati e spezzarono le gambe all'uno e all'altro che erano stati crocifissi insieme con lui. Venuti però da Gesù, vedendo che era già morto, non gli spezzarono le gambe, ma uno dei soldati con una lancia gli colpì il fianco, e subito ne uscì sangue e acqua. Chi ha visto ne dà testimonianza e la sua testimonianza è vera; egli sa che dice il vero, perché anche voi crediate. Questo infatti avvenne perché si compisse la Scrittura: «Non gli sarà spezzato alcun osso». E un altro passo della Scrittura dice ancora: «Volgeranno lo sguardo a colui che hanno trafitto».

Presero il corpo di Gesù e lo avvolsero con teli insieme ad aromi

Dopo questi fatti Giuseppe di Arimatèa, che era discepolo di Gesù, ma di nascosto, per timore dei Giudei, chiese a Pilato di prendere il corpo di Gesù. Pilato lo concesse. Allora egli andò e prese il corpo di Gesù. Vi andò anche Nicodèmo – quello che in precedenza era andato da lui

di notte – e portò circa trenta chili di una mistura di mirra e di áloe. Essi presero allora il corpo di Gesù e lo avvolsero con teli, insieme ad aromi, come usano fare i Giudei per preparare la sepoltura. Ora, nel luogo dove era stato crocifisso, vi era un giardino e nel giardino un sepolcro nuovo, nel quale nessuno era stato ancora posto. Là dunque, poiché era il giorno della Parascève dei Giudei e dato che il sepolcro era vicino, posero Gesù. — Parola del Signore.

PREGHIERA UNIVERSALE

1. Per la santa Chiesa

Preghiamo, fratelli carissimi, per la santa Chiesa di Dio: il Signore le conceda unità e pace, la protegga su tutta la terra, e doni a noi, in una vita serena e tranquilla, di render gloria a Dio Padre onnipotente.

Dio onnipotente ed eterno, che hai rivelato in Cristo la tua gloria a tutte le genti, custodisci l'opera della tua misericordia, perché la tua Chiesa, diffusa su tutta la terra, perseveri con saldezza di fede nella confessione del tuo nome. Per Cristo nostro Signore. Amen.

2. Per il papa

Preghiamo il Signore per il nostro santo padre il papa Benedetto XVI: il Signore Dio nostro, che lo ha scelto nell'ordine episcopale, gli conceda vita e salute e lo conservi alla sua santa Chiesa, come guida e pastore del popolo santo di Dio.

Dio onnipotente ed eterno, sapienza che reggi l'universo, ascolta la tua famiglia in preghiera, e custodisci con la tua bontà il papa che tu hai scelto per noi, perché il popolo cristiano, da te affidato alla sua guida pastorale, progredisca sempre nella fede. Per Cristo nostro Signore. Amen.

3. Per tutti gli ordini sacri e per tutti i fedeli

Preghiamo per il nostro vescovo N., per tutti i vescovi presbiteri e i diaconi, per tutti coloro che svolgono un ministero nella Chiesa e per tutto il popolo di Dio.

Dio onnipotente ed eterno che con il tuo Spirito guidi e santifichi tutto il corpo della Chiesa, accogli le preghiere che ti rivolgiamo perché secondo il dono della tua grazia tutti i membri della comunità nel loro ordine e grado ti possano fedelmente servire. Per Cristo nostro Signore. Amen.

4. Per i catecumeni

Preghiamo per i [nostri] catecumeni: il Signore, Dio nostro, illumini i loro cuori e apra loro la porta della sua misericordia, perché mediante l'acqua del Battesimo ricevano il perdono di tutti i peccati e siano incorporati in Cristo Gesù, nostro Signore.

Dio onnipotente ed eterno, che rendi la tua Chiesa sempre feconda di nuovi figli, aumenta nei [nostri] catecumeni l'intelligenza della fede, perché, nati a vita nuova nel fonte battesimale, siano accolti fra i tuoi figli di adozione. Per Cristo nostro Signore. Amen.

5. Per l'unità dei cristiani

Preghiamo per tutti i fratelli che credono in Cristo; il Signore Dio nostro conceda loro di vivere la verità e professano e li raduni e li custodisca nell'unica sua Chiesa.

Dio onnipotente ed eterno, che riunisci i dispersi e li custodisci nell'unità, guarda benigno al gregge del tuo Figlio, perché coloro che sono stati consacrati da un solo Battesimo formino una sola famiglia nel vincolo dell'amore e della vera fede. Per Cristo nostro Signore. Amen.

6. Per gli ebrei

Preghiamo per gli ebrei: il Signore Dio nostro, che li scelse primi fra tutti gli uomini ad accogliere la sua parola, li aiuti a progredire sempre nell'amore del suo nome e nella fedeltà alla sua alleanza.

Dio onnipotente ed eterno, che hai fatto le tue promesse ad Abramo e alla sua discendenza, ascolta la preghiera della tua Chiesa, perché il popolo primogenito della tua alleanza possa giungere alla pienezza della redenzione. Per Cristo nostro Signore. Amen.

7. Per i non cristiani

Preghiamo per coloro che non credono in Cristo perché, illuminati dallo Spirito Santo, possano entrare anch'essi nella via della salvezza.

Dio onnipotente ed eterno, fa' che gli uomini che non conoscono il Cristo possano conoscere la verità camminando alla tua presenza in sincerità di cuore, e a noi tuoi fedeli concedi di entrare profondamente nel tuo mistero di salvezza e di viverlo con una carità sempre più grande tra noi, per dare al mondo una testimonianza credibile del tuo amore. Per Cristo nostro Signore. Amen.

8. Per coloro che non credono in Dio

Preghiamo per coloro che non credono in Dio perché, vivendo con bontà e rettitudine di cuore, giungano alla conoscenza del Dio vero.

Dio onnipotente ed eterno, tu hai messo nel cuore degli uomini una così profonda nostalgia di te, solo quando ti trovano hanno pace: fa' che, al di là di ogni ostacolo, tutti riconoscano i segni della tua bontà e, stimolati dalla testimonianza della nostra vita, abbiano la gioia di credere in te, unico vero Dio e padre di tutti gli uomini. Per Cristo nostro Signore. Amen.

9. Per i governanti

Preghiamo per coloro che sono chiamati a governare la comunità civile, perché il Signore Dio nostro illumini la loro mente e il loro cuore a cercare il bene comune nella vera libertà e nella vera pace.

Dio onnipotente ed eterno, nelle tue mani sono le speranze degli uomini e i diritti di ogni popolo: assisti con la tua sapienza coloro che ci governano, perché, con il tuo aiuto, promuovano su tutta la terra una pace duratura, il progresso sociale e la libertà religiosa. Per Cristo nostro Signore. Amen.

10. Per i tribolati

Preghiamo, fratelli carissimi, Dio Padre onnipotente, perché liberi il mondo da ogni disordine: allontani le malattie, scacci la fame, renda libertà ai prigionieri, giustizia agli oppressi, conceda sicurezza a chi viaggia, il ritorno ai lontani da casa, la salute agli ammalati, ai morenti la salvezza eterna.

Dio onnipotente ed eterno, conforto degli afflitti, sostegno dei tribolati, ascolta il grido dell'umanità sofferente, perché tutti si rallegrino di avere ricevuto nelle loro necessità il soccorso della tua misericordia. Per Cristo nostro Signore. Amen.

2. ADORAZIONE DELLA CROCE

L'ostensione della croce può farsi o dall'altare, oppure partendo dalla porta della chiesa e avanzando verso l'altare. Nel fare l'ostensione della croce, il sacerdote dice o canta:

Ecco il legno della Croce,
al quale fu appeso il Cristo, salvatore del mondo.
℟. **Venite, adoriamo.**

Il sacerdote, il clero e i fedeli si recano quindi processionalmente all'adorazione della croce, facendo davanti ad essa una genuflessione o un altro segno di venerazione (ad esempio baciando la croce), secondo l'uso del luogo. Nel frattempo si eseguono i seguenti canti o altri adatti. (I canti si fanno a cori alterni, le parti in neretto a cori uniti).

**Adoriamo la tua Croce, Signore,
lodiamo e glorifichiamo la tua santa risurrezione.
Dal legno della Croce è venuta la gioia in tutto il mondo.**

Dio abbia pietà di noi e ci benedica,
su di noi faccia splendere il suo volto
e abbia misericordia. Sal 66,2

**Adoriamo la tua Croce, Signore,
lodiamo e glorifichiamo la tua santa risurrezione.
Dal legno della Croce è venuta la gioia in tutto il mondo.**

LAMENTI DEL SIGNORE - I

**Popolo mio che male ti ho fatto?
In che ti ho provocato? Dammi risposta.**

Io ti ho guidato fuori dall'Egitto,
e tu hai preparato la Croce al tuo Salvatore.

Popolo mio che male ti ho fatto?
In che ti ho provocato? Dammi risposta.

Hágios o Theós. Sanctus Deus.
Hágios ischyrós. Sanctus fortis.
Hágios athánatos, eléison himás.
Sanctus immortális, miserére nobis.

Perché ti ho guidato quarant'anni nel deserto,
ti ho sfamato con manna,
ti ho introdotto in paese fecondo,
tu hai preparato la Croce al tuo Salvatore.

Hágios o Theós. Sanctus Deus.
Hágios ischyrós. Sanctus fortis.
Hágios athánatos, eléison himás.
Sanctus immortális, miserére nobis.

Che altro avrei dovuto fare e non ti ho fatto?
Io ti ho piantato, mia scelta e florida vigna,
ma tu mi sei divenuta aspra e amara:
poiché mi hai spento la sete con aceto
e hai piantato una lancia nel petto del tuo Salvatore.

Hágios o Theós. Sanctus Deus.
Hágios ischyrós. Sanctus fortis.
Hágios athánatos, eléison himás.
Sanctus immortális, miserére nobis.

LAMENTI DEL SIGNORE - II

Io per te ho flagellato l'Egitto e i primogeniti suoi
e tu mi hai consegnato per esser flagellato.

℟. **Popolo mio, che male ti ho fatto?**
In che ti ho provocato? Dammi risposta.

Io ti ho guidato fuori dall'Egitto
e ho sommerso il faraone nel Mar Rosso,
e tu mi hai consegnato ai capi dei sacerdoti. ℟.

Io ho aperto davanti a te il mare,
e tu mi hai aperto con la lancia il costato. ℟.

Io ti ho fatto strada con la nube,
e tu mi hai condotto al pretorio di Pilato. ℟.

Io ti ho nutrito con manna nel deserto,
e tu mi hai colpito con schiaffi e flagelli. ℟.

Io ti ho dissetato dalla rupe con acqua di salvezza,
e tu mi hai dissetato con fiele e aceto. ℟.

Io per te ho colpito i re dei Cananei,
e tu hai colpito il mio capo con la canna. ℟.

Io ti ho posto in mano uno scettro regale,
e tu hai posto sul mio capo una corona di spine. ℟.

lo ti ho esaltato con grande potenza,
e tu mi hai sospeso al patibolo della croce. ℟.

3. COMUNIONE EUCARISTICA

Il presidente intona o recita il Padre nostro e la preghiera che lo segue. Omette lo scambio della pace e dopo l'Agnello di Dio si comunica e distribuisce la comunione ai fedeli come di consueto.

DOPO LA COMUNIONE **Dio onnipotente ed eterno, che hai rinnovato il mondo con la gloriosa morte e risurrezione del tuo Cristo, conserva in noi l'opera della tua misericordia, perché la partecipazione a questo grande mistero ci consacri per sempre al tuo servizio. Per Cristo nostro Signore.**

PREGHIERA SUL POPOLO **Scenda, o Padre, la tua benedizione su questo popolo, che ha commemorato la morte del tuo Figlio nella speranza di risorgere con lui; venga il perdono e la consolazione,** si accresca la fede, si rafforzi la certezza nella redenzione eterna. Amen.

La celebrazione termina in silenzio.

3 APRILE

VEGLIA PASQUALE NELLA NOTTE SANTA

DALLA MORTE ALLA VITA

La grande veglia pasquale inizia con il passaggio dal buio alla luce. Si rivive simbolicamente quanto raccontano le Scritture sull'origine del mondo: «La terra era informe e deserta e le tenebre ricoprivano l'abisso» (Gn 1,2). Talvolta sembra che siamo tornati a quel deserto, con il mondo segnato da guerre, violenze, solitudini, miserie. Le forze di morte sono all'opera nella storia, come un'anti-creazione che disgrega tutto; immersi nelle tenebre, invochiamo salvezza. «Dio disse: Sia la luce! E la luce fu» (Gn 1,3). Le tenebre sono squarciate dalla parola di Dio, che accende una luce non esteriore (il sole e la luna arrivano il quarto giorno), ma interna ad ogni cosa bella e buona e soprattutto al cuore dell'uomo. Nella solenne liturgia di questa notte l'oscurità è illuminata dal cero pasquale: infatti il Cristo che esce dalla tomba vince la morte e ridona speranza al mondo e alla storia. «Gioisca la terra inondata da così grande splendore», canta l'assemblea, rischiarata dalle candele che ciascuno ha acceso al cero, a mano a mano che avanza nella chiesa.

La risurrezione è una creazione rinnovata, segna il passaggio che Paolo descrive come la nascita dell'uomo nuovo, simbolicamente rappresentato dal rito del battesimo. «Non sapete che quanti siamo stati battezzati in Cristo Gesù, siamo stati battezzati nella sua morte? L'uomo vecchio che è in noi è stato crocifisso con lui, affinché non fossimo più schiavi del peccato» (Rm 6,3.6). L'altro grande simbolo della veglia è infatti l'acqua, rievocata ancora una volta dal racconto di creazione, quando dice che sull'abisso degli inizi c'è come un fremito di vita: «lo spirito di Dio aleggiava sulle acque» (Gn 1,2). Dove c'è acqua, infatti, c'è vita, anche se le acque possono travolgere e portare a fondo. L'esperienza del passaggio pasquale degli ebrei viene rievocata nella veglia non semplicemente come epopea di un popolo, ma come liberazione annunciata e resa possibile in Cristo a tutti i popoli, all'umanità intera. «Mosè stese la mano sul mare. E il Signore durante tutta la notte risospinse il mare con un forte vento d'oriente, rendendolo asciutto; le acque si divisero» (Es 14,21). Anche nelle vicende personali o familiari, probabilmente, è capitato di essere in una situazione senza uscita, di sentirsi travolti da vicende più grandi di noi, e... il mare si è aperto. Ci siamo accorti che il Signore non ci abbandona nei deserti della vita, in un modo o nell'altro ci conduce all'altra riva sani e salvi. E, quando invece l'acqua manca e la sete del cuore è insaziabile, risuona l'invito del profeta: «O voi tutti assetati, venite all'acqua» (Is 55,1); ed è sempre Gesù a realizzare la profezia, divenendo per noi sorgente di acqua viva.

Le letture che ascoltiamo nella veglia rigenerano pertanto la speranza e ci fanno sperimentare, ancora una volta, che la risurrezione non è un evento del passato. Viene detto a noi, come alle donne nel mattino di pasqua: «Perché cercate tra i morti colui che è vivo? Non è qui, è risorto» (Lc 24,5-6). La luce ha vinto le tenebre, la nostra sete d'amore ha trovato risposta.

1. LITURGIA DELLA LUCE (Lucernario)

L'assemblea si raduna fuori della chiesa; attorno al fuoco che divampa. Il sacerdote saluta così:

La grazia del Signore nostro Gesù Cristo, l'amore di Dio Padre, e la comunione dello Spirito Santo sia con tutti voi.
℟. E con il tuo spirito.

Fratelli, in questa santissima notte, nella quale Gesù Cristo nostro Signore passò dalla morte alla vita, la Chiesa, diffusa su tutta la terra, chiama i suoi figli a vegliare in preghiera. Rivivremo la Pasqua del Signore nell'ascolto della Parola e nella partecipazione ai Sacramenti; Cristo risorto confermerà in noi la speranza di partecipare alla sua vittoria sulla morte e di vivere con lui in Dio Padre.

BENEDIZIONE DEL FUOCO NUOVO

Preghiamo. O Padre, che per mezzo del tuo Figlio ci hai comunicato la fiamma viva della tua gloria, benedici ✠ questo fuoco nuovo, fa' che le feste pasquali accendano in noi il desiderio del cielo, e ci guidino, rinnovati nello spirito, alla festa dello splendore eterno. Per Cristo nostro Signore. Amen.

PREPARAZIONE DEL CERO PASQUALE E PROCESSIONE

Il sacerdote, incidendo una croce sul cero e poi la prima e l'ultima lettera dell'alfabeto greco, per indicare che Cristo è il principio e la fine di tutte le cose, dice:

Il Cristo ieri e oggi:
Principio e Fine, Alfa e Omega.
A lui appartengono il tempo e i secoli.
A lui la gloria e il potere
per tutti i secoli in eterno. Amen.
Per mezzo delle sue sante piaghe gloriose,
ci protegga e ci custodisca il Cristo Signore.
Amen.

Al fuoco nuovo il sacerdote accende il cero pasquale, dicendo:

La luce del Cristo che risorge glorioso
disperda le tenebre del cuore e dello spirito.

Il diacono entra in chiesa con il cero acceso, simbolo di Gesù Cristo, si dirige verso l'altare e, sostando, canta per tre volte a voce sempre più alta:

Cristo, luce del mondo.
℟. Rendiamo grazie a Dio.

ANNUNCIO PASQUALE

Il diacono o il sacerdote, o anche un cantore (in questo caso tralascia le parti tra parentesi quadre) canta o proclama il preconio pasquale: tutti i presenti stanno in piedi e tengono in mano la candela accesa. Per la forma breve si tralasciano le parti collocate fra le due parentesi tonde.

Esulti il coro egli angeli, esulti l'assemblea celeste:
un inno di gloria saluti il trionfo del Signore risorto.

Gioisca la terra inondata da così grande splendore;
la luce del Re eterno ha vinto le tenebre del mondo.

Gioisca la madre Chiesa,
splendente della gloria del suo Signore,
e questo tempio tutto risuoni
per le acclamazioni del popolo in festa.

[(E voi, fratelli carissimi,
qui radunati nella solare chiarezza di questa nuova luce,
invocate con me la misericordia di Dio onnipotente.
Egli che mi ha chiamato, senza alcun merito,
nel numero dei suoi ministri, irradi il suo mirabile fulgore,
perché sia piena e perfetta la lode di questo cero.)]

[Il Signore sia con voi.
℟. E con il tuo spirito.]

In alto i nostri cuori.
℟. Sono rivolti al Signore.

Rendiamo grazie al Signore, nostro Dio.
℟. È cosa buona e giusta.

È veramente cosa buona e giusta
esprimere con il canto l'esultanza dello spirito,
e inneggiare al Dio invisibile, Padre onnipotente,
e al suo unico Figlio, Gesù Cristo nostro Signore.

Egli ha pagato per noi all'eterno Padre il debito di Adamo,
e con il sangue sparso per la nostra salvezza
ha cancellato la condanna della colpa antica.

Questa è la vera Pasqua, in cui è ucciso il vero Agnello,
che con il suo sangue consacra le case dei fedeli.

Questa è la notte in cui hai liberato i figli di Israele,
nostri padri, dalla schiavitù dell'Egitto,
e li hai fatti passare illesi attraverso il Mar Rosso.

Questa è la notte in cui hai vinto le tenebre del peccato
con lo splendore della colonna di fuoco.

Questa è la notte che salva su tutta la terra
i credenti nel Cristo dall'oscurità del peccato
e dalla corruzione del mondo,
li consacra all'amore del Padre
e li unisce nella comunione dei santi.

Questa è la notte in cui Cristo,
spezzando i vincoli della morte,
risorge vincitore dal sepolcro.

(Nessun vantaggio per noi essere nati, se lui non ci avesse redenti.)

O immensità del tuo amore per noi!
O inestimabile segno di bontà:
per riscattare lo schiavo, hai sacrificato il tuo Figlio!

Davvero era necessario il peccato di Adamo,
che è stato distrutto con la morte del Cristo.
Felice colpa, che meritò di avere un così grande redentore!

(O notte beata, tu sola hai meritato di conoscere
il tempo e l'ora in cui Cristo è risorto dagli inferi.
Di questa notte è stato scritto:
la notte splenderà come il giorno,
e sarà fonte di luce per la mia delizia.)

Il santo mistero di questa notte sconfigge il male,
lava le colpe, restituisce l'innocenza ai peccatori,
la gioia agli afflitti.

(Dissipa l'odio, piega la durezza dei potenti,
promuove la concordia e la pace.)

O notte veramente gloriosa,
che ricongiunge la terra al cielo e l'uomo al suo creatore!

In questa notte di grazia accogli, Padre santo,
il sacrificio di lode, che la Chiesa ti offre
per mano dei suoi ministri, nella solenne liturgia del cero,
frutto del lavoro delle api, simbolo della nuova luce.

(Riconosciamo nella colonna dell'Esodo
gli antichi presagi di questo lume pasquale
che un fuoco ardente ha acceso in onore di Dio.
Pur diviso in tante fiammelle
non estingue il suo vivo splendore,
ma si accresce nel consumarsi della cera
che l'ape madre ha prodotto
per alimentare questa preziosa lampada.)

Ti preghiamo, dunque, Signore, che questo cero,
offerto in onore del tuo nome
per illuminare l'oscurità di questa notte,
risplenda di luce che mai si spegne.

Salga a te come profumo soave,
si confonda con le stelle del cielo.
Lo trovi acceso la stella del mattino,
questa stella che non conosce tramonto:
Cristo, tuo Figlio, che risuscitato dai morti
fa risplendere sugli uomini la sua luce serena
e vive e regna nei secoli dei secoli. Amen.

2. LITURGIA DELLA PAROLA

Prima di iniziare la lettura della Parola di Dio, il sacerdote si rivolge all'assemblea con queste parole o con altre simili.

Fratelli carissimi, dopo il solenne inizio della Veglia, ascoltiamo ora in devoto raccoglimento la Parola di Dio. Meditiamo come nell'antica alleanza Dio salvò il suo popolo e, nella pienezza dei tempi, ha inviato il suo Figlio per la nostra redenzione. Preghiamo perché Dio nostro Padre conduca a compimento quest'opera di salvezza incominciata con la Pasqua.

PRIMA LETTURA

Dio vide quanto aveva fatto, ed ecco, era cosa molto buona.

Dal libro della Gènesi 1,1-2,2 [forma breve 1,1.26-31]

[In principio Dio creò il cielo e la terra.]
La terra era informe e deserta e le tenebre ricoprivano l'abisso e lo spirito di Dio aleggiava sulle acque.
Dio disse: «Sia la luce!». E la luce fu. Dio vide che la luce era cosa buona e Dio separò la luce dalle tenebre. Dio chiamò la luce giorno, mentre chiamò le tenebre notte. E fu sera e fu mattina: giorno primo.
Dio disse: «Sia un firmamento in mezzo alle acque per separare le acque dalle acque». Dio fece il firmamento e separò le acque, che sono sotto il firmamento, dalle acque che sono sopra il firmamento. E così avvenne. Dio chiamò il firmamento cielo. E fu sera e fu mattina: secondo giorno.
Dio disse: «Le acque che sono sotto il cielo si raccolgano in un unico luogo e appaia l'asciutto». E così avvenne. Dio chiamò l'asciutto terra, mentre chiamò la massa del-

le acque mare. Dio vide che era cosa buona. Dio disse: «La terra produca germogli, erbe che producono seme e alberi da frutto, che fanno sulla terra frutto con il seme, ciascuno secondo la propria specie». E così avvenne. E la terra produsse germogli, erbe che producono seme, ciascuna secondo la propria specie, e alberi che fanno ciascuno frutto con il seme, secondo la propria specie. Dio vide che era cosa buona. E fu sera e fu mattina: terzo giorno.
Dio disse: «Ci siano fonti di luce nel firmamento del cielo, per separare il giorno dalla notte; siano segni per le feste, per i giorni e per gli anni e siano fonti di luce nel firmamento del cielo per illuminare la terra». E così avvenne. E Dio fece le due fonti di luce grandi: la fonte di luce maggiore per governare il giorno e la fonte di luce minore per governare la notte, e le stelle. Dio le pose nel firmamento del cielo per illuminare la terra e per governare il giorno e la notte e per separare la luce dalle tenebre. Dio vide che era cosa buona. E fu sera e fu mattina: quarto giorno.
Dio disse: «Le acque brùlichino di esseri viventi e uccelli volino sopra la terra, davanti al firmamento del cielo». Dio creò i grandi mostri marini e tutti gli esseri viventi che guizzano e brùlicano nelle acque, secondo la loro specie, e tutti gli uccelli alati, secondo la loro specie. Dio vide che era cosa buona. Dio li benedisse: «Siate fecondi e moltiplicatevi e riempite le acque dei mari; gli uccelli si moltìplichino sulla terra». E fu sera e fu mattina: quinto giorno.
Dio disse: «La terra produca esseri viventi secondo la loro specie: bestiame, rettili e animali selvatici, secondo la loro specie». E così avvenne. Dio fece gli animali selvatici, secondo la loro specie, il bestiame, secondo la propria specie, e tutti i rettili del suolo, secondo la loro specie. Dio vide che era cosa buona.
[Dio disse: «Facciamo l'uomo a nostra immagine, secondo la nostra somiglianza: dòmini sui pesci del mare e sugli uccelli del cielo, sul bestiame, su tutti gli animali selvatici e su tutti i rettili che strisciano sulla terra».
E Dio creò l'uomo a sua immagine;
a immagine di Dio lo creò:

maschio e femmina li creò.
Dio li benedisse e Dio disse loro:
«Siate fecondi e moltiplicatevi,
riempite la terra e soggiogatela,
dominate sui pesci del mare e sugli uccelli del cielo
e su ogni essere vivente che striscia sulla terra».
Dio disse: «Ecco, io vi do ogni erba che produce seme e che è su tutta la terra, e ogni albero fruttifero che produce seme: saranno il vostro cibo. A tutti gli animali selvatici, a tutti gli uccelli del cielo e a tutti gli esseri che strisciano sulla terra e nei quali è alito di vita, io do in cibo ogni erba verde». E così avvenne. Dio vide quanto aveva fatto, ed ecco, era cosa molto buona.]
E fu sera e fu mattina: sesto giorno.
Così furono portati a compimento il cielo e la terra e tutte le loro schiere. Dio, nel settimo giorno, portò a compimento il lavoro che aveva fatto e cessò nel settimo giorno da ogni suo lavoro che aveva fatto.
— Parola di Dio.

SALMO RESPONSORIALE

dal Salmo 103

℟. **Manda il tuo Spirito, Signore, a rinnovare la terra.**

Benedici il Signore, anima mia!
Sei tanto grande, Signore, mio Dio!
Sei rivestito di maestà e di splendore,
avvolto di luce come di un manto. ℟.

Egli fondò la terra sulle sue basi:
non potrà mai vacillare.
Tu l'hai coperta con l'oceano come una veste;
al di sopra dei monti stavano le acque. ℟.

Tu mandi nelle valli acque sorgive
perché scorrano tra i monti.
In alto abitano gli uccelli del cielo
e cantano tra le fronde. ℟.

Dalle tue dimore tu irrighi i monti,
e con il frutto delle tue opere si sazia la terra.
Tu fai crescere l'erba per il bestiame
e le piante che l'uomo coltiva
per trarre cibo dalla terra. ℟.

Quante sono le tue opere, Signore!
Le hai fatte tutte con saggezza;
la terra è piena delle tue creature.
Benedici il Signore, anima mia. ℟.

Oppure: dal Salmo 32

℟. **Dell'amore del Signore è piena la terra.**

Retta è la parola del Signore
e fedele ogni sua opera.
Egli ama la giustizia e il diritto:
dell'amore del Signore è piena la terra. ℟.

Dalla parola del Signore furono fatti i cieli,
dal soffio della sua bocca ogni loro schiera.
Come in un otre raccoglie le acque del mare,
chiude in riserve gli abissi. ℟.

Beata la nazione che ha il Signore come Dio,
il popolo che egli ha scelto come sua eredità.
Il Signore guarda dal cielo,
egli vede tutti gli uomini. ℟.

L'anima nostra attende il Signore,
egli è nostro aiuto e nostro scudo.
Su di noi sia il tuo amore, Signore,
come da te noi speriamo. ℟.

ORAZIONE **Dio onnipotente ed eterno, ammirabile in tutte le opere del tuo amore, illumina i figli da te redenti perché comprendano che, se fu grande all'inizio la creazione del mondo, ben più grande, nella pienezza dei tempi, fu l'opera della nostra redenzione, nel sacrificio pasquale di Cristo Signore. Egli vive e regna nei secoli dei secoli.**

Quando si fa la lettura breve, si dice la seguente orazione:

O Dio, che in modo mirabile ci hai creati a tua immagine e in modo più mirabile ci hai rinnovati e redenti, fa' che resistiamo con la forza dello spirito alle seduzioni del peccato, per giungere alla gioia eterna. Per Cristo nostro Signore.

SECONDA LETTURA

Il sacrificio di Abramo, nostro padre nella fede.

Dal libro della Gènesi 22,1-18 [forma breve: 22.1-2.9a.10-13.15-18]

[In quei giorni, Dio mise alla prova Abramo e gli disse: «Abramo!». Rispose: «Eccomi!». Riprese: «Prendi tuo figlio, il tuo unigenito che ami, Isacco, va' nel territorio di Mòria e offrilo in olocausto su di un monte che io ti indicherò».]

Abramo si alzò di buon mattino, sellò l'asino, prese con sé due servi e il figlio Isacco, spaccò la legna per l'olocausto e si mise in viaggio verso il luogo che Dio gli aveva indicato. Il terzo giorno Abramo alzò gli occhi e da lontano vide quel luogo. Allora Abramo disse ai suoi servi: «Fermatevi qui con l'asino; io e il ragazzo andremo fin lassù, ci prostreremo e poi ritorneremo da voi». Abramo prese la legna dell'olocausto e la caricò sul figlio Isacco, prese in mano il fuoco e il coltello, poi proseguirono tutti e due insieme.

Isacco si rivolse al padre Abramo e disse: «Padre mio!». Rispose: «Eccomi, figlio mio». Riprese: «Ecco qui il fuoco e la legna, ma dov'è l'agnello per l'olocausto?». Abramo rispose: «Dio stesso si provvederà l'agnello per l'olocausto, figlio mio!». Proseguirono tutti e due insieme.

[Così arrivarono al luogo che Dio gli aveva indicato; qui Abramo costruì l'altare, collocò la legna, legò suo figlio Isacco e lo depose sull'altare, sopra la legna. Poi Abramo stese la mano e prese il coltello per immolare suo figlio. Ma l'angelo del Signore lo chiamò dal cielo e gli disse: «Abramo, Abramo!». Rispose: «Eccomi!». L'angelo disse: «Non stendere la mano contro il ragazzo e non fargli niente! Ora so che tu temi Dio e non mi hai rifiutato tuo figlio, il tuo unigenito».

Allora Abramo alzò gli occhi e vide un ariete, impigliato con le corna in un cespuglio. Abramo andò a prendere l'ariete e lo offrì in olocausto invece del figlio.]

Abramo chiamò quel luogo «Il Signore vede»; perciò oggi si dice: «Sul monte il Signore si fa vedere».

[L'angelo del Signore chiamò dal cielo Abramo per la seconda volta e disse: «Giuro per me stesso, oracolo del Signore: perché tu hai fatto questo e non hai risparmiato tuo figlio, il tuo unigenito, io ti colmerò di benedizioni e renderò molto numerosa la tua discendenza, come le stelle del cielo e come la sabbia che è sul lido del mare; la tua discendenza si impadronirà delle città dei nemici. Si diranno benedette nella tua discendenza tutte le nazioni della terra, perché tu hai obbedito alla mia voce».]

— Parola di Dio.

SALMO RESPONSORIALE
dal Salmo 15

℟. **Proteggimi, o Dio: in te mi rifugio.**

Il Signore è mia parte di eredità e mio calice:
nelle tue mani è la mia vita.
Io pongo sempre davanti a me il Signore,
sta alla mia destra, non potrò vacillare. ℟.

Per questo gioisce il mio cuore
ed esulta la mia anima;
anche il mio corpo riposa al sicuro,
perché non abbandonerai la mia vita negli inferi,
né lascerai che il tuo fedele veda la fossa. ℟.

Mi indicherai il sentiero della vita,
gioia piena alla tua presenza,
dolcezza senza fine alla tua destra. ℟.

ORAZIONE **O Dio, Padre dei credenti, che estendendo a tutti gli uomini il dono dell'adozione filiale, moltiplichi in tutta la terra i tuoi figli, e nel sacramento pasquale del Battesimo adempi la promessa fatta ad Abramo di renderlo padre di tutte le nazioni, concedi al tuo popolo di rispondere degnamente alla grazia della tua chiamata. Per Cristo nostro Signore.**

TERZA LETTURA

Gli Israeliti camminarono sull'asciutto in mezzo al mare

Dal libro dell'Èsodo 14,15-15,1

In quei giorni, il Signore disse a Mosè: «Perché gridi verso di me? Ordina agli Israeliti di riprendere il cammino. Tu intanto alza il bastone, stendi la mano sul mare e dividilo, perché gli Israeliti entrino nel mare all'asciutto.

Ecco, io rendo ostinato il cuore degli Egiziani, così che entrino dietro di loro e io dimostri la mia gloria sul faraone e tutto il suo esercito, sui suoi carri e sui suoi cavalieri. Gli Egiziani sapranno che io sono il Signore, quando dimostrerò la mia gloria contro il faraone, i suoi carri e i suoi cavalieri».
L'angelo di Dio, che precedeva l'accampamento d'Israele, cambiò posto e passò indietro. Anche la colonna di nube si mosse e dal davanti passò dietro. Andò a porsi tra l'accampamento degli Egiziani e quello d'Israele. La nube era tenebrosa per gli uni, mentre per gli altri illuminava la notte; così gli uni non poterono avvicinarsi agli altri durante tutta la notte.
Allora Mosè stese la mano sul mare. E il Signore durante tutta la notte risospinse il mare con un forte vento d'oriente, rendendolo asciutto; le acque si divisero. Gli Israeliti entrarono nel mare sull'asciutto, mentre le acque erano per loro un muro a destra e a sinistra. Gli Egiziani li inseguirono, e tutti i cavalli del faraone, i suoi carri e i suoi cavalieri entrarono dietro di loro in mezzo al mare.
Ma alla veglia del mattino il Signore, dalla colonna di fuoco e di nube, gettò uno sguardo sul campo degli Egiziani e lo mise in rotta. Frenò le ruote dei loro carri, così che a stento riuscivano a spingerle. Allora gli Egiziani dissero: «Fuggiamo di fronte a Israele, perché il Signore combatte per loro contro gli Egiziani!».
Il Signore disse a Mosè: «Stendi la mano sul mare: le acque si riversino sugli Egiziani, sui loro carri e i loro cavalieri». Mosè stese la mano sul mare e il mare, sul far del mattino, tornò al suo livello consueto, mentre gli Egiziani, fuggendo, gli si dirigevano contro. Il Signore li travolse così in mezzo al mare. Le acque ritornarono e sommersero i carri e i cavalieri di tutto l'esercito del faraone, che erano entrati nel mare dietro a Israele: non ne scampò neppure uno. Invece gli Israeliti avevano camminato sull'asciutto in mezzo al mare, mentre le acque erano per loro un muro a destra e a sinistra.
In quel giorno il Signore salvò Israele dalla mano degli Egiziani, e Israele vide gli Egiziani morti sulla riva del

mare; Israele vide la mano potente con la quale il Signore aveva agito contro l'Egitto, e il popolo temette il Signore e credette in lui e in Mosè suo servo.
Allora Mosè e gli Israeliti cantarono questo canto al Signore e dissero:

SALMO RESPONSORIALE Es 15,1b-6.17-18

℟. **Cantiamo al Signore: stupenda è la sua vittoria.**

«Voglio cantare al Signore,
perché ha mirabilmente trionfato:
cavallo e cavaliere
ha gettato nel mare.
Mia forza e mio canto è il Signore,
egli è stato la mia salvezza.
È il mio Dio: lo voglio lodare,
il Dio di mio padre: lo voglio esaltare! ℟.

Il Signore è un guerriero,
Signore è il suo nome.
I carri del faraone e il suo esercito
li ha scagliati nel mare;
i suoi combattenti scelti
furono sommersi nel Mar Rosso. ℟.

Gli abissi li ricoprirono,
sprofondarono come pietra.
La tua destra, Signore,
è gloriosa per la potenza,
la tua destra, Signore,
annienta il nemico. ℟.

Tu lo fai entrare e lo pianti
sul monte della tua eredità,
luogo che per tua dimora,
Signore, hai preparato,
santuario che le tue mani,
Signore, hanno fondato.
Il Signore regni
in eterno e per sempre!». ℟.

ORAZIONE **O Dio, anche ai nostri tempi vediamo risplendere i tuoi antichi prodigi: ciò che facesti con la** tua mano potente per liberare un solo popolo dall'oppressione del faraone, ora lo compi attraverso l'acqua del Battesimo per la salvezza di tutti i popoli; concedi che l'umanità intera sia accolta tra i figli di Abramo e partecipi alla dignità del popolo eletto. Per Cristo nostro Signore.

Oppure: O Dio, tu hai rivelato nella luce della nuova alleanza il significato degli antichi prodigi: il Mar Rosso è l'immagine del fonte battesimale e il popolo liberato dalla schiavitù è un simbolo del popolo cristiano. Concedi che tutti gli uomini, mediante la fede, siano fatti partecipi del privilegio del popolo eletto, e rigenerati dal dono del tuo Spirito. Per Cristo nostro Signore.

QUARTA LETTURA

Con affetto perenne il Signore, tuo redentore, ha avuto pietà di te

Dal libro del profeta Isaìa 54,5-14

Tuo sposo è il tuo creatore,
Signore degli eserciti è il suo nome;
tuo redentore è il Santo d'Israele,
è chiamato Dio di tutta la terra.
Come una donna abbandonata
e con l'animo afflitto, ti ha richiamata il Signore.
Viene forse ripudiata la donna sposata in gioventù?
– dice il tuo Dio.
Per un breve istante ti ho abbandonata,
ma ti raccoglierò con immenso amore.
In un impeto di collera
ti ho nascosto per un poco il mio volto;
ma con affetto perenne
ho avuto pietà di te,
dice il tuo redentore, il Signore.
Ora è per me come ai giorni di Noè,
quando giurai che non avrei più riversato
le acque di Noè sulla terra;
così ora giuro di non più adirarmi con te
e di non più minacciarti.
Anche se i monti si spostassero e i colli vacillassero,
non si allontanerebbe da te il mio affetto,

né vacillerebbe la mia alleanza di pace,
dice il Signore che ti usa misericordia.
Afflitta, percossa dal turbine, sconsolata,
ecco io pongo sullo stibio le tue pietre
e sugli zaffiri pongo le tue fondamenta.
Farò di rubini la tua merlatura,
le tue porte saranno di berilli,
tutta la tua cinta sarà di pietre preziose.
Tutti i tuoi figli saranno discepoli del Signore,
grande sarà la prosperità dei tuoi figli;
sarai fondata sulla giustizia.
Tieniti lontana dall'oppressione,
perché non dovrai temere,
dallo spavento, perché non ti si accosterà.
— Parola di Dio.

SALMO RESPONSORIALE dal Salmo 29

℟. **Ti esalterò, Signore, perché mi hai risollevato.**

Ti esalterò, Signore, perché mi hai risollevato,
non hai permesso ai miei nemici di gioire su di me.
Signore, hai fatto risalire la mia vita dagli inferi,
mi hai fatto rivivere perché non scendessi nella fossa. ℟.

Cantate inni al Signore, o suoi fedeli,
della sua santità celebrate il ricordo,
perché la sua collera dura un istante,
la sua bontà per tutta la vita.
Alla sera ospite è il pianto
e al mattino la gioia. ℟.

Ascolta, Signore, abbi pietà di me,
Signore, vieni in mio aiuto!
Hai mutato il mio lamento in danza;
Signore, mio Dio, ti renderò grazie per sempre. ℟.

ORAZIONE O Dio, Padre di tutti gli uomini, moltiplica a gloria del tuo nome la discendenza promessa alla fede dei patriarchi, e aumenta il numero dei tuoi figli, perché la Chiesa veda pienamente adempiuto il disegno universale di salvezza, nel quale i nostri padri avevano fermamente sperato. Per Cristo nostro Signore.

QUINTA LETTURA

Venite a me e vivrete; stabilirò per voi un'alleanza eterna

Dal libro del profeta Isaìa 55,1-11

Così dice il Signore:
«O voi tutti assetati, venite all'acqua,
voi che non avete denaro, venite;
comprate e mangiate; venite, comprate
senza denaro, senza pagare, vino e latte.
Perché spendete denaro per ciò che non è pane,
il vostro guadagno per ciò che non sazia?
Su, ascoltatemi e mangerete cose buone
e gusterete cibi succulenti.
Porgete l'orecchio e venite a me,
ascoltate e vivrete.
Io stabilirò per voi un'alleanza eterna,
i favori assicurati a Davide.
Ecco, l'ho costituito testimone fra i popoli,
principe e sovrano sulle nazioni.
Ecco, tu chiamerai gente che non conoscevi;
accorreranno a te nazioni che non ti conoscevano
a causa del Signore, tuo Dio,
del Santo d'Israele, che ti onora.
Cercate il Signore, mentre si fa trovare,
invocàtelo, mentre è vicino.
L'empio abbandoni la sua via
e l'uomo iniquo i suoi pensieri;
ritorni al Signore che avrà misericordia di lui
e al nostro Dio che largamente perdona.
Perché i miei pensieri non sono i vostri pensieri,
le vostre vie non sono le mie vie. Oracolo del Signore.
Quanto il cielo sovrasta la terra,
tanto le mie vie sovrastano le vostre vie,
i miei pensieri sovrastano i vostri pensieri.
Come infatti la pioggia e la neve scendono dal cielo
e non vi ritornano senza avere irrigato la terra,
senza averla fecondata e fatta germogliare,
perché dia il seme a chi semina
e il pane a chi mangia,
così sarà della mia parola uscita dalla mia bocca:
non ritornerà a me senza effetto,

senza aver operato ciò che desidero
e senza aver compiuto ciò per cui l'ho mandata».
— Parola di Dio.

SALMO RESPONSORIALE Is 12,2.4-6

℟. **Attingeremo con gioia alle sorgenti della salvezza.**

Ecco, Dio è la mia salvezza;
io avrò fiducia, non avrò timore,
perché mia forza e mio canto è il Signore;
egli è stato la mia salvezza. ℟.

Attingerete acqua con gioia
alle sorgenti della salvezza.
Rendete grazie al Signore e invocate il suo nome,
proclamate fra i popoli le sue opere,
fate ricordare che il suo nome è sublime. ℟.

Cantate inni al Signore, perché ha fatto cose eccelse,
le conosca tutta la terra.
Canta ed esulta, tu che abiti in Sion,
perché grande in mezzo a te è il Santo d'Israele. ℟.

ORAZIONE Dio onnipotente ed eterno, unica speranza del mondo, tu hai preannunziato con il messaggio dei profeti i misteri che oggi si compiono; ravviva la nostra sete di salvezza, perché soltanto per l'azione del tuo Spirito possiamo progredire nelle vie della tua giustizia. Per Cristo nostro Signore.

SESTA LETTURA *Cammina allo splendore della luce del Signore*

Dal libro del profeta Baruc 3,9-15.32-4,4

Ascolta, Israele, i comandamenti della vita,
porgi l'orecchio per conoscere la prudenza.
Perché, Israele? Perché ti trovi in terra nemica
e sei diventato vecchio in terra straniera?
Perché ti sei contaminato con i morti
e sei nel numero di quelli che scendono negli inferi?
Tu hai abbandonato la fonte della sapienza!
Se tu avessi camminato nella via di Dio,
avresti abitato per sempre nella pace.
Impara dov'è la prudenza,

dov'è la forza, dov'è l'intelligenza,
per comprendere anche dov'è la longevità e la vita,
dov'è la luce degli occhi e la pace.
Ma chi ha scoperto la sua dimora,
chi è penetrato nei suoi tesori?
Ma colui che sa tutto, la conosce
e l'ha scrutata con la sua intelligenza,
colui che ha formato la terra per sempre
e l'ha riempita di quadrupedi,
colui che manda la luce ed essa corre,
l'ha chiamata, ed essa gli ha obbedito con tremore.
Le stelle hanno brillato nei loro posti di guardia
e hanno gioito;
egli le ha chiamate ed hanno risposto: «Eccoci!»,
e hanno brillato di gioia per colui che le ha create.
Egli è il nostro Dio,
e nessun altro può essere confrontato con lui.
Egli ha scoperto ogni via della sapienza
e l'ha data a Giacobbe, suo servo,
a Israele, suo amato.
Per questo è apparsa sulla terra
e ha vissuto fra gli uomini.
Essa è il libro dei decreti di Dio
e la legge che sussiste in eterno;
tutti coloro che si attengono ad essa avranno la vita,
quanti l'abbandonano moriranno.
Ritorna, Giacobbe, e accoglila,
cammina allo splendore della sua luce.
Non dare a un altro la tua gloria
né i tuoi privilegi a una nazione straniera.
Beati siamo noi, o Israele,
perché ciò che piace a Dio è da noi conosciuto.
— Parola di Dio.

SALMO RESPONSORIALE dal Salmo 18

℟. Signore, tu hai parole di vita eterna.

La legge del Signore è perfetta,
rinfranca l'anima;
la testimonianza del Signore è stabile,
rende saggio il semplice. ℟.

I precetti del Signore sono retti,
fanno gioire il cuore;
il comando del Signore è limpido,
illumina gli occhi. ℟.

Il timore del Signore è puro,
rimane per sempre;
i giudizi del Signore sono fedeli,
sono tutti giusti. ℟.

Più preziosi dell'oro,
di molto oro fino,
più dolci del miele
e di un favo stillante. ℟.

ORAZIONE **O Dio, che accresci sempre la tua Chiesa chiamando nuovi figli da tutte le genti, custodisci nella tua protezione coloro che fai rinascere dall'acqua del Battesimo. Per Cristo nostro Signore.**

SETTIMA LETTURA

Vi aspergerò con acqua pura e vi darò un cuore nuovo

Dal libro del profeta Ezechièle 36,16-17a.18-28

Mi fu rivolta questa parola del Signore:
«Figlio dell'uomo, la casa d'Israele, quando abitava la sua terra, la rese impura con la sua condotta e le sue azioni. Perciò ho riversato su di loro la mia ira per il sangue che avevano sparso nel paese e per gli idoli con i quali l'avevano contaminato. Li ho dispersi fra le nazioni e sono stati dispersi in altri territori: li ho giudicati secondo la loro condotta e le loro azioni.
Giunsero fra le nazioni dove erano stati spinti e profanarono il mio nome santo, perché di loro si diceva: «Costoro sono il popolo del Signore e tuttavia sono stati scacciati dal suo paese». Ma io ho avuto riguardo del mio nome santo, che la casa d'Israele aveva profanato fra le nazioni presso le quali era giunta.
Perciò annuncia alla casa d'Israele: "Così dice il Signore Dio: Io agisco non per riguardo a voi, casa d'Israele, ma per amore del mio nome santo, che voi avete profanato fra le nazioni presso le quali siete giunti. Santificherò il mio nome grande, profanato fra le nazioni, profanato da

voi in mezzo a loro. Allora le nazioni sapranno che io sono il Signore – oracolo del Signore Dio –, quando mostrerò la mia santità in voi davanti ai loro occhi.
Vi prenderò dalle nazioni, vi radunerò da ogni terra e vi condurrò sul vostro suolo. Vi aspergerò con acqua pura e sarete purificati; io vi purificherò da tutte le vostre impurità e da tutti i vostri idoli; vi darò un cuore nuovo, metterò dentro di voi uno spirito nuovo, toglierò da voi il cuore di pietra e vi darò un cuore di carne.
Porrò il mio spirito dentro di voi e vi farò vivere secondo le mie leggi e vi farò osservare e mettere in pratica le mie norme. Abiterete nella terra che io diedi ai vostri padri; voi sarete il mio popolo e io sarò il vostro Dio"».
— Parola di Dio.

SALMO RESPONSORIALE dal Salmo 41

℟. **Come la cerva anela ai corsi d'acqua,**
così l'anima mia anela a te, o Dio.

L'anima mia ha sete di Dio,
del Dio vivente:
quando verrò e vedrò
il volto di Dio? ℟.

Avanzavo tra la folla,
la precedevo fino alla casa di Dio,
fra canti di gioia e di lode
di una moltitudine in festa. ℟.

Manda la tua luce e la tua verità:
siano esse a guidarmi,
mi conducano alla tua santa montagna,
alla tua dimora. ℟.

Verrò all'altare di Dio,
a Dio, mia gioiosa esultanza.
A te canterò sulla cetra,
Dio, Dio mio. ℟.

Oppure (quando si celebra il Battesimo): da Is 12,1-6

℟. **Attingeremo con gioia alle sorgenti della salvezza.**

Ecco, Dio è la mia salvezza;
io avrò fiducia, non avrò timore,

perché mia forza e mio canto è il Signore;
egli è stato la mia salvezza. ℟.

Attingerete acqua con gioia
alle sorgenti della salvezza.
Rendete grazie al Signore e invocate il suo nome,
proclamate fra i popoli le sue opere,
fate ricordare che il suo nome è sublime. ℟.

Cantate inni al Signore, perché ha fatto cose eccelse,
le conosca tutta la terra.
Canta ed esulta, tu che abiti in Sion,
perché grande in mezzo a te è il Santo d'Israele. ℟.

ORAZIONE **Preghiamo. O Dio, potenza immutabile e luce che non tramonta, volgi lo sguardo alla tua Chiesa, ammirabile sacramento di salvezza, e compi l'opera predisposta nella tua misericordia: tutto il mondo veda e riconosca che ciò che è distrutto si ricostruisce, ciò che è invecchiato si rinnova e tutto ritorna alla sua integrità, per mezzo del Cristo, che è principio di tutte le cose. Egli vive e regna nei secoli dei secoli.**

Oppure: **Preghiamo. O Dio, che nelle pagine dell'Antico e Nuovo Testamento ci hai preparati a celebrare il mistero pasquale, fa' che comprendiamo l'opera del tuo amore per gli uomini, perché i doni che oggi riceviamo confermino in noi la speranza dei beni futuri. Per Cristo nostro Signore.**

Il celebrante intona l'inno Gloria a Dio, *che viene cantato da tutti.*

COLLETTA **Preghiamo. O Dio, che illumini questa santissima notte con la gloria della risurrezione del Signore, ravviva nella tua famiglia lo spirito di adozione, perché tutti i tuoi figli, rinnovati nel corpo e nell'anima, siano sempre fedeli al tuo servizio. Per il nostro Signore...**

EPISTOLA *Cristo risorto dai morti non muore più*

Dalla lettera di san Paolo apostolo ai Romani 6,3-11

Fratelli, non sapete che quanti siamo stati battezzati in Cristo Gesù, siamo stati battezzati nella sua morte?

Per mezzo del battesimo dunque siamo stati sepolti insieme a lui nella morte affinché, come Cristo fu risuscitato dai morti per mezzo della gloria del Padre, così anche noi possiamo camminare in una vita nuova. Se infatti siamo stati intimamente uniti a lui a somiglianza della sua morte, lo saremo anche a somiglianza della sua risurrezione.
Lo sappiamo: l'uomo vecchio che è in noi è stato crocifisso con lui, affinché fosse reso inefficace questo corpo di peccato, e noi non fossimo più schiavi del peccato. Infatti chi è morto, è liberato dal peccato.
Ma se siamo morti con Cristo, crediamo che anche vivremo con lui, sapendo che Cristo, risorto dai morti, non muore più; la morte non ha più potere su di lui. Infatti egli morì, e morì per il peccato una volta per tutte; ora invece vive, e vive per Dio. Così anche voi consideratevi morti al peccato, ma viventi per Dio, in Cristo Gesù.
— Parola di Dio.

SALMO RESPONSORIALE dal Salmo 117

℟. **Alleluia, alleluia, alleluia.**

Rendete grazie al Signore perché è buono,
perché il suo amore è per sempre.
Dica Israele: «Il suo amore è per sempre». ℟.

La destra del Signore si è innalzata,
la destra del Signore ha fatto prodezze.
Non morirò, ma resterò in vita
e annuncerò le opere del Signore. ℟.

La pietra scartata dai costruttori
è divenuta la pietra d'angolo.
Questo è stato fatto dal Signore:
una meraviglia ai nostri occhi. ℟.

VANGELO *Perché cercate tra i morti colui che è vivo?*

Dal vangelo secondo Luca 24,1-12

Il primo giorno della settimana, al mattino presto [le donne] si recarono al sepolcro, portando con sé gli aromi che avevano preparato. Trovarono che la pietra era

stata rimossa dal sepolcro e, entrate, non trovarono il corpo del Signore Gesù.
Mentre si domandavano che senso avesse tutto questo, ecco due uomini presentarsi a loro in abito sfolgorante. Le donne, impaurite, tenevano il volto chinato a terra, ma quelli dissero loro: «Perché cercate tra i morti colui che è vivo? Non è qui, è risorto. Ricordatevi come vi parlò quando era ancora in Galilea e diceva: "Bisogna che il Figlio dell'uomo sia consegnato in mano ai peccatori, sia crocifisso e risorga il terzo giorno"». Ed esse si ricordarono delle sue parole e, tornate dal sepolcro, annunciarono tutto questo agli Undici e a tutti gli altri. Erano Maria Maddalena, Giovanna e Maria madre di Giacomo. Anche le altre, che erano con loro, raccontavano queste cose agli apostoli.
Quelle parole parvero a loro come un vaneggiamento e non credevano a esse. Pietro tuttavia si alzò, corse al sepolcro e, chinatosi, vide soltanto i teli. E tornò indietro, pieno di stupore per l'accaduto. — Parola del Signore.

3. LITURGIA BATTESIMALE

Il sacerdote con i ministri si reca al fonte battesimale se questo è visibile ai fedeli; altrimenti si prepara in presbiterio un bacile con l'acqua.

Se ci sono dei battezzandi:

Carissimi, accompagniamo con la nostra unanime preghiera questi candidati al battesimo [la gioiosa speranza dei nostri fratelli], perché Dio Padre onnipotente nella sua grande bontà li guidi al fonte della rigenerazione.

Se non ci sono battezzandi:

Fratelli carissimi, invochiamo la benedizione di Dio Padre onnipotente su questo fonte battesimale, perché tutti quelli che nel battesimo saranno rigenerati in Cristo, siano accolti nella famiglia di Dio.

Si cantano le litanie dei santi alle quali si possono aggiungere altri nomi, come quelli della chiesa locale, dei patroni della chiesa in cui si celebra, dei patroni dei bambini che si battezzano.

LITANIE DEI SANTI

Signore, pietà.	**Signore, pietà.**
Cristo, pietà.	**Cristo, pietà.**
Signore, pietà.	**Signore, pietà.**
Santa Maria, Madre di Dio,	**prega per noi.**
San Michele,	**prega per noi.**
Santi Angeli di Dio,	**pregate per noi.**
San Giovanni Battista,	**prega per noi.**
San Giuseppe,	**prega per noi.**
Santi Pietro e Paolo,	**pregate per noi.**
Sant'Andrea,	**prega per noi.**
San Giovanni,	**prega per noi.**
Santi Apostoli ed evangelisti,	**pregate per noi.**
Santa Maria Maddalena,	**prega per noi.**
Santi discepoli del Signore,	**pregate per noi.**
Santo Stefano,	**prega per noi.**
Sant'Ignazio d'Antiochia,	**prega per noi.**
San Lorenzo,	**prega per noi.**
Sante Perpetua e Felicita,	**pregate per noi.**
Sant'Agnese,	**prega per noi.**
Santi martiri di Cristo,	**pregate per noi.**
San Gregorio,	**prega per noi.**
Sant'Agostino,	**prega per noi.**
Sant'Atanasio,	**prega per noi.**
San Basilio,	**prega per noi.**
San Martino,	**prega per noi.**
Santi Cirillo e Metodio,	**pregate per noi.**
San Benedetto,	**prega per noi.**
San Francesco,	**prega per noi.**
San Domenico,	**prega per noi.**
San Francesco Saverio,	**prega per noi.**
San Giovanni Maria Vianney,	**prega per noi.**
Santa Caterina da Siena,	**prega per noi.**
Santa Teresa d'Avila,	**prega per noi.**
Santi e sante di Dio,	**pregate per noi.**

Nella tua misericordia, **salvaci, Signore.**
Da ogni male, **salvaci, Signore.**
Da ogni peccato, **salvaci, Signore.**
Dalla morte eterna, **salvaci, Signore.**
Per la tua incarnazione, **salvaci, Signore.**
Per la tua morte e risurrezione, **salvaci, Signore.**
Per il dono dello Spirito Santo, **salvaci, Signore.**
Noi peccatori, ti preghiamo, **ascoltaci Signore.**

Se ci sono dei battezzandi:

Dona la grazia della vita nuova nel Battesimo
a questi tuoi eletti, **ascoltaci, Signore.**

Se non ci sono dei battezzandi:

Benedici e santifica con la grazia del tuo Spirito
questo fonte battesimale
da cui nascono i tuoi figli, **ascoltaci, Signore.**

Gesù, Figlio del Dio vivente, **Gesù, Figlio del Dio vivente,**
ascolta la nostra supplica **ascolta la nostra supplica.**

Se ci sono battezzandi, il sacerdote dice l'orazione seguente:

Dio onnipotente ed eterno, manifesta la tua presenza nei sacramenti del tuo amore, manda lo spirito di adozione a suscitare un popolo nuovo dal fonte battesimale, perché l'azione del nostro umile ministero sia resa efficace dalla tua potenza. Per Cristo nostro Signore.

BENEDIZIONE DELL'ACQUA BATTESIMALE

Questa formula si usa quando ci sono dei battesimi o l'acqua sarà utilizzata per questo scopo.

O Dio, per mezzo dei segni sacramentali, tu operi con invisibile potenza le meraviglie della salvezza; e in molti modi, attraverso i tempi, hai preparato l'acqua, tua creatura, ad essere segno del Battesimo.
Fin dalle origini il tuo Spirito si librava sulle acque perché contenessero in germe la forza di santificare; e anche nel diluvio hai prefigurato il battesimo, perché, oggi come allora, l'acqua segnasse la fine del peccato e l'inizio della vita nuova.

Tu hai liberato dalla schiavitù i figli di Abramo, facendoli passare illesi attraverso il Mar Rosso, perché fossero immagine del futuro popolo dei battezzati.
Infine, nella pienezza dei tempi, il tuo Figlio, battezzato da Giovanni nell'acqua del Giordano, fu consacrato dallo Spirito Santo; innalzato sulla croce, egli versò dal suo fianco sangue e acqua, e dopo la sua risurrezione comandò ai discepoli: «Andate, annunziate il Vangelo a tutti i popoli, e battezzateli nel nome del Padre e del Figlio e dello Spirito Santo».
Ora, Padre, guarda con amore la tua Chiesa e fa scaturire per lei la sorgente del Battesimo.
Infondi in quest'acqua, per opera dello Spirito Santo, la grazia del tuo unico Figlio, perché con il sacramento del Battesimo l'uomo, fatto a tua immagine, sia lavato dalla macchia del peccato, e dall'acqua e dallo Spirito Santo rinasca come nuova creatura.

Il sacerdote immerge il cero pasquale nell'acqua dicendo:

Discenda, Padre, in quest'acqua, per opera del tuo Figlio, la potenza dello Spirito Santo. Tutti coloro che in essa riceveranno il Battesimo, sepolti insieme con Cristo nella morte, con lui risorgano alla vita immortale. Per Cristo nostro Signore. Amen.

Toglie il cero dall'acqua, mentre l'assemblea fa questa acclamazione:

Sorgenti delle acque, benedite il Signore:
lodatelo ed esaltatelo nei secoli.

Dopo la rinuncia a satana e la professione di fede, viene conferito il battesimo ai bambini e ai catecumeni adulti. Se non ci sono battezzandi né si deve benedire il fonte battesimale, il sacerdote invita alla preghiera e benedice l'acqua con la quale saranno aspersi i fedeli:

Fratelli carissimi, preghiamo umilmente il Signore Dio nostro, perché benedica quest'acqua con la quale saremo aspersi in ricordo del nostro Battesimo. Il Signore ci rinnovi interiormente, perché siamo sempre fedeli allo Spirito che ci è stato dato in dono.

Dopo una breve pausa, prosegue:

Signore Dio nostro, sii presente in mezzo al tuo popolo, che veglia in preghiera in questa santissima notte, rievo-

cando l'opera ammirabile della nostra creazione e l'opera ancor più ammirabile della nostra salvezza. Degnati di benedire quest'acqua, che hai creato perché dia fertilità alla terra, freschezza e sollievo ai nostri corpi.
Di questo dono della creazione hai fatto un segno della tua bontà: attraverso l'acqua del Mar Rosso hai liberato il tuo popolo dalla schiavitù; nel deserto hai fatto scaturire una sorgente per saziare la sua sete; con l'immagine dell'acqua viva i profeti hanno preannunziato la nuova alleanza che tu intendevi offrire agli uomini. Infine nell'acqua del Giordano, santificata dal Cristo, hai inaugurato il sacramento della rinascita, che segna l'inizio dell'umanità nuova libera dalla corruzione del peccato.
Ravviva in noi, Signore, nel segno di quest'acqua benedetta, il ricordo del nostro Battesimo, perché possiamo unirci all'assemblea gioiosa di tutti i fratelli, battezzati nella Pasqua di Cristo nostro Signore. Egli vive e regna nei secoli dei secoli. Amen.

RINNOVAZIONE DELLE PROMESSE BATTESIMALI

Dopo la benedizione dell'acqua lustrale, tutti, stando in piedi e con in mano la candela accesa, rinnovano le promesse del battesimo.

Fratelli carissimi, per mezzo del battesimo siamo divenuti partecipi del mistero pasquale del Cristo, siamo stati sepolti insieme con lui nella morte, per risorgere con lui a vita nuova.
Ora, al termine del cammino penitenziale della Quaresima, rinnoviamo le promesse del nostro Battesimo, con le quali un giorno abbiamo rinunziato a satana e alle sue opere e ci siamo impegnati a servire fedelmente Dio nella santa Chiesa cattolica.

℣. Rinunziate a satana?
℟. Rinunzio.

℣. E a tutte le sue opere?
℟. Rinunzio.

℣. E a tutte le sue seduzioni?
℟. Rinunzio.

Oppure:

℣. Rinunziate al peccato, per vivere nella libertà dei figli di Dio?
℟. Rinunzio.
℣. Rinunziate alle seduzioni del male, per non lasciarvi dominare dal peccato?
℟. Rinunzio.
℣. Rinunziate a satana, origine e causa di ogni peccato?
℟. Rinunzio.

℣. Credete in Dio, Padre onnipotente, creatore del cielo e della terra?
℟. Credo.
℣. Credete in Gesù Cristo, suo unico Figlio, nostro Signore, che nacque da Maria Vergine, morì e fu sepolto, è risuscitato dai morti e siede alla destra del Padre?
℟. Credo.
℣. Credete nello Spirito Santo, la santa Chiesa cattolica, la comunione dei santi, la remissione dei peccati, la risurrezione della carne e la vita eterna?
℟. Credo.

Il sacerdote conclude

Dio onnipotente, Padre del nostro Signore Gesù Cristo, che ci ha liberati dal peccato e ci ha fatto rinascere dall'acqua e dallo Spirito Santo, ci custodisca con la sua grazia in Cristo Gesù nostro Signore, per la vita eterna. Amen.

Il sacerdote asperge l'assemblea con l'acqua benedetta. Non si recita il Credo. *Si continua con la preghiera dei fedeli.*

PREGHIERA UNIVERSALE

Sorelle e fratelli carissimi, nella gioia di questa notte, la nostra fiducia si fa più grande, la nostra preghiera più audace. Affidiamo le nostre domande al Signore della vita.

℟. Cristo risorto, ascoltaci!

- Agnello immolato che ora siedi vincitore sul trono: dona alla tua chiesa di servire l'umanità perché fiorisca la vita per tutti. Preghiamo.
- Pastore eterno del gregge, innalzato alla destra del Padre: che il nostro amore reciproco testimoni che tu sei vivente in mezzo a noi. Preghiamo.
- Gesù, nostro Salvatore, dopo la sofferenza hai visto la gloria: sostieni i malati, consola chi è solo, dona forza ai disperati. Preghiamo.
- Redentore degli uomini, partecipiamo al tuo banchetto nuziale aspettando il tuo ritorno: l'eucaristia sia l'energia della tua risurrezione che entra nella nostra vita. Preghiamo.

Se si sono celebrati battesimi:

- Primogenito della creazione nuova, ai battezzati di questa notte dona di custodire e alimentare fino alla sua pienezza la vita nuova che hanno ricevuto. Preghiamo.
- (*Altre intenzioni*).

Padre dei cieli, l'alleluia pasquale è per noi il vagito della vita che rinasce, della speranza che si riaccende, dell'amore che vince ogni morte. Accogli ogni nostro desiderio di bene, esaudisci le nostre preghiere, riempici dello Spirito del Risorto. Te lo chiediamo nel nome del tuo figlio Gesù che riconosciamo nostro Signore per tutti i secoli dei secoli.

4. LITURGIA EUCARISTICA

SULLE OFFERTE **Accogli, Signore, le preghiere e le offerte del tuo popolo, perché questo santo mistero, gioioso inizio della celebrazione pasquale, ci ottenga la forza per giungere alla vita eterna. Per Cristo nostro Signore.**

PREFAZIO *Cristo, Agnello pasquale*

È veramente cosa buona e giusta,
nostro dovere e fonte di salvezza,
proclamare sempre la tua gloria, o Signore,

e soprattutto esaltarti in questa notte
nella quale Cristo, nostra Pasqua, si è immolato.
È lui il vero Agnello che ha tolto i peccati del mondo,
è lui che morendo ha distrutto la morte
e risorgendo ha ridato a noi la vita.
Per questo mistero, nella pienezza della gioia pasquale,
l'umanità esulta su tutta la terra,
e con l'assemblea degli angeli e dei santi
canta l'inno della tua gloria:
Santo, Santo, Santo il Signore...

COMUNIONE
1Cor 5,7-8

Cristo, nostra Pasqua, è stato immolato:
celebriamo dunque la festa
con purezza e verità. Alleluia.

Oppure:
Mt 28,5.6 (cf. Mc 16,6; Lc 24,6)

Gesù, il crocifisso è risorto,
come aveva detto.
Alleluia.

DOPO LA COMUNIONE **Infondi in noi, o Padre, lo Spirito della tua carità, perché nutriti con i sacramenti pasquali viviamo concordi nel vincolo del tuo amore. Per Cristo nostro Signore.**

Nel congedare l'assemblea, si dice:
La Messa è finita: andate in pace, alleluia, alleluia.

Oppure:
Andate e portate a tutti la gioia del Signore risorto.
Alleluia, alleluia.
℟. **Rendiamo grazie a Dio. Alleluia, alleluia.**

4 APRILE

PASQUA DI RISURREZIONE

DALLA TOMBA VUOTA AL GREMBO DI VITA

L'annuncio che ha cambiato la storia prende avvio dalla corsa trafelata di una donna, Maria di Magdala. È ferita nel cuore per la doppia perdita dell'amico amato: non solo morto, ma sparito dalla tomba. Dove celebrare il lutto: su una tomba vuota? Dove nutrire la memoria: su un'assenza? L'immenso vuoto che le si spalanca dinanzi è informe come il caos degli inizi; che le grandi acque abbiano spento l'amore? Forse le hanno svuotato il cuore, non semplicemente una tomba. Ma dove corre, quella donna, che annuncio vuole fare? Corre da Simone, la roccia, che ha sperimentato in anticipo il vuoto nel suo tradimento, seppur bagnato di lacrime amare; roccia sì, ma che vacilla come e più della grossa pietra, ribaltata come se niente fosse. Corre dal discepolo che Gesù amava, cioè amato da Lui e per questo amante Lui. È Giovanni, secondo la tradizione, ma rimanendo di fatto non nominato può e deve avere il mio nome. Quindi corre anche da me, a darmi la notizia della tomba vuota. Può l'assenza trasformarsi in presenza, il vuoto farsi luogo di una pienezza indicibile? Chissà con quali svuotamenti sono arrivato quest'anno a Pasqua, quali abissi mi catturano l'anima, guardandomi dentro e attorno: guerre, terrorismi, violenze, ingiustizie, solitudini, morti. Raccontaci, Maria; che hai visto sulla via? Hai visto te stessa, la tua sterilità interiore dopo l'evento della croce? Hai visto il nostro buio e le nostre paure, i vuoti di speranza in tanti giovani, le aridità nei vecchi, il cinismo degli adulti?

«Non sappiamo dove l'hanno posto!» (Gv 20,2). E non sapendo dov'è Lui, non sappiamo nemmeno dove siamo noi; la bussola del cuore è come impazzita: spaesati, smarriti, confusi. Siamo alla ricerca sua o di noi stessi, vogliamo trovarlo o farci trovare? In questa corsa le pesantezze istituzionali, le alleanze con chi conta, i calcoli di opportunità, rendono pesante il passo della chiesa nell'annunciare la buona notizia anzitutto ai piccoli e ai poveri. Ci vuole uno scatto di profezia, per accelerare il passo verso il Risorto e comunicare speranza al mondo. Arrivati alla tomba e toccato con mano un vuoto, che tutti ci riguarda, ecco l'annuncio inaspettato: «Dio lo ha risuscitato il terzo giorno» (At 10,39). Cosa mai udita prima, così sconvolgente da rimanere utopia sull'al di là piuttosto che concreta speranza fiorita già nell'al di qua. E se bastasse anche solo un po' di lievito di risurrezione, per trasformare ogni tomba in un grembo, ogni peccato in perdono, ogni fallimento in rinnovamento? Non ci è chiesto molto per sperimentare la potenza del Suo risuscitare: solo di lasciarci raggiungere là dove siamo, fosse pure agli inferi, aggrapparci alla sua mano e risalire con Lui.

INGRESSO
cf. Sal 138,18.5-6

Sono risorto, sono sempre con te;
tu hai posto su di me la tua mano,
è stupenda per me la tua saggezza. Alleluia.

Oppure:
Lc 24,34;
cf. Ap 1,6

Il Signore è davvero risorto. Alleluia!
A lui gloria e potenza
nei secoli eterni!

COLLETTA **O Padre, che in questo giorno, per mezzo del tuo unico Figlio, hai vinto la morte e ci hai aperto il passaggio alla vita eterna, concedi a noi, che celebriamo la Pasqua di risurrezione, di essere rinnovati nel tuo Spirito, per rinascere nella luce del Signore risorto. Egli è Dio...**

PRIMA LETTURA *Noi abbiamo mangiato e bevuto con lui dopo la sua risurrezione dai morti*

Dagli Atti degli Apostoli 10,34a.37-4

In quei giorni, Pietro prese la parola e disse: «Voi sapete ciò che è accaduto in tutta la Giudea, cominciando dalla Galilea, dopo il battesimo predicato da Giovanni; cioè

come Dio consacrò in Spirito Santo e potenza Gesù di Nàzaret, il quale passò beneficando e risanando tutti coloro che stavano sotto il potere del diavolo, perché Dio era con lui.
E noi siamo testimoni di tutte le cose da lui compiute nella regione dei Giudei e in Gerusalemme. Essi lo uccisero appendendolo a una croce, ma Dio lo ha risuscitato al terzo giorno e volle che si manifestasse, non a tutto il popolo, ma a testimoni prescelti da Dio, a noi che abbiamo mangiato e bevuto con lui dopo la sua risurrezione dai morti.
E ci ha ordinato di annunciare al popolo e di testimoniare che egli è il giudice dei vivi e dei morti, costituito da Dio. A lui tutti i profeti danno questa testimonianza: chiunque crede in lui riceve il perdono dei peccati per mezzo del suo nome». — Parola di Dio.

SALMO RESPONSORIALE Sal 117

℟. **Questo è il giorno che ha fatto il Signore:**
rallegriamoci ed esultiamo.

Oppure: **Alleluia, alleluia, alleluia.**

Rendete grazie al Signore perché è buono,
perché il suo amore è per sempre.
Dica Israele:
«Il suo amore è per sempre». ℟.

La destra del Signore si è innalzata,
la destra del Signore ha fatto prodezze.
Non morirò, ma resterò in vita
e annuncerò le opere del Signore. ℟.

La pietra scartata dai costruttori
è divenuta la pietra d'angolo.
Questo è stato fatto dal Signore:
una meraviglia ai nostri occhi. ℟.

SECONDA LETTURA *Cercate le cose di lassù, dove è Cristo*

Dalla lettera di san Paolo apostolo ai Colossési 3,1-4

Fratelli, se siete risorti con Cristo, cercate le cose di lassù, dove è Cristo, seduto alla destra di Dio; rivolgete il pensiero alle cose di lassù, non a quelle della terra.

Voi infatti siete morti e la vostra vita è nascosta con Cristo in Dio! Quando Cristo, vostra vita, sarà manifestato, allora anche voi apparirete con lui nella gloria. — Parola di Dio.

Oppure: *Togliete via il lievito vecchio, per essere pasta nuova*

Dalla prima lettera di san Paolo ap. ai Corinzi 5,6b-8

Fratelli, non sapete che un po' di lievito fa fermentare tutta la pasta? Togliete via il lievito vecchio, per essere pasta nuova, poiché siete àzzimi.
E infatti Cristo, nostra Pasqua, è stato immolato!
Celebriamo dunque la festa non con il lievito vecchio, né con lievito di malizia e di perversità, ma con àzzimi di sincerità e di verità. — Parola di Dio.

SEQUENZA

Alla vittima pasquale,
s'innalzi oggi il sacrificio di lode.
L'agnello ha redento il suo gregge,
l'Innocente ha riconciliato
noi peccatori col Padre.

Morte e Vita si sono affrontate
in un prodigioso duello.
Il Signore della vita era morto;
ma ora, vivo, trionfa.

«Raccontaci, Maria:
che hai visto sulla via?».
«La tomba del Cristo vivente,
la gloria del Cristo risorto,
e gli angeli suoi testimoni,
il sudario e le sue vesti.
Cristo, mia speranza, è risorto;
e vi precede in Galilea».

Sì, ne siamo certi:
Cristo è davvero risorto.
Tu, Re vittorioso,
abbi pietà di noi.

AL VANGELO cf. 1Cor 5,7-8

Alleluia, alleluia.
Cristo, nostra Pasqua, è stato immolato:
facciamo festa nel Signore.
Alleluia.

VANGELO * *Egli doveva risuscitare dai morti*

Dal vangelo secondo Giovanni Gv 20,1-9

Il primo giorno della settimana, Maria di Màgdala si recò al sepolcro di mattino, quando era ancora buio, e vide che la pietra era stata tolta dal sepolcro.
Corse allora e andò da Simon Pietro e dall'altro discepolo, quello che Gesù amava, e disse loro: «Hanno portato via il Signore dal sepolcro e non sappiamo dove l'hanno posto!».
Pietro allora uscì insieme all'altro discepolo e si recarono al sepolcro. Correvano insieme tutti e due, ma l'altro discepolo corse più veloce di Pietro e giunse per primo al sepolcro. Si chinò, vide i teli posati là, ma non entrò.
Giunse intanto anche Simon Pietro, che lo seguiva, ed entrò nel sepolcro e osservò i teli posati là, e il sudario – che era stato sul suo capo – non posato là con i teli, ma avvolto in un luogo a parte.
Allora entrò anche l'altro discepolo, che era giunto per primo al sepolcro, e vide e credette. Infatti non avevano ancora compreso la Scrittura, che cioè egli doveva risorgere dai morti. — Parola del Signore.

** Oppure, al posto del precedente vangelo, si può utilizzare quello proclamato nella veglia pasquale* (pp. 168-169).

Dove si celebra la Messa vespertina, si può anche leggere:

VANGELO *Resta con noi perché si fa sera*

Dal vangelo secondo Luca 24,13-35

Ed ecco, in quello stesso giorno, [il primo della settimana,] due [dei discepoli] erano in cammino per un villaggio di nome Èmmaus, distante circa undici chilometri da Gerusalemme, e conversavano tra loro di tutto quello che era accaduto. Mentre conversavano e discutevano insieme, Gesù in persona si avvicinò e camminava

con loro. Ma i loro occhi erano impediti a riconoscerlo. Ed egli disse loro: «Che cosa sono questi discorsi che state facendo tra voi lungo il cammino?». Si fermarono, col volto triste; uno di loro, di nome Clèopa, gli rispose: «Solo tu sei forestiero a Gerusalemme! Non sai ciò che vi è accaduto in questi giorni?». Domandò loro: «Che cosa?». Gli risposero: «Ciò che riguarda Gesù, il Nazareno, che fu profeta potente in opere e in parole, davanti a Dio e a tutto il popolo; come i capi dei sacerdoti e le nostre autorità lo hanno consegnato per farlo condannare a morte e lo hanno crocifisso. Noi speravamo che egli fosse colui che avrebbe liberato Israele; con tutto ciò, sono passati tre giorni da quando queste cose sono accadute. Ma alcune donne, delle nostre, ci hanno sconvolti; si sono recate al mattino alla tomba e, non avendo trovato il suo corpo, sono venute a dirci di aver avuto anche una visione di angeli, i quali affermano che egli è vivo. Alcuni dei nostri sono andati alla tomba e hanno trovato come avevano detto le donne, ma lui non l'hanno visto».
Disse loro: «Stolti e lenti di cuore a credere in tutto ciò che hanno detto i profeti! Non bisognava che il Cristo patisse queste sofferenze per entrare nella sua gloria?». E, cominciando da Mosè e da tutti i profeti, spiegò loro in tutte le Scritture ciò che si riferiva a lui.
Quando furono vicini al villaggio dove erano diretti, egli fece come se dovesse andare più lontano. Ma essi insistettero: «Resta con noi, perché si fa sera e il giorno è ormai al tramonto». Egli entrò per rimanere con loro.
Quando fu a tavola con loro, prese il pane, recitò la benedizione, lo spezzò e lo diede loro. Allora si aprirono loro gli occhi e lo riconobbero. Ma egli sparì dalla loro vista. Ed essi dissero l'un l'altro: «Non ardeva forse in noi il nostro cuore mentre egli conversava con noi lungo la via, quando ci spiegava le Scritture?».
Partirono senza indugio e fecero ritorno a Gerusalemme, dove trovarono riuniti gli Undici e gli altri che erano con loro, i quali dicevano: «Davvero il Signore è risorto ed è apparso a Simone!». Ed essi narravano ciò che era accaduto lungo la via e come l'avevano riconosciuto nello spezzare il pane. — Parola del Signore.

PREGHIERA UNIVERSALE

Fratelli e sorelle, in questo giorno santo condividiamo la gioia della vita nuova comunicata dal Risorto a noi e a tutti i battezzati per rifiorire come germogli nell'eterna primavera dello Spirito. Il Signore porti al Padre le invocazioni, che ora salgono a lui da questa comunità, riunita nel suo nome. Imploriamo:

℟. **Ascoltaci, o Signore!**

- Signore risorto, guarda la tua Chiesa perché, trasformata dalla potenza del tuo amore, si conformi sempre più alla tua immagine. Rinnovala con la forza del vangelo perché lo proclami agli altri e arricchisca il mondo di valori cristiani, ti preghiamo.

- Signore risorto, dona la tua pace ai popoli che convivono con la guerra e la violenza. Proteggi quanti sono costretti a fuggire dalla propria terra, per motivi politici o a causa di calamità naturali e soccorri i poveri e gli emarginati, ti preghiamo.

- Signore risorto, risveglia la fede nei ragazzi e nei giovani. Illumina le coppie in crisi e le famiglie divise, riaprendo loro la strada della riconciliazione. Risolleva i malati e i sofferenti, e rinsalda nella speranza chi si impegna per gli altri, ti preghiamo.

- Signore risorto, fa' che ogni domenica ti incontriamo a questo banchetto eucaristico, per liberarci dalle divisioni e gustare la bellezza dell'unità. La tua Parola ci converta e ci sostenga nelle prove, rendendoci coraggiosi e costruttivi, ti preghiamo.

- (*Altre intenzioni*).

Padre, ascolta le invocazioni, che in questo giorno di Pasqua si elevano a te dalle molteplici situazioni presenti nel mondo. Fa' che sperimentiamo sempre più il tuo infinito amore, perché dal cuore della tua Chiesa prorompa il cantico dei salvati, in cammino verso la serena pace del tuo regno: in Cristo Gesù, nostro Signore. **Amen.**

SULLE OFFERTE Esultanti per la gioia pasquale ti offriamo, Signore, questo sacrificio, nel quale mirabilmente nasce e si edifica sempre la tua Chiesa. Per Cristo nostro Signore.

Prefazio pasquale I (p. 475).

COMUNIONE Cristo, nostra Pasqua, è stato immolato:
1Cor 5,7-8 celebriamo dunque la festa
con purezza e verità. Alleluia.

Oppure: Nel giorno dopo il sabato, Maria di Magdala
Gv 20,1 si recò al sepolcro di buon mattino
e vide che la pietra era stata ribaltata.
Alleluia.

Oppure: Gesù, il crocifisso, è risorto,
Mt 28,5.6; come aveva detto.
cf. Mc 16,6; Lc 24,4 Alleluia.

Oppure: Resta con noi, Signore,
Lc 24,29 perché si fa sera
(se è stato letto e il giorno già volge al declino,
Lc 24,13-35) Alleluia.

DOPO LA COMUNIONE Proteggi sempre la tua Chiesa, Dio onnipotente, con l'inesauribile forza del tuo amore, perché, rinnovata dai sacramenti pasquali, giunga alla gloria della risurrezione. Per Cristo nostro Signore.

11 APRILE

2ª DOMENICA DI PASQUA

IL GIORNO OTTAVO

Il libro dell'Apocalisse ci rivela – è questo il significato del termine greco – il segreto dei primi cristiani: vivere la potenza della risurrezione ogni settimana, nel giorno chiamato del Signore proprio perché è il giorno in cui il Padre ha risuscitato il Figlio. Per i cristiani di ogni epoca, è questo l'antidoto contro tutte le forze di morte all'opera dentro la storia. La domenica infatti è, fin da subito, la pasqua settimanale; più importante ancora di quella annuale, perché inserisce nel ritmo del tempo un'esplosione di vita che viene direttamente da Dio. È il giorno ottavo, che diventa per i cristiani il primo giorno della settimana e colora di sé tutto il resto. L'Apocalisse presenta, trasfigurandola, l'esperienza che le chiese fanno appunto nel giorno del Signore. Si radunano in assemblea per la solenne liturgia domenicale, presieduta dallo stesso Cristo risuscitato vestito con paramenti: «un abito lungo fino ai piedi e cinto al petto con una fascia d'oro» (Ap 1,13); il prete, che sta di fronte alla comunità, lo rende sacramentalmente presente. Egli si offre come chiave interpretativa della realtà, dal momento che la abbraccia tutta dall'inizio alla fine. L'eucaristia domenicale è, per questo, culmine e fonte dell'esistenza: arriviamo lì con le nostre contraddizioni, per celebrare quanto vissuto; ripartiamo, nutriti del suo amore, per vivere quanto celebrato. Non so se a custodire la qualità della fede evangelica valga più la rivendicazione di simboli religiosi cristiani nei luoghi pubblici o la fedeltà all'appuntamento domenicale, così sentito agli inizi dell'esperienza cristiana da far dire ai martiri, cui veniva impedito dalla persecuzione di celebrare la festa: «Senza giorno del Signore non possiamo vivere!».

Nel soffio dello Spirito, primo dono del Risorto, il Cristo ac-

colto nei segni della Parola, del pane, del fratello e della sorella, abita la nostra interiorità in modo più libero e profondo di chi lo ha veduto nella carne. Invitando a mettere la mano nei segni dei chiodi e nel costato, Gesù provoca Tommaso e anche noi a credere al Risorto toccando con mano le piaghe del crocifisso. Del resto l'immersione nella storia provoca quotidianamente a fare i conti con ciò che è irrisolto, ferito, violato, sofferente, sanguinante. Sarebbe facile credere alla risurrezione in un mondo definitivamente trasformato, nel quale non ci fosse più alcun segno di morte. Ma sarebbe realistico? Credere non è illusione e neppure delusione: è speranza. Una speranza di cui abbiamo caparra nella fraternità comune e nella solidarietà reciproca; come testimoniano le guarigioni operate dall'ombra di Pietro, eco dell'ombra di Dio alla guida del suo popolo, peregrinante nel deserto. Dio, comunque e sempre, cammina con noi.

INGRESSO
1Pt 2,2

Come bambini appena nati,
bramate il puro latte spirituale,
che vi faccia crescere verso la salvezza.
Alleluia.

Oppure:
4Esd 2,36-37

Entrate nella gioia e nella gloria,
e rendete grazie a Dio,
che vi ha chiamato al regno dei cieli.
Alleluia.

COLLETTA **Dio di eterna misericordia, che nella ricorrenza pasquale ravvivi la fede del tuo popolo, accresci in noi la grazia che ci hai dato, perché tutti comprendiamo l'inestimabile ricchezza del Battesimo che ci ha purificati, dello Spirito che ci ha rigenerati, del Sangue che ci ha redenti. Per il nostro Signore...**

Oppure: **O Padre, che nel giorno del Signore raduni il tuo popolo per celebrare colui che è il Primo e l'Ultimo, il Vivente che ha sconfitto la morte, donaci la forza del tuo Spirito, perché, spezzati i vincoli del male, ti rendiamo il libero servizio della nostra obbedienza e del nostro amore, per regnare con Cristo nella gloria. Egli è Dio...**

PRIMA LETTURA

Venivano aggiunti credenti al Signore, una moltitudine di uomini e di donne

Dagli Atti degli Apostoli 5,12-16

Molti segni e prodigi avvenivano fra il popolo per opera degli apostoli. Tutti erano soliti stare insieme nel portico di Salomone; nessuno degli altri osava associarsi a loro, ma il popolo li esaltava.
Sempre più, però, venivano aggiunti credenti al Signore, una moltitudine di uomini e di donne, tanto che portavano gli ammalati persino nelle piazze, ponendoli su lettucci e barelle, perché, quando Pietro passava, almeno la sua ombra coprisse qualcuno di loro.
Anche la folla delle città vicine a Gerusalemme accorreva, portando malati e persone tormentate da spiriti impuri, e tutti venivano guariti. — Parola di Dio.

SALMO RESPONSORIALE

dal Salmo 117

℟. **Rendete grazie al Signore perché è buono:**
il suo amore è per sempre.

Oppure: **Alleluia, alleluia, alleluia.**

Dica Israele:
«Il suo amore è per sempre».
Dica la casa di Aronne:
«Il suo amore è per sempre».
Dicano quelli che temono il Signore:
«Il suo amore è per sempre». ℟.

La pietra scartata dai costruttori
è divenuta la pietra d'angolo.
Questo è stato fatto dal Signore:
una meraviglia ai nostri occhi.
Questo è il giorno che ha fatto il Signore:
rallegriamoci in esso ed esultiamo! ℟.

Ti preghiamo, Signore: Dona la salvezza!
Ti preghiamo, Signore: Dona la vittoria!
Benedetto colui che viene nel nome del Signore.
Vi benediciamo dalla casa del Signore.
Il Signore è Dio, egli ci illumina. ℟.

SECONDA LETTURA *Ero morto, ma ora vivo per sempre*

Dal libro dell'Apocalisse di san Giovanni ap. 1,9-11a.12-13.17-19

Io, Giovanni, vostro fratello e compagno nella tribolazione, nel regno e nella perseveranza in Gesù, mi trovavo nell'isola chiamata Patmos a causa della parola di Dio e della testimonianza di Gesù.
Fui preso dallo Spirito nel giorno del Signore e udii dietro di me una voce potente, come di tromba, che diceva: «Quello che vedi, scrivilo in un libro e mandalo alle sette Chiese».
Mi voltai per vedere la voce che parlava con me, e appena voltato vidi sette candelabri d'oro e, in mezzo ai candelabri, uno simile a un Figlio d'uomo, con un abito lungo fino ai piedi e cinto al petto con una fascia d'oro.
Appena lo vidi, caddi ai suoi piedi come morto. Ma egli, posando su di me la sua destra, disse: «Non temere! Io sono il Primo e l'Ultimo, e il Vivente. Ero morto, ma ora vivo per sempre e ho le chiavi della morte e degli inferi. Scrivi dunque le cose che hai visto, quelle presenti e quelle che devono accadere in seguito». — Parola di Dio.

Si può camtare o proclamare la Sequenza (p. 180).

AL VANGELO
Gv 20,29

Alleluia, alleluia.
Perché mi hai veduto, Tommaso,
tu hai creduto;
beati quelli che non hanno visto
e hanno creduto! **Alleluia.**

VANGELO *Otto giorni dopo venne Gesù*

Dal Vangelo secondo Giovanni 20,19-31

La sera di quel giorno, il primo della settimana, mentre erano chiuse le porte del luogo dove si trovavano i discepoli per timore dei Giudei, venne Gesù, stette in mezzo e disse loro: «Pace a voi!». Detto questo, mostrò loro le mani e il fianco. E i discepoli gioirono al vedere il Signore. Gesù disse loro di nuovo: «Pace a voi! Come il Padre ha mandato me, anche io mando voi». Detto questo, soffiò e disse loro: «Ricevete lo Spirito Santo. A coloro a cui perdonerete i peccati, saranno perdonati; a coloro a cui non perdonerete, non saranno perdonati».

Tommaso, uno dei Dodici, chiamato Dìdimo, non era con loro quando venne Gesù. Gli dicevano gli altri discepoli: «Abbiamo visto il Signore!». Ma egli disse loro: «Se non vedo nelle sue mani il segno dei chiodi e non metto il mio dito nel segno dei chiodi e non metto la mia mano nel suo fianco, io non credo».
Otto giorni dopo i discepoli erano di nuovo in casa e c'era con loro anche Tommaso. Venne Gesù, a porte chiuse, stette in mezzo e disse: «Pace a voi!». Poi disse a Tommaso: «Metti qui il tuo dito e guarda le mie mani; tendi la tua mano e mettila nel mio fianco; e non essere incredulo, ma credente!». Gli rispose Tommaso: «Mio Signore e mio Dio!». Gesù gli disse: «Perché mi hai veduto, tu hai creduto; beati quelli che non hanno visto e hanno creduto!».
Gesù, in presenza dei suoi discepoli, fece molti altri segni che non sono stati scritti in questo libro. Ma questi sono stati scritti perché crediate che Gesù è il Cristo, il Figlio di Dio, e perché, credendo, abbiate la vita nel suo nome. — Parola del Signore.

PREGHIERA UNIVERSALE

Fratelli e sorelle, la nostra preghiera si innalza ora a quel Dio che amiamo, pur senza averlo visto, e nel quale crediamo, senza timore alcuno. Nel Cristo ci invita a riconoscere i segni della sua presenza e ad accostarci a lui, perché possiamo trovare la vita nel suo nome. Imploriamo:

℟. **Ascoltaci, o Signore!**

● «Tutti erano soliti stare insieme»: perché questo ideale sia il più possibile realizzato da ogni comunità cristiana, per essere segno della novità scaturita dalla Pasqua e testimone di unità, in comunione con gli altri fratelli, preghiamo.

● «Molti segni avvenivano per opera degli apostoli»: perché la venerazione per Dio ottenga da lui quell'aiuto tanto desiderato per la pace familiare e sociale, superando le violenze e le logiche di profitto, che minano la giustizia e la concordia, preghiamo.

● «Tutti i malati venivano guariti»: perché anche oggi si attui questa liberazione dell'uomo, nella totalità del suo essere, quale espressione visibile della fede nella vittoria pasquale di Cristo che trasfigura le sofferenze presenti nel mondo, preghiamo.

● «Il popolo li esaltava»: perché la nostra assemblea domenicale viva l'incontro con il Risorto in un clima di autentica condivisione che suscita ammirazione negli altri, traducendo la gioia della lode divina nell'aiuto reciproco, preghiamo.

● (*Altre intenzioni*).

Dio fedele, ascolta questa nostra preghiera, unita alle implorazioni che salgono a te da quanti sono provati dalla sofferenza. Aiutaci a riconoscere le meraviglie del tuo amore, illuminati dalla Parola del tuo Figlio, scritta perché gli uomini credano in lui e, credendo, abbiano la vita nel suo nome: ora e nei secoli dei secoli. **Amen.**

SULLE OFFERTE **Accogli con bontà, Signore, l'offerta del tuo popolo [e dei nuovi battezzati]: tu che ci hai chiamati alla fede e rigenerati nel Battesimo, guidaci alla felicità eterna. Per Cristo nostro Signore.**

Prefazio pasquale I (p. 475).

COMUNIONE
cf. Gv 20,27

«Accosta la tua mano,
tocca le cicatrici dei chiodi
e non essere incredulo, ma credente».
Alleluia.

DOPO LA COMUNIONE **Dio onnipotente, la forza del sacramento pasquale che abbiamo ricevuto continui a operare nella nostra vita. Per Cristo nostro Signore.**

18 APRILE
3ª DOMENICA DI PASQUA

OBBEDIRE A DIO PIÙ CHE AGLI UOMINI

Quando la chiesa ha saputo tener fede alla libertà evangelica ha mostrato un volto profetico e si è messa dalla parte degli ultimi. Quando invece ha ceduto a calcoli opportunistici, alleandosi al potere per averne vantaggi, la qualità dell'annuncio evangelico è immediatamente scaduta, anche se per l'istituzione ecclesiastica ne sono venuti benefici di vario tipo. La tentazione è perennemente là, come testimonia la scelta di Gesù dall'inizio alla fine della sua vita pubblica. E di continuo, anche per la chiesa del nostro tempo, emerge l'interrogativo se per avere garanzie in sé buone non si rinunci alla qualità profetica di una presenza scomoda per ogni potere. Il fine non giustifica i mezzi, quando si tratta di salvaguardare il primato di Dio, che custodisce il primato dell'uomo a partire dal piccolo e dal povero. La corsa dei vari leader politici a ottenere benedizioni dall'autorità ecclesiastica – e il compiacimento di quest'ultima nel vedere incassato quanto promesso – fa perlomeno rimpiangere la parresìa *(libertà evangelica, franchezza cristiana) testimoniata dagli Atti. Naturalmente questo ci riguarda tutti, perché il prezzo per non cedere ai compromessi va pagato in ogni situazione e in ogni ambiente; ma ne vale la pena, perché solo l'obbedienza a Dio ci fa donne e uomini liberi davvero. Significa allora che la chiesa è costituita solo dai «puri e duri», cristiani tutti d'un pezzo, integri, e quanto agli altri... peggio per loro? Guai se la radicalità dell'evangelo ci facesse dire: «Pochi ma buoni!». Sarebbe l'esatto contrario della missione di Gesù, venuto per i malati non per i sani.*

«Simone, figlio di Giovanni, mi ami tu più di costoro?» (Gv 21,15). Per tre volte Gesù rivolge la domanda a Pietro, che si addolora perché la triplice richiesta del Maestro fa eco al triplice rinnegamento di qualche giorno prima. Su questa pietra... che vacil-

la, viene edificata la sua chiesa. Povero Gesù! Colui che conferma la fede dei suoi fratelli ha bisogno di essere confermato, ma è così del mistero stesso della comunità cristiana. La chiesa si fa tramite del perdono del Signore, proprio perché ha bisogno essa stessa di essere perdonata; evangelizza, perché dev'essere continuamente evangelizzata; ama con la carità di Cristo, perché ha estrema necessità di essere amata dal suo Sposo e tratta fuori dalle sue infedeltà. Pietro, peccatore perdonato, è chiamato a guidare la chiesa nella sua missione di pescare dal mare l'umanità, cioè di tirar fuori per la salvezza (il mare è biblicamente simbolo di negatività). È una missione universale, infatti i centocinquantatré grossi pesci alludono ai popoli allora conosciuti. La può assumere a partire dalla sua debolezza, entro la quale risalta la forza del Cristo risuscitato dai morti, che quale Amore crocifisso abbraccia tutta la storia dall'inizio alla fine.

INGRESSO
Sal 65,1-2

Acclamate al Signore da tutta la terra,
cantate un inno al suo nome,
rendetegli gloria, elevate la lode. Alleluia.

COLLETTA **Esulti sempre il tuo popolo, o Padre, per la rinnovata giovinezza dello spirito, e come oggi si allieta per il dono della dignità filiale, così pregusti nella speranza il giorno glorioso della risurrezione. Per il nostro Signore...**

Oppure: **Padre misericordioso, accresci in noi la luce della fede, perché nei segni sacramentali della Chiesa riconosciamo il tuo Figlio, che continua a manifestarsi ai suoi discepoli, e donaci il tuo Spirito, per proclamare davanti a tutti che Gesù è il Signore. Egli è Dio...**

PRIMA LETTURA

Di questi fatti siamo testimoni noi e lo Spirito Santo

Dagli Atti degli Apostoli 5,27b-32.40b-41

In quei giorni, il sommo sacerdote interrogò gli apostoli dicendo: «Non vi avevamo espressamente proibito di insegnare in questo nome? Ed ecco, avete riempito Gerusalemme del vostro insegnamento e volete far ricadere su di noi il sangue di quest'uomo».

Rispose allora Pietro insieme agli apostoli: «Bisogna obbedire a Dio invece che agli uomini. Il Dio dei nostri padri ha risuscitato Gesù, che voi avete ucciso appendendolo a una croce. Dio lo ha innalzato alla sua destra come capo e salvatore, per dare a Israele conversione e perdono dei peccati. E di questi fatti siamo testimoni noi e lo Spirito Santo, che Dio ha dato a quelli che gli obbediscono».
Fecero flagellare [gli apostoli] e ordinarono loro di non parlare nel nome di Gesù. Quindi li rimisero in libertà. Essi allora se ne andarono via dal Sinedrio, lieti di essere stati giudicati degni di subire oltraggi per il nome di Gesù. — Parola di Dio.

SALMO RESPONSORIALE dal Salmo 29

℟. **Ti esalterò, Signore, perché mi hai risollevato.**

Oppure: **Alleluia, alleluia, alleluia.**

Ti esalterò, Signore, perché mi hai risollevato,
non hai permesso ai miei nemici di gioire su di me.
Signore, hai fatto risalire la mia vita dagli inferi,
mi hai fatto rivivere
perché non scendessi nella fossa. ℟.

Cantate inni al Signore, o suoi fedeli,
della sua santità celebrate il ricordo,
perché la sua collera dura un istante,
la sua bontà per tutta la vita.
Alla sera ospite è il pianto
e al mattino la gioia. ℟.

Ascolta, Signore, abbi pietà di me,
Signore, vieni in mio aiuto!
Hai mutato il mio lamento in danza,
Signore, mio Dio, ti renderò grazie per sempre. ℟.

SECONDA LETTURA *L'Agnello, che è stato immolato, è degno di ricevere potenza e ricchezza*

Dal libro dell'Apocalisse di san Giovanni apostolo 5,11-14

Io, Giovanni, vidi, e udii voci di molti angeli attorno al trono e agli esseri viventi e agli anziani. Il loro numero

era miriadi di miriadi e migliaia di migliaia e dicevano a gran voce:
«L'Agnello, che è stato immolato,
è degno di ricevere potenza e ricchezza,
sapienza e forza, onore, gloria e benedizione».
Tutte le creature nel cielo e sulla terra, sotto terra e nel mare, e tutti gli esseri che vi si trovavano, udii che dicevano:
«A Colui che siede sul trono e all'Agnello
lode, onore, gloria e potenza, nei secoli dei secoli».
E i quattro esseri viventi dicevano: «Amen». E gli anziani si prostrarono in adorazione. — Parola di Dio.

AL VANGELO Alleluia, alleluia.
Cristo è risorto, lui che ha creato il mondo,
e ha salvato gli uomini
nella sua misericordia. Alleluia.

VANGELO *

Viene Gesù, prende il pane e lo dà loro, così pure il pesce

Dal Vangelo secondo Giovanni 21,1-19 [forma breve: 21,1-14]

In quel tempo, Gesù si manifestò di nuovo ai discepoli sul mare di Tiberìade. E si manifestò così: si trovavano insieme Simon Pietro, Tommaso detto Dìdimo, Natanaèle di Cana di Galilea, i figli di Zebedèo e altri due discepoli. Disse loro Simon Pietro: «Io vado a pescare». Gli dissero: «Veniamo anche noi con te». Allora uscirono e salirono sulla barca; ma quella notte non presero nulla. Quando già era l'alba, Gesù stette sulla riva, ma i discepoli non si erano accorti che era Gesù. Gesù disse loro: «Figlioli, non avete nulla da mangiare?». Gli risposero: «No». Allora egli disse loro: «Gettate la rete dalla parte destra della barca e troverete». La gettarono e non riuscivano più a tirarla su per la grande quantità di pesci. Allora quel discepolo che Gesù amava disse a Pietro: «È il Signore!». Simon Pietro, appena udì che era il Signore, si strinse la veste attorno ai fianchi, perché era svestito, e si gettò in mare. Gli altri discepoli invece vennero con la barca, trascinando la rete piena di pesci: non erano infatti lontani da terra se non un centinaio di metri.

Appena scesi a terra, videro un fuoco di brace con del pesce sopra, e del pane. Disse loro Gesù: «Portate un po' del pesce che avete preso ora». Allora Simon Pietro salì nella barca e trasse a terra la rete piena di centocinquantatré grossi pesci. E benché fossero tanti, la rete non si squarciò. Gesù disse loro: «Venite a mangiare». E nessuno dei discepoli osava domandargli: «Chi sei?», perché sapevano bene che era il Signore. Gesù si avvicinò, prese il pane e lo diede loro, e così pure il pesce. Era la terza volta che Gesù si manifestava ai discepoli, dopo essere risorto dai morti.
[Quand'ebbero mangiato, Gesù disse a Simon Pietro: «Simone, figlio di Giovanni, mi ami più di costoro?». Gli rispose: «Certo, Signore, tu lo sai che ti voglio bene». Gli disse: «Pasci i miei agnelli». Gli disse di nuovo, per la seconda volta: «Simone, figlio di Giovanni, mi ami?». Gli rispose: «Certo, Signore, tu lo sai che ti voglio bene». Gli disse: «Pascola le mie pecore». Gli disse per la terza volta: «Simone, figlio di Giovanni, mi vuoi bene?». Pietro rimase addolorato che per la terza volta gli domandasse: «Mi vuoi bene?», e gli disse: «Signore, tu conosci tutto; tu sai che ti voglio bene». Gli rispose Gesù: «Pasci le mie pecore. In verità, in verità io ti dico: quando eri più giovane ti vestivi da solo e andavi dove volevi; ma quando sarai vecchio tenderai le tue mani, e un altro ti vestirà e ti porterà dove tu non vuoi». Questo disse per indicare con quale morte egli avrebbe glorificato Dio. E, detto questo, aggiunse: «Seguimi».]
— Parola del Signore.

PREGHIERA UNIVERSALE

Fratelli e sorelle, come il discepolo amato da Gesù, siamo chiamati a manifestare agli altri la gioia dell'incontro con il Signore glorioso, che ci parla e ci invita a gettare la rete per la pesca, indirizzandoci perché non fatichiamo invano. Certi di ottenere anche noi la sua predilezione, gli esprimiamo con fiducia le nostre richieste. Imploriamo:

℟. **Ascoltaci, o Signore!**

● Signore, ricordati della tua Chiesa, chiamata a vivere nella luce della Pasqua. Rendila capace di trasmettere a tutti la ricchezza della tua Parola e di obbedire a te, piuttosto che agli uomini, anche se proclama un messaggio scomodo, ti preghiamo.

- Signore, ricordati di questa umanità, assetata di assoluto, di giustizia e di verità, perché ritrovi vie nuove di pace. Illumina i giovani che studiano e ricercano per testimoniare la speranza, in piena sintonia col vangelo, ti preghiamo.

- Signore, ricordati di coloro che sono malati e provati dalla vita, perché non venga meno in loro la speranza. Rafforza nell'unità gli educatori, perché sappiano indirizzare i ragazzi verso la maturazione, illuminati dalla tua Sapienza, ti preghiamo.

- Signore, ricordati di questa comunità e dei nuovi germogli, che nel tempo pasquale fai sbocciare mediante il Battesimo. Concedi a noi, partecipi di questo banchetto eucaristico, di non aver paura a gettare le reti nel mare del mondo, ti preghiamo.

- (*Altre intenzioni*).

Accogli, Padre, queste suppliche che ti abbiamo innalzato nel nome del tuo Figlio risorto. Infondi in noi il tuo Spirito, perché anche nelle ostilità quotidiane diffondiamo il vangelo, perseverando nelle scelte battesimali, e trasformiamo la nostra vita in una lode perenne all'Agnello immolato, che con te vive e regna nei secoli dei secoli. **Amen.**

SULLE OFFERTE **Accogli, Signore, i doni della tua Chiesa in festa, e poiché le hai dato il motivo di tanta gioia, donale anche il frutto di una perenne letizia. Per Cristo nostro Signore.**

Prefazio pasquale (pp. 475-476).

COMUNIONE Disse Gesù ai suoi discepoli:
cf. Gv 21,12.13 «Venite a mangiare».
E prese il pane e lo diede loro. Alleluia.

DOPO LA COMUNIONE **Guarda con bontà, Signore, il tuo popolo, che hai rinnovato con i sacramenti pasquali, e guidalo alla gloria incorruttibile della risurrezione. Per Cristo nostro Signore.**

25 APRILE

4ª DOMENICA DI PASQUA

VIDI UNA MOLTITUDINE IMMENSA

La visione di Giovanni è come un antidoto al pessimismo, che ci prende ogni volta che, guardandoci attorno, veniamo sommersi dalla negatività. Vengono in mente, per contrasto, certe visioni di anime sante (chissà quanto condizionate dalle prediche dei loro preti!) con descrizioni devastanti sui tormenti inflitti ai dannati, che cadono a pioggia nell'inferno più che le foglie d'inverno.

Qui invece la folla innumerevole è quella del popolo delle beatitudini: i miti, i pacificatori, i misericordiosi, i puri di cuore, gli assetati di giustizia; davvero l'umanità è sorprendentemente costituita più di donne e uomini toccati dentro dall'energia d'amore, che di individui chiusi nell'egoismo distruttivo. È la salvezza che dilaga, al di là di quanto percepiamo noi, non la dannazione; altrimenti dovremmo dire che il progetto di salvezza del Padre, che ha tanto amato il mondo da dare suo Figlio, non si sta realizzando e il primo a sentirsi fallito dovrebbe essere Dio stesso. Il vangelo significa del resto buona notizia, *la notizia che il cammino dell'umanità è quello prefigurato dall'antico popolo liberato dalla schiavitù e condotto verso la terra promessa. Non vuol dire che la vita sia una passeggiata, che la storia non conosca contraddizioni, che si vada sempre avanti verso un progresso continuo (le sorti migliori e progressive di una certa modernità ingenua oggi risuonano solamente nelle pubblicità elettorali di chi vuol convincerci che non siamo mai stati meglio).*

La fede non ha mai significato guardare alle cose negando le difficoltà, che segnano il cammino del vangelo fin dagli inizi. Più volte gli Atti raccontano episodi di persecuzione, evidenziano difficoltà e divisioni nella comunità, parlano di violenze e anche di sangue sparso; eppure «la parola del Signore si diffondeva per tutta la regione» (At 13,49). Già il vangelo richiama alla fiducia, facendo cogliere nel seme messo sotto terra un'energia di vita capace di farlo maturare al di là della consapevolezza del contadino; e il Seme è stato definitivamente piantato fino a marcire e morire per dare frutto. Dal Cristo infatti, quale primizia, viene la moltitudine di salvati che nessuno può contare. L'Agnello, che si è lasciato sacrificare nella consegna d'amore assolutamente gratuita, può farsi proprio per questo Pastore delle sue pecore. È il bel pastore – come dice il testo greco – la cui bellezza è bontà riversata in abbondanza non solo sulle pecore già appartenenti al suo ovile, ma su tutte quelle che gli apparterranno; non necessariamente perché dovranno entrare nella chiesa, ma perché l'energia della pasqua le raggiungerà per vie che lo Spirito conosce.

INGRESSO
Sal 32,5-6

Della bontà del Signore è piena la terra;
la sua parola ha creato i cieli. Alleluia.

COLLETTA **Dio onnipotente e misericordioso, guidaci al possesso della gioia eterna, perché l'umile gregge dei tuoi fedeli giunga con sicurezza accanto a te, dove lo ha preceduto Cristo, suo pastore. Egli è Dio...**

Oppure: **O Dio, fonte della gioia e della pace, che hai affidato al potere regale del tuo Figlio le sorti degli uomini e dei popoli, sostienici con la forza del tuo Spirito, e fa' che nelle vicende del tempo non ci separiamo mai dal nostro pastore, che ci guida alle sorgenti della vita. Egli è Dio...**

PRIMA LETTURA *Ecco, noi ci rivolgiamo ai pagani*

Dagli Atti degli Apostoli 13,14.43-52

In quei giorni, Paolo e Bàrnaba, proseguendo da Perge, arrivarono ad Antiòchia in Pisìdia, e, entrati nella sinagoga nel giorno di sabato, sedettero. Molti Giudei e prosèliti credenti in Dio seguirono Paolo e Bàrnaba ed essi, intrattenendosi con loro, cercavano di persuaderli a perseverare nella grazia di Dio.

Il sabato seguente quasi tutta la città si radunò per ascoltare la parola del Signore. Quando videro quella moltitudine, i Giudei furono ricolmi di gelosia e con parole ingiuriose contrastavano le affermazioni di Paolo. Allora Paolo e Bàrnaba con franchezza dichiararono: «Era necessario che fosse proclamata prima di tutto a voi la parola di Dio, ma poiché la respingete e non vi giudicate degni della vita eterna, ecco: noi ci rivolgiamo ai pagani. Così infatti ci ha ordinato il Signore: «Io ti ho posto per essere luce delle genti, perché tu porti la salvezza sino all'estremità della terra"».
Nell'udire ciò, i pagani si rallegravano e glorificavano la parola del Signore, e tutti quelli che erano destinati alla vita eterna credettero. La parola del Signore si diffondeva per tutta la regione. Ma i Giudei sobillarono le pie donne della nobiltà e i notabili della città e suscitarono una persecuzione contro Paolo e Bàrnaba e li cacciarono dal loro territorio. Allora essi, scossa contro di loro la polvere dei piedi, andarono a Icònio. I discepoli erano pieni di gioia e di Spirito Santo. — Parola di Dio.

SALMO RESPONSORIALE — Salmo 99

℟. Noi siamo suo popolo, gregge che egli guida.

Oppure: Alleluia, alleluia, alleluia.

Acclamate il Signore, voi tutti della terra,
servite il Signore nella gioia,
presentatevi a lui con esultanza. ℟.
Riconoscete che solo il Signore è Dio:
egli ci ha fatti e noi siamo suoi,
suo popolo e gregge del suo pascolo. ℟.

Perché buono è il Signore,
il suo amore è per sempre,
la sua fedeltà di generazione in generazione. ℟.

SECONDA LETTURA — *L'Agnello sarà il loro pastore e li guiderà alle fonti delle acque della vita*

Dal libro dell'Apocalisse di san Giovanni apostolo 7,9.14b-17

Io, Giovanni, vidi: ecco, una moltitudine immensa, che nessuno poteva contare, di ogni nazione, tribù, popolo e

lingua. Tutti stavano in piedi davanti al trono e davanti all'Agnello, avvolti in vesti candide, e tenevano rami di palma nelle loro mani.
E uno degli anziani disse: «Sono quelli che vengono dalla grande tribolazione e che hanno lavato le loro vesti, rendendole candide col sangue dell'Agnello. Per questo stanno davanti al trono di Dio e gli prestano servizio giorno e notte nel suo tempio; e Colui che siede sul trono stenderà la sua tenda sopra di loro.
Non avranno più fame né avranno più sete,
non li colpirà il sole né arsura alcuna,
perché l'Agnello, che sta in mezzo al trono,
sarà il loro pastore
e li guiderà alle fonti delle acque della vita.
E Dio asciugherà ogni lacrima dai loro occhi».
— **Parola di Dio.**

AL VANGELO
Gv 10,14

Alleluia, alleluia.
Io sono il buon pastore, dice il Signore,
conosco le mie pecore
e le mie pecore conoscono me.
Alleluia.

VANGELO

Alle mie pecore io do la vita eterna

Dal Vangelo secondo Giovanni 10,27-30

In quel tempo, Gesù disse: «Le mie pecore ascoltano la mia voce e io le conosco ed esse mi seguono.
Io do loro la vita eterna e non andranno perdute in eterno e nessuno le strapperà dalla mia mano.
Il Padre mio, che me le ha date, è più grande di tutti e nessuno può strapparle dalla mano del Padre. Io e il Padre siamo una cosa sola». — **Parola del Signore.**

PREGHIERA UNIVERSALE

Fratelli e sorelle, noi siamo il popolo guidato dal Signore, perché nessuno ci distolga dal cammino d'amore, che insieme percorriamo. Pieni di gioia e di Spirito Santo, ci rivolgiamo al Padre, perché quanti chiama alla missione vivano in comunione con lui, pronti ad assecondare le esigenze del suo regno. Imploriamo:

℟. **Ascoltaci, o Signore!**

- Signore, guida con il tuo Santo Spirito il gregge dei battezzati e i suoi pastori: ascoltino la tua voce e proclamino con coraggio la Parola, perché sia asciugata ogni lacrima sul volto dei poveri, che a te si affidano con speranza, preghiamo.
- Signore, guida con il tuo Santo Spirito i responsabili delle nazioni, tuoi collaboratori nella ricerca della pace: rispettino ciascun uomo, senza preferenze di razza, popolo e lingua, perché nessuno sia calpestato nei suoi diritti, preghiamo.
- Signore, guida con il tuo Santo Spirito coloro che soffrono per le malattie e le violenze: soprattutto se minori, si sentano difesi. Chiama ancora a servizio della Chiesa giovani che vivano nella piena comunione con te e i fratelli, preghiamo.
- Signore, guida con il tuo Santo Spirito questa comunità: accolga con animo aperto i tuoi insegnamenti e li faccia fruttificare. Sorreggi la crescita dei ragazzi, perché arricchiscano di entusiasmo i nostri giorni, preghiamo.
- (*Altre intenzioni*).

Padre, nel tuo amore senza confini ascolta queste invocazioni. Chiama operai al servizio della Chiesa, perché formino in te un solo corpo e un solo spirito e si mettano a servizio delle esigenze del tuo regno. Confermaci nella fedeltà reciproca, perché sempre più diventiamo la tua famiglia, unita nella lode e nel compimento della tua volontà: in Cristo Gesù, nostro Signore. **Amen.**

SULLE OFFERTE **O Dio, che in questi santi misteri compi l'opera della nostra redenzione, fa' che questa celebrazione pasquale sia per noi fonte di perenne letizia. Per Cristo nostro Signore.**

Prefazio pasquale (pp. 475-476).

COMUNIONE È risorto il buon pastore, che ha dato la vita
per le sue pecorelle, e per il suo gregge
è andato incontro alla morte. Alleluia.

Oppure: «Io sono il buon pastore
Gv 10,14.15 e offro la vita per le pecore».
dice il Signore. Alleluia.

DOPO LA COMUNIONE **Custodisci benigno, o Dio nostro Padre, il gregge che hai redento con il sangue prezioso del tuo Figlio, e guidalo ai pascoli eterni del cielo. Per Cristo nostro Signore.**

2 MAGGIO

5ª DOMENICA DI PASQUA

IL PARTO DI UNA NUOVA TERRA

La visione che chiude il libro dell'Apocalisse è uno squarcio, attraverso il quale irrompe una speranza radicale; essa illumina il cammino della storia, con una luce proveniente da Dio stesso. Quel mare minaccioso, che aveva ostacolato il cammino del popolo di Dio verso la libertà, non viene più semplicemente aperto per favorire il passaggio; viene annientato, affinché non ci siano più grandi acque a travolgere la vita riportando al caos degli inizi. Questo mare cancellato è l'esatto contrario delle parole messe in bocca a Dio, per giustificare il diluvio su tutta la terra: «Cancellerò dalla faccia della terra l'uomo che ho creato» (Gn 6,7). Già dopo quell'esperienza, il pensiero di Dio cambia di segno; è l'arcobaleno, sigillo di un'alleanza nella quale la promessa di Dio diviene impegno solenne. Ora il mare non c'è più, non si è sotto un pericolo incombente e il dinamismo della creazione può erompere; non più come acque che distruggono, ma come flusso d'amore a rendere nuova l'opera di Dio. Terra e cielo si fanno nuovi, attraverso non la «fine del mondo» (come spesso si dice) ma la fine di «questo» mondo, della forma che esso ha nell'oggi della nostra esperienza; perché, come ricorda Paolo, «passa infatti la figura di questo mondo!» (1Cor 7,31). Al cuore della visione grandiosa sta un gesto di tenerezza, che somiglia al particolare che impreziosisce un dipinto: Dio «asciugherà ogni lacrima dai loro occhi» (Ap 21,4). Come papà e mamma si curvano sul bambino ad asciugargli le lacrime dovute a un incidente o ad una paura, così dal suo trono Dio stesso si farà carico di avvolgere ciascuno con un abbraccio. Non si tratta di una sorta di risarcimento per il difficile «mestiere di vivere», quanto piuttosto della personalizzazione dell'incontro pasquale con il Risorto, che chiede a ognuno: «perché piangi?(Gv

20,15). Il dubbio che talvolta ci assale, tuttavia, è che si tratti di una visione non solo remota e futura, ma utopica, al punto tale da trasformarsi in illusione. Mentre si accende in cuore la speranza, è necessario pertanto che l'esperienza di vita in famiglia e nelle nostre comunità cristiane somigli al ministero svolto da Paolo e Barnaba; essi passavano di comunità in comunità rianimando i discepoli ed esortandoli a restare saldi nella fede «perché – dicevano – dobbiamo entrare nel regno di Dio attraverso molte tribolazioni» (At 14,22). Il parto di un nuovo cielo e di una nuova terra – anzitutto dentro di noi – avviene tra le doglie e non può che essere così. Importante è che le viviamo come gemiti di vita e non come rantoli di morte. Il Signore ci dona una possibilità inedita, ci fa entrare nella novità dell'amore vicendevole quale primizia del rinnovamento cosmico profetizzato in Apocalisse.

INGRESSO Sal 97,1-2

Cantate al Signore un canto nuovo,
perché ha compiuto prodigi;
a tutti i popoli ha rivelato la salvezza.
Alleluia.

COLLETTA **O Padre, che ci hai donato il Salvatore e lo Spirito Santo, guarda con benevolenza i tuoi figli di adozione, perché a tutti i credenti in Cristo sia data la vera libertà e l'eredità eterna. Per il nostro Signore...**

Oppure: **O Dio, che nel Cristo tuo Figlio rinnovi gli uomini e le cose, fa' che accogliamo come statuto della nostra vita il comandamento della carità, per amare te e i fratelli come tu ci ami, e così manifestare al mondo la forza rinnovatrice del tuo Spirito. Per il nostro Signore...**

PRIMA LETTURA *Riferirono alla comunità tutto quello che Dio aveva fatto per mezzo loro*

Dagli Atti degli Apostoli 14,21b-27

In quei giorni, Paolo e Bàrnaba ritornarono a Listra, Icònio e Antiòchia, confermando i discepoli ed esortandoli a restare saldi nella fede «perché – dicevano – dobbiamo entrare nel regno di Dio attraverso molte tribolazioni». Designarono quindi per loro in ogni Chiesa alcuni anziani e, dopo avere pregato e digiunato, li affidarono al Si-

gnore, nel quale avevano creduto. Attraversata poi la Pisìdia, raggiunsero la Panfilia e, dopo avere proclamato la Parola a Perge, scesero ad Attàlia; di qui fecero vela per Antiòchia, là dove erano stati affidati alla grazia di Dio per l'opera che avevano compiuto.
Appena arrivati, riunirono la Chiesa e riferirono tutto quello che Dio aveva fatto per mezzo loro e come avesse aperto ai pagani la porta della fede. — Parola di Dio.

SALMO RESPONSORIALE dal Salmo 144

℟. **Benedirò il tuo nome per sempre, Signore.**

Oppure: **Alleluia, alleluia, alleluia.**

Misericordioso e pietoso è il Signore,
lento all'ira e grande nell'amore.
Buono è il Signore verso tutti,
la sua tenerezza si espande su tutte le creature. ℟.

Ti lodino, Signore, tutte le tue opere
e ti benedicano i tuoi fedeli.
Dicano la gloria del tuo regno
e parlino della tua potenza. ℟.

Per far conoscere agli uomini le tue imprese
e la splendida gloria del tuo regno.
Il tuo regno è un regno eterno,
il tuo dominio si estende per tutte le generazioni. ℟.

SECONDA LETTURA *Dio asciugherà ogni lacrima dai loro occhi*

Dal libro dell'Apocalisse di san Giovanni apostolo 21,1-5a

**Io, Giovanni, vidi un cielo nuovo e una terra nuova: il cielo e la terra di prima infatti erano scomparsi e il mare non c'era più.
E vidi anche la città santa, la Gerusalemme nuova, scendere dal cielo, da Dio, pronta come una sposa adorna per il suo sposo. Udii allora una voce potente, che veniva dal trono e diceva:
«Ecco la tenda di Dio con gli uomini!
Egli abiterà con loro
ed essi saranno suoi popoli
ed egli sarà il Dio con loro, il loro Dio.
E asciugherà ogni lacrima dai loro occhi**

e non vi sarà più la morte
né lutto né lamento né affanno,
perché le cose di prima sono passate».
E Colui che sedeva sul trono disse: «Ecco, io faccio nuove tutte le cose». — Parola di Dio.

AL VANGELO
Gv 13,34

Alleluia, alleluia.
Vi do un comandamento nuovo,
dice il Signore:
come io ho amato voi,
così amatevi anche voi gli uni gli altri.
Alleluia.

VANGELO

Vi do un comandamento nuovo: che vi amiate gli uni gli altri

Dal Vangelo secondo Giovanni 13,31-33a.34-35

Quando Giuda fu uscito [dal cenacolo], Gesù disse: «Ora il Figlio dell'uomo è stato glorificato, e Dio è stato glorificato in lui. Se Dio è stato glorificato in lui, anche Dio lo glorificherà da parte sua e lo glorificherà subito.
Figlioli, ancora per poco sono con voi. Vi do un comandamento nuovo: che vi amiate gli uni gli altri. Come io ho amato voi, così amatevi anche voi gli uni gli altri.
Da questo tutti sapranno che siete miei discepoli: se avete amore gli uni per gli altri». — Parola del Signore.

PREGHIERA UNIVERSALE

Fratelli e sorelle, Dio è stato glorificato in Cristo, per noi morto e risorto, perché la Chiesa si rinnovi e si manifesti al mondo come sposa, pronta per le nozze con il suo sposo. Ora innalziamo al Padre le nostre implorazioni, perché siamo rafforzati nell'amore, che ci scambiamo a vicenda nel suo nome. Invochiamo:

℟. **Ascoltaci, o Signore!**

● Signore, la tua Chiesa è chiamata a diffondere il vangelo in ogni parte della terra. Donale il coraggio e la perseveranza degli apostoli, nella consapevolezza che è necessario attraversare molte tribolazioni, per far conoscere il tuo amore di Padre, ti preghiamo.

● Signore, i popoli camminano verso il futuro, pagando spesso un alto prezzo di vite umane, nella speranza di giungere alla pace. Illumina i governanti e i cittadini nel compiere le scelte più opportune, per promuovere la concordia, ti preghiamo.

● Signore, a quanti credono in te hai ordinato di amarsi a vicenda. Aiuta i genitori e gli educatori ad assolvere questo compito, per trasmettere ai ragazzi la forza della Verità, nella condivisione delle esperienze e nell'aiuto disinteressato, ti preghiamo.

● Signore, ci hai raccolti a questa mensa, per confermarci nella disponibilità alla missione. Effondi su di noi il tuo Spirito, perché ci renda più intraprendenti, mostrando a tutti una testimonianza credibile della nostra appartenenza alla Chiesa, ti preghiamo.

● (*Altre intenzioni*).

Padre, sorgente di misericordia, ascolta le nostre invocazioni e confermaci nella carità del tuo Figlio, che ha dato se stesso per la salvezza degli uomini. Dalla nostra unità tutti comprendano che siamo tuoi discepoli, saldi nella fede ricevuta in dono e sempre pronti a rendere ragione della speranza, riversata dallo Spirito nel nostro cuore. Per Cristo nostro Signore. **Amen.**

SULLE OFFERTE **O Dio, che in questo scambio di doni ci fai partecipare alla comunione con te, unico e sommo bene, concedi che la luce della tua verità sia testimoniata dalla nostra vita. Per Cristo nostro Signore.**

Prefazio pasquale (pp. 475-476).

COMUNIONE
Gv 13,34

«Amatevi gli uni gli altri,
come io ho amato voi», dice il Signore.
Alleluia.

DOPO LA COMUNIONE **Assisti, Signore, il tuo popolo, che hai colmato della grazia di questi santi misteri, e fa' che passiamo dalla decadenza del peccato alla pienezza della vita nuova. Per Cristo nostro Signore.**

9 MAGGIO

6ª DOMENICA DI PASQUA

LA LAMPADA È L'AGNELLO

Fratello sole e sorella luna non faranno festa con noi, nella creazione finalmente realizzata dalla trasformazione finale che l'attende? Non ci saranno le due luci grandi, la luce maggiore per regolare il giorno e la luce minore per regolare la notte, create da Dio che se ne compiace fino a dire che è davvero bello e buono quanto fatto? Che ne sarà del riso dei bambini, senza il sole, e del sospiro degli innamorati, senza la luna? Il racconto della creazione degli inizi suggerisce di guardare alla stranezza della città futura – nella quale non c'è luce del sole né della luna – con sguardo interiore. Infatti nella sequenza dei sette giorni, i due grandi luminari arrivano solo al quarto giorno; mentre fin dall'inizio c'è la luce, che apre la sequenza dell'atto creativo di Dio. Come mai? Prima di ciò che illumina fuori, Dio si preoccupa di accendere ciò che illumina dentro; per questo pone anzitutto la luce interiore, a squarciare le tenebre che coprivano l'abisso. Ecco spiegato quindi l'approdo finale, che svela in tutta evidenza la fonte della luce: Dio, che ci ha fatti entrare nel giorno senza tramonto attraverso la pasqua del Figlio, quale Agnello consumatosi per amore come e più di una lampada. Noi siamo soliti interpretare la nascita come un venire alla luce. Meno solito è che il venire alla luce riguardi anche la morte, la pasqua finale personale e collettiva. Gesù viene risuscitato dai morti per confermare la nostra fede e radicarla in una speranza che non delude; ciò che Dio stesso ha acceso, non si spegnerà più.

Di un amore che finisce, come di una persona che muore, noi diciamo: «Si è spento». E infatti, umanamente, che cosa sfugge all'incombere di un divenire che prima o poi spegne tutto e tutti? Pensiamo anche alle speranze di pace, che non appena timida-

mente sembrano prendere fiato, vedono arrivare un turbine di violenza, ingiustizia, sopraffazione, e la debole fiammella che rischiarava un po' la situazione non resiste. «Vi lascio la pace, vi do la mia pace. Non come la dà il mondo, io la do a voi» (Gv 14,27). Ancora una volta, di che pace si tratta? Se è accesa dentro, nel cuore di donne e uomini costruttori di pace, non si spegne con il venir meno delle speranze politiche soffocate da interessi economici. Passione per la giustizia, per la fraternità, per la salvezza annunciata e donata a tutti: ecco la temperatura spirituale del cristiano! Le donne e gli uomini del nostro tempo hanno bisogno di entrare nelle chiese non per vedere accendersi le luci esteriori di celebrazioni estetizzanti o i flash momentanei di raduni galvanizzanti. Essi cercano una luce che si accenda dentro, per non spegnersi più; la troveranno, se sapremo dare loro non parole nostre bensì Colui che è Parola. Se torneremo a parlare di Dio, o meglio a dargli voce, ascolteranno.

INGRESSO cf. Is 48,20

Con voce di giubilo date il grande annunzio,
fatelo giungere ai confini del mondo:
il Signore ha liberato il suo popolo. Alleluia.

COLLETTA **Dio onnipotente, fa' che viviamo con rinnovato impegno questi giorni di letizia in onore del Cristo risorto, per testimoniare nelle opere il memoriale della Pasqua che celebriamo nella fede. Per il nostro Signore...**

Oppure: **O Dio, che hai promesso di stabilire la tua dimora in quanti ascoltano la tua parola e la mettono in pratica, manda il tuo Spirito, perché richiami al nostro cuore tutto quello che il Cristo ha fatto e insegnato e ci renda capaci di testimoniarlo con le parole e con le opere. Per il nostro Signore...**

PRIMA LETTURA *È parso bene, allo Spirito Santo e a noi, di non imporvi altro obbligo al di fuori di queste cose necessarie*

Dagli Atti degli Apostoli 15,1-2.22-29

In quei giorni, alcuni, venuti dalla Giudea, insegnavano ai fratelli: «Se non vi fate circoncidere secondo l'usanza di Mosè, non potete essere salvati». Poiché Paolo e Bàrnaba dissentivano e discutevano animatamente contro

costoro, fu stabilito che Paolo e Bàrnaba e alcuni altri di loro salissero a Gerusalemme dagli apostoli e dagli anziani per tale questione.
Agli apostoli e agli anziani, con tutta la Chiesa, parve bene allora di scegliere alcuni di loro e di inviarli ad Antiòchia insieme a Paolo e Bàrnaba: Giuda, chiamato Barsabba, e Sila, uomini di grande autorità tra i fratelli. E inviarono tramite loro questo scritto: «Gli apostoli e gli anziani, vostri fratelli, ai fratelli di Antiòchia, di Siria e di Cilìcia, che provengono dai pagani, salute! Abbiamo saputo che alcuni di noi, ai quali non avevamo dato nessun incarico, sono venuti a turbarvi con discorsi che hanno sconvolto i vostri animi. Ci è parso bene perciò, tutti d'accordo, di scegliere alcune persone e inviarle a voi insieme ai nostri carissimi Bàrnaba e Paolo, uomini che hanno rischiato la loro vita per il nome del nostro Signore Gesù Cristo. Abbiamo dunque mandato Giuda e Sila, che vi riferiranno anch'essi, a voce, queste stesse cose. È parso bene, infatti, allo Spirito Santo e a noi, di non imporvi altro obbligo al di fuori di queste cose necessarie: astenersi dalle carni offerte agl'idoli, dal sangue, dagli animali soffocati e dalle unioni illegittime. Farete cosa buona a stare lontani da queste cose. State bene!». — Parola di Dio.

SALMO RESPONSORIALE

dal Salmo 66

℟. **Ti lodino i popoli, o Dio, ti lodino i popoli tutti.**

Oppure: **Alleluia, alleluia, alleluia.**

Dio abbia pietà di noi e ci benedica,
su di noi faccia splendere il suo volto;
perché si conosca sulla terra la tua via,
la tua salvezza fra tutte le genti. ℟.

Gioiscano le nazioni e si rallegrino,
perché tu giudichi i popoli con rettitudine,
governi le nazioni sulla terra. ℟.

Ti lodino i popoli, o Dio,
ti lodino i popoli tutti.
Ci benedica Dio e lo temano
tutti i confini della terra. ℟.

SECONDA LETTURA

L'angelo mi mostrò la città santa che scende dal cielo

Dal libro dell'Apocalisse di san Giovanni ap. 21,10-14.22-23

L'angelo mi trasportò in spirito su di un monte grande e alto, e mi mostrò la città santa, Gerusalemme, che scende dal cielo, da Dio, risplendente della gloria di Dio. Il suo splendore è simile a quello di una gemma preziosissima, come pietra di diaspro cristallino.
È cinta da grandi e alte mura con dodici porte: sopra queste porte stanno dodici angeli e nomi scritti, i nomi delle dodici tribù dei figli d'Israele. A oriente tre porte, a settentrione tre porte, a mezzogiorno tre porte e a occidente tre porte.
Le mura della città poggiano su dodici basamenti, sopra i quali sono i dodici nomi dei dodici apostoli dell'Agnello. In essa non vidi alcun tempio: il Signore Dio, l'Onnipotente, e l'Agnello sono il suo tempio. La città non ha bisogno della luce del sole, né della luce della luna: la gloria di Dio la illumina e la sua lampada è l'Agnello.
— Parola di Dio.

AL VANGELO

Gv 14,23

Alleluia, alleluia.
Se uno mi ama, osserverà la mia parola,
dice il Signore,
e il Padre mio lo amerà e noi verremo a lui.
Alleluia.

VANGELO

Lo Spirito Santo vi ricorderà tutto ciò che io vi ho detto

Dal Vangelo secondo Giovanni 14,23-29

In quel tempo, Gesù disse [ai suoi discepoli]: «Se uno mi ama, osserverà la mia parola e il Padre mio lo amerà e noi verremo a lui e prenderemo dimora presso di lui. Chi non mi ama, non osserva le mie parole; e la parola che voi ascoltate non è mia, ma del Padre che mi ha mandato.
Vi ho detto queste cose mentre sono ancora presso di voi. Ma il Paràclito, lo Spirito Santo che il Padre manderà nel mio nome, lui vi insegnerà ogni cosa e vi ricorderà tutto ciò che io vi ho detto.

Vi lascio la pace, vi do la mia pace. Non come la dà il mondo, io la do a voi. Non sia turbato il vostro cuore e non abbia timore.
Avete udito che vi ho detto: «Vado e tornerò da voi». Se mi amaste, vi rallegrereste che io vado al Padre, perché il Padre è più grande di me. Ve l'ho detto ora, prima che avvenga, perché, quando avverrà, voi crediate». — Parola del Signore.

PREGHIERA UNIVERSALE

Fratelli e sorelle, come ci ha insegnato la comunità di Gerusalemme, le problematiche che incontriamo sul nostro cammino trovano la loro soluzione nella ricerca disinteressata e nella totale apertura all'azione dello Spirito Santo. Imploriamo la benevolenza del Padre, perché ci confermi nella volontà di attuare la sua Parola. Invochiamo:

℟. **Ascoltaci, o Signore!**

- Dio d'amore, mantieni vivo il dialogo tra i cristiani, perché, superate le divisioni del passato, ricompongano nell'unità il corpo della Chiesa. Siano docili allo Spirito di Sapienza, trasmesso a tutti quale fonte di concordia e di coraggio, ti preghiamo.

- Dio d'amore, concedi al mondo la tua pace, che nessun altro può dare, soprattutto in quei territori e in quelle situazioni dove non cessano le violenze. Fa' che nelle famiglie prevalga la volontà di accoglienza, che trascende ogni chiusura, ti preghiamo.

- Dio d'amore, effondi il tuo Spirito sui malati e su coloro che si chiudono nell'indifferenza. Spezza le catene della perversione morale, che inquina questa società, rendendo irrespirabile il clima per la crescita nei valori del vivere, ti preghiamo.

- Dio d'amore, aiutaci a rinsaldare nell'esperienza eucaristica la comunione con te e con i fratelli. Edifica la nostra comunità con l'insegnamento apostolico, che le Chiese cercano di rendere attuale in ogni cultura, ti preghiamo.

- (*Altre intenzioni*).

Padre, ti abbiamo rivolto le invocazioni, che ci hai suggerito nella profondità del cuore. Il tuo Spirito ci apra alla conoscenza della verità e ci ricordi ciò che abbiamo appreso alla scuola del vangelo, perché in qualsiasi ambiente ci impegniamo a decidere e a realizzare insieme il bene, testimoniando l'autentica fraternità: in Cristo Gesù, nostro Signore. **Amen.**

SULLE OFFERTE **Accogli, Signore, l'offerta del nostro sacrificio, perché, rinnovati nello Spirito, possiamo rispondere sempre meglio all'opera della tua redenzione. Per Cristo nostro Signore.**

Prefazio pasquale (pp. 475-476).

COMUNIONE
Gv 14,23

«Se uno mi ama, osserverà la mia parola
e il Padre mio lo amerà e noi verremo a lui
e prenderemo dimora presso di lui».

DOPO LA COMUNIONE **Dio grande e misericordioso, che nel Signore risorto riporti l'umanità alla speranza eterna, accresci in noi l'efficacia del mistero pasquale con la forza di questo sacramento di salvezza. Per Cristo nostro Signore.**

16 MAGGIO

ASCENSIONE DEL SIGNORE

RESPIRARE IL RESPIRO DI DIO

Ad essere elevato al cielo è Gesù, ma chi è l'agente di questa azione? Nei commenti biblici si usa l'espressione «passivo teologico», per indicare un verbo che ha come soggetto implicito Dio stesso. Il Signore Gesù viene quindi elevato/esaltato dal Padre, ma per il fatto che egli accetta di svuotarsi per amore. Alla sua discesa, compiuta per identificarsi con noi, corrisponde l'ascesa donatagli dal Padre; non come risarcimento, bensì per significare la pienezza paradossale di quello stesso svuotamento. Il movimento dell'elevazione contrapposto all'abbassamento ha il medesimo significato della risurrezione a fronte della morte: non ne è superamento, ma svelamento. La risurrezione infatti toglie il velo alla croce e fa vedere, nel cuore dell'evento di morte, il massimo dell'amore. Allo stesso modo l'ascendere al cielo di Gesù non chiude semplicemente la sua esperienza terrena, ma rivela che ormai nell'interiorità del terrestre – come viene chiamato l'uomo plasmato di terra nelle Scritture – è esploso definitivamente il cielo. «Nel tuo Figlio asceso al cielo la nostra umanità è innalzata accanto a te», dice la preghiera della liturgia di questo giorno. Non va tuttavia dimenticato che ciò è reso possibile dal fatto che la sua divinità si è abbassata fino a noi. La sua ascensione, pertanto, non riguarda solo lui; coinvolge noi, dal momento che ogni evento di Cristo significa salvezza per l'uomo. La Lettera agli ebrei dice la medesima cosa, usando il vocabolario della liturgia ebraica. Il mondo di Dio, l'intimità con lui, è qui evocata non più dal cielo e dalla nube, ma dal santuario che nel tempio custodiva in origine la Legge ed era il luogo della massima presenza del Signore. Attraverso il velo, che faceva da separazione, il sommo sacerdote entrava nel giorno dell'espiazione a invocare la misericor-

dia di Dio verso il popolo. Ora finalmente a entrarvi siamo tutti noi e il velo da oltrepassare – che non separa più, perché lacerato da cima a fondo nell'attimo stesso della morte del Figlio dell'uomo – è la sua carne crocifissa, svuotata per amore, esaltazione suprema del sacrificio che salva. Se Gesù Cristo si è fatto vittima per farci entrare nel cielo insieme con lui, perché mai l'umanità sembra rimasta nell'inferno di questa terra a moltiplicare le vittime, nel segno della guerra, del terrorismo, dell'oppressione, della disumanità? Non è forse un controsenso celebrare una festa di cielo, quando i cieli sono chiusi e impenetrabili al grido e alle lacrime dei piccoli e dei poveri? Abbiamo davvero ancor più bisogno di respirare il respiro di Dio – lo Spirito che Gesù ci garantisce di inviare andando al Padre – là dove la negatività è così densa da toglierci il fiato. Non stiamo a guardare il cielo, lo portiamo in noi per poter amare ancora e sempre questa terra tribolata.

INGRESSO
At 1,11

«Uomini di Galilea,
perché fissate nel cielo lo sguardo?
Come l'avete visto salire al cielo,
così il Signore ritornerà». Alleluia.

COLLETTA **Esulti di santa gioia la tua Chiesa, o Padre, per il mistero che celebra in questa liturgia di lode, poiché nel tuo Figlio asceso al cielo la nostra umanità è innalzata accanto a te, e noi, membra del suo corpo, viviamo nella speranza di raggiungere Cristo, nostro capo, nella gloria. Egli è Dio...**

PRIMA LETTURA *Fu elevato in alto sotto i loro occhi*

Dagli Atti degli Apostoli 1,1-11

Nel primo racconto, o Teòfilo, ho trattato di tutto quello che Gesù fece e insegnò dagli inizi fino al giorno in cui fu assunto in cielo, dopo aver dato disposizioni agli apostoli che si era scelti per mezzo dello Spirito Santo.
Egli si mostrò a essi vivo, dopo la sua passione, con molte prove, durante quaranta giorni, apparendo loro e parlando delle cose riguardanti il regno di Dio. Mentre si trovava a tavola con essi, ordinò loro di non allontanarsi da Gerusalemme, ma di attendere l'adempimento della

promessa del Padre, «quella – disse – che voi avete udito da me: Giovanni battezzò con acqua, voi invece, tra non molti giorni, sarete battezzati in Spirito Santo».
Quelli dunque che erano con lui gli domandavano: «Signore, è questo il tempo nel quale ricostituirai il regno per Israele?». Ma egli rispose: «Non spetta a voi conoscere tempi o momenti che il Padre ha riservato al suo potere, ma riceverete la forza dallo Spirito Santo che scenderà su di voi, e di me sarete testimoni a Gerusalemme, in tutta la Giudea e la Samarìa e fino ai confini della terra».
Detto questo, mentre lo guardavano, fu elevato in alto e una nube lo sottrasse ai loro occhi.
Essi stavano fissando il cielo mentre egli se ne andava, quand'ecco due uomini in bianche vesti si presentarono a loro e dissero: «Uomini di Galilea, perché state a guardare il cielo? Questo Gesù, che di mezzo a voi è stato assunto in cielo, verrà allo stesso modo in cui l'avete visto andare in cielo». — Parola di Dio.

SALMO RESPONSORIALE

dal Salmo 46

℟. Ascende il Signore tra canti di gioia.

Oppure: Alleluia, alleluia, alleluia.

Popoli tutti, battete le mani!
Acclamate Dio con grida di gioia,
perché terribile è il Signore, l'Altissimo,
grande re su tutta la terra. ℟.

Ascende Dio tra le acclamazioni,
il Signore al suono di tromba.
Cantate inni a Dio, cantate inni,
cantate inni al nostro re, cantate inni. ℟.

Perché Dio è re di tutta la terra,
cantate inni con arte.
Dio regna sulle genti,
Dio siede sul suo trono santo. ℟.

SECONDA LETTURA

Cristo è entrato nel cielo stesso

Dalla lettera agli Ebrei 9,24-28; 10,19-23

Cristo non è entrato in un santuario fatto da mani d'uomo, figura di quello vero, ma nel cielo stesso, per compa-

rire ora al cospetto di Dio in nostro favore. E non deve offrire se stesso più volte, come il sommo sacerdote che entra nel santuario ogni anno con sangue altrui: in questo caso egli, fin dalla fondazione del mondo, avrebbe dovuto soffrire molte volte. Invece ora, una volta sola, nella pienezza dei tempi, egli è apparso per annullare il peccato mediante il sacrificio di se stesso. E come per gli uomini è stabilito che muoiano una sola volta, dopo di che viene il giudizio, così Cristo, dopo essersi offerto una sola volta per togliere il peccato di molti, apparirà una seconda volta, senza alcuna relazione con il peccato, a coloro che l'aspettano per la loro salvezza.
Fratelli, poiché abbiamo piena libertà di entrare nel santuario per mezzo del sangue di Gesù, via nuova e vivente che egli ha inaugurato per noi attraverso il velo, cioè la sua carne, e poiché abbiamo un sacerdote grande nella casa di Dio, accostiamoci con cuore sincero, nella pienezza della fede, con i cuori purificati da ogni cattiva coscienza e il corpo lavato con acqua pura. Manteniamo senza vacillare la professione della nostra speranza, perché è degno di fede colui che ha promesso. — Parola di Dio.

AL VANGELO Mt 28,19.20

Alleluia, alleluia.
Andate e fate discepoli tutti i popoli,
dice il Signore.
Ecco, io sono con voi tutti i giorni,
fino alla fine del mondo. Alleluia.

VANGELO *Mentre li benediceva veniva portato verso il cielo*

Dal vangelo secondo Luca 24,46-53

In quel tempo, Gesù disse ai suoi discepoli: «Così sta scritto: il Cristo patirà e risorgerà dai morti il terzo giorno, e nel suo nome saranno predicati a tutti i popoli la conversione e il perdono dei peccati, cominciando da Gerusalemme. Di questo voi siete testimoni. Ed ecco, io mando su di voi colui che il Padre mio ha promesso; ma voi restate in città, finché non siate rivestiti di potenza dall'alto».
Poi li condusse fuori verso Betània e, alzate le mani, li benedisse. Mentre li benediceva, si staccò da loro e veni-

va portato su, in cielo. Ed essi si prostrarono davanti a lui; poi tornarono a Gerusalemme con grande gioia e stavano sempre nel tempio lodando Dio. — Parola del Signore.

PREGHIERA UNIVERSALE

Fratelli e sorelle, abbiamo un grande sacerdote, Cristo Signore, che è entrato nel santuario del cielo, per intercedere a nostro favore, dopo averci promesso lo Spirito consolatore. Accostiamoci perciò al Padre della vita, con cuore sincero e in pienezza di fede, per trovare misericordia ed essere esauditi nelle richieste che gli rivolgiamo. Imploriamo:

℟. **Ascoltaci, o Signore!**

- Padre santo, libera la tua Chiesa dalla tentazione di estraniarsi dalla storia, ignorando le problematiche umane. Aiutala a riconoscere nel suo cammino la presenza del Signore, che, nella sua assenza fisica, indirizza il corso degli eventi, ti preghiamo.
- Padre santo, rendi fruttuosa la fatica dei costruttori di pace, soprattutto dove divampa la violenza. Fa' che i genitori si sentano incoraggiati nell'educare all'utilizzo dei mezzi di comunicazione sociale, per assimilare i veri valori, ti preghiamo.
- Padre santo, nel Cristo, innalzato accanto a te, rinnova l'uomo nella dignità battesimale. Infondi entusiasmo nei giovani e nei ragazzi, e accompagna particolarmente quelli che vivono con sempre minore intensità il loro rapporto con te, ti preghiamo.
- Padre santo, fa' che in ogni celebrazione domenicale offriamo noi stessi a te, insieme a Cristo, perché confortiamo quanti sono sfiduciati. Confermaci nell'attesa dei tempi nuovi, utilizzando con saggezza e condividendo i beni del creato, ti preghiamo.
- (*Altre intenzioni*).

Padre santo, ascolta le nostre suppliche, e donaci di vivere in pienezza il mistero della Pasqua, tenendo fisso lo sguardo sul tuo Figlio, che hai elevato alla gloria del tuo regno. Trasformaci con la rinnovata effusione del tuo Spirito nella prossima Pentecoste, perché ti adoriamo nel tempio dell'umanità, al servizio dei più poveri e nella lode della tua grandezza: in Cristo Gesù, nostro Signore. **Amen.**

SULLE OFFERTE **Accogli, Signore, il sacrificio che ti offriamo nella mirabile ascensione del tuo Figlio, e per questo santo scambio di doni fa' che il nostro spirito si innalzi alla gioia del cielo. Per Cristo nostro Signore.**

PREFAZIO *Il mistero dell'Ascensione*

È veramente cosa buona e giusta,
che tutte le creature in cielo e sulla terra
si uniscano nella tua lode, Dio onnipotente ed eterno:
Il Signore Gesù, re della gloria,
vincitore del peccato e della morte,
oggi è salito al cielo
tra il coro festoso degli angeli.
Mediatore tra Dio e gli uomini,
giudice del mondo e Signore dell'universo,
non si è separato dalla nostra condizione umana,
ma ci ha preceduti nella dimora eterna,
per darci la serena fiducia
che dove è lui, capo e primogenito,
saremo anche noi, sue membra, uniti nella stessa gloria.
Per questo mistero, nella pienezza della gioia pasquale,
l'umanità esulta su tutta la terra,
e con l'assemblea degli angeli e dei santi
canta l'inno della tua gloria:
Santo, Santo, Santo il Signore...

COMUNIONE
cf. Lc 24,47

«Nel nome del Signore Gesù
predicate a tutte le genti
la conversione e il perdono dei peccati».
Alleluia.

DOPO LA COMUNIONE **Dio onnipotente e misericordioso, che alla tua Chiesa pellegrina sulla terra fai gustare i divini misteri, suscita in noi il desiderio della patria eterna, dove hai innalzato l'uomo accanto a te nella gloria. Per Cristo nostro Signore.**

23 MAGGIO
PENTECOSTE

RIUNITI NELLO STESSO LUOGO

L'evento di Pentecoste capita sul finire della giornata e sembra così che lo Spirito Santo arrivi buon ultimo, quale tardivo recupero appena dentro il fischio finale («in zona Cesarini», in gergo calcistico). È vero che nelle cose di chiesa troppo spesso il ricorso allo Spirito si fa come aggiunta a decisioni già prese; al punto che qualcuno riporta ironicamente le rimostranze dello Spirito Santo, per la prassi ecclesiastica in vigore: prima eleggono i vescovi e poi mi invocano! Ma, giustamente, la traduzione più fedele all'originale dice che la discesa dello Spirito avviene «mentre stava compiendosi il giorno della pentecoste» (At 2,1); si compie, cioè giunge a pienezza. La pentecoste ebraica fa memoria del dono della Legge, che sancisce solennemente l'alleanza tra Dio e il suo popolo; il dono qui si fa pienezza, con una teofania che ripresenta i segni del Sinai: il vento, il fuoco, il fragore. Sono stranamente collocati tra il «dentro» e il «fuori»; si parla infatti della casa in cui si trovano, che ne è riempita, e insieme si dice che parlano a tutti in un annuncio pubblico, proclamato nelle differenti lingue di ciascuno.

L'esperienza è tutta interiore e proprio per questo non può non farsi buona notizia, «predicata sui tetti», direbbe il vangelo. La pienezza delineata ha il suo segno anche nel convenire di tutti nello stesso luogo; dove il tutti non va riferito solamente ai pochi che erano, ma ai molti per i quali si è consumato il dono pasquale, cioè le moltitudini. Sta per compiersi quanto annunciato dai profeti: il giorno del raduno di tutti i popoli, il raccogliersi dei figli dispersi celebrato in ogni liturgia eucaristica («Ricongiungi a te, Padre misericordioso, tutti i tuoi figli ovunque dispersi»). Più che mai, in questo nostro tempo, sentiamo l'esigenza che avvenga il miracolo dello Spirito a raccoglierci dalla dispersione all'unità. Non solo l'unità tra di noi, ma l'unità in noi. Siamo infatti immer-

si nel frammento, lacerati e divisi in noi stessi, alla ricerca del bandolo della matassa, di un filo che tessa insieme le realtà della vita e le riannodi in modo che le eventuali rotture non siano definitive e si componga così il disegno dell'esistenza. Riuniti nello stesso luogo; è il luogo dove Gesù ha consegnato i segni del suo amore, il pane spezzato e il vino versato, la stanza al piano superiore, dove si è introdotti a gustare l'intimità della relazione. È il luogo alto, dove Dio dà appuntamento per le chiamate che cambiano le vicende delle donne e degli uomini che le accolgono. È un luogo che si apre sul mondo, risuona delle differenti lingue e si colora dei diversi popoli.

Sono elencati nel racconto della pentecoste, quale eco della «tavola dei popoli» descritta in Genesi; indice della ricchezza della multiforme tavolozza, voluta da Dio nella sua creazione. In un luogo così multiforme, esplode la libertà stessa dello Spirito. È infatti nel cuore della storia che lo Spirito immette l'energia profetica; essa si fa testimonianza di un mondo finalmente riconciliato, nell'accoglienza cordiale di tutte le differenze.

INGRESSO Sap 1,7

Lo Spirito del Signore ha riempito l'universo,
egli che tutto unisce,
conosce ogni linguaggio. Alleluia.

Oppure: Rm 5,5; 8,11

L'amore di Dio è stato effuso nei nostri cuori
per mezzo dello Spirito,
che ha stabilito in noi la sua dimora.
Alleluia.

COLLETTA **O Padre, che nel mistero della Pentecoste santifichi la tua Chiesa in ogni popolo e nazione, diffondi sino ai confini della terra i doni dello Spirito Santo, e continua oggi, nella comunità dei credenti, i prodigi che hai operato agli inizi della predicazione del Vangelo. Per il nostro Signore...**

PRIMA LETTURA

Tutti furono colmati di Spirito Santo e cominciarono a parlare

Dagli Atti degli Apostoli 2,1-11

Mentre stava compiendosi il giorno della Pentecoste, si trovavano tutti insieme nello stesso luogo. Venne all'im-

provviso dal cielo un fragore, quasi un vento che si abbatte impetuoso, e riempì tutta la casa dove stavano. Apparvero loro lingue come di fuoco, che si dividevano, e si posarono su ciascuno di loro, e tutti furono colmati di Spirito Santo e cominciarono a parlare in altre lingue, nel modo in cui lo Spirito dava loro il potere di esprimersi.
Abitavano allora a Gerusalemme Giudei osservanti, di ogni nazione che è sotto il cielo. A quel rumore, la folla si radunò e rimase turbata, perché ciascuno li udiva parlare nella propria lingua.
Erano stupiti e, fuori di sé per la meraviglia, dicevano: «Tutti costoro che parlano non sono forse Galilei? E come mai ciascuno di noi sente parlare nella propria lingua nativa? Siamo Parti, Medi, Elamìti; abitanti della Mesopotàmia, della Giudea e della Cappadòcia, del Ponto e dell'Asia, della Frìgia e della Panfilia, dell'Egitto e delle parti della Libia vicino a Cirène, Romani qui residenti, Giudei e prosèliti, Cretesi e Arabi, e li udiamo parlare nelle nostre lingue delle grandi opere di Dio». — Parola di Dio.

SALMO RESPONSORIALE

dal Salmo 103

℟. **Manda il tuo Spirito, Signore, a rinnovare la terra.**

Benedici il Signore, anima mia!
Sei tanto grande, Signore, mio Dio!
Quante sono le tue opere, Signore!
Le hai fatte tutte con saggezza;
la terra è piena delle tue creature. ℟.

Togli loro il respiro: muoiono,
e ritornano nella loro polvere.
Mandi il tuo spirito, sono creati,
e rinnovi la faccia della terra. ℟.

Sia per sempre la gloria del Signore;
gioisca il Signore delle sue opere.
A lui sia gradito il mio canto,
io gioirò nel Signore. ℟.

SECONDA LETTURA

Quelli che sono guidati dallo Spirito di Dio, questi sono figli di Dio

Dalla lettera di san Paolo apostolo ai Romani 8,8-17

Fratelli, quelli che si lasciano dominare dalla carne non possono piacere a Dio. Voi però non siete sotto il dominio della carne, ma dello Spirito, dal momento che lo Spirito di Dio abita in voi. Se qualcuno non ha lo Spirito di Cristo, non gli appartiene. Ora, se Cristo è in voi, il vostro corpo è morto per il peccato, ma lo Spirito è vita per la giustizia. E se lo Spirito di Dio, che ha risuscitato Gesù dai morti, abita in voi, colui che ha risuscitato Cristo dai morti darà la vita anche ai vostri corpi mortali per mezzo del suo Spirito che abita in voi.

Così dunque, fratelli, noi siamo debitori non verso la carne, per vivere secondo i desideri carnali, perché, se vivete secondo la carne, morirete. Se, invece, mediante lo Spirito fate morire le opere del corpo, vivrete. Infatti tutti quelli che sono guidati dallo Spirito di Dio, questi sono figli di Dio.

E voi non avete ricevuto uno spirito da schiavi per ricadere nella paura, ma avete ricevuto lo Spirito che rende figli adottivi, per mezzo del quale gridiamo: «Abbà! Padre!». Lo Spirito stesso, insieme al nostro spirito, attesta che siamo figli di Dio. E se siamo figli, siamo anche eredi: eredi di Dio, coeredi di Cristo, se davvero prendiamo parte alle sue sofferenze per partecipare anche alla sua gloria. — Parola di Dio.

SEQUENZA

**Vieni, Santo Spirito,
manda a noi dal cielo
un raggio della tua luce.**

Vieni, padre dei poveri,
vieni, datore dei doni,
vieni, luce dei cuori.

**Consolatore perfetto,
ospite dolce dell'anima,
dolcissimo sollievo.**

Nella fatica, riposo,
nella calura, riparo,
nel pianto, conforto.

**O luce beatissima,
invadi nell'intimo
il cuore dei tuoi fedeli.**

Senza la tua forza,
nulla è nell'uomo,
nulla senza colpa.

Lava ciò che è sordido,
bagna ciò che è arido,
sana ciò che sanguina.

Piega ciò che è rigido,
scalda ciò che è gelido,
drizza ciò che è sviato.

Dona ai tuoi fedeli,
che solo in te confidano,
i tuoi santi doni.

Dona virtù e premio,
dona morte santa,
dona gioia eterna.

AL VANGELO **Alleluia, alleluia.**
Vieni, Santo Spirito,
riempi il cuore dei tuoi fedeli
e accendi in essi il fuoco del tuo amore.
Alleluia.

VANGELO *Lo Spirito Santo vi insegnerà ogni cosa*

Dal vangelo secondo Giovanni 14,15-16.23b-26

In quel tempo, Gesù disse ai suoi discepoli: «Se mi amate, osserverete i miei comandamenti; e io pregherò il Padre ed egli vi darà un altro Paráclito perché rimanga con voi per sempre.
Se uno mi ama, osserverà la mia parola e il Padre mio lo amerà e noi verremo a lui e prenderemo dimora presso di lui. Chi non mi ama, non osserva le mie parole; e la parola che voi ascoltate non è mia, ma del Padre che mi ha mandato.
Vi ho detto queste cose mentre sono ancora presso di voi. Ma il Paráclito, lo Spirito Santo che il Padre manderà nel mio nome, lui vi insegnerà ogni cosa e vi ricorderà tutto ciò che io vi ho detto». — Parola del Signore.

PREGHIERA UNIVERSALE

Fratelli e sorelle, non abbiamo ricevuto uno spirito da schiavi, per ricadere nella paura, ma da figli adottivi, per mezzo del quale gridiamo: «Abbà, Padre!». Preghiamo gli uni per gli altri e lasciamo che sia lo Spirito di Dio a guidarci, perché, senza il suo aiuto, nemmeno sappiamo che cosa sia giusto domandare. Imploriamo:

℟. **Ascoltaci, o Signore!**

- Padre, guarda la tua Chiesa. Fa' che, arricchita dei tuoi doni, sia sospinta sulle strade del mondo dal vento dello Spirito, per annunciare il vangelo senza compromessi e testimoniare con trasparenza la vita di figli, chiamati all'eredità eterna, ti preghiamo.

- Padre, guarda questo mondo. Manda il tuo Spirito a rinnovarlo e a spegnere gli egoismi. Ristabilisci le nazioni nell'unità e salva i popoli dal terrore e dalla violenza tra fratelli, perché rifulga l'umanità plasmata dall'amore, ti preghiamo.

- Padre, guarda i poveri, i sofferenti e quanti lavorano per il bene, nella varietà delle sue manifestazioni. Venga lo Spirito di sapienza a ricordare ciò che il tuo Figlio ha insegnato, per cercare di tradurlo in una coerente testimonianza, ti preghiamo.

- Padre, guarda questa tua comunità. Il fuoco della Pentecoste arda in noi e ci faccia apprezzare il dono della fede, per attualizzarla nella concordia, che sa vincere l'anonimato e i particolarismi, per una Chiesa sempre più libera e aperta, ti preghiamo.

- (*Altre intenzioni*).

Padre, le suppliche che ti abbiamo rivolto esprimono davanti a te la vita riconciliata, donata dal Risorto. Il tuo Spirito, che scuote la terra, ci trasformi in profeti decisi a proclamare che la pace è possibile, il perdono irrinunciabile e le differenti culture sono chiamate ad accordarsi nell'unico linguaggio dell'amore: in Cristo Gesù, nostro Signore. Amen.

SULLE OFFERTE **Manda, o Padre, lo Spirito Santo promesso dal tuo Figlio, perché riveli pienamente ai nostri cuori il mistero di questo sacrificio, e ci apra alla conoscenza di tutta la verità. Per Cristo nostro Signore.**

PREFAZIO *La Pentecoste epifania della Chiesa*

È veramente cosa buona e giusta,
nostro dovere e fonte di salvezza,
rendere grazie sempre e in ogni luogo

a te, Signore, Padre santo,
Dio onnipotente ed eterno.
Oggi hai portato a compimento il mistero pasquale
e su coloro che hai reso figli di adozione
in Cristo tuo Figlio hai effuso lo Spirito Santo,
che agli albori della Chiesa nascente
ha rivelato a tutti i popoli il mistero nascosto nei secoli,
e ha riunito i linguaggi della famiglia umana
nella professione dell'unica fede.
Per questo mistero, nella pienezza della gioia pasquale,
l'umanità esulta su tutta la terra,
e con l'assemblea degli angeli e dei santi
canta l'inno della tua gloria:
Santo, Santo, Santo il Signore...

COMUNIONE
At 2,4.11

Tutti furono ripieni di Spirito Santo
e proclamavano le grandi opere di Dio.
Alleluia.

Oppure:
Gv 14,16

«Io pregherò il Padre
ed egli vi darà un altro Consolatore,
perché rimanga con voi per sempre».
Alleluia.

DOPO LA COMUNIONE **O Dio, che hai dato alla tua Chiesa la comunione dei beni del cielo, custodisci in noi il tuo dono, perché in questo cibo spirituale che ci nutre per la vita eterna sia sempre operante in noi la potenza del tuo Spirito. Per Cristo nostro Signore.**

30 MAGGIO
SANTISSIMA TRINITÀ

TRINITÀ: AMORE CHE SI FA STORIA

È un annuncio di verità davvero buono – un vangelo – quello che Gesù pone nel cuore dei suoi amici, durante la lunga conversazione che ha con loro nella cena d'addio. Sì, ma che cos'è la verità? Viviamo in un mondo che vede atteggiamenti contrapposti al riguardo: chi rinuncia a porsi la domanda, considerandola superflua; chi svuota di senso l'interrogativo, dubitando che sia possibile per l'uomo un'istanza di verità; chi non sente ragione d'interrogarsi, ritenendosene possessore. Posizioni agnostiche, relativiste, fondamentaliste, che non si limitano ai pensieri che abbiamo in testa; incidono sui comportamenti e sulle scelte, da quelle affettive a quelle politiche, dalla gestione della corporeità a quella dei soldi.

Gesù, tuttavia, ha dato un'indicazione tutt'altro che generica. Afferma che è lui la verità: non un'idea, quindi, ma una persona; non un possesso, ma una relazione. La verità tutta intera, alla quale guida lo Spirito, è appunto Gesù Cristo; si tratta quindi di un cammino di iniziazione al mistero della sua vita, morte e risurrezione. Un'avventura che non ha primariamente i caratteri di un curriculum di studio, ma quelli di un incontro, di un'amicizia, di un amore. La verità della relazione, alla quale si introducono in modo progressivamente sempre più significativo due che si amano, non procede a partire da idee chiare e distinte; l'amore infatti non è un teorema, ha a che fare con le intermittenze del cuore, i rischi della libertà, le concretezze della storia. Somiglia a questa avventura, l'immersione nella verità tipica della fede. Per questo la verità del volto di Dio – il Padre, il Figlio, lo Spirito – non è il rompicapo astratto dell'Uno e dei Tre, da far coesistere in un'unica affermazione.

È invece la storia d'amore di un Padre, che ha tanto amato il mondo da dare suo Figlio, e prende dimora in noi nello Spirito: «perché l'amore di Dio è stato riversato nei nostri cuori per mezzo dello Spirito Santo che ci è stato dato» (Rm 5,5). La santa Trinità dell'unico Dio non va spiegata, va narrata; non per niente quando vuoi parlare della vita e della morte, dell'amore e del dolore, della delusione e della speranza, racconti esperienze, non proponi definizioni.

A dottrina cristiana, una volta, ci insegnavano: Chi è Dio? «Dio è l'essere perfettissimo, Creatore e Signore di tutta la terra». Al bambino ebreo raccontavano: «Mio padre era un Arameo errante, scese in Egitto e vi divenne schiavo, ma Dio udì il grido e scese a liberarlo». Gesù, da buon ebreo, racconta il Padre con le parabole, i gesti di liberazione, gli sguardi di amore e di perdono. La verità alla quale guida lo Spirito corrisponde alla Sapienza, che plasma di sé ciò che è fin dall'inizio; per cui la bellezza/bontà, riconosciuta da Dio stesso nell'atto di creare ogni cosa, si dispiegherà alla fine. L'amore trinitario sta all'origine, sta al termine, ma soprattutto sta nel mezzo: nel cuore della storia, a deliziare i figli dell'uomo.

INGRESSO Sia benedetto Dio Padre,
e l'unigenito Figlio di Dio, e lo Spirito Santo:
perché grande è il suo amore per noi.

COLLETTA **O Dio Padre, che hai mandato nel mondo il tuo Figlio, Parola di verità, e lo Spirito santificatore per rivelare agli uomini il mistero della tua vita, fa' che nella professione della vera fede riconosciamo la gloria della Trinità e adoriamo l'unico Dio in tre persone. Per il nostro Signore...**

Oppure: **Ti glorifichi, o Dio, la tua Chiesa, contemplando il mistero della tua sapienza con la quale hai creato e ordinato il mondo; tu che nel Figlio ci hai riconciliati e nello Spirito ci hai santificati, fa' che, nella pazienza e nella speranza, possiamo giungere alla piena conoscenza di te che sei amore, verità e vita. Per il nostro Signore...**

PRIMA LETTURA

Prima che la terra fosse, già la Sapienza era generata

Dal libro dei Proverbi 8,22-31

Così parla la Sapienza di Dio:
«Il Signore mi ha creato come inizio della sua attività,
prima di ogni sua opera, all'origine.
Dall'eternità sono stata formata,
fin dal principio, dagli inizi della terra.
Quando non esistevano gli abissi, io fui generata,
quando ancora non vi erano le sorgenti cariche d'acqua;
prima che fossero fissate le basi dei monti,
prima delle colline, io fui generata,
quando ancora non aveva fatto la terra e i campi
né le prime zolle del mondo.
Quando egli fissava i cieli, io ero là;
quando tracciava un cerchio sull'abisso,
quando condensava le nubi in alto,
quando fissava le sorgenti dell'abisso,
quando stabiliva al mare i suoi limiti,
così che le acque non ne oltrepassassero i confini,
quando disponeva le fondamenta della terra,
io ero con lui come artefice
ed ero la sua delizia ogni giorno:
giocavo davanti a lui in ogni istante,
giocavo sul globo terrestre,
ponendo le mie delizie tra i figli dell'uomo».
— Parola di Dio.

SALMO RESPONSORIALE

dal Salmo 8

℟. **O Signore nostro Dio,**
quanto è mirabile il tuo nome su tutta la terra!

Quando vedo i tuoi cieli, opera delle tue dita,
la luna e le stelle che tu hai fissato,
che cosa è mai l'uomo perché di lui ti ricordi,
il figlio dell'uomo, perché te ne curi? ℟.

Davvero l'hai fatto poco meno di un dio,
di gloria e di onore lo hai coronato.
Gli hai dato potere sulle opere delle tue mani,
tutto hai posto sotto i suoi piedi. ℟.

Tutte le greggi e gli armenti
e anche le bestie della campagna,
gli uccelli del cielo e i pesci del mare,
ogni essere che percorre le vie dei mari. ℟.

SECONDA LETTURA

Andiamo a Dio per mezzo di Cristo, nella carità diffusa in noi dallo Spirito

Dalla lettera di san Paolo apostolo ai Romani 5,1-5

Fratelli, giustificati per fede, noi siamo in pace con Dio per mezzo del Signore nostro Gesù Cristo. Per mezzo di lui abbiamo anche, mediante la fede, l'accesso a questa grazia nella quale ci troviamo e ci vantiamo, saldi nella speranza della gloria di Dio.
E non solo: ci vantiamo anche nelle tribolazioni, sapendo che la tribolazione produce pazienza, la pazienza una virtù provata e la virtù provata la speranza.
La speranza poi non delude, perché l'amore di Dio è stato riversato nei nostri cuori per mezzo dello Spirito Santo che ci è stato dato. — Parola di Dio.

AL VANGELO

Ap 1,8

Alleluia, alleluia.
Gloria al Padre, al Figlio, allo Spirito Santo:
a Dio che è, che era e che viene.
Alleluia.

VANGELO

Tutto quello che il Padre possiede è mio; lo Spirito prenderà del mio e ve lo annuncerà

Dal vangelo secondo Giovanni 16,12-15

In quel tempo, disse Gesù ai suoi discepoli: «Molte cose ho ancora da dirvi, ma per il momento non siete capaci di portarne il peso.
Quando verrà lui, lo Spirito della verità, vi guiderà a tutta la verità, perché non parlerà da se stesso, ma dirà tutto ciò che avrà udito e vi annuncerà le cose future. Egli mi glorificherà, perché prenderà da quel che è mio e ve lo annuncerà.
Tutto quello che il Padre possiede è mio; per questo ho detto che prenderà da quel che è mio e ve lo annuncerà».
— Parola del Signore.

PREGHIERA UNIVERSALE

Fratelli e sorelle, mentre ammiriamo le meraviglie della sua sapienza, lodiamo il Signore ed esaltiamo l'immensa sua gloria, che risplende particolarmente nella grandezza dell'uomo. Riconosciamo la ricchezza dello Spirito, riversato nei nostri cuori, perché abbiamo la forza di percorrere il cammino della vita, indicatoci da Cristo. Imploriamo:

℟. **Salvaci, o Signore!**

● Signore, guarda la tua Chiesa diffusa nel mondo: fa' che, guidata dal tuo Spirito, diventi capace di portare il peso della storia, contribuendo a costruire il futuro dell'umanità nella giustizia e nella concordia, ti preghiamo.

● Signore, guarda gli uomini di scienza: fa' che nella ricerca raccordino le scoperte della ragione con la luce della fede, perché ogni uomo, particolarmente il povero e il sofferente, non si senta mai abbandonato nella solitudine, ti preghiamo.

● Signore, guarda i ragazzi e i giovani che, insieme con gli adulti, percorrono cammini di fede: il tuo Spirito li renda concordi nell'amore, per dare testimonianza alla verità e collaborare con impegno all'edificazione della Chiesa, ti preghiamo.

● Signore, guarda noi qui riuniti per la celebrazione eucaristica: fa' che rafforziamo la comunione con te e con i fratelli, perché, portando insieme i pesi dell'esistenza, siamo confortati dalla reciproca stima e perseveriamo nel dono di noi stessi, ti preghiamo.

● (*Altre intenzioni*).

O Dio, nella misericordia del tuo Figlio e con la potenza dello Spirito continui a rivelarti come Sapienza che tutto rinnova. Benedici quanti ti invocano come Padre, perché ti ricerchino con fedeltà, ti riconoscano nelle meraviglie da te compiute e ti amino con sincerità di cuore: in Cristo Gesù, nostro Signore. **Amen.**

SULLE OFFERTE **Invochiamo il tuo nome, Signore, su questi doni che ti presentiamo: consacrali con la tua po-**

tenza e trasforma tutti noi in sacrificio perenne a te gradito. Per Cristo nostro Signore.

PREFAZIO *Il mistero di Dio uno e trino*

È veramente cosa buona e giusta,
nostro dovere e fonte di salvezza,
rendere grazie sempre e in ogni luogo
a te, Signore, Padre santo, Dio onnipotente ed eterno.
Con il tuo unico Figlio e con lo Spirito Santo
sei un solo Dio, un solo Signore,
non nell'unità di una sola persona,
ma nella Trinità di una sola sostanza.
Quanto hai rivelato della tua gloria, noi lo crediamo,
e con la stessa fede, senza differenze,
lo affermiamo del tuo Figlio e dello Spirito Santo.
E nel proclamare te Dio vero ed eterno,
noi adoriamo la Trinità delle Persone,
l'unità della natura, l'uguaglianza nella maestà divina.
Gli Angeli e gli Arcangeli, i Cherubini e i Serafini,
non cessano di esaltarti uniti nella stessa lode:
Santo, Santo, Santo il Signore...

COMUNIONE
Gal 4,6

Voi siete figli di Dio
egli ha mandato nei vostri cuori
lo Spirito del Figlio suo,
che grida «Abba, Padre».

Oppure:
Gv 16,13

«Lo Spirito di verità vi guiderà
alla verità tutta intera».

DOPO LA COMUNIONE Signore Dio nostro, la comunione al tuo sacramento, e la professione della nostra fede in te, unico Dio in tre persone, ci sia pegno di salvezza dell'anima e del corpo. Per Cristo nostro Signore.

6 GIUGNO
SS. CORPO E SANGUE DI CRISTO

FARSI SACRAMENTO

Possiamo interpretare lo strano incontro tra Abramo e Melchisedek, raccontato dalle Scritture, secondo il grande principio che la Bibbia si spiega anzitutto con la Bibbia. Di Melchisedek si dice, nella Lettera agli ebrei, che il suo nome significa re di giustizia; è inoltre anche re di Salem, cioè re di pace. Egli è senza padre, senza madre, senza genealogia, senza principio di giorni né fine di vita. Di fronte al gesto sacerdotale di uno come lui, che non appartiene alla tribù dei sacerdoti, ci si chiede: perché doveva sorgere un sacerdote alla maniera di Melchisedek e non bastava il sacerdozio alla maniera di Aronne? La risposta ha a che fare con il gesto profetico, compiuto da Gesù nella cena d'addio con i suoi amici, tramandatoci dalla chiesa delle origini non semplicemente come racconto, ma fin dall'inizio come rito: «Nella notte in cui veniva tradito, prese del pane e, dopo aver reso grazie, lo spezzò e disse: Questo è il mio corpo, che è per voi; fate questo in memoria di me» (1Cor 11,23-24). Se c'era da compiere un sacrificio rituale nella sacralità del tempio, bastava un sacerdote alla maniera di Aronne; ma se si tratta del sacrificio di un'esistenza data per amore, di cui il pane spezzato e il vino versato sono anticipazioni profetiche, allora il sacerdozio è quello di Melchisedek, prefigurazione del Cristo. Gesù di Nazaret, laico credente fuori da apparati religiosi istituzionali, celebra una volta per tutte l'offerta di sé come Figlio e Fratello; si fa sacramento ultimo e definitivo, entro il quale le nostre stesse vite divengono l'ostia santa, gradita a Dio.

«Voi stessi date loro da mangiare» (Lc 9,13), provoca Gesù mettendo insieme il pane della fame fisica con il pane della fame spirituale; così come Paolo tramanda ai corinzi il racconto del

pane spezzato per stigmatizzare la profanazione del corpo di Cristo, che è la chiesa, attraverso la mancata condivisione con i poveri. Con il battesimo anche noi siamo sacerdoti al modo di Melchisedek; l'eucaristia, presieduta dal ministro ordinato che ci rimanda al Cristo, è celebrata da tutta l'assemblea, con una celebrazione che è e diventa vita eucaristica. Siamo in tempi di ritorno ai rassicuranti recinti sacri, che permettono di mantenere tutto il resto della vita fuori di ogni riferimento evangelico; più infatti si sacralizzano i riti religiosi, più si laicizza la vita. Va pertanto ribadita la provocatorietà della scelta di Cristo, che porta a compimento la linea profetica di contestazione al tempio, al culto, al sacerdozio. Gesù ha spezzato la sua vita per amore e permette a noi di fare altrettanto, unendoci intimamente al suo Corpo e al suo Sangue attraverso l'atto di mangiare e di bere. In quest'ottica comprendiamo il significato della tradizione che vede, in questa festa, la comunità cristiana portare per le vie della città il Sacramento dell'amore; lo si fa per ricollocare nella vita il Sacramento santissimo di un Dio, profondamente innamorato dell'uomo al punto da consumarsi d'amore per lui.

INGRESSO
Sal 80,17

Il Signore ha nutrito il suo popolo
con fior di frumento,
lo ha saziato di miele della roccia.

COLLETTA **Signore Gesù Cristo, che nel mirabile sacramento dell'Eucaristia ci hai lasciato il memoriale della tua Pasqua, fa' che adoriamo con viva fede il santo mistero del tuo Corpo e del tuo Sangue, per sentire sempre in noi i benefici della redenzione. Tu sei Dio...**

Oppure: **Dio Padre buono, che ci raduni in festosa assemblea per celebrare il sacramento pasquale del Corpo e Sangue del tuo Figlio, donaci il tuo Spirito, perché nella partecipazione al sommo bene di tutta la Chiesa, la nostra vita diventi un continuo rendimento di grazie, espressione perfetta della lode che sale a te da tutto il creato. Per il nostro Signore...**

PRIMA LETTURA *Offrì pane e vino*

Dal libro della Gènesi 14,18-20

In quei giorni, Melchìsedek, re di Salem, offrì pane e vi-

no: era sacerdote del Dio altissimo e benedisse Abram con queste parole:
«Sia benedetto Abram dal Dio altissimo,
creatore del cielo e della terra,
e benedetto sia il Dio altissimo,
che ti ha messo in mano i tuoi nemici».
E [Abramo] diede a lui la decima di tutto.
— Parola di Dio.

SALMO RESPONSORIALE dal Salmo 109

℟. **Tu sei sacerdote per sempre, Cristo Signore.**

Oracolo del Signore al mio Signore:
«Siedi alla mia destra
finché io ponga i tuoi nemici
a sgabello dei tuoi piedi». ℟.

Lo scettro del tuo potere
stende il Signore da Sion:
domina in mezzo ai tuoi nemici! ℟.

A te il principato nel giorno della tua potenza
tra santi splendori;
dal seno dell'aurora,
come rugiada, io ti ho generato. ℟.

Il Signore ha giurato e non si pente:
«Tu sei sacerdote per sempre
al modo di Melchìsedek». ℟.

SECONDA LETTURA *Ogni volta infatti che mangiate questo pane e bevete al calice, voi annunciate la morte del Signore*

Dalla prima lettera di san Paolo ap. ai Corinzi 11,23-26

Fratelli, io ho ricevuto dal Signore quello che a mia volta vi ho trasmesso: il Signore Gesù, nella notte in cui veniva tradito, prese del pane e, dopo aver reso grazie, lo spezzò e disse: «Questo è il mio corpo, che è per voi; fate questo in memoria di me».
Allo stesso modo, dopo aver cenato, prese anche il calice, dicendo: «Questo calice è la Nuova Alleanza nel mio sangue; fate questo, ogni volta che ne bevete, in memoria di me».

Ogni volta infatti che mangiate questo pane e bevete al calice, voi annunciate la morte del Signore, finché egli venga. — Parola di Dio.

SEQUENZA

(La parte posta fra le parentesi quadre rosse è facoltativa).

[Sion, loda il Salvatore,
la tua guida, il tuo pastore
con inni e cantici.

Impegna tutto il tuo fervore:
egli supera ogni lode,
non vi è canto che sia degno.

Pane vivo, che dà vita:
questo è tema del tuo canto,
oggetto della lode.

Veramente fu donato
agli apostoli riuniti
in fraterna e sacra cena.

Lode piena e risonante,
gioia nobile e serena
sgorghi oggi dallo spirito.

Questa è la festa solenne
nella quale celebriamo
la prima sacra cena.

È il banchetto del nuovo Re,
nuova Pasqua, nuova legge;
e l'antico è giunto a termine.

Cede al nuovo il rito antico,
la realtà disperde l'ombra:
luce, non più tenebra.

Cristo lascia in sua memoria
ciò che ha fatto nella cena:
noi lo rinnoviamo.

Obbedienti al suo comando,
consacriamo il pane e il vino,
ostia di salvezza.

È certezza a noi cristiani:
si trasforma il pane in carne,
si fa sangue il vino.

Tu non vedi, non comprendi,
ma la fede ti conferma,
oltre la natura.

È un segno ciò che appare:
nasconde nel mistero
realtà sublimi.

Mangi carne, bevi sangue;
ma rimane Cristo intero
in ciascuna specie.

Chi ne mangia non lo spezza,
né separa, né divide:
intatto lo riceve.

Siano uno, siano mille,
ugualmente lo ricevono:
mai è consumato.

Vanno i buoni, vanno gli empi;
ma diversa ne è la sorte:
vita o morte provoca.

Vita ai buoni, morte agli empi:
nella stessa comunione
ben diverso è l'esito!

Quando spezzi il sacramento
non temere, ma ricorda:
Cristo è tanto in ogni parte,
quanto nell'intero.

È diviso solo il segno
non si tocca la sostanza;
nulla è diminuito
della sua persona.]

Ecco il pane degli angeli,
pane dei pellegrini,
vero pane dei figli:
non dev'essere gettato.

Con i simboli è annunziato,
in Isacco dato a morte,
nell'agnello della Pasqua,
nella manna data ai padri.

Buon pastore, vero pane,
o Gesù, pietà di noi:
nùtrici e difendici,
portaci ai beni eterni
nella terra dei viventi.

Tu che tutto sai e puoi,
che ci nutri sulla terra,
conduci i tuoi fratelli
alla tavola del cielo
nella gioia dei tuoi santi.

AL VANGELO
Gv 6,51

Alleluia, alleluia.
Io sono il pane vivo disceso dal cielo.
dice il Signore;
chi mangia di questo pane vivrà in eterno.
Alleluia.

VANGELO *Tutti mangiarono a sazietà*

Dal Vangelo secondo Luca 9,11-17

In quel tempo, Gesù prese a parlare alle folle del regno di Dio e a guarire quanti avevano bisogno di cure. Il giorno cominciava a declinare e i Dodici gli si avvicinarono dicendo: «Congeda la folla perché vada nei villaggi e nelle campagne dei dintorni, per alloggiare e trovare cibo: qui siamo in una zona deserta».
Gesù disse loro: «Voi stessi date loro da mangiare». Ma essi risposero: «Non abbiamo che cinque pani e due pesci, a meno che non andiamo noi a comprare viveri per tutta questa gente». C'erano infatti circa cinquemila uomini.

Egli disse ai suoi discepoli: «Fateli sedere a gruppi di cinquanta circa». Fecero così e li fecero sedere tutti quanti. Egli prese i cinque pani e i due pesci, alzò gli occhi al cielo, recitò su di essi la benedizione, li spezzò e li dava ai discepoli perché li distribuissero alla folla. Tutti mangiarono a sazietà e furono portati via i pezzi loro avanzati: dodici ceste. — Parola del Signore.

PREGHIERA UNIVERSALE

Fratelli e sorelle, il Signore Gesù, prima di congedarsi dai suoi, ha consegnato loro la sorgente della vita nel banchetto eucaristico. Ora innalziamo a lui le nostre implorazioni, perché ci consolidi nell'unità e ci renda sensibili alle necessità dei fratelli, nell'adempimento dei vari compiti ecclesiali. Invochiamo:

℟. **Ascoltaci, o Signore!**

● Signore, con la forza del tuo Spirito hai affidato a coloro che credono la missione in favore dell'umanità affamata: fa' che la tua Chiesa si senta impegnata a collaborare attivamente al mandato ricevuto, riconoscendoti in ogni bisognoso, ti preghiamo.

● Signore, nella moltiplicazione dei pani alle folle ci hai dato un segno della tua premura verso tutti i viventi: rinsalda coloro che cercano di eliminare dalla terra qualsiasi ingiustizia e scandalo sociale, perché tutti si rallegrino della fraternità, ti preghiamo.

● Signore, hai accompagnato nei secoli quanti ricercavano la fedeltà al vangelo, nutrendosi del cibo eucaristico: soccorri i credenti e fa' che, liberi da ogni compromesso, offrano al mondo un esempio di sollecitudine per i malati e i poveri, ti preghiamo.

● Signore, ci chiami ogni domenica a condividere la mensa della Parola e del pane di vita: fa' che, sostenuti da questo sacramento, garantiamo la nostra generosità nel servizio ecclesiale, particolarmente verso i ragazzi e i giovani, ti preghiamo.

● (*Altre intenzioni*).

Padre, ascolta le preghiere che abbiamo innalzato a te nel nome del tuo Figlio, fonte di speranza nelle vicende della storia. Aiutaci a vivere la celebrazione eucaristica quale fondamento della nostra testimonianza cristiana, per camminare insieme verso la serena pace del tuo regno: in Cristo Gesù, nostro Signore. **Amen.**

SULLE OFFERTE **Concedi benigno alla tua Chiesa, o Padre, i doni dell'unità e della pace, misticamente significati nelle offerte che ti presentiamo. Per Cristo nostro Signore.**

Prefazio della Santissima Eucaristia I o II (pp. 480-481).

COMUNIONE
Lc 9,16

Gesù prese i cinque pani e i due pesci
e li diede ai discepoli,
perché li distribuissero alla folla.
Alleluia.

DOPO LA COMUNIONE **Donaci, Signore, di godere pienamente della tua vita divina nel convito eterno, che ci hai fatto pregustare in questo sacramento del tuo Corpo e del tuo Sangue. Tu che vivi e regni nei secoli dei secoli.**

13 GIUGNO
11ª DOMENICA DEL TEMPO ORDINARIO

IL PERDONO, MISURA DELL'AMORE

È assai più facile vedere i difetti e le colpe altrui, che non le proprie; anche perché nei nostri confronti siamo sempre pronti a giustificarci. Per questo il profeta Natan mette a nudo il peccato di Davide con un racconto di profonda ingiustizia, suscitando l'indignazione del re, per rivelargli alla fine: «Tu sei quell'uomo!» (2Sam 12,7). Giustificarsi non è possibile, ma non solo per questo avviene la confessione – che secondo tradizione fiorirà nel Miserere, *salmo di pentimento e di invocazione al Dio di misericordia – quale paradossale atto di fede: «Ho peccato contro il Signore!» (2Sam 12,13). Che si tratti di un autentico consegnarsi a Dio, nel riconoscimento della propria colpa che viene dal cuore, lo testimonia la risposta del profeta: «Il Signore ha rimosso il tuo peccato» (2Sam 12,13). Non si tratta di una rimozione nel senso psicologico del termine, come quando non si vuole vedere ciò che disturba. Anzi, il nostro peccato il Signore lo scruta fino in fondo e lo perdona addossandolo su si sé. Lo smascheramento del peccato è la croce, là dove risulta evidente il frutto drammatico della colpa e insieme la misura di amore con la quale vi risponde il Dio di misericordia. Anche noi possiamo rimuovere il peccato, che ci brucia dentro, inchiodandoci da una parte alla nostra responsabilità – senza sconti né alibi – e dall'altra consegnandoci all'abbraccio d'amore che ci libera e ci salva. «Sono stato crocifisso con Cristo e non vivo più io, ma Cristo vive in me» (Gal 2,20).*

È l'esperienza di Paolo, nel passaggio che segna la sua cosiddetta conversione: dalla presunzione di essere giusto in virtù dell'osservanza della legge, alla consapevolezza di venire immeritatamente amato nella sua fragilità e nel suo stesso peccato. D'ora in poi vivrà non proteso a un perfezionismo arido e ultimamente superbo, ma conscio della debolezza propria di ogni carne mortale: «Questa vita, che io vivo nel corpo, la vivo nella fede del Figlio di Dio, che mi ha amato e ha consegnato se stesso per me» (Gal 2,20). È il passaggio che invece non ha fatto Simone, il fariseo che giudica la peccatrice venuta da Gesù, non comprendendo la misura d'amore di quella donna e i suoi gesti addirittura provocatori, dai quali tuttavia scaturisce il perdono. Da un lato infatti (in alto) sta l'arida supponenza di chi si sente a posto: «Tu non mi hai dato l'acqua per i piedi... Tu non mi hai dato un bacio... Tu non hai unto con olio il mio capo»; dall'altro lato (in basso) la traboccante tenerezza di chi riconosce la propria colpa: «Lei mi ha bagnato i piedi con le lacrime e li ha asciugati con i suoi capelli... Non ha cessato di baciarmi i piedi... Mi ha cosparso di profumo i piedi» (Lc 7,44-46). C'è una circolarità tra l'esperienza di amare e quella di essere perdonati; l'amore infatti, dice Gesù, è insieme causa ed effetto del perdono. Nel cuore di Dio, come nel nostro.

INGRESSO
Sal 26,7.9

Ascolta, Signore, la mia voce: a te io grido.
Sei tu il mio aiuto,
non respingermi, non abbandonarmi,
Dio della mia salvezza.

COLLETTA **Dio, fortezza di chi spera in te, ascolta benigno le nostre invocazioni, e poiché nella nostra debolezza nulla possiamo senza il tuo aiuto, soccorrici con la tua grazia, perché fedeli ai tuoi comandamenti possiamo piacerti nelle intenzioni e nelle opere. Per il nostro Signore...**

Oppure: **O Dio, che non ti stanchi mai di usarci misericordia, donaci un cuore penitente e fedele che sappia corrispondere al tuo amore di Padre, perché diffondiamo lungo le strade del mondo il messaggio evangelico di riconciliazione e di pace. Per il nostro Signore...**

PRIMA LETTURA

Il Signore ha rimosso il tuo peccato: tu non morirai

Dal secondo libro di Samuèle 12,7-10.13

In quei giorni, Natan disse a Davide: «Così dice il Signo-

re, Dio d'Israele: Io ti ho unto re d'Israele e ti ho liberato dalle mani di Saul, ti ho dato la casa del tuo padrone e ho messo nelle tue braccia le donne del tuo padrone, ti ho dato la casa d'Israele e di Giuda e, se questo fosse troppo poco, io vi aggiungerei anche altro.
Perché dunque hai disprezzato la parola del Signore, facendo ciò che è male ai suoi occhi? Tu hai colpito di spada Urìa l'Ittìta, hai preso in moglie la moglie sua e lo hai ucciso con la spada degli Ammonìti.
Ebbene, la spada non si allontanerà mai dalla tua casa, poiché tu mi hai disprezzato e hai preso in moglie la moglie di Urìa l'Ittìta».
Allora Davide disse a Natan: «Ho peccato contro il Signore!». Natan rispose a Davide: «Il Signore ha rimosso il tuo peccato: tu non morirai». — Parola di Dio.

SALMO RESPONSORIALE dal Salmo 31

℟. **Togli, Signore, la mia colpa e il mio peccato.**

Beato l'uomo a cui è tolta la colpa
e coperto il peccato.
Beato l'uomo a cui Dio non imputa il delitto
e nel cui spirito non è inganno. ℟.

Ti ho fatto conoscere il mio peccato,
non ho coperto la mia colpa.
Ho detto: «Confesserò al Signore le mie iniquità»
e tu hai tolto la mia colpa e il mio peccato. ℟.

Tu sei il mio rifugio, mi liberi dall'angoscia,
mi circondi di canti di liberazione.
Rallegratevi nel Signore ed esultate, o giusti!
Voi tutti, retti di cuore, gridate di gioia! ℟.

SECONDA LETTURA *Non vivo più io, ma Cristo vive in me*

Dalla lettera di san Paolo apostolo ai Gàlati 2,16.19-21

Fratelli, sapendo che l'uomo non è giustificato per le opere della Legge ma soltanto per mezzo della fede in Gesù Cristo, abbiamo creduto anche noi in Cristo Gesù per essere giustificati per la fede in Cristo e non per le opere della Legge; poiché per le opere della Legge non verrà mai giustificato nessuno.

In realtà mediante la Legge io sono morto alla Legge, affinché io viva per Dio. Sono stato crocifisso con Cristo, e non vivo più io, ma Cristo vive in me. E questa vita, che io vivo nel corpo, la vivo nella fede del Figlio di Dio, che mi ha amato e ha consegnato se stesso per me.
Dunque non rendo vana la grazia di Dio; infatti, se la giustificazione viene dalla Legge, Cristo è morto invano.
— Parola di Dio.

AL VANGELO Alleluia, alleluia.
1Gv 4,10b Dio ha amato noi e ha mandato il suo Figlio
come vittima di espiazione
per i nostri peccati. Alleluia.

VANGELO *

Sono perdonati i suoi molti peccati, perché ha molto amato

Dal Vangelo secondo Luca 7,36-8,3 [forma breve: 7,36-50]

In quel tempo, uno dei farisei invitò Gesù a mangiare da lui. Egli entrò nella casa del fariseo e si mise a tavola. Ed ecco, una donna, una peccatrice di quella città, saputo che si trovava nella casa del fariseo, portò un vaso di profumo; stando dietro, presso i piedi di lui, piangendo, cominciò a bagnarli di lacrime, poi li asciugava con i suoi capelli, li baciava e li cospargeva di profumo.
Vedendo questo, il fariseo che l'aveva invitato disse tra sé: «Se costui fosse un profeta, saprebbe chi è, e di quale genere è la donna che lo tocca: è una peccatrice!».
Gesù allora gli disse: «Simone, ho da dirti qualcosa». Ed egli rispose: «Di' pure, maestro». «Un creditore aveva due debitori: uno gli doveva cinquecento denari, l'altro cinquanta. Non avendo essi di che restituire, condonò il debito a tutti e due. Chi di loro dunque lo amerà di più?».
Simone rispose: «Suppongo sia colui al quale ha condonato di più». Gli disse Gesù: «Hai giudicato bene».
E, volgendosi verso la donna, disse a Simone: «Vedi questa donna? Sono entrato in casa tua e tu non mi hai dato l'acqua per i piedi; lei invece mi ha bagnato i piedi con le lacrime e li ha asciugati con i suoi capelli. Tu non mi hai dato un bacio; lei invece, da quando sono entrato, non ha cessato di baciarmi i piedi. Tu non hai unto con olio

il mio capo; lei invece mi ha cosparso i piedi di profumo. Per questo io ti dico: sono perdonati i suoi molti peccati, perché ha molto amato. Invece colui al quale si perdona poco, ama poco».
Poi disse a lei: «I tuoi peccati sono perdonati». Allora i commensali cominciarono a dire tra sé: «Chi è costui che perdona anche i peccati?». Ma egli disse alla donna: «La tua fede ti ha salvata; va' in pace!».
[In seguito egli se ne andava per città e villaggi, predicando e annunciando la buona notizia del regno di Dio. C'erano con lui i Dodici e alcune donne che erano state guarite da spiriti cattivi e da infermità: Maria, chiamata Maddalena, dalla quale erano usciti sette demòni; Giovanna, moglie di Cuza, amministratore di Erode; Susanna e molte altre, che li servivano con i loro beni.]
— Parola del Signore.

PREGHIERA UNIVERSALE

Fratelli e sorelle, la fede in Cristo ha salvato la donna peccatrice. Il dono della misericordia divina, ricevuto nel nostro Battesimo, ci illumina anche nelle scelte sbagliate e negli atteggiamenti in contraddizione con il vangelo. Imploriamo il Padre perché ci confermi nella carità, che copre i nostri peccati. Insieme invochiamo:

℟. **Salvaci, o Signore!**

- Ogni conversione è suscitata da profeti coraggiosi, che denunciano i comportamenti personali: fa', Signore, che la tua Chiesa sia casa ospitale per chi sbaglia e percorra vie di riconciliazione, soprattutto in ambito familiare e sociale, ti preghiamo.

- È più facile il giudizio di condanna nei confronti degli altri, anche a livello ecclesiale e politico: il tuo Spirito, Signore, risvegli quanti praticano una religiosità incoerente e susciti sentimenti di pace verso chi è più indifeso, ti preghiamo.

- I sistemi giudiziari non arrivano a salvare la persona, pur applicando le leggi: suscita, Signore, chi si prende a cuore coloro che si pentono dei propri sbagli e non sanno più trattenersi da un amore non veritiero, ti preghiamo.

• Il perdono suscita ancora meraviglia: aiutaci, Signore, ad attuarlo in questa nostra comunità, particolarmente tra i coniugi e i ragazzi, e rendi tutti noi testimoni instancabili e coraggiosi di questo valore sempre inedito a livello personale, ti preghiamo.

• (*Altre intenzioni*).

Padre, accogli queste invocazioni e libera il nostro cuore da ogni malizia, per essere davanti a te esultanti per la tua salvezza. Fa' che ci sentiamo solidali con chi sbaglia, per aiutarci a ritrovare la strada della conversione, continuando così la missione del tuo Figlio, venuto nel mondo per vincere ogni male con la grandezza dell'amore: ora e nei secoli dei secoli. **Amen.**

SULLE OFFERTE **O Dio, che nel pane e nel vino doni all'uomo il cibo che lo alimenta e i sacramento che lo rinnova, fa' che non ci venga mai a mancare questo sostegno del corpo e dello spirito. Per Cristo nostro Signore.**

Prefazio delle domeniche del Tempo ordinario (pp. 477-480).

COMUNIONE
Sal 26,4

Una cosa ho chiesto al Signore,
questa sola io cerco:
abitare nella casa del Signore
tutti i giorni della mia vita.

Oppure:
Gv 17,11

Dice il Signore:
«Padre Santo, custodisci nel tuo nome
coloro che mi hai dato,
perché siano una cosa sola, come noi».

Oppure:
Lc 7,47

«Le sono perdonati i suoi molti peccati,
poiché ha molto amato»,
disse il Signore alla donna peccatrice.

DOPO LA COMUNIONE **Signore, la partecipazione a questo sacramento, segno della nostra unione con te, edifichi la tua Chiesa nell'unità e nella pace. Per Cristo nostro Signore.**

20 GIUGNO
12ª DOMENICA DEL TEMPO ORDINARIO

LA CROCE LOGICA DI VITA

Forse qualche pio cristiano sarebbe contento di poter fare la preghiera dell'israelita (maschio), ripetuta devotamente tre volte al giorno: «Ti ringrazio, o Dio, che non mi hai fatto straniero, non mi hai fatto schiavo, non mi hai fatto donna»! Non solo, infatti, i riferimenti religiosi non impediscono di pensare, dire e fare bestialità; purtroppo ne forniscono motivazioni nobili e indiscutibili. Con altri travestimenti, è la posizione di chi legittima scelte politiche ed economiche appellandosi ai «valori cristiani» (e magari trova qualche alto ecclesiastico pronto a sottoscrivere). Suona pertanto rivoluzionario – della rivoluzione dell'evangelo, non di quella degli opportunisti di turno – il grido di Paolo ai Galati, che è semplicemente una splendida formula battesimale. Discriminazioni etniche, religiose, politiche, economiche o sessuali, vengono in un sol colpo rese insignificanti dall'inserimento in Gesù Cristo, dall'evento della sua pasqua di liberazione e di salvezza. Attenzione, però; non si tratta di un colpo di spugna che cancella le differenze, autentica ricchezza che permette le relazioni e non le ostacola, come talvolta erroneamente si pensa. Nemmeno va messo tutto sullo stesso piano, con l'esito evidente che i soggetti forti tutelano i loro diritti, quelli deboli... stanno a guardare. No, le discriminazioni non ci sono più, perché Gesù si è radicalmente messo dalla parte della vittima, si è identificato con l'escluso: straniero, schiavo, donna. «Guarderanno a me, colui che hanno trafitto (Zc 12,10), afferma la profezia ripresa nella scena della croce. È trafitto lo straniero, dalle nostre leggi che ne fanno un valore d'uso; è trafitto lo schiavo, dalle logiche economiche del Nord del mondo; è trafitta la donna, dal maschilismo imperante in molti ambienti (non ultimi quelli ecclesiastici).

La scelta dell'amore crocifisso bilancia le cose, perché si sposta totalmente da una parte; rifà equilibrio, perché eccede sul versante di chi non conta. La rivelazione di Gesù non è di un Dio equidistante: sulla linea di tutte le Scritture ci viene mostrato un Dio che privilegia il povero; ama tutti proprio perché parteggia per gli ultimi, se ne fa carico fino in fondo identificandosi con loro. «Chi sono io secondo la gente?» (Lc 9,18), chiede Gesù ai suoi. Non gli interessano risposte devozionali e perciò incalza: «Ma voi chi dite che io sia?» (Lc 9,20). Risposta ineccepibile: il Cristo di Dio! Eppure «ordinò loro severamente di non riferirlo ad alcuno» (Lc 9,21). Hanno risposto meglio della gente, ma sempre dentro una logica religiosa che fa di Dio un santino, del suo amore una melassa, del vangelo una parola buona. Quale prezzo siamo disposti a pagare, affinché si affermino la libertà e l'uguaglianza del vangelo? Dove ci lasciamo crocifiggere? Meglio non rivendicare crocifissi, se la croce non è scelta come logica di vita.

INGRESSO
Sal 27,8-9

Il Signore è la forza del suo popolo
e rifugio di salvezza per il suo Cristo.
Salva il tuo popolo, Signore,
benedici la tua eredità,
e sii la sua guida per sempre.

COLLETTA **Dona al tuo popolo, o Padre, di vivere sempre nella venerazione e nell'amore per il tuo santo nome, poiché tu non privi mai della tua guida coloro che hai stabilito sulla roccia del tuo amore. Per il nostro Signore...**

Oppure: **Fa' di noi, o Padre, i fedeli discepoli di quella sapienza che ha il suo maestro e la sua cattedra nel Cristo innalzato sulla croce, perché impariamo a vincere le tentazioni e le paure che sorgono da noi e dal mondo, per camminare sulla via del calvario verso la vera vita. Per il nostro Signore...**

PRIMA LETTURA

Volgeranno lo sguardo a colui che hanno trafitto (Gv 19,37)

Dal libro del profeta Zaccarìa 12,10-11; 13,1

Così dice il Signore: «Riverserò sopra la casa di Davide e

sopra gli abitanti di Gerusalemme uno spirito di grazia e di consolazione: guarderanno a me, colui che hanno trafitto. Ne faranno il lutto come si fa il lutto per un figlio unico, lo piangeranno come si piange il primogenito.
In quel giorno grande sarà il lamento a Gerusalemme, simile al lamento di Adad-Rimmon nella pianura di Meghiddo.
In quel giorno vi sarà per la casa di Davide e per gli abitanti di Gerusalemme una sorgente zampillante per lavare il peccato e l'impurità». — Parola di Dio.

SALMO RESPONSORIALE

dal Salmo 62

℟. **Ha sete di te, Signore, l'anima mia.**

O Dio, tu sei il mio Dio,
dall'aurora io ti cerco,
ha sete di te l'anima mia,
desidera te la mia carne
in terra arida, assetata, senz'acqua. ℟.

Così nel santuario ti ho contemplato,
guardando la tua potenza e la tua gloria.
Poiché il tuo amore vale più della vita,
le mie labbra canteranno la tua lode. ℟.

Così ti benedirò per tutta la vita:
nel tuo nome alzerò le mie mani.
Come saziato dai cibi migliori,
con labbra gioiose ti loderà la mia bocca. ℟.

Quando penso a te che sei stato il mio aiuto,
esulto di gioia all'ombra delle tue ali.
A te si stringe l'anima mia:
la tua destra mi sostiene. ℟.

SECONDA LETTURA

Quanti siete stati battezzati in Cristo vi siete rivestiti di Cristo

Dalla lettera di san Paolo apostolo ai Gàlati 3,26-29

Fratelli, tutti voi siete figli di Dio mediante la fede in Cristo Gesù, poiché quanti siete stati battezzati in Cristo vi siete rivestiti di Cristo.

Non c'è Giudeo né Greco; non c'è schiavo né libero; non c'è maschio e femmina, perché tutti voi siete uno in Cristo Gesù.
Se appartenete a Cristo, allora siete discendenza di Abramo, eredi secondo la promessa. — Parola di Dio.

AL VANGELO
Gv 10,27

Alleluia, alleluia.
Le mie pecore ascoltano la mia voce,
dice il Signore,
e io le conosco ed esse mi seguono.
Alleluia.

VANGELO
Tu sei il Cristo di Dio. Il Figlio dell'uomo deve soffrire molto

Dal Vangelo secondo Luca 9,18-24

Un giorno Gesù si trovava in un luogo solitario a pregare. I discepoli erano con lui ed egli pose loro questa domanda: «Le folle, chi dicono che io sia?». Essi risposero: «Giovanni il Battista; altri dicono Elìa; altri uno degli antichi profeti che è risorto».
Allora domandò loro: «Ma voi, chi dite che io sia?». Pietro rispose: «Il Cristo di Dio».
Egli ordinò loro severamente di non riferirlo ad alcuno. «Il Figlio dell'uomo – disse – deve soffrire molto, essere rifiutato dagli anziani, dai capi dei sacerdoti e dagli scribi, venire ucciso e risorgere il terzo giorno».
Poi, a tutti, diceva: «Se qualcuno vuole venire dietro a me, rinneghi se stesso, prenda la sua croce ogni giorno e mi segua. Chi vuole salvare la propria vita, la perderà, ma chi perderà la propria vita per causa mia, la salverà». — Parola del Signore.

PREGHIERA UNIVERSALE

Fratelli e sorelle, siamo figli di Dio mediante la fede in Cristo Gesù, di cui ci siamo rivestiti dal giorno del nostro Battesimo. Consapevoli di questa identità, ringraziamo il Padre e domandiamo a lui il coraggio di non venire meno a questo dono. Imploriamo:

℟. **Ascoltaci, o Signore!**

- «Le folle, chi dicono che io sia»?: perché i cristiani siano consapevoli del sentire popolare nei confronti della loro condizione, per essere sempre disponibili al dialogo e per avvertire le varie differenze culturali nella professione della fede, preghiamo.
- «Ma voi, chi dite che io sia?»: perché gli uomini abbiano il coraggio di rispondere responsabilmente agli interrogativi fondamentali della loro esistenza, per contribuire alla chiarezza di opinione e alla ricchezza della personalità di ciascuno, preghiamo.
- «Il Figlio dell'uomo deve soffrire molto»: perché chi vive questo capitolo drammatico della propria vita trovi il coraggio di portare ogni giorno la croce del dolore con la speranza di condividere un giorno la gloria dei servi fedeli, preghiamo.
- «Chi vuole salvare la vita, la perderà»: perché questa logica paradossale ispiri le nostre scelte quotidiane e trovi alimento nella celebrazione eucaristica, verifica del nostro agire alla luce della Parola e sostegno della nostra donazione ai fratelli, preghiamo.
- (*Altre intenzioni*).

Padre buono, accogli le invocazioni dei tuoi figli, che ogni giorno ti cercano, assetati di compiere pienamente il tuo volere. Fa' che siano uno nel Signore Gesù, per manifestare al mondo la forza della croce e far scaturire per l'umanità la sorgente zampillante, che lava i suoi peccati, così da cantare in eterno le tue lodi. Per Cristo nostro Signore. **Amen.**

SULLE OFFERTE **Accogli, Signore, la nostra offerta: questo sacrificio di espiazione e di lode ci purifichi e ci rinnovi, perché tutta la nostra vita sia bene accetta alla tua volontà. Per Cristo nostro Signore.**

Prefazio delle domeniche del Tempo ordinario (pp. 477-480).

COMUNIONE
Sal 144,15

Gli occhi di tutti, Signore,
si volgono a te fiduciosi,
e tu provvedi loro il cibo a suo tempo.

Oppure: Gv 10,11.5
Dice il Signore: «Io sono il buon pastore,
e do la mia vita per le mie pecore».

Oppure: Lc 9,24
«Chi vorrà salvare la propria vita, la perderà;
chi perderà la propria vita per me,
la salverà».

DOPO LA COMUNIONE **O Dio, che ci hai rinnovati con il corpo e sangue del tuo Figlio, fa' che la partecipazione ai santi misteri ci ottenga la pienezza della redenzione. Per Cristo nostro Signore.**

27 GIUGNO

13ª DOMENICA DEL TEMPO ORDINARIO

LIBERI, CIOÈ IN PUGNO A CRISTO

Sono appena scesi dal monte, sul quale il Maestro si è trasfigurato. Nel bel mezzo della preghiera i discepoli l'hanno visto cambiare d'aspetto, in dialogo intimo con Mosè ed Elia; parlavano del suo esodo, che doveva compiersi a Gerusalemme. Per questo Gesù sente di dover indurire la faccia – così dice il testo originale – per affrettarsi verso il compimento, risolutamente. Nel momento supremo dirà: «È compiuto» (Gv 19,30), svelando così il paradosso di un compimento che è consumazione, svuotamento d'amore. Nasce dalla totale consegna di sé l'estrema libertà, che comunica anche a coloro che vogliono seguirlo. Che enorme ricchezza, la libertà di non doversi preoccupare di una casa dove rinchiudersi, isolarsi, difendersi; poter aprire la propria casa a tutti, condividerla con chi non ha dove posare il capo, renderla spazio di incontro, sollecitudine fraterna, responsabilità comune; per prime, naturalmente, le case di chi si è fatto discepolo del vangelo con una scelta di esemplarità: le canoniche, gli istituti religiosi, le proprietà ecclesiastiche.

Che maturità – donata e richiesta – nelle relazioni, quando vengono attraversate dall'urgenza evangelica e ci impediscono di rimanere attaccati a cordoni ombelicali familiari, religiosi o sociali; e che fioritura di vita non attardarsi sulle tombe, cercando tra i morti un passato che ormai si è fatto futuro promettente e invitante! Faccia dura sì, ma cuore ardente per poter vivere la sequela del Figlio dell'uomo. Ardente di radicalità e passione, affinché venga il regno di Dio; non di fanatismo e risentimento, a fronte di un mondo a prima vista indifferente e ostile. «Signore, vuoi che diciamo che scenda un fuoco dal cielo e li consumi?» (Lc 9,54). Il rimprovero di Gesù respinge risolutamente ogni fonda-

mentalismo zelante, che oggi attribuiamo facilmente a culture altre, ma le cui radici non sono mai del tutto estirpate in noi; ci fa capire che ogni rifiuto si consuma nell'amore, ogni odio nel perdono, ogni guerra nella scelta nonviolenta.

Non è facile custodire una libertà, quale quella vissuta da Gesù di Nazaret e offerta a coloro che lo seguono. Infatti ci si vende al miglior offerente, pur di avere in contraccambio un po' di sicurezza; non rimpiangevano forse le cipolle d'Egitto gli ebrei avviati da Mosè nell'impegnativo cammino di liberazione? Cristo ci ha liberati, perché restassimo liberi; l'avvertimento di Paolo ai Galati risuona attuale in ogni epoca cristiana e interroga la nostra capacità di andare fino in fondo nella scelta del vangelo, lasciandoci spiazzare. Le donne e gli uomini che l'hanno seguito, sono stati afferrati da Cristo e l'hanno testimoniato fino in fondo; fedeli della fedeltà del loro Maestro e Signore, più che della propria. È la stessa testimonianza, il medesimo martirio che, in forme diverse, è chiesto a chi si affida alla libertà evangelica. Ma ne vale la pena!

INGRESSO
Sal 46,2

Popoli tutti, battete le mani,
acclamate a Dio con voci di gioia.

COLLETTA **O Dio, che ci hai reso figli della luce con il tuo Spirito di adozione, fa' che non ricadiamo nelle tenebre dell'errore, ma restiamo sempre luminosi nello splendore della verità. Per il nostro Signore ...**

Oppure: **O Dio, che ci chiami a celebrare i tuoi santi misteri, sostieni la nostra libertà con la forza e la dolcezza del tuo amore, perché non venga meno la nostra fedeltà a Cristo nel generoso servizio dei fratelli. Per il nostro Signore...**

PRIMA LETTURA *Eliseo si alzò e seguì Elìa*

Dal primo libro dei Re 19,16b.19-21

In quei giorni, il Signore disse a Elìa: «Ungerai Eliseo, figlio di Safat, di Abel-Mecolà, come profeta al tuo posto».
Partito di lì, Elìa trovò Eliseo, figlio di Safat. Costui arava con dodici paia di buoi davanti a sé, mentre egli stesso

guidava il dodicesimo. Elìa, passandogli vicino, gli gettò addosso il suo mantello.
Quello lasciò i buoi e corse dietro a Elìa, dicendogli: «Andrò a baciare mio padre e mia madre, poi ti seguirò». Elìa disse: «Va' e torna, perché sai che cosa ho fatto per te».
Allontanatosi da lui, Eliseo prese un paio di buoi e li uccise; con la legna del giogo dei buoi fece cuocere la carne e la diede al popolo, perché la mangiasse. Quindi si alzò e seguì Elìa, entrando al suo servizio. — Parola di Dio.

SALMO RESPONSORIALE
dal Salmo 15

℟. **Sei tu, Signore, l'unico mio bene.**

Proteggimi, o Dio: in te mi rifugio.
Ho detto al Signore: «Il mio Signore sei tu».
Il Signore è mia parte di eredità e mio calice:
nelle tue mani è la mia vita. ℟.

Benedico il Signore che mi ha dato consiglio;
anche di notte il mio animo mi istruisce.
Io pongo sempre davanti a me il Signore,
sta alla mia destra, non potrò vacillare. ℟.

Per questo gioisce il mio cuore
ed esulta la mia anima;
anche il mio corpo riposa al sicuro,
perché non abbandonerai la mia vita negli inferi,
né lascerai che il tuo fedele veda la fossa. ℟.

Mi indicherai il sentiero della vita,
gioia piena alla tua presenza,
dolcezza senza fine alla tua destra. ℟.

SECONDA LETTURA
Siete stati chiamati alla libertà

Dalla lettera di san Paolo apostolo ai Gàlati 5,1.13-18

Fratelli, Cristo ci ha liberati per la libertà! State dunque saldi e non lasciatevi imporre di nuovo il giogo della schiavitù.
Voi infatti, fratelli, siete stati chiamati a libertà. Che questa libertà non divenga però un pretesto per la carne; mediante l'amore siate invece a servizio gli uni degli al-

tri. Tutta la Legge infatti trova la sua pienezza in un solo precetto: «Amerai il tuo prossimo come te stesso». Ma se vi mordete e vi divorate a vicenda, badate almeno di non distruggervi del tutto gli uni gli altri!
Vi dico dunque: camminate secondo lo Spirito e non sarete portati a soddisfare il desiderio della carne. La carne infatti ha desideri contrari allo Spirito e lo Spirito ha desideri contrari alla carne; queste cose si oppongono a vicenda, sicché voi non fate quello che vorreste.
Ma se vi lasciate guidare dallo Spirito, non siete sotto la Legge. — Parola di Dio.

AL VANGELO
1Sam 3,9; Gv 6,68c

Alleluia, alleluia.
Parla, Signore, perché il tuo servo ti ascolta:
tu hai parole di vita eterna.
Alleluia.

VANGELO *Prese la ferma decisione di mettersi in cammino verso Gerusalemme. Ti seguirò ovunque tu vada*

Dal Vangelo secondo Luca 9,51-62

Mentre stavano compiendosi i giorni in cui sarebbe stato elevato in alto, Gesù prese la ferma decisione di mettersi in cammino verso Gerusalemme e mandò messaggeri davanti a sé.
Questi si incamminarono ed entrarono in un villaggio di Samaritani per preparargli l'ingresso. Ma essi non vollero riceverlo, perché era chiaramente in cammino verso Gerusalemme. Quando videro ciò, i discepoli Giacomo e Giovanni dissero: «Signore, vuoi che diciamo che scenda un fuoco dal cielo e li consumi?». Si voltò e li rimproverò. E si misero in cammino verso un altro villaggio.
Mentre camminavano per la strada, un tale gli disse: «Ti seguirò dovunque tu vada». E Gesù gli rispose: «Le volpi hanno le loro tane e gli uccelli del cielo i loro nidi, ma il Figlio dell'uomo non ha dove posare il capo».
A un altro disse: «Seguimi». E costui rispose: «Signore, permettimi di andare prima a seppellire mio padre». Gli replicò: «Lascia che i morti seppelliscano i loro morti; tu invece va' e annuncia il regno di Dio».

Un altro disse: «Ti seguirò, Signore; prima però lascia che io mi congedi da quelli di casa mia». Ma Gesù gli rispose: «Nessuno che mette mano all'aratro e poi si volge indietro, è adatto per il regno di Dio». — Parola del Signore.

PREGHIERA UNIVERSALE

Fratelli e sorelle, chiamati dal Padre a vivere in libertà, insieme camminiamo secondo lo Spirito, mettendoci a disposizione gli uni degli altri, senza ostacolarci a vicenda. Consapevoli di quanto è impegnativo essere discepoli del Signore, invochiamolo con fede, perché ci doni la forza di aderire totalmente alle sue prospettive di salvezza. Imploriamo:

℟. **Ascoltaci, o Signore!**

● Signore, non hai esitato a manifestare le straordinarie esigenze del tuo regno a chi intendeva seguirti: aiuta ogni credente a liberarsi dai compromessi e a ricercare sempre la tua volontà nel suo itinerario di vita, anche nei momenti difficili, ti preghiamo.

● Signore, ti sei diretto con decisione verso Gerusalemme, nonostante il rifiuto degli uomini e dei discepoli: sostieni il faticoso cammino dell'umanità verso la pace e infondi speranza in quanti lo percorrono con ostinazione, ti preghiamo.

● Signore, a chi hai chiamato non hai permesso neppure di adempiere i fondamentali doveri umani: conforta coloro che sono provati dal dolore e tormentati negli affetti, perché a nessuno manchi il coraggio di ricercare la speranza, ti preghiamo.

● Signore, ci hai esortato a non volgerci indietro, una volta imboccata la strada da te indicata: confermaci nella fedeltà al vangelo, con la certezza di trovare nell'Eucaristia il coraggio di giungere a più radicali rinunce, ti preghiamo.

● (*Altre intenzioni*).

Padre, fonte della pace, dolcezza di quanti confidano in te, donaci nello Spirito il gusto del bene. Illuminati dalla tua sapienza, fa' che obbediamo sempre più prontamente al tuo Figlio, per testimoniare con perseveranza che tu sei l'unica nostra ricchezza e in te possiamo esultare senza fine nella gloria del tuo regno. Per Cristo nostro Signore. **Amen.**

SULLE OFFERTE **O Dio, che per mezzo dei segni sacramentali compi l'opera della redenzione, fa' che il nostro servizio sacerdotale sia degno del sacrificio che celebriamo. Per Cristo nostro Signore.**

Prefazio delle domeniche del Tempo ordinario (pp. 477-480).

COMUNIONE
Sal 102,1

Anima mia, benedici il Signore:
tutto il mio essere
benedica il suo santo nome.

Oppure:
Gv 17,20-21

«Padre, prego per loro,
perché siano una cosa sola,
e il mondo creda che tu mi hai mandato»,
dice il Signore.

Oppure:
cf. Lc 9,51

Gesù mosse decisamente verso Gerusalemme
incontro alla sua Passione.

DOPO LA COMUNIONE **La divina Eucaristia, che abbiamo offerto e ricevuto, Signore, sia per noi principio di vita nuova, perché, uniti a te nell'amore, portiamo frutti che rimangano per sempre. Per Cristo nostro Signore.**

4 LUGLIO

14ª DOMENICA DEL TEMPO ORDINARIO

LA MESSE È DAVVERO MOLTA

Splendida immagine, quella di Isaia, che parla della vita e del Dio della vita; racconta dell'esperienza materna e del Dio Madre. Ma se il seno della madre si dissecca, se la consolazione di Dio sembra venir meno? Quando le mammelle non hanno latte, un tempo si ricorreva alla balia, oggi al latte artificiale; quando manca una madre, si cercano altre braccia, che rimangono sempre e comunque un surrogato. L'esperienza umana è troppo spesso simile a una poppata frustrata, a un capezzolo al quale ci si attacca rimanendo delusi; e l'esperienza di Dio è per troppi dramma di un'assenza – colpevole o meno – alla quale si tenta di rispondere in modo spesso artificiale. Una povertà relazionale non può infatti non incidere negativamente sul possibile incontro con Colui, che maternamente si prende cura di noi. Alcune volte una mancanza di umanità rende difficile l'approdo di fede, altre volte la mancanza di fede rende inconsistente lo spessore umano di ciò che si vive.

C'è una circolarità, di volta in volta virtuosa o viziosa: fede e vita, vita e fede, fioriscono o sfioriscono in modo reciproco. Lo si constata non solo nei singoli cristiani, ma nelle stesse comunità, nelle chiese locali come nelle parrocchie. Da una parte è esperta di umanità una chiesa ricca di ascolto della parola di Dio, di liturgie vive, di contemplazione profonda; dall'altra è davvero spirituale una comunità cristiana umanamente coinvolta nelle vicende familiari, sociali, politiche, economiche, per passione di ogni donna e uomo, del povero anzitutto. L'annuncio di fede è davvero evangelo se si fa buona notizia sulla storia, letta dalla parte di

Dio; egli risponde alla mancanza con l'abbondanza, alla sterilità con la fecondità, alla morte con la vita. «La messe è abbondante, ma gli operai sono pochi» (Lc 10,2). Solitamente commentiamo le parole di Gesù a partire dagli operai, che sono pochi; mentre la sua frase mette in primo piano la messe, che è abbondante. Forse abbiamo paura che non si preghi a sufficienza per le vocazioni! L'urgenza della missione, tuttavia, non si accende dentro perché guardiamo sconsolati ai numeri che calano, alle frustrazioni che crescono, alle scorte di fede, di speranza, di amore che si esauriscono. È giunto il momento di non stare a piangere sulle mammelle ecclesiastiche avvizzite, quanto piuttosto di rallegrarci perché il regno di Dio viene prima di noi e ci offre segni da decifrare e accogliere nel grande campo del mondo.

INGRESSO
Sal 47,10-11

Ricordiamo, o Dio, la tua misericordia
in mezzo al tuo tempio.
Come il tuo nome, o Dio, così la tua lode
si estende ai confini della terra;
di giustizia è piena la tua destra.

COLLETTA **O Dio, che nell'umiliazione del tuo Figlio hai risollevato l'umanità della sua caduta, donaci una rinnovata gioia pasquale, perché, liberi dall'oppressione della colpa, partecipiamo alla felicità eterna. Per il nostro Signore...**

Oppure: **O Dio, che nella vocazione battesimale ci chiami ad essere pienamente disponibili all'annunzio del tuo regno, donaci il coraggio apostolico e la libertà evangelica, perché rendiamo presente in ogni ambiente di vita la tua parola di amore e di pace. Per il nostro Signore...**

PRIMA LETTURA

Io farò scorrere verso di essa, come un fiume, la pace

Dal libro del profeta Isaìa 66,10-14c

Rallegratevi con Gerusalemme,
esultate per essa tutti voi che l'amate.
Sfavillate con essa di gioia

tutti voi che per essa eravate in lutto.
Così sarete allattati e vi sazierete
al seno delle sue consolazioni;
succhierete e vi delizierete
al petto della sua gloria.
Perché così dice il Signore:
«Ecco, io farò scorrere verso di essa,
come un fiume, la pace;
come un torrente in piena, la gloria delle genti.
Voi sarete allattati e portati in braccio,
e sulle ginocchia sarete accarezzati.
Come una madre consola un figlio,
così io vi consolerò;
a Gerusalemme sarete consolati.
Voi lo vedrete e gioirà il vostro cuore,
le vostre ossa saranno rigogliose come l'erba.
La mano del Signore si farà conoscere ai suoi servi».
— Parola di Dio.

SALMO RESPONSORIALE dal Salmo 65

℟. **Acclamate Dio, voi tutti della terra.**

Acclamate Dio, voi tutti della terra,
cantate la gloria del suo nome,
dategli gloria con la lode.
Dite a Dio: «Terribili sono le tue opere!». ℟.

«A te si prostri tutta la terra,
a te canti inni, canti al tuo nome».
Venite e vedete le opere di Dio,
terribile nel suo agire sugli uomini. ℟.

Egli cambiò il mare in terraferma;
passarono a piedi il fiume:
per questo in lui esultiamo di gioia.
Con la sua forza domina in eterno. ℟.

Venite, ascoltate, voi tutti che temete Dio,
e narrerò quanto per me ha fatto.
Sia benedetto Dio,
che non ha respinto la mia preghiera,
non mi ha negato la sua misericordia. ℟.

SECONDA LETTURA *Porto le stigmate di Gesù sul mio corpo*

Dalla lettera di san Paolo apostolo ai Gàlati 6,14-18

Fratelli, quanto a me non ci sia altro vanto che nella croce del Signore nostro Gesù Cristo, per mezzo della quale il mondo per me è stato crocifisso, come io per il mondo. Non è infatti la circoncisione che conta, né la non circoncisione, ma l'essere nuova creatura. E su quanti seguiranno questa norma sia pace e misericordia, come su tutto l'Israele di Dio.

D'ora innanzi nessuno mi procuri fastidi: io porto le stigmate di Gesù sul mio corpo.

La grazia del Signore nostro Gesù Cristo sia con il vostro spirito, fratelli. Amen. — Parola di Dio.

AL VANGELO
Col 3,15a.16a

Alleluia, alleluia.
La pace di Cristo regni nei vostri cuori;
la parola di Cristo abiti tra voi
nella sua ricchezza. **Alleluia.**

VANGELO * *La vostra pace scenderà su di lui*

Dal Vangelo secondo Luca 10,1-12.17-20 [forma breve: 10,1-9]

In quel tempo, il Signore designò altri settantadue e li inviò a due a due davanti a sé in ogni città e luogo dove stava per recarsi.

Diceva loro: «La messe è abbondante, ma sono pochi gli operai! Pregate dunque il signore della messe, perché mandi operai nella sua messe! Andate: ecco, vi mando come agnelli in mezzo a lupi; non portate borsa, né sacca, né sandali e non fermatevi a salutare nessuno lungo la strada.

In qualunque casa entriate, prima dite: «Pace a questa casa!». Se vi sarà un figlio della pace, la vostra pace scenderà su di lui, altrimenti ritornerà su di voi. Restate in quella casa, mangiando e bevendo di quello che hanno, perché chi lavora ha diritto alla sua ricompensa. Non passate da una casa all'altra.

Quando entrerete in una città e vi accoglieranno, mangiate quello che vi sarà offerto, guarite i malati che vi si trovano, e dite loro: «È vicino a voi il regno di Dio».

[Ma quando entrerete in una città e non vi accoglieranno, uscite sulle sue piazze e dite: «Anche la polvere della vostra città, che si è attaccata ai nostri piedi, noi la scuotiamo contro di voi; sappiate però che il regno di Dio è vicino». Io vi dico che, in quel giorno, Sòdoma sarà trattata meno duramente di quella città».
I settantadue tornarono pieni di gioia, dicendo: «Signore, anche i demòni si sottomettono a noi nel tuo nome». Egli disse loro: «Vedevo Satana cadere dal cielo come una folgore. Ecco, io vi ho dato il potere di camminare sopra serpenti e scorpioni e sopra tutta la potenza del nemico: nulla potrà danneggiarvi. Non rallegratevi però perché i demòni si sottomettono a voi; rallegratevi piuttosto perché i vostri nomi sono scritti nei cieli».]
— Parola del Signore.

PREGHIERA UNIVERSALE

Fratelli e sorelle, il Signore riversa la pace sull'umanità, perché tutti gustino la dolcezza di essere suoi figli, nell'armonia del creato e nella consolazione dello spirito. Ora innalziamo al Padre la nostra preghiera, perché siamo pronti a rispondere alla sua chiamata e ci disponiamo a un impegno più coraggioso nella diffusione del vangelo. Imploriamo:

℟. **Signore, venga il tuo regno!**

● Signore, la messe è molta e pochi gli operai: suscita nei credenti la reciproca stima e lo spirito di collaborazione, perché, nonostante la povertà dei mezzi umani, siano ricolmi del tuo Spirito e solleciti nel sovvenire alle esigenze dei fratelli, ti preghiamo.

● Signore, hai reso i tuoi discepoli annunciatori di libertà: allontanali dalla tentazione di imporre le scelte cristiane e dalle facili illusioni di vittoria. Fa' che possano rallegrarsi per i prodigi da te operati e gloriarsi di avere i propri nomi scritti nel cielo, ti preghiamo.

● Signore, ciò che conta davanti a te è diventare nuove creature: trasforma chi, in questo periodo di vacanza, dedica maggior tempo per ricercarti. Illumina coloro che si prestano ad alleviare la solitudine di quanti sono trascurati dai propri cari, ti preghiamo.

- Signore, anche oggi ci chiami ad annunciare che sei vicino a noi: fa' che collaboriamo con fedeltà alla missione ecclesiale. Rinsaldaci nell'amore, ogni volta che ci riuniamo per questa celebrazione, e rendici disponibili verso i sofferenti, ti preghiamo.
- (*Altre intenzioni*).

Padre, accogli queste invocazioni, che con fiducia ti abbiamo innalzato. Rendici operatori di riconciliazione in una società dove ci sentiamo come agnelli in mezzo ai lupi. Fa' scorrere verso di noi la prosperità, perché siamo da te accolti e portati in braccio come bambini, consolati dalla tua maternità: in Cristo Gesù, nostro Signore. **Amen.**

SULLE OFFERTE **Ci purifichi, Signore, quest'offerta che consacriamo al tuo nome, e ci conduca di giorno in giorno a esprimere in noi la vita nuova del Cristo tuo Figlio. Egli vive e regna nei secoli dei secoli.**

Prefazio delle domeniche del Tempo ordinario (pp. 477-480).

COMUNIONE
Sal 33,9
Gustate e vedete quanto è buono il Signore;
beato l'uomo che in lui si rifugia.

Oppure:
cf. Lc 10,1
Il Signore designò altri settantadue discepoli
e li inviò a predicare il regno.

DOPO LA COMUNIONE **Dio onnipotente ed eterno, che ci hai nutriti con i doni della tua carità senza limiti, fa' che godiamo i benefici della salvezza e viviamo sempre in rendimento di grazie. Per Cristo nostro Signore.**

11 LUGLIO

15ª DOMENICA DEL TEMPO ORDINARIO

PROSSIMI ALLA PAROLA, PROSSIMI AL FRATELLO

Quanto Mosè dice al popolo vale anche per noi, ascoltatori di un vangelo che troppe volte consideriamo bello... e impossibile! Lo si ritiene infatti improponibile per la vita, dal momento che assumere la logica evangelica sul posto di lavoro, nelle scelte politiche ed economiche, nelle relazioni quotidiane, è pura utopia. Il vangelo è vangelo, la vita un altro paio di maniche. Così, oltre a giustificare i nostri compromessi, svuotiamo la parola di Dio della sua significatività. Al dottore della legge, che gli pone la questione di che cosa fare da credente, Gesù risponde inizialmente con il rimando alla Legge: «Che cosa sta scritto nella Legge? Come leggi?» (Lc 10,26). Naturalmente, dato che della legge è dottore, sa bene che cosa vi è scritto; ma la domanda successiva, fatta per giustificarsi, mostra la modalità con cui vi si accosta. Fa quello che facciamo anche noi, quando si tratta del vangelo: accampiamo scuse, perché nella vita corrente non è poi così facile agire con coerenza. Per stanare fuori noi e il dottore delle legge, Gesù a questo punto cambia ottica; si sposta dalla legge scritta alla vita vissuta, da una corretta dottrina a una prassi di prossimità concreta. Del resto, come annuncia il cuore stesso del vangelo, la Parola in cui noi crediamo si è fatta carne e ha posto la sua dimora in mezzo a noi. Nella carne nostra e in quella di ogni uomo e donna, in particolare di coloro che soccombono per gli agguati della vita, troviamo inscritta la parola di Dio, quale presenza di condivisione, messaggio di salvezza.

In certo senso Gesù dice a coloro lo ascoltano: Basta leggere le pagine di un Libro, e da quel Libro passare alle strade della vita, dove vi attende la Parola fatta persona. Le Scritture, infatti, non sono un Libro, ma un Vivente; non richiedono una lettura materiale, ma vitale. Non basta fermarsi alla lettera, che uccide, bisogna lasciarsi attraversare dallo Spirito, che dà vita. Seguendo Gesù in questo spostamento, da ciò che è scritto nella Legge a ciò che viene incontro per le strade della vita, il maestro della legge – e noi con lui – è condotto a operare un ulteriore spiazzamento. Il problema posto inizialmente è quello di sapere chi è il prossimo, cioè l'oggetto della nostra attenzione e del nostro amore. Alla fine del racconto balza evidente che il problema siamo noi, se ci facciamo o no prossimi, vicini a coloro che incontriamo. C'è inoltre un ulteriore risvolto interessante, nella parabola. La domanda del maestro della legge, posta come giustificazione, potrebbe anche tradire una sorta di grido; quello che viene dal profondo di ogni donna e uomo: chi è vicino a me, chi mi vuole davvero bene? Tutta l'osservanza della Legge non gli bastava, per rispondere al suo bisogno d'amore. Sappiamo che fa molta fatica a voler bene chi non è stato amato, chi non ha sperimentato una prossimità di tenerezza, dedizione, attenzione. Allora chi è steso sulla strada, bastonato nella vita, siamo tutti noi; solo un buon samaritano può ridarci fiato per amare.

INGRESSO Sal 16,15

Nella giustizia contemplerò il tuo volto,
al mio risveglio mi sazierò della tua presenza.

COLLETTA **O Dio, che mostri agli erranti la luce della tua verità, perché possano tornare sulla retta via, concedi a tutti coloro che si professano cristiani di respingere ciò che è contrario a questo nome e di seguire ciò che gli è conforme. Per il nostro Signore...**

Oppure: **Padre misericordioso, che nel comandamento dell'amore hai posto il compendio e l'anima di tutta la legge, donaci un cuore attento e generoso verso le sofferenze e le miserie dei fratelli per essere simili a Cristo, buon samaritano del mondo. Egli è Dio...**

PRIMA LETTURA

Questa parola è molto vicina a te, perché tu la metta in pratica

Dal libro del Deuteronòmio 30,10-14

Mosè parlò al popolo dicendo: «Obbedirai alla voce del

Signore, tuo Dio, osservando i suoi comandi e i suoi decreti, scritti in questo libro della legge, e ti convertirai al Signore, tuo Dio, con tutto il cuore e con tutta l'anima. Questo comando che oggi ti ordino non è troppo alto per te, né troppo lontano da te. Non è nel cielo, perché tu dica: «Chi salirà per noi in cielo, per prendercelo e farcelo udire, affinché possiamo eseguirlo?». Non è di là dal mare, perché tu dica: «Chi attraverserà per noi il mare, per prendercelo e farcelo udire, affinché possiamo eseguirlo?». Anzi, questa parola è molto vicina a te, è nella tua bocca e nel tuo cuore, perché tu la metta in pratica».
— Parola di Dio.

SALMO RESPONSORIALE — dal Salmo 18

℟. **I precetti del Signore fanno gioire il cuore.**

La legge del Signore è perfetta,
rinfranca l'anima;
la testimonianza del Signore è stabile,
rende saggio il semplice. ℟.

I precetti del Signore sono retti,
fanno gioire il cuore;
il comando del Signore è limpido,
illumina gli occhi. ℟.

Il timore del Signore è puro,
rimane per sempre;
i giudizi del Signore sono fedeli,
sono tutti giusti. ℟.

Più preziosi dell'oro,
di molto oro fino,
più dolci del miele
e di un favo stillante. ℟.

SECONDA LETTURA — *Tutte le cose sono state create per mezzo di lui e in vista di lui*

Dalla lettera di san Paolo apostolo ai Colossèsi 1,15-20

Cristo Gesù è immagine del Dio invisibile,
primogenito di tutta la creazione,
perché in lui furono create tutte le cose

nei cieli e sulla terra,
quelle visibili e quelle invisibili:
Troni, Dominazioni,
Principati e Potenze.
Tutte le cose sono state create
per mezzo di lui e in vista di lui.
Egli è prima di tutte le cose
e tutte in lui sussistono.
Egli è anche il capo del corpo, della Chiesa.
Egli è principio,
primogenito di quelli che risorgono dai morti,
perché sia lui ad avere il primato su tutte le cose.
È piaciuto infatti a Dio
che abiti in lui tutta la pienezza
e che per mezzo di lui e in vista di lui
siano riconciliate tutte le cose,
avendo pacificato con il sangue della sua croce
sia le cose che stanno sulla terra,
sia quelle che stanno nei cieli.
— Parola di Dio.

AL VANGELO
cf. Gv 6,63c.68c

Alleluia, alleluia.
Le tue parole, Signore, sono spirito e vita;
tu hai parole di vita eterna.
Alleluia.

VANGELO *Chi è il mio prossimo?*

Dal Vangelo secondo Luca 10,25-37

In quel tempo, un dottore della Legge si alzò per mettere alla prova Gesù e chiese: «Maestro, che cosa devo fare per ereditare la vita eterna?». Gesù gli disse: «Che cosa sta scritto nella Legge? Come leggi?». Costui rispose: «Amerai il Signore tuo Dio con tutto il tuo cuore, con tutta la tua anima, con tutta la tua forza e con tutta la tua mente, e il tuo prossimo come te stesso». Gli disse: «Hai risposto bene; fa' questo e vivrai».
Ma quello, volendo giustificarsi, disse a Gesù: «E chi è mio prossimo?». Gesù riprese: «Un uomo scendeva da Gerusalemme a Gèrico e cadde nelle mani dei briganti, che gli portarono via tutto, lo percossero a sangue e se

ne andarono, lasciandolo mezzo morto. Per caso, un sacerdote scendeva per quella medesima strada e, quando lo vide, passò oltre. Anche un levìta, giunto in quel luogo, vide e passò oltre. Invece un Samaritano, che era in viaggio, passandogli accanto, vide e ne ebbe compassione. Gli si fece vicino, gli fasciò le ferite, versandovi olio e vino; poi lo caricò sulla sua cavalcatura, lo portò in un albergo e si prese cura di lui. Il giorno seguente, tirò fuori due denari e li diede all'albergatore, dicendo: «Abbi cura di lui; ciò che spenderai in più, te lo pagherò al mio ritorno». Chi di questi tre ti sembra sia stato prossimo di colui che è caduto nelle mani dei briganti?». Quello rispose: «Chi ha avuto compassione di lui». Gesù gli disse: «Va' e anche tu fa' così». — Parola del Signore.

PREGHIERA UNIVERSALE

Fratelli e sorelle, il Signore ci chiama a riconoscerlo sulle strade del nostro vivere quotidiano e a cercare il suo volto particolarmente in coloro che sono trascurati dagli altri. La nostra preghiera sale a lui quale grido di implorazione, perché apra i nostri occhi e il nostro cuore, rendendoci più disponibili a fermarci nel nostro cammino, quando qualsiasi necessità lo richiede. Invochiamo:

℟. **Ascoltaci, o Signore!**

- Signore, hai insegnato ai tuoi discepoli a non creare nessuna discriminazione: rendili solleciti verso le molteplici situazioni di emergenza e di assoluta indifferenza, per continuare la tua opera di soccorso e di liberazione dal male, ti preghiamo.
- Signore, è stato uno straniero ad attuare per primo la legge nuova, che hai portato nel mondo: fa' che i cristiani sappiano cogliere questa provocazione, per servirti in ogni uomo e affrettare la pace che annulla qualsiasi divisione, ti preghiamo.
- Signore, in questo periodo estivo molte sono le persone dimenticate persino dai propri cari: vieni in loro aiuto e suscita volontari che si mettano a disposizione delle varie organizzazioni, per un più mirato intervento caritativo, ti preghiamo.

- Signore, nel buon samaritano ci hai mostrato il modello di chi sa essere premuroso verso gli altri: quando usciamo da questa chiesa, aiutaci a non ignorare chi si fa incontro a noi e a onorarti nei malati e nei sofferenti, ti preghiamo.
- (*Altre intenzioni*).

Signore Dio, accogli le nostre invocazioni. Tu sei fonte di gioia per chi cammina sulla strada dei tuoi insegnamenti: richiama i tuoi figli con la forza e la dolcezza della carità, perché scendano dalla cavalcatura del benessere e della sicurezza religiosa per lenire le piaghe dell'umanità prostrata e abbandonata da tutti: in Cristo Gesù, nostro Signore. **Amen.**

SULLE OFFERTE **Guarda, Signore, i doni della tua Chiesa in preghiera, e trasformali in cibo spirituale per la santificazione di tutti i credenti. Per Cristo nostro Signore.**

Prefazio delle domeniche del Tempo ordinario (pp. 477-480).

COMUNIONE
Sal 83,4-5

Il passero trova la casa,
la rondine il nido
dove porre i suoi piccoli,
presso i tuoi altari, Signore degli eserciti,
mio re e mio Dio.
Beato chi abita la tua casa:
sempre canta le tue lodi.

Oppure:
Gv 6,56

Dice il Signore:
«Chi mangia la mia carne
e beve il mio sangue,
rimane in me, e io in lui».

Oppure:
cf. Lc 10,37

Il buon samaritano ebbe compassione:
«Va' e anche tu fa' lo stesso».

DOPO LA COMUNIONE **Signore, che ci hai nutriti alla tua mensa, fa' che per la comunione a questi santi misteri si affermi sempre più nella nostra vita l'opera della redenzione. Per Cristo nostro Signore.**

18 LUGLIO

16ª DOMENICA DEL TEMPO ORDINARIO

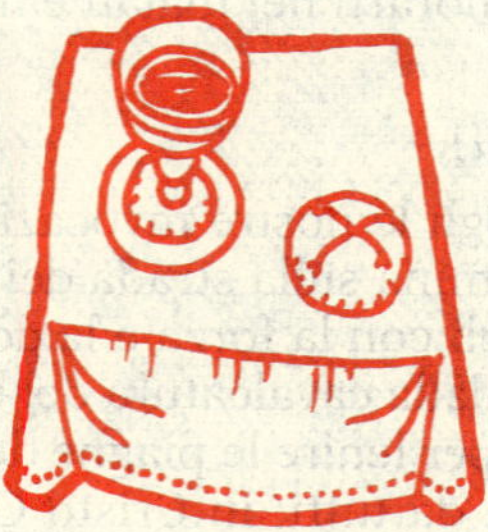

LA PARTE MIGLIORE

Viene il Signore – che è Uno – e Abramo ne vede Tre: effetto della calura? Ma, a incontro avvenuto, quella non è l'ora più calda per il sole che scotta. Qualcos'altro si è acceso dentro, nonostante l'incredulità di chi si sente troppo vecchio; come Nicodemo, anche Sara e Abramo pensano che si tratti di ironia parlare di nascita a chi va verso la morte. Per fortuna l'ironia è quella di Dio, il cui sorriso dà il nome al figlio Isacco. Età a parte, non è forse vero per ciascuno che alcuni passaggi della vita sono scottanti e quindi bruciano ma anche infiammano? Purtroppo, affidati solo a noi stessi, finiamo per soffermarci sulle bruciature e dimenticare in fretta le vampe di fuoco, che ci avevano afferrati e coinvolti. Pene d'amor perdute, si dice nella letteratura di genere, rievocando appunto le scottature sentimentali; ma qui si tratta di lasciare che la Sua visita ci coinvolga fino a segnare la nostra carne, che può farsi grembo di vita anche quando è avvizzita, purché accetti le doglie del parto. L'evento della croce – come saprà bene Abramo, quando dovrà sacrificare il figlio della promessa – è il passaggio fondamentale dove vita e morte, morte e vita si innestano l'una nell'altra.

Ecco perché la tradizione ha letto nel banchetto preparato per i visitatori sconosciuti un'allusione eucaristica, quasi una cena che prelude a quella di Gesù con i suoi amici (lavanda dei piedi compresa): qui dalla morte si passa alla vita, attraverso il figlio donato a chi ha il grembo sterile; là dalla vita si passa alla morte, mediante il Figlio dato al mondo dal Padre quale misura di tutto il suo amore. «Mentre erano in cammino, entrò in un villaggio e una donna, di nome Marta, lo ospitò. Essa aveva una sorella, di nome Maria» (Lc 10,38-39). L'indicazione di Luca, che l'episodio avviene mentre erano in cammino, è fondamentale; si tratta infatti del cammino verso Gerusalemme, verso la croce e il dono di sé quale pane spezzato e vino versato. Gesù ha appena raccontato la parabola del buon samaritano, chiusa da un invito a fare lo stesso; l'identico invito che nell'ultima cena segue la lavanda dei piedi e il gesto dello spezzare il pane. Lui lo sta facendo e per continuare il cammino così impegnativo ha indurito la faccia; ma sino alla fine mendicherà presso i suoi amici un po' di condivisione, almeno un'ora di veglia nella notte del tradimento e dell'agonia.

Marta e Maria lo accolgono e lo sostengono, anche se in un'alternanza rappresentata dall'una e dall'altra sorella e presente anche in ciascuno: da una parte l'affanno per quanto sta a cuore a noi e dall'altra la prossimità al cuore di Colui che ci amò sino alla fine. Nell'intimità dell'amicizia siamo chiamati a saldare un rapporto di reciprocità tra il Signore bisognoso della nostra risposta e noi prima ancora bisognosi di Lui. È la parte migliore, che non ci sarà tolta; infatti, chi ci separerà dall'amore di Cristo?

INGRESSO
Sal 53,6.8

Ecco, Dio viene in mio aiuto,
il Signore sostiene l'anima mia.
A te con gioia offrirò sacrifici
e loderò il tuo nome, Signore,
perché sei buono.

COLLETTA **Sii propizio a noi tuoi fedeli, Signore, e donaci i tesori della tua grazia, perché, ardenti di speranza, fede e carità, restiamo sempre fedeli ai tuoi comandamenti. Per il nostro Signore...**

Oppure: **Padre sapiente e misericordioso, donaci un cuore umile e mite, per ascoltare la parola del tuo Figlio che ancora risuona nella Chiesa, radunata nel suo nome, e per accoglierlo e servirlo come ospite nella persona dei nostri fratelli. Per il nostro Signore...**

PRIMA LETTURA

Signore, non passare oltre senza fermarti dal tuo servo

Dal libro della Gènesi 18,1-10a

In quei giorni, il Signore apparve ad Abramo alle Querce di Mamre, mentre egli sedeva all'ingresso della tenda nell'ora più calda del giorno.
Egli alzò gli occhi e vide che tre uomini stavano in piedi presso di lui. Appena li vide, corse loro incontro dall'ingresso della tenda e si prostrò fino a terra, dicendo: «Mio signore, se ho trovato grazia ai tuoi occhi, non passare oltre senza fermarti dal tuo servo. Si vada a prendere un po' d'acqua, lavatevi i piedi e accomodatevi sotto l'albero. Andrò a prendere un boccone di pane e ristoratevi; dopo potrete proseguire, perché è ben per questo che voi siete passati dal vostro servo». Quelli dissero: «Fa' pure come hai detto».
Allora Abramo andò in fretta nella tenda, da Sara, e disse: «Presto, tre *sea* di fior di farina, impastala e fanne focacce». All'armento corse lui stesso, Abramo; prese un vitello tenero e buono e lo diede al servo, che si affrettò a prepararlo. Prese panna e latte fresco insieme con il vitello, che aveva preparato, e li porse loro. Così, mentre egli stava in piedi presso di loro sotto l'albero, quelli mangiarono.
Poi gli dissero: «Dov'è Sara, tua moglie?». Rispose: «È là nella tenda». Riprese: «Tornerò da te fra un anno a questa data e allora Sara, tua moglie, avrà un figlio». — Parola di Dio.

SALMO RESPONSORIALE

dal Salmo 14

℟. **Chi teme il Signore, abiterà nella sua tenda.**

Colui che cammina senza colpa,
pratica la giustizia
e dice la verità che ha nel cuore,
non sparge calunnie con la sua lingua. ℟.

Non fa danno al suo prossimo
e non lancia insulti al suo vicino.
Ai suoi occhi è spregevole il malvagio,
ma onora chi teme il Signore. ℟.

Non presta il suo denaro a usura
e non accetta doni contro l'innocente.
Colui che agisce in questo modo
resterà saldo per sempre. ℟.

SECONDA LETTURA

Il mistero nascosto da secoli, ora è manifestato ai santi

Dalla lettera di san Paolo apostolo ai Colossèsi 1,24-28

Fratelli, sono lieto nelle sofferenze che sopporto per voi e do compimento a ciò che, dei patimenti di Cristo, manca nella mia carne, a favore del suo corpo che è la Chiesa. Di essa sono diventato ministro, secondo la missione affidatami da Dio verso di voi di portare a compimento la parola di Dio, il mistero nascosto da secoli e da generazioni, ma ora manifestato ai suoi santi.
A loro Dio volle far conoscere la gloriosa ricchezza di questo mistero in mezzo alle genti: Cristo in voi, speranza della gloria. È lui infatti che noi annunciamo, ammonendo ogni uomo e istruendo ciascuno con ogni sapienza, per rendere ogni uomo perfetto in Cristo. — Parola di Dio.

AL VANGELO

cf. Lc 8,15

Alleluia, alleluia.
Beati coloro che custodiscono
la parola di Dio con cuore integro e buono,
e producono frutto con perseveranza.
Alleluia.

VANGELO

Marta lo ospitò. Maria ha scelto la parte migliore

Dal Vangelo secondo Luca 10,38-42

In quel tempo, mentre erano in cammino, Gesù entrò in un villaggio e una donna, di nome Marta, lo ospitò. Ella aveva una sorella, di nome Maria, la quale, seduta ai piedi del Signore, ascoltava la sua parola. Marta invece era distolta per i molti servizi.
Allora si fece avanti e disse: «Signore, non t'importa nulla che mia sorella mi abbia lasciata sola a servire? Dille dunque che mi aiuti». Ma il Signore le rispose: «Marta,

Marta, tu ti affanni e ti agiti per molte cose, ma di una cosa sola c'è bisogno. Maria ha scelto la parte migliore, che non le sarà tolta». — Parola del Signore.

PREGHIERA UNIVERSALE

Fratelli e sorelle, siamo stati accolti dal Signore in questa casa, che è la sua Chiesa, per formare insieme un solo corpo, nell'armonica composizione delle varie membra. Esprimiamo nella preghiera le nostre implorazioni al Signore Gesù, dopo esserci seduti come Maria ai suoi piedi, per ascoltare la sua Parola e farla fruttificare nella nostra vita. Invochiamo:

℟. **Ascoltaci, o Signore!**

● Signore, hai apertamente indicato Maria come tua discepola: fa' che i credenti, nella dispersione delle loro attività, siano sempre ritemprati dalla contemplazione della Parola, per ritrovare l'unità interiore e il vero senso dell'impegno, ti preghiamo.

● Signore, hai rimproverato Marta per essersi lasciata dominare dalle attività esteriori: aiuta i tuoi discepoli a saper contemperare le preoccupazioni quotidiane con la ricerca degli irrinunciabili valori dell'esistenza, per gustarne la gioia, ti preghiamo.

● Signore, hai accolto la lamentela di Marta per essere rimasta sola a servirti: vieni incontro al desiderio di chi reclama aiuto nella solitudine e nella sofferenza, e suscita maggior spirito di collaborazione tra i cristiani nell'adempiere i loro compiti, ti preghiamo.

● Signore, hai proclamato che la parte migliore, scelta da Maria, non potrà mai essere tolta: fa' che questo tempo, speso per l'Eucaristia, non lo consideriamo sottratto, ma moltiplicato per la carità, che ci fa incontrare i fratelli, ti preghiamo.

● (*Altre intenzioni*).

Padre, da te sgorga ogni bene: ascolta le nostre invocazioni e dirigi con sapienza le vicende del mondo e l'agitarsi inquieto degli uomini. Non abbandonare chi si trova nella disperazione, ma nel tuo Spirito si plachi ogni rancore e tutti godano la tua pace, anticipando nella speranza la beatitudine del tuo regno. Per Cristo nostro Signore. Amen.

SULLE OFFERTE **O Dio, che nell'unico e perfetto sacrificio del Cristo hai dato valore e compimento alle tante vittime della legge antica, accogli e santifica questa nostra offerta come un giorno benedicesti i doni di Abele, e ciò che ognuno di noi presenta in tuo onore giovi alla salvezza di tutti. Per Cristo nostro Signore.**

Prefazio delle domeniche del Tempo ordinario (pp. 477-480).

COMUNIONE
Sal 110,4-5
Ha lasciato un ricordo dei suoi prodigi:
buono è il Signore e misericordioso,
egli dà cibo a coloro che lo temono.

Oppure:
Ap 3,20
«Ecco, sto alla porta e busso»,
dice il Signore.
«Se uno ascolta la mia voce e mi apre,
io verrò da lui,
cenerò con lui ed egli con me».

Oppure:
Lc 10,42
«Una sola cosa è necessaria.
Maria si è scelta la parte migliore».

DOPO LA COMUNIONE **Assisti, Signore, il tuo popolo, che hai colmato della grazia di questi santi misteri, e fa' che passiamo dalla decadenza del peccato alla pienezza della vita nuova. Per Cristo nostro Signore.**

25 LUGLIO

17ª DOMENICA DEL TEMPO ORDINARIO

ARRENDERSI AL DIO DI GESÙ

C'è un'arte della contrattazione, di cui sono maestri gli orientali; non è anzitutto volontà di tirare sul prezzo, ma una vera e propria ritualità sociale che mette al centro non le cose bensì le relazioni tra persone. Nell'antropologia culturale si parla di scambio simbolico, che non si appiattisce sulla logica di mercato; il valore monetario passa in secondo piano, prevale la dimensione del dare e del ricevere se stessi attraverso la mediazione dell'oggetto scambiato. In filigrana emerge una dinamica di tipo sacramentale, perché che cosa sono i sacramenti se non simboli reali dello scambio che intercorre tra Dio e l'uomo, attraverso la mediazione fondamentale di Gesù Cristo? In essi avviene un darsi e un riceversi in perenne novità; infatti la grazia non è una cosa che ci viene data, è Dio che si dona a noi, affinché ci accogliamo come nuove creature. La lunga contrattazione di Abramo, che intercede per Sodoma, ci colloca nel cuore di questa relazione. Il patriarca somiglia a un beduino, che sta trattando una vendita o un acquisto. Il testo non dice se poi Abramo si sia pentito di aver ceduto a quota dieci, come quando noi ritorniamo con la mente a un acquisto fatto o non fatto e pensiamo: non era meglio se insistevo? Il seguito della storia della salvezza ci dice quale sia stato l'errore di Abramo: non essere arrivato a ipotizzare l'ultima possibilità, e cioè che in nome di Uno soltanto si potessero salvare tutti. Ogni debito è infatti annullato, ricorda Paolo: «Con Cristo Dio ha dato vita anche a voi, che eravate morti a causa delle colpe, perdonandoci tutte le colpe, annullando il documento contro di noi» (Col 2,13-14).

Non si osa mai troppo, quando si tratta di Dio; ce lo ha rivelato Gesù Cristo, non solo a parole ma attraverso la modalità stessa con cui egli era in relazione con l'Abbà. E infatti è proprio il suo modo di vivere la preghiera a motivare la richiesta: «Signore, insegnaci a pregare» (Lc 11,1). Da quel momento, noi suoi discepoli in lui osiamo dire: Padre nostro. Forse non percepiamo l'audacia della nostra preghiera, nemmeno confrontabile con quella di Abramo nel suo insistere pur accompagnato da profondo rispetto. Noi osiamo dire a Dio «Padre nostro» senza pensarci, come riempitivo all'inizio delle riunioni, tra uno sbadiglio e l'altro il mattino o la sera prima di addormentarci! Ma forse, in questa eccessiva confidenza, sta proprio il salto di qualità che Gesù ha impresso alla rivelazione del volto di Dio. Il nostro pregare è là a dire quale volto di Dio abbiamo impresso in noi. Non preghiamo un Dio al quale bisogna in qualche modo sacrificare qualcosa, per tenercelo buono; ci arrendiamo piuttosto al Dio di Gesù Cristo, inchiodato per sempre all'amore che salva.

INGRESSO
Sal 67,6-7.36

Dio sta nella sua santa dimora;
ai derelitti fa abitare una casa,
e dà forza e vigore al suo popolo.

COLLETTA **O Dio, nostra forza e nostra speranza, senza di te nulla esiste di valido e di santo; effondi su di noi la tua misericordia perché, da te sorretti e guidati, usiamo saggiamente dei beni terreni nella continua ricerca dei beni eterni. Per il nostro Signore...**

Oppure: **Rivelaci, o Padre, il mistero della preghiera filiale di Cristo, nostro fratello e salvatore, e donaci il tuo Spirito, perché invocandoti con fiducia e perseveranza, come egli ci ha insegnato, cresciamo nell'esperienza del tuo amore. Per il nostro Signore...**

PRIMA LETTURA *Non si adiri il mio Signore, se parlo*

Dal libro della Gènesi 18,20-32

In quei giorni, disse il Signore: «Il grido di Sòdoma e Gomorra è troppo grande e il loro peccato è molto grave. Voglio scendere a vedere se proprio hanno fatto tutto il male di cui è giunto il grido fino a me; lo voglio sapere!». Quegli uomini partirono di là e andarono verso Sòdoma,

mentre Abramo stava ancora alla presenza del Signore. Abramo gli si avvicinò e gli disse: «Davvero sterminerai il giusto con l'empio? Forse vi sono cinquanta giusti nella città: davvero li vuoi sopprimere? E non perdonerai a quel luogo per riguardo ai cinquanta giusti che vi si trovano? Lontano da te il far morire il giusto con l'empio, così che il giusto sia trattato come l'empio; lontano da te! Forse il giudice di tutta la terra non praticherà la giustizia?». Rispose il Signore: «Se a Sòdoma troverò cinquanta giusti nell'ambito della città, per riguardo a loro perdonerò a tutto quel luogo».
Abramo riprese e disse: «Vedi come ardisco parlare al mio Signore, io che sono polvere e cenere: forse ai cinquanta giusti ne mancheranno cinque; per questi cinque distruggerai tutta la città?». Rispose: «Non la distruggerò, se ve ne troverò quarantacinque».
Abramo riprese ancora a parlargli e disse: «Forse là se ne troveranno quaranta». Rispose: «Non lo farò, per riguardo a quei quaranta». Riprese: «Non si adiri il mio Signore, se parlo ancora: forse là se ne troveranno trenta». Rispose: «Non lo farò, se ve ne troverò trenta». Riprese: «Vedi come ardisco parlare al mio Signore! Forse là se ne troveranno venti». Rispose: «Non la distruggerò per riguardo a quei venti». Riprese: «Non si adiri il mio Signore, se parlo ancora una volta sola: forse là se ne troveranno dieci». Rispose: «Non la distruggerò per riguardo a quei dieci». — Parola di Dio.

SALMO RESPONSORIALE

dal Salmo 137

℟. **Nel giorno in cui ti ho invocato mi hai risposto.**

Ti rendo grazie, Signore, con tutto il cuore:
hai ascoltato le parole della mia bocca.
Non agli dèi, ma a te voglio cantare,
mi prostro verso il tuo tempio santo. ℟.

Rendo grazie al tuo nome
per il tuo amore e la tua fedeltà:
hai reso la tua promessa più grande del tuo nome.
Nel giorno in cui ti ho invocato, mi hai risposto,
hai accresciuto in me la forza. ℟.

Perché eccelso è il Signore, ma guarda verso l'umile;
il superbo invece lo riconosce da lontano.
Se cammino in mezzo al pericolo, tu mi ridoni vita;
contro la collera dei miei avversari
stendi la tua mano. ℟.

La tua destra mi salva.
Il Signore farà tutto per me.
Signore, il tuo amore è per sempre:
non abbandonare l'opera delle tue mani. ℟.

SECONDA LETTURA

Con lui Dio ha dato vita anche a voi, perdonando tutte le colpe

Dalla lettera di san Paolo apostolo ai Colossèsi 2,12-14

Fratelli, con Cristo sepolti nel battesimo, con lui siete anche risorti mediante la fede nella potenza di Dio, che lo ha risuscitato dai morti.
Con lui Dio ha dato vita anche a voi, che eravate morti a causa delle colpe e della non circoncisione della vostra carne, perdonandoci tutte le colpe e annullando il documento scritto contro di noi che, con le prescrizioni, ci era contrario: lo ha tolto di mezzo inchiodandolo alla croce. — Parola di Dio.

AL VANGELO

Rm 8,15bc

Alleluia, alleluia.
Avete ricevuto lo Spirito
che rende figli adottivi,
per mezzo del quale gridiamo:
Abbà! Padre! **Alleluia.**

VANGELO

Chiedete e vi sarà dato

Dal Vangelo secondo Luca 11,1-13

Gesù si trovava in un luogo a pregare; quando ebbe finito, uno dei suoi discepoli gli disse: «Signore, insegnaci a pregare, come anche Giovanni ha insegnato ai suoi discepoli». Ed egli disse loro: «Quando pregate, dite:
"Padre, sia santificato il tuo nome,
venga il tuo regno;
dacci ogni giorno il nostro pane quotidiano,
e perdona a noi i nostri peccati,

anche noi infatti perdoniamo a ogni nostro debitore, e non abbandonarci alla tentazione"». Poi disse loro: «Se uno di voi ha un amico e a mezzanotte va da lui a dirgli: «Amico, prestami tre pani, perché è giunto da me un amico da un viaggio e non ho nulla da offrirgli»; e se quello dall'interno gli risponde: «Non m'importunare, la porta è già chiusa, io e i miei bambini siamo a letto, non posso alzarmi per darti i pani», vi dico che, anche se non si alzerà a darglieli perché è suo amico, almeno per la sua invadenza si alzerà a dargliene quanti gliene occorrono.
Ebbene, io vi dico: chiedete e vi sarà dato, cercate e troverete, bussate e vi sarà aperto. Perché chiunque chiede riceve e chi cerca trova e a chi bussa sarà aperto.
Quale padre tra voi, se il figlio gli chiede un pesce, gli darà una serpe al posto del pesce? O se gli chiede un uovo, gli darà uno scorpione? Se voi dunque, che siete cattivi, sapete dare cose buone ai vostri figli, quanto più il Padre vostro del cielo darà lo Spirito Santo a quelli che glielo chiedono!». — Parola del Signore.

PREGHIERA UNIVERSALE

Fratelli e sorelle, ci rivolgiamo al Padre, saldamente ancorati alla parola di Cristo: «Se voi, che siete cattivi, sapete dare cose buone ai vostri figli, quanto più il Padre vostro celeste darà lo Spirito Santo a coloro che glielo chiedono!». Con questa speranza invochiamo:

℟. **Ascoltaci, o Signore!**

- «Signore, insegnaci a pregare»: perché l'orazione costante sia irrinunciabile nell'esperienza di ogni credente e manifesti la fiducia della Chiesa in Dio, che come Padre buono mai l'abbandona sulle strade della storia, preghiamo.

- «Quando pregate, dite»: perché le parole insegnate da Gesù non diventino mai una formula ripetitiva, ma il contenuto autentico del pregare, che assume ogni giorno le vicende della vita e le situazioni storiche, per affidarle a Dio, preghiamo.

- «Chiedete e vi sarà dato»: perché la preghiera di richiesta sia vissuta quale manifestazione della povertà dell'uomo, che consapevole delle sue irrinunciabili esigenze attende dalla benevolenza divina tutto ciò che lo fa crescere nell'amore, preghiamo.
- «A chi bussa sarà aperto»: perché ogni celebrazione eucaristica rinsaldi la nostra comunità in questa certezza, che scaturisce dalla vita donata da Cristo ai suoi, e rafforzi la disponibilità ad andare incontro a chi chiede insistentemente aiuto, preghiamo.
- (*Altre intenzioni*).

Padre, tu solo conosci ciò di cui abbiamo bisogno. Ascolta la nostra voce, che sale a te dalle vicende di ogni giorno e di ogni persona. Fa' che, nel nostro cammino verso il regno, condividiamo le sofferenze dei nostri fratelli, per trovare in te conforto e pace e cantare insieme le tue meraviglie: in Cristo Gesù, nostro Signore. **Amen.**

SULLE OFFERTE **Accetta, Signore, queste offerte che la tua generosità ha messo nelle nostre mani, perché il tuo Spirito, operante nei santi misteri, santifichi la nostra vita presente e ci guidi alla felicità senza fine. Per Cristo nostro Signore.**

Prefazio delle domeniche del Tempo ordinario (pp. 477-480).

COMUNIONE
Sal 102.2

Anima mia, benedici il Signore:
non dimenticare tanti suoi benefici.

Oppure:
Mt 5,7-8

Beati i misericordiosi:
essi troveranno misericordia.
Beati i puri di cuore: essi vedranno Dio.

Oppure:
Lc 11,10

«Chi chiede ottiene, chi cerca trova,
a chi bussa sarà aperto», dice il Signore.

DOPO LA COMUNIONE **O Dio nostro Padre, che ci hai dato la grazia di partecipare al mistero eucaristico, memoriale perpetuo della passione del tuo Figlio, fa' che questo dono del suo ineffabile amore giovi sempre per la nostra salvezza. Per Cristo nostro Signore.**

1 AGOSTO
18ª DOMENICA DEL TEMPO ORDINARIO

IL CRISTO, UNICA CONSISTENZA

«Tutto è vanità» (Qo 1,2); detto così sembra una massima morale, o addirittura moralistica, magari messa in bocca a chi, non potendo più fare il male, abbonda in buoni consigli! Se ne intuisce invece la profondità riferendosi all'espressione ebraica, non facilmente traducibile: hebel. *Già i commentatori più antichi avevano accostato* hebel *ad Abel: un soffio l'uno e l'altro, avvolti dalla medesima inconsistenza che li fa sparire come la nebbiolina, che si alza dai campi la mattina e si volatilizza al primo raggio di sole. Tutto è* hebel, *gli eventi e le persone, l'intera realtà e il cuore stesso dell'uomo. Da una constatazione come questa nascono tuttavia atteggiamenti differenti, anche se molto spesso c'è un denominatore comune: rispondere alla precarietà aggrappandosi a quanto può dare sicurezza, ancorare l'esistenza a ciò che almeno sembra consistente e durevole.*

*Probabilmente noi non abbiamo campagne né raccolti, non possediamo magazzini né ammucchiamo provviste; tuttavia siamo sempre alla ricerca di rassicurare il nostro cuore con ciò che si vede e si tocca. Tutto facciamo, pur di non rimanere esposti all'*hebel *della vita. «Datemi un punto d'appoggio e solleverò il mondo», diceva il filosofo; e noi: «Garantitemi un terreno solido, là poggerò tutto me stesso». Ma il vangelo si incarica di smascherare le nostre solidità: «Cadde la pioggia, strariparono i fiumi, soffiarono i venti e si abbatterono su quella casa, ed essa cadde, e la sua rovina fu grande» (Mt 7,27). Si tratti del conto in banca o degli affetti che vorremmo possedere, dei titoli e delle onorificenze o del ruolo vissuto come potere, pochi sfuggono alla tentazione di garantirsi qualcosa in un modo o nell'altro. Dimentichiamo troppo spesso il primo comandamento, che li riassume tutti: «Io sono* *il Signore, tuo Dio: non avrai altri dèi di fronte a me» (Es 20,2-3). Di conseguenza il peccato fondamentale, che si esprime in differenti modalità, è l'idolatria. Non si tratta di un atteggiamento proprio dei popoli primitivi, che adorano statuette; è la tentazione di sempre che vede l'uomo – e soprattutto l'uomo religioso – affidare a cose molto concrete la solidità della propria vita. La stessa istituzione ecclesiastica, continuamente provocata dallo Spirito a scommettere sulla precarietà e libertà del vangelo, è altrettanto pronta a svenderla per barattare sicurezze economiche o politiche con il potente di turno.*

Con buona pace nostra, in realtà non possediamo ciò che pensiamo di avere più di quanto ci sia possibile possedere l'attimo, che seguirà tra un istante. Giustamente Paolo avverte: «Se siete risorti con Cristo, cercate le cose di lassù; rivolgete il pensiero alle cose di lassù, non a quelle della terra». Pur rimanendo hebel, *veniamo resi nuovi nella relazione di fede e di amore, che è l'unica consistenza possibile a noi creature; la certezza che, comunque vada, siamo amati.*

INGRESSO
Sal 69,2.6

O Dio, vieni a salvarmi.
Signore, vieni presto, in mio aiuto.
Sei tu il mio soccorso, la mia salvezza:
Signore, non tardare.

COLLETTA **Mostraci la tua continua benevolenza, o Padre, e assisti il tuo popolo, che ti riconosce suo pastore e guida; rinnova l'opera della tua creazione e custodisci ciò che hai rinnovato. Per il nostro Signore...**

Oppure: **O Dio, principio e fine di tutte le cose, che in Cristo tuo Figlio ci hai chiamati a possedere il regno, fa' che operando con le nostre forze a sottomettere la terra non ci lasciamo dominare dalla cupidigia e dall'egoismo, ma cerchiamo sempre ciò che vale davanti a te. Per il nostro Signore...**

PRIMA LETTURA

Quale profitto viene all'uomo da tutta la sua fatica?

Dal libro del Qoèlet 1,2; 2,21-23

Vanità delle vanità, dice Qoèlet,
vanità delle vanità: tutto è vanità.

Chi ha lavorato con sapienza, con scienza e con successo dovrà poi lasciare la sua parte a un altro che non vi ha per nulla faticato. Anche questo è vanità e un grande male.
Infatti, quale profitto viene all'uomo da tutta la sua fatica e dalle preoccupazioni del suo cuore, con cui si affanna sotto il sole? Tutti i suoi giorni non sono che dolori e fastidi penosi; neppure di notte il suo cuore riposa. Anche questo è vanità! — Parola di Dio.

SALMO RESPONSORIALE dal Salmo 89

℟. **Signore, sei stato per noi un rifugio**
di generazione in generazione.

Tu fai ritornare l'uomo in polvere,
quando dici: «Ritornate, figli dell'uomo».
Mille anni, ai tuoi occhi,
sono come il giorno di ieri che è passato,
come un turno di veglia nella notte. ℟.

Tu li sommergi:
sono come un sogno al mattino,
come l'erba che germoglia;
al mattino fiorisce e germoglia,
alla sera è falciata e secca. ℟.

Insegnaci a contare i nostri giorni
e acquisteremo un cuore saggio.
Ritorna, Signore: fino a quando?
Abbi pietà dei tuoi servi! ℟.

Saziaci al mattino con il tuo amore:
esulteremo e gioiremo per tutti i nostri giorni.
Sia su di noi la dolcezza del Signore, nostro Dio:
rendi salda per noi l'opera delle nostre mani,
l'opera delle nostre mani rendi salda. ℟.

SECONDA LETTURA *Cercate le cose di lassù, dove è Cristo*

Dalla lettera di san Paolo apostolo ai Colossèsi 3,1-5.9-11

Fratelli, se siete risorti con Cristo, cercate le cose di lassù, dove è Cristo, seduto alla destra di Dio; rivolgete il pensiero alle cose di lassù, non a quelle della terra.

Voi infatti siete morti e la vostra vita è nascosta con Cristo in Dio! Quando Cristo, vostra vita, sarà manifestato, allora anche voi apparirete con lui nella gloria.
Fate morire dunque ciò che appartiene alla terra: impurità, immoralità, passioni, desideri cattivi e quella cupidigia che è idolatria.
Non dite menzogne gli uni agli altri: vi siete svestiti dell'uomo vecchio con le sue azioni e avete rivestito il nuovo, che si rinnova per una piena conoscenza, ad immagine di Colui che lo ha creato.
Qui non vi è Greco o Giudeo, circoncisione o incirconcisione, barbaro, Scita, schiavo, libero, ma Cristo è tutto e in tutti. — Parola di Dio.

AL VANGELO Mt 5,3

Alleluia, alleluia.
Beati i poveri in spirito,
perché di essi è il regno dei cieli.
Alleluia.

VANGELO

Quello che hai preparato, di chi sarà?

Dal Vangelo secondo Luca 12,13-21

In quel tempo, uno della folla disse a Gesù: «Maestro, di' a mio fratello che divida con me l'eredità». Ma egli rispose: «O uomo, chi mi ha costituito giudice o mediatore sopra di voi?».
E disse loro: «Fate attenzione e tenetevi lontani da ogni cupidigia perché, anche se uno è nell'abbondanza, la sua vita non dipende da ciò che egli possiede».
Poi disse loro una parabola: «La campagna di un uomo ricco aveva dato un raccolto abbondante. Egli ragionava tra sé: «Che farò, poiché non ho dove mettere i miei raccolti? Farò così – disse –: demolirò i miei magazzini e ne costruirò altri più grandi e vi raccoglierò tutto il grano e i miei beni. Poi dirò a me stesso: Anima mia, hai a disposizione molti beni, per molti anni; ripòsati, mangia, bevi e divèrtiti!». Ma Dio gli disse: «Stolto, questa notte stessa ti sarà richiesta la tua vita. E quello che hai preparato, di chi sarà?». Così è di chi accumula tesori per sé e non si arricchisce presso Dio». — Parola del Signore.

PREGHIERA UNIVERSALE

Fratelli e sorelle, l'interrogativo della sapienza antica sul profitto dell'uomo in tutta la sua fatica, diventa ora preghiera fiduciosa al Padre. Nella forza del suo Spirito trasfiguri la vanità delle cose in autentica ricchezza, mediante l'ascolto di Cristo, che rinnova la nostra vita, per trasformare anche questa società. Imploriamo:

℟. **Ascoltaci, o Signore!**

- Signore, l'esistenza è fugace e può rivelarsi un ingannevole abbaglio, se non si è capaci di coglierla nella sua essenzialità: fa' che quanti credono in te sappiano valutare con saggezza quanto possiedono e cerchino di aprirsi al dono di sé, ti preghiamo.

- Signore, l'andamento della storia può illudere soprattutto chi è giovane, prospettando facilità e successi immediati: aiuta chi svolge compiti educativi a non lasciarsi vincere da vaghe promesse, ma ad attenersi alla concretezza, ti preghiamo.

- Signore, il tempo che fugge non riduca mai nessuno al pessimismo, ma solleciti tutti a superare solitudine e angoscia: illumina coloro che si sentono oppressi dalle difficoltà, perché mantengano la libertà di ricercarti nella riflessione orante, ti preghiamo.

- Signore, crediamo di avere tutto, perché possediamo denaro e ci serviamo dei più moderni mezzi di comunicazione: quando ci riuniamo per l'Eucaristia, sostienici nel condividere con gli altri ciò che siamo, per trasmettere loro speranza, ti preghiamo.

- (*Altre intenzioni*).

Padre, tu hai posto nel tuo Figlio ogni dono di verità e hai sottomesso al lavoro dell'uomo le immense energie della natura: fa' che, nell'impegno comune di costruire un mondo più giusto e fraterno, ognuno trovi un posto conveniente alla sua dignità, per contribuire al progresso di tutti e affrettare una pace duratura: in Cristo Gesù, nostro Signore. **Amen.**

SULLE OFFERTE **Santifica, o Dio, i doni che ti presentiamo e trasforma in offerta perenne tutta la nostra vita in unione alla vittima spirituale, il tuo servo Gesù, unico sacrificio a te gradito. Egli vive e regna nei secoli dei secoli.**

Prefazio delle domeniche del Tempo ordinario (pp. 477-480).

COMUNIONE
Sap 16,20

Ci hai mandato, Signore, un pane dal cielo,
un pane che porta in sé ogni dolcezza
e soddisfa ogni desiderio.

Oppure:
Lc 12,33

«Fatevi un tesoro inesauribile nei cieli».
dice il Signore.

DOPO LA COMUNIONE **Accompagna con la tua continua protezione, Signore, il popolo che hai nutrito con il pane del cielo e rendilo degno dell'eredità eterna. Per Cristo nostro Signore.**

8 AGOSTO

19ª DOMENICA DEL TEMPO ORDINARIO

COME SE VEDESSE L'INVISIBILE

L'esperienza della notte evoca realtà profonde nel cuore di ciascuno; ogni volta che le Scritture ne parlano, lo fanno per dire la dimensione spirituale di un evento temporale. Ciò che rende umano lo scorrere del tempo è infatti l'eco interiore, che esso provoca nell'animo; altrimenti il succedersi di notti e giorni sarebbe un inutile consumarsi della vita, registrato dall'orologio o dal calendario. Ogni anno noi cristiani ci immergiamo nella grande notte pasquale e simbolicamente si riattualizza l'evento della nascita di un popolo liberato; passiamo dalla tenebra alla luce, dall'oscurità iniziale della chiesa, alla luce del fuoco nuovo, del cero pasquale, dei lumi tenuti in mano dall'assemblea. Veniamo alla luce, per essere portatori di luce. Ciò non significa che il viaggio della vita sia per noi bello e risolto; rimane un viaggio sconosciuto, tuttavia illuminato da una Presenza. Può succedere che si maledica il cammino e si rimpianga la schiavitù rassicurante; meglio la cecità della talpa nella sua tana, che gli occhi spalancati di chi affronta le contraddizioni! Nella notte delle vicende umane, il credente invece è come Mosè e quanti hanno saputo vivere ogni evento «per fede» (è il ritornello del capitolo 11 della lettera agli Ebrei). Di lui si dice: «Rimase saldo, come se vedesse l'invisibile» (Eb 11,27).

Vedere l'invisibile non equivale a chiudere gli occhi di fronte alla concretezza della vita, semmai aprirli di più e più in profondità, vedere al di là e al di dentro, percepire il risvolto delle cose. Chi vede con gli occhi della fede si immerge nella realtà con maggiore consapevolezza e libertà; non cerca rassicurazioni esteriori, ma attinge a ciò che conta e dura. Quando non si vede più l'invisibile, allora viene meno la libertà del cuore che si affida alla po-

tenza dell'evangelo. Si cercano appoggi e consensi, si conta e ci si conta, si ha paura di venire marginalizzati. L'essere minoranza non è prima di tutto una condizione determinata dai numeri, è atteggiamento del cuore che Francesco d'Assisi chiamava «minorità»: «Come un bimbo svezzato in braccio a sua madre, come un bimbo svezzato è in me l'anima mia» (Sal 131,2). Esso va custodito, perché è il vero tesoro che permette l'affidamento della fede, dispone alla traversata della vita forti della propria debolezza. Nessuno sa fino in fondo dove sta andando, dal momento che il passo successivo a quello che si sta facendo non è in mano nostra; ma ci è dato di rimanere svegli, con gli occhi così aperti che addirittura vedono l'invisibile. Siamo o no venuti alla luce nel cuore della notte, che ha visto la tenebra vinta dalla luce, il dubbio e l'angoscia dalla speranza, la morte dalla vita? È questa la fede!

INGRESSO
Sal 73,20.19,22.23

Sii fedele, Signore, alla tua alleanza,
non dimenticare mai la vita dei tuoi poveri.
Sorgi, Signore, difendi la tua causa,
non dimenticare le suppliche
di coloro che ti invocano.

COLLETTA **Dio onnipotente ed eterno, che ci dai il privilegio di chiamarti Padre, fa' crescere in noi lo spirito di figli adottivi, perché possiamo entrare nell'eredità che ci hai promesso. Per il nostro Signore...**

Oppure: **Arda nei nostri cuori, o Padre, la stessa fede che spinse Abramo a vivere sulla terra come pellegrino, e non si spenga la nostra lampada, perché vigilanti nell'attesa della tua ora siamo introdotti da te nella patria eterna. Per il nostro Signore...**

PRIMA LETTURA

*Come punisti gli avversari,
così glorificasti noi, chiamandoci a te*

Dal libro della Sapienza 18,6-9

**La notte [della liberazione] fu preannunciata ai nostri padri, perché avessero coraggio,
sapendo bene a quali giuramenti
avevano prestato fedeltà.**

Il tuo popolo infatti era in attesa
della salvezza dei giusti, della rovina dei nemici.
Difatti come punisti gli avversari,
così glorificasti noi, chiamandoci a te.
I figli santi dei giusti offrivano sacrifici in segreto
e si imposero, concordi, questa legge divina:
di condividere allo stesso modo successi e pericoli,
intonando subito le sacre lodi dei padri.
— Parola di Dio.

SALMO RESPONSORIALE
dal Salmo 32

℟. **Beato il popolo scelto dal Signore.**

Esultate, o giusti, nel Signore;
per gli uomini retti è bella la lode.
Beata la nazione che ha il Signore come Dio,
il popolo che egli ha scelto come sua eredità. ℟.

Ecco, l'occhio del Signore è su chi lo teme,
su chi spera nel suo amore,
per liberarlo dalla morte
e nutrirlo in tempo di fame. ℟.

L'anima nostra attende il Signore:
egli è nostro aiuto e nostro scudo.
Su di noi sia il tuo amore, Signore,
come da te noi speriamo. ℟.

SECONDA LETTURA *

Aspettava la città il cui architetto e costruttore è Dio stesso

Dalla lettera agli Ebrei 11,1-2.8-19 [forma breve: 11,1-2.8-12]

Fratelli, la fede è fondamento di ciò che si spera e prova di ciò che non si vede. Per questa fede i nostri antenati sono stati approvati da Dio.
Per fede, Abramo, chiamato da Dio, obbedì partendo per un luogo che doveva ricevere in eredità, e partì senza sapere dove andava.
Per fede, egli soggiornò nella terra promessa come in una regione straniera, abitando sotto le tende, come anche Isacco e Giacobbe, coeredi della medesima promessa. Egli aspettava infatti la città dalle salde fondamenta, il cui architetto e costruttore è Dio stesso.

Per fede, anche Sara, sebbene fuori dell'età, ricevette la possibilità di diventare madre, perché ritenne degno di fede colui che glielo aveva promesso. Per questo da un uomo solo, e inoltre già segnato dalla morte, nacque una discendenza numerosa come le stelle del cielo e come la sabbia che si trova lungo la spiaggia del mare e non si può contare.
[Nella fede morirono tutti costoro, senza aver ottenuto i beni promessi, ma li videro e li salutarono solo da lontano, dichiarando di essere stranieri e pellegrini sulla terra. Chi parla così, mostra di essere alla ricerca di una patria. Se avessero pensato a quella da cui erano usciti, avrebbero avuto la possibilità di ritornarvi; ora invece essi aspirano a una patria migliore, cioè a quella celeste. Per questo Dio non si vergogna di essere chiamato loro Dio. Ha preparato infatti per loro una città.
Per fede, Abramo, messo alla prova, offrì Isacco, e proprio lui, che aveva ricevuto le promesse, offrì il suo unigenito figlio, del quale era stato detto: «Mediante Isacco avrai una tua discendenza». Egli pensava infatti che Dio è capace di far risorgere anche dai morti: per questo lo riebbe anche come simbolo.]
— Parola di Dio.

AL VANGELO
Mt 24,42a.44

Alleluia, alleluia.
Vegliate e tenetevi pronti,
perché, nell'ora che non immaginate,
viene il Figlio dell'uomo.
Alleluia.

VANGELO * *Anche voi tenetevi pronti*

Dal Vangelo secondo Luca 12,32-48 [forma breve: 12,35-40]

In quel tempo, Gesù disse ai suoi discepoli:
[«Non temere, piccolo gregge, perché al Padre vostro è piaciuto dare a voi il Regno.
Vendete ciò che possedete e datelo in elemosina; fatevi borse che non invecchiano, un tesoro sicuro nei cieli, dove ladro non arriva e tarlo non consuma. Perché, dov'è il vostro tesoro, là sarà anche il vostro cuore.]

Siate pronti, con le vesti strette ai fianchi e le lampade accese; siate simili a quelli che aspettano il loro padrone quando torna dalle nozze, in modo che, quando arriva e bussa, gli aprano subito.
Beati quei servi che il padrone al suo ritorno troverà ancora svegli; in verità io vi dico, si stringerà le vesti ai fianchi, li farà mettere a tavola e passerà a servirli. E se, giungendo nel mezzo della notte o prima dell'alba, li troverà così, beati loro!
Cercate di capire questo: se il padrone di casa sapesse a quale ora viene il ladro, non si lascerebbe scassinare la casa. Anche voi tenetevi pronti perché, nell'ora che non immaginate, viene il Figlio dell'uomo».
[Allora Pietro disse: «Signore, questa parabola la dici per noi o anche per tutti?».
Il Signore rispose: «Chi è dunque l'amministratore fidato e prudente, che il padrone metterà a capo della sua servitù per dare la razione di cibo a tempo debito? Beato quel servo che il padrone, arrivando, troverà ad agire così. Davvero io vi dico che lo metterà a capo di tutti i suoi averi.
Ma se quel servo dicesse in cuor suo: "Il mio padrone tarda a venire", e cominciasse a percuotere i servi e le serve, a mangiare, a bere e a ubriacarsi, il padrone di quel servo arriverà un giorno in cui non se l'aspetta e a un'ora che non sa, lo punirà severamente e gli infliggerà la sorte che meritano gli infedeli.
Il servo che, conoscendo la volontà del padrone, non avrà disposto o agito secondo la sua volontà, riceverà molte percosse; quello invece che, non conoscendola, avrà fatto cose meritevoli di percosse, ne riceverà poche. A chiunque fu dato molto, molto sarà chiesto; a chi fu affidato molto, sarà richiesto molto di più».]
— Parola del Signore.

PREGHIERA UNIVERSALE

Fratelli e sorelle, siamo il piccolo gregge del Signore, disperso in mezzo all'umanità, ma abbiamo la piena consapevolezza che il Padre ci ha affidato il regno, perché il nostro cuore sia là dov'è il vero tesoro. Nella preghiera imploriamo coraggio, per operare senza stancarci, nell'attesa della venuta di Cristo alla fine della storia. Invochiamo:

℞. **Ascoltaci, o Signore!**

- «La fede è fondamento di ciò che si spera»: perché coloro che sono emarginati per il loro credo religioso siano aiutati a superare le difficoltà e a trovare conforto in te, per continuare a testimoniarti soprattutto nella solidarietà verso i fratelli, ti preghiamo.

- «Vendete ciò che avete e fatevi borse che non invecchiano»: perché, particolarmente in questo periodo di vacanza, i cristiani restino saldamente ancorati alla verità evangelica, valutando con sapienza le realtà di questa terra, ti preghiamo.

- «Beato quel servo che il padrone troverà al suo lavoro»: perché, nella dispersione del quotidiano, sia sempre apprezzata la fedeltà ai propri compiti e praticato un servizio disinteressato a chi è nella necessità, senza sperperare tempo e risorse, ti preghiamo.

- «A chiunque fu dato molto, molto sarà chiesto»: perché, consapevoli di questa responsabilità, sappiamo far fruttificare i doni che possediamo, lasciandoci trasformare dalla Parola e dall'Eucaristia, per essere un giorno serviti da Cristo, ti preghiamo.

- (*Altre intenzioni*).

Accogli, Padre, queste nostre preghiere e rendici perseveranti nel bene, per non essere distolti dal compimento della tua volontà nella nostra missione di servi fedeli. Quando il tuo Figlio verrà e busserà alla nostra porta, ci trovi vigilanti nella preghiera ed operosi nella carità fraterna, e ci conduca a godere la gioia del tuo regno: per tutti i secoli dei secoli. **Amen.**

SULLE OFFERTE **Accogli con bontà, Signore, questi doni che tu stesso hai posto nelle mani della tua Chiesa, e con la tua potenza trasformali per noi in sacramento di salvezza. Per Cristo nostro Signore.**

Prefazio delle domeniche del Tempo ordinario (pp. 477-480).

COMUNIONE
Sal 147,12.14

Gerusalemme, loda il Signore,
egli ti sazia con fiore di frumento.

Oppure:
Lc 12,35-36

«Siate sempre pronti: simili a coloro
che aspettano il padrone
quando torna dalle nozze».

DOPO LA COMUNIONE **La partecipazione a questi sacramenti salvi il tuo popolo, Signore, e lo confermi nella luce della tua verità. Per Cristo nostro Signore.**

15 AGOSTO

ASSUNZIONE DELLA B.V. MARIA

INNALZATA TRA GLI UMILI

Dopo il grande annuncio della maternità inaspettata, nel segno dello Spirito, Maria inizia il suo salire; lo farà anche il Figlio che porta nel grembo, e la loro salita culminerà a Gerusalemme, dove sulla montagna del Golgota i due si ricongiungeranno: l'uno appeso al legno e l'altra appesa a una condivisione d'amore. Povera con i poveri, si è identificata con quanti attendono solamente da Dio un riconoscimento e una dignità altrimenti disattesi. Quante donne, nel mondo, vivono quotidianamente una «discesa agli inferi» fatta di violenza, ingiustizia, sfruttamento? Chi darà loro risposta? «Ha rovesciato i potenti dai troni, ha innalzato gli umili...» (Lc 1,52-53). Con tutte le donne bibliche, Maria canta il capovolgimento operato da Dio; assumendo le parti di chi è schiacciato, fa sì che le misere siano assunte, innalzate, liberate. Maria vive fin da subito il cuore della fede pasquale, che non le risparmierà tuttavia il cammino – ora incerto ora impervio – verso la comprensione e l'accettazione della logica del vangelo, la logica del Figlio fattosi seme marcito per amore. È portata in cielo, il mondo di Dio, in quanto afferrata dal movimento di dono già quando si mette in viaggio verso la montagna in atteggiamento di servizio. Va verso Dio – il monte – per andare verso il prossimo – la cugina Elisabetta –; porta il salvatore nel grembo, perché ne è guidata e si affida con fede sino in fondo. «Un segno grandioso apparve nel cielo» (Ap 12,1): il segno della donna e quello del drago, intrecciati insieme; come avviene in tante parti del mondo, a opporsi al drago della guerra, della fame e del sottosviluppo sono le donne.

I segni sono entrambi nel cielo, ma ciò che viene dalla donna va in alto e ciò che viene dal drago va in basso. Il rosso del drago è il mare di sangue in cui sembra affondare la storia umana, vista da noi; il sole della donna è la luce di vita verso cui va l'intera creazione, vista da Dio. Contemplare l'Assunta non è alzare il naso in su per stupirsi di un miracolo spaziale, semmai scommettere sul dinamismo impresso dal Risorto a tutta la realtà destinata al cielo: sia essa il corpo di Maria, tabernacolo della Parola fatta carne, il corpo della storia, purificato e decifrato dallo Spirito, il corpo della creazione, destinato a trasformarsi in cieli nuovi e terra nuova. Nel prefazio della festa si dice infatti: «In lei hai rivelato il compimento del mistero di salvezza»; significa che in quel cielo nel quale entra ci siamo tutti. Anzi potremmo dire che c'è tutto, anche il più piccolo frammento che l'amore del Padre non lascerà cadere nel nulla, ma accoglierà nel suo regno.

INGRESSO
Ap 12,1

Un segno grandioso apparve nel cielo:
una donna ammantata di sole,
con la luna sotto i suoi piedi
e sul capo una corona di dodici stelle.

Oppure:

Rallegriamoci tutti nel Signore,
in questa solennità della Vergine Maria;
della sua Assunzione gioiscono gli angeli
e lodano il Figlio di Dio.

COLLETTA **Dio onnipotente ed eterno, che hai innalzato alla gloria del cielo in corpo e anima l'immacolata Vergine Maria, madre di Cristo tuo Figlio, fa' che viviamo in questo mondo costantemente rivolti ai beni eterni, per condividere la sua stessa gloria. Per il nostro Signore...**

PRIMA LETTURA

Una donna vestita di sole, con la luna sotto i suoi piedi.

Dal libro dell'Apocalisse di san Giovanni apostolo

Ap 11,19a; 12,1-6a.10ab

Si aprì il tempio di Dio che è nel cielo e apparve nel tempio l'arca della sua alleanza. Un segno grandioso apparve nel cielo: una donna vestita di sole, con la luna sotto i suoi piedi e, sul capo, una corona di dodici stelle. Era incinta, e gridava per le doglie e il travaglio del parto.

Allora apparve un altro segno nel cielo: un enorme drago rosso, con sette teste e dieci corna e sulle teste sette diademi; la sua coda trascinava un terzo delle stelle del cielo e le precipitava sulla terra. Il drago si pose davanti alla donna, che stava per partorire, in modo da divorare il bambino appena lo avesse partorito.
Essa partorì un figlio maschio, destinato a governare tutte le nazioni con scettro di ferro, e suo figlio fu rapito verso Dio e verso il suo trono. La donna invece fuggì nel deserto, dove Dio le aveva preparato un rifugio.
Allora udii una voce potente nel cielo che diceva: «Ora si è compiuta la salvezza, la forza e il regno del nostro Dio e la potenza del suo Cristo». — Parola di Dio.

SALMO RESPONSORIALE

Salmo 44

℟. **Risplende la Regina, Signore, alla tua destra.**

Figlie di re fra le tue predilette;
alla tua destra sta la regina, in ori di Ofir. ℟.

Ascolta, figlia, guarda, porgi l'orecchio:
dimentica il tuo popolo e la casa di tuo padre. ℟.

Il re è invaghito della tua bellezza.
È lui il tuo signore: rendigli omaggio. ℟.

Dietro a lei le vergini, sue compagne,
condotte in gioia ed esultanza,
sono presentate nel palazzo del re. ℟.

SECONDA LETTURA

Cristo risorto è la primizia;
poi, alla sua venuta, quelli che sono di Cristo

Dalla prima lettera di san Paolo ap. ai Corinzi 15,20-27a

Fratelli, Cristo è risorto dai morti, primizia di coloro che sono morti. Perché, se per mezzo di un uomo venne la morte, per mezzo di un uomo verrà anche la risurrezione dei morti. Come infatti in Adamo tutti muoiono, così in Cristo tutti riceveranno la vita.
Ognuno però al suo posto: prima Cristo, che è la primizia; poi, alla sua venuta, quelli che sono di Cristo. Poi sarà la fine, quando egli consegnerà il regno a Dio Padre, dopo avere ridotto al nulla ogni Principato e ogni Potenza e Forza.

È necessario infatti che egli regni finché non abbia posto tutti i nemici sotto i suoi piedi. L'ultimo nemico a essere annientato sarà la morte, perché ogni cosa ha posto sotto i suoi piedi. — Parola di Dio.

AL VANGELO
Alleluia, alleluia.
Maria è assunta in cielo;
esultano le schiere degli angeli.
Alleluia.

VANGELO *Grandi cose ha fatto per me l'Onnipotente: ha innalzato gli umili*

Dal vangelo secondo Luca 1,39-56

In quei giorni Maria si alzò e andò in fretta verso la regione montuosa, in una città di Giuda.
Entrata nella casa di Zaccarìa, salutò Elisabetta. Appena Elisabetta ebbe udito il saluto di Maria, il bambino sussultò nel suo grembo.
Elisabetta fu colmata di Spirito Santo ed esclamò a gran voce: «Benedetta tu fra le donne e benedetto il frutto del tuo grembo! A che cosa devo che la madre del mio Signore venga da me? Ecco, appena il tuo saluto è giunto ai miei orecchi, il bambino ha sussultato di gioia nel mio grembo. E beata colei che ha creduto nell'adempimento di ciò che il Signore le ha detto».
Allora Maria disse:
«L'anima mia magnifica il Signore
e il mio spirito esulta in Dio, mio salvatore,
perché ha guardato l'umiltà della sua serva.
D'ora in poi tutte le generazioni mi chiameranno beata.
Grandi cose ha fatto per me l'Onnipotente
e Santo è il suo nome;
di generazione in generazione la sua misericordia
per quelli che lo temono.
Ha spiegato la potenza del suo braccio,
ha disperso i superbi nei pensieri del loro cuore;
ha rovesciato i potenti dai troni,
ha innalzato gli umili;
ha ricolmato di beni gli affamati,
ha rimandato i ricchi a mani vuote.

Ha soccorso Israele, suo servo,
ricordandosi della sua misericordia,
come aveva detto ai nostri padri,
per Abramo e la sua discendenza, per sempre».
Maria rimase con lei circa tre mesi, poi tornò a casa sua.
— Parola del Signore.

PREGHIERA UNIVERSALE

Fratelli e sorelle, il cantico di Maria, che la Chiesa fa proprio al tramonto di ogni giorno, diventa ora implorazione a Dio, pieni di riconoscenza per le meraviglie che continuamente opera per noi e per l'umanità. Mentre insieme veneriamo la Vergine, elevata alla gloria del cielo, invochiamo per tutti pace e salvezza. Chiediamo:

℟. **Ascoltaci, o Signore!**

● «Il mio spirito esulta in Dio, mio salvatore»: perché, in unione con Maria, i credenti sappiano riconoscere i molteplici segni della presenza divina e contemplare la mirabile bellezza, che risplende sul volto di ogni uomo, rigenerato in Cristo, preghiamo.

● «Ha spiegato la potenza del suo braccio»: perché il favore di Dio nei confronti degli umili e dei poveri ispiri le scelte di quanti governano i popoli, e li impegni a una più efficace promozione della pace, allontanando ogni tentazione di vendetta terroristica, preghiamo.

● «Ha disperso i superbi nei pensieri del loro cuore»: perché i ragazzi e i giovani crescano nella sapienza interiore, che li tiene lontani dalla prepotenza e li educa al servizio gratuito verso gli ultimi, preghiamo.

● «Ha soccorso il suo popolo, ricordandosi della sua misericordia»: perché la nostra assemblea eucaristica sia sempre vivamente partecipata ed esprima, nella verità del rito, la familiarità delle nostre relazioni, aperte alla dimensione missionaria della fede, preghiamo.

● (*Altre intenzioni*).

O Dio nostro Padre, in Maria doni alla tua Chiesa un modello di umiltà autentica e di carità sublime: ascolta le nostre invocazioni. Fa' che, con coraggiosa dedizione, ti serviamo nell'uomo vivente e lo onoriamo come manifestazione della tua gloria, per aprire alla speranza gli orizzonti della storia, in comunione con la Vergine, oggi innalzata alla gioia perfetta del regno. Per Cristo nostro Signore. Amen.

SULLE OFFERTE **Salga a te, Signore, il sacrificio che la Chiesa ti offre nella festa di Maria Vergine assunta in cielo, e per sua intercessione i nostri cuori, ardenti del tuo amore, aspirino continuamente a te. Per Cristo nostro Signore.**

PREFAZIO *Maria icona della Chiesa pellegrinante*

È veramente cosa buona e giusta,
nostro dovere e fonte di salvezza,
rendere grazie sempre e in ogni luogo
a te, Signore, Padre santo, Dio onnipotente ed eterno.
Oggi la Vergine Maria, madre di Cristo,
tuo Figlio e nostro Signore,
è stata assunta nella gloria del cielo.
In lei, primizia e immagine della Chiesa,
hai rivelato il compimento del mistero di salvezza
e hai fatto risplendere per il tuo popolo,
pellegrino sulla terra,
un segno di consolazione e di sicura speranza.
Tu non hai voluto che conoscesse la corruzione
del sepolcro colei che ha generato il Signore della vita.
E noi, uniti agli angeli e ai santi,
cantiamo con gioia l'inno della tua lode:
Santo, Santo, Santo il Signore...

COMUNIONE Lc 1,48-49

Tutte le generazioni mi chiameranno beata,
perché grandi cose
ha fatto in me l'Onnipotente.

DOPO LA COMUNIONE **O Dio, che in questo sacrificio eucaristico ci hai resi partecipi della tua salvezza, fa' che per l'intercessione della Vergine Maria assunta in cielo giungiamo alla gloria della risurrezione. Per Cristo nostro Signore.**

22 AGOSTO

21ª DOMENICA DEL TEMPO ORDINARIO

LA PORTA STRETTA, APERTA A TUTTI

Nonostante il popolo d'Israele viva la sua chiamata troppo spesso come privilegio, in realtà fin da subito attraverso la scelta di un determinato popolo Dio intende arrivare a tutti i popoli con la sua benedizione e la sua alleanza. Non stupisce pertanto che i profeti aprano squarci di universalità, a richiamare una visione allargata dell'azione di Dio. «Io verrò a radunare tutti i popoli e tutte le lingue; essi verranno e vedranno la mia gloria» (Is 66,18). Non ci sono primogeniture da rivendicare, nel senso di restringere la salvezza alle proprie dimensioni; un malinteso senso di superiorità ha segnato – talora drammaticamente – il corso della storia anche del cristianesimo. Impossessarsi di Dio, del suo nome, della sua potenza: è la terribile tentazione di ogni religione, che mai avrebbe dovuto intaccare il vangelo di Gesù. Invece si è affermato per tanto tempo che fuori della chiesa non c'è salvezza e l'annuncio liberante del regno di Dio si è trasformato in recinto privilegiato precluso ai più. Oggi si è fortunatamente superata questa impostazione, anche se purtroppo qualche nostalgico c'è sempre.

La salvezza, afferma il Vaticano II, «non vale solamente per i cristiani, ma anche per tutti gli uomini di buona volontà, nel cui cuore lavora invisibilmente la grazia» (GS 22). Alla luce di questa consolante apertura, stupisce la risposta – a prima vista assai dura – che Gesù dà a chi gli chiede delucidazioni proprio sulla salvezza: «Sforzatevi di entrare per la porta stretta, perché molti, io vi dico, cercheranno di entrarvi, ma non ci riusciranno» (Lc 13,24). Si vuole forse limitare la salvezza? Si tratta di un avvertimento per non allargare troppo la manica, affinché non ci sia chi ne approfitta?

In ogni caso, dal discorso di Gesù appare che egli si riferisce non a quanti vengono da lontano bensì proprio ai più vicini. «Abbiamo mangiato e bevuto in tua presenza e tu hai insegnato nelle nostre piazze. Ma egli vi dichiarerà: Voi, non so di dove siete» (Lc 13,26-27). La questione, pertanto, non si pone per la salvezza degli altri; è la nostra, a fare problema. Come ha detto un eminente uomo di chiesa, la sfida pastorale qui da noi non è di battezzare i convertiti, ma di convertire i battezzati! La porta stretta sono dunque le esigenze del vangelo, che vanno testimoniate con coerenti scelte di vita per mostrare a tutti l'autentico volto di Dio: Padre universale, alla cui tavola nessuno è escluso. Infatti Gesù parla sì di porta stretta, ma per annunciare: «Verranno da oriente e da occidente, da settentrione e da mezzogiorno e siederanno a mensa nel regno di Dio» (Lc 13,29).

Noi vorremmo restringere la porta per gli altri, mantenendo una sorta di privilegio che invece va condiviso. La chiesa degli inizi ha dovuto affrontare la sfida dei cristiani provenienti dal paganesimo e aprirsi ad essi, superando paure e chiusure. Oggi noi siamo alle prese con un mondo multireligioso e multiculturale; alzare barriere, magari in nome dell'identità cristiana, non è sulla linea del vangelo.

INGRESSO
Sal 85,1-3

Tendi l'orecchio, Signore, rispondimi:
mio Dio, salva il tuo servo che confida in te:
abbi pietà di me, Signore;
tutto il giorno a te io levo il mio grido.

COLLETTA **O Dio, che unisci in un solo volere le menti dei fedeli, concedi al tuo popolo di amare ciò che comandi e desiderare ciò che prometti, perché fra le vicende del mondo là siano fissi i nostri cuori dove è la vera gioia. Per il nostro Signore...**

Oppure: **O Padre, che chiami tutti gli uomini per la porta stretta della croce al banchetto pasquale della vita nuova, concedi a noi la forza del tuo Spirito, perché unendoci al sacrificio del tuo Figlio, gustiamo il frutto della vera libertà e la gioia del tuo regno. Per il nostro Signore...**

PRIMA LETTURA

Ricondurranno tutti i vostri fratelli da tutte le genti

Dal libro del profeta Isaìa 66,18b-21

Così dice il Signore: «Io verrò a radunare tutte le genti e tutte le lingue; essi verranno e vedranno la mia gloria.
Io porrò in essi un segno e manderò i loro superstiti alle popolazioni di Tarsis, Put, Lud, Mesec, Ros, Tubal e Iavan, alle isole lontane che non hanno udito parlare di me e non hanno visto la mia gloria; essi annunceranno la mia gloria alle genti.
Ricondurranno tutti i vostri fratelli da tutte le genti come offerta al Signore, su cavalli, su carri, su portantine, su muli, su dromedari, al mio santo monte di Gerusalemme – dice il Signore –, come i figli d'Israele portano l'offerta in vasi puri nel tempio del Signore.
Anche tra loro mi prenderò sacerdoti levìti, dice il Signore». — Parola di Dio.

SALMO RESPONSORIALE

Salmo 116

℟. **Tutti i popoli vedranno la gloria del Signore.**

Genti tutte, lodate il Signore,
popoli tutti, cantate la sua lode. ℟.

Perché forte è il suo amore per noi
e la fedeltà del Signore dura per sempre. ℟.

SECONDA LETTURA

Il Signore corregge colui che egli ama

Dalla lettera agli Ebrei 12,5-7.11-13

Fratelli, avete già dimenticato l'esortazione a voi rivolta come a figli:
«Figlio mio, non disprezzare la correzione del Signore
e non ti perdere d'animo quando sei ripreso da lui;
perché il Signore corregge colui che egli ama
e percuote chiunque riconosce come figlio».
È per la vostra correzione che voi soffrite! Dio vi tratta come figli; e qual è il figlio che non viene corretto dal padre? Certo, sul momento, ogni correzione non sembra causa di gioia, ma di tristezza; dopo, però, arreca un

frutto di pace e di giustizia a quelli che per suo mezzo sono stati addestrati.
Perciò, rinfrancate le mani inerti e le ginocchia fiacche e camminate diritti con i vostri piedi, perché il piede che zoppica non abbia a storpiarsi, ma piuttosto a guarire.
— Parola di Dio.

AL VANGELO Gv 14,6

Alleluia, alleluia.
Io sono la via, la verità e la vita,
dice il Signore;
nessuno viene al Padre
se non per mezzo di me.
Alleluia.

VANGELO

Verranno da oriente a occidente e siederanno a mensa nel regno di Dio

Dal Vangelo secondo Luca 13,22-30

In quel tempo, Gesù passava insegnando per città e villaggi, mentre era in cammino verso Gerusalemme. Un tale gli chiese: «Signore, sono pochi quelli che si salvano?».
Disse loro: «Sforzatevi di entrare per la porta stretta, perché molti, io vi dico, cercheranno di entrare, ma non ci riusciranno.
Quando il padrone di casa si alzerà e chiuderà la porta, voi, rimasti fuori, comincerete a bussare alla porta, dicendo: «Signore, aprici!». Ma egli vi risponderà: «Non so di dove siete». Allora comincerete a dire: «Abbiamo mangiato e bevuto in tua presenza e tu hai insegnato nelle nostre piazze». Ma egli vi dichiarerà: «Voi, non so di dove siete. Allontanatevi da me, voi tutti operatori di ingiustizia!».
Là ci sarà pianto e stridore di denti, quando vedrete Abramo, Isacco e Giacobbe e tutti i profeti nel regno di Dio, voi invece cacciati fuori.
Verranno da oriente e da occidente, da settentrione e da mezzogiorno e siederanno a mensa nel regno di Dio. Ed ecco, vi sono ultimi che saranno primi, e vi sono primi che saranno ultimi». — Parola del Signore.

PREGHIERA UNIVERSALE

Fratelli e sorelle, nel suo amore il Padre indirizza chi crede in lui, perché, convertendosi dalla sua condotta sbagliata, porti frutti di pace e di giustizia. Incoraggiati anche oggi dalla sua Parola, nella preghiera apriamoci a tutte le genti, che attendono dai cristiani segni credibili per aderire al Signore e formare un solo corpo nella Chiesa. Imploriamo:

℟. **Signore, venga il tuo regno!**

● Signore, tu vuoi che tutti si salvino e dall'oriente all'occidente si siedano alla mensa del regno. Fa' che quanti appartengono alla tua Chiesa non siano mai d'inciampo con il loro comportamento a chi intende seguire Cristo, ti preghiamo.

● Signore, tu raduni il tuo popolo in una dimora di pace. Conferma nella fedeltà alla loro missione le organizzazioni internazionali che operano per la giustizia e libera dalla violenza le nazioni che si appellano al tuo nome, ti preghiamo.

● Signore, tu chiudi il tuo regno a chi opera il male. Illumina coloro che si ritengono giusti e, confidando solo nelle proprie forze, non avvertono più l'esigenza di convertirsi, perché accolgano la tua chiamata a passare per la porta stretta, ti preghiamo.

● Signore, tu ci rinsaldi a questa mensa, dove in Cristo impariamo a conoscerti e adorarti come Padre. Sostienici nel cammino della vita, perché, affrontando le difficoltà che incontriamo, ci possiamo offrire a te con tutti i nostri fratelli, ti preghiamo.

● (*Altre intenzioni*).

O Dio, nella tua provvidenza hai voluto estendere il regno di Cristo sino agli estremi confini della terra, per partecipare all'umanità i benefici della redenzione: ascolta le nostre invocazioni. Non chiuderci mai la porta della tua misericordia, perché nello Spirito rinfranchiamo le mani cadenti e le ginocchia infiacchite e procediamo sicuri nella via della salvezza: in Cristo Gesù, nostro Signore. **Amen.**

SULLE OFFERTE O Padre, che ti sei acquistato una moltitudine di figli con l'unico e perfetto sacrificio del Cristo, concedi sempre alla tua Chiesa il dono dell'unità e della pace. Per Cristo nostro Signore.

Prefazio delle domeniche del Tempo ordinario (pp. 477-480).

COMUNIONE
cf. Sal 103,13-15

Con il frutto delle tue opere sazi la terra,
o Signore,
e trai dai campi il pane e il vino
che allietano il cuore dell'uomo.

Oppure:
Gv 6,55

Dice il Signore: «Chi mangia la mia carne
e beve il mio sangue, ha la vita eterna,
e io lo risusciterò nell'ultimo giorno».

Oppure:
Lc 13,30

«Alcuni tra gli ultimi saranno i primi,
e i primi saranno ultimi».

DOPO LA COMUNIONE Porta a compimento, Signore, l'opera redentrice della tua misericordia e perché possiamo conformarci in tutto alla tua volontà rendici forti e generosi nel tuo amore. Per Cristo nostro Signore.

29 AGOSTO

22ª DOMENICA DEL TEMPO ORDINARIO

LA GRANDEZZA DELL'UMILTÀ

Le parole del Siracide, che invitano alla mitezza e all'umiltà, non sono molto di moda nella società dello spettacolo in cui tutto va sempre comunque esibito, se non addirittura ostentato. D'altro canto c'è pure l'umiltà pelosa, di chi finge modestia per essere ancora più adulato; come quelli che nel loro biglietto da visita mettono tutti i titoli possibili e poi li sbarrano con un tratto di penna, non certo per cancellarli ma per evidenziarli maggiormente. Anche il consiglio di Gesù sembrerebbe frutto di questa logica: «Quando sei invitato, va' a metterti all'ultimo posto» (Lc 14,10). Sempre di finta umiltà si tratta, se l'intento è quello di avere una rivincita di fronte a tutti. Probabilmente il vangelo suggerisce un'ottica differente, che può essere compresa solo a partire dall'esempio stesso di Gesù. Di lui infatti si dice: «Pur essendo nella condizione di Dio, non ritenne privilegio l'essere come Dio; ma svuotò se stesso assumendo la condizione di servo» (Fil 2,6-7). Egli sceglie un autentico svuotamento per amore, che lo rende del tutto simile a noi fuorché nel peccato; anche se la sua solidarietà arriva al punto, che per noi si fa peccato. Pertanto l'atteggiamento di umiltà, che si assume, dipende proprio dalla modalità con cui si è grandi. Se infatti si tratta di una grandezza secondo la logica del mondo, l'abbassamento sarà finta umiltà che attende il suo risarcimento; se invece è grandezza interiore, quella del cuore, abbassarsi non significa degradarsi, è piuttosto condivisione alla pari della medesima umanità. Infatti il testo biblico commenta: «Grande è la potenza del Signore e dagli umili egli è glorificato» (Sir 3,20).

L'esperienza di Gesù è appunto questa, dal momento che il suo vangelo viene accolto dai piccoli e dai poveri. La comprensio-

ne della vita – e del Dio della vita – è possibile solo là dove accettiamo di giocarci l'esistenza senza rete, anche senza le sicurezze religiose che ci fanno rimanere «in alto» quando invece il Dio di Gesù Cristo si rivela «in basso». Mentre infatti la religione tende a staccarci dalla concretezza della vita per innalzarci verso Dio, la fede è accoglienza di un Dio che si abbassa fino a noi; ma quale madre chiamerebbe abbassamento il suo curvarsi sul figlio per abbracciarlo, consolarlo, sostenerlo? Davvero le categorie spaziali di «alto» e «basso» – come quelle di «grande» e «piccolo» – saltano, quando si ha a che fare con le relazioni d'amore. Si sperimenta invece una sorta di capovolgimento: si tocca il cielo con il dito, là dove ci si svuota nell'incontro con l'altro; ci si sente immersi nella grandezza, quando si riesce a gustare la piccolezza del cuore.

INGRESSO
Sal 85,3.5

Abbi pietà di me, Signore,
perché ti invoco tutto il giorno:
tu sei buono e pronto al perdono,
sei pieno di misericordia con chi ti invoca.

COLLETTA **O Dio, nostro Padre, unica fonte di ogni dono perfetto, suscita in noi l'amore per te e ravviva la nostra fede, perché si sviluppi in noi il germe del bene e con il tuo aiuto maturi fino alla sua pienezza. Per il nostro Signore...**

Oppure: **O Dio, che chiami i poveri e i peccatori alla festosa assemblea della nuova alleanza, fa' che la tua Chiesa onori la presenza del Signore negli umili e nei sofferenti, e tutti ci riconosciamo fratelli intorno alla tua mensa. Per il nostro Signore...**

PRIMA LETTURA *Fatti umile e troverai grazia davanti al Signore*

Dal libro del Siràcide 3,17-20.28-29

**Figlio, compi le tue opere con mitezza,
e sarai amato più di un uomo generoso.
Quanto più sei grande, tanto più fatti umile,
e troverai grazia davanti al Signore.
Molti sono gli uomini orgogliosi e superbi,
ma ai miti Dio rivela i suoi segreti.
Perché grande è la potenza del Signore,**

e dagli umili egli è glorificato.
Per la misera condizione del superbo non c'è rimedio,
perché in lui è radicata la pianta del male.
Il cuore sapiente medita le parabole,
un orecchio attento è quanto desidera il saggio.
— Parola di Dio.

SALMO RESPONSORIALE

dal Salmo 67

℟. **Hai preparato, o Dio, una casa per il povero.**

I giusti si rallegrano,
esultano davanti a Dio
e cantano di gioia.
Cantate a Dio, inneggiate al suo nome:
Signore è il suo nome. ℟.

Padre degli orfani e difensore delle vedove
è Dio nella sua santa dimora.
A chi è solo, Dio fa abitare una casa,
fa uscire con gioia i prigionieri. ℟.

Pioggia abbondante hai riversato, o Dio,
la tua esausta eredità tu hai consolidato
e in essa ha abitato il tuo popolo,
in quella che, nella tua bontà,
hai reso sicura per il povero, o Dio. ℟.

SECONDA LETTURA

Vi siete accostati al monte Sion, alla città del Dio vivente

Dalla lettera agli Ebrei 12,18-19.22-24a

Fratelli, non vi siete avvicinati a qualcosa di tangibile né a un fuoco ardente né a oscurità, tenebra e tempesta, né a squillo di tromba e a suono di parole, mentre quelli che lo udivano scongiuravano Dio di non rivolgere più a loro la parola.
Voi invece vi siete accostati al monte Sion, alla città del Dio vivente, alla Gerusalemme celeste e a migliaia di angeli, all'adunanza festosa e all'assemblea dei primogeniti i cui nomi sono scritti nei cieli, al Dio giudice di tutti e agli spiriti dei giusti resi perfetti, a Gesù, mediatore dell'alleanza nuova. — Parola di Dio.

AL VANGELO Mt 11,29ab

Alleluia, alleluia.
Prendete il mio giogo sopra di voi,
dice il Signore,
e imparate da me, che sono mite
e umile di cuore. **Alleluia.**

VANGELO

Chiunque si esalta sarà umiliato, e chi si umilia sarà esaltato

Dal Vangelo secondo Luca 14,1.7-14

Avvenne che un sabato Gesù si recò a casa di uno dei capi dei farisei per pranzare ed essi stavano a osservarlo. Diceva agli invitati una parabola, notando come sceglievano i primi posti: «Quando sei invitato a nozze da qualcuno, non metterti al primo posto, perché non ci sia un altro invitato più degno di te, e colui che ha invitato te e lui venga a dirti: "Cèdigli il posto!". Allora dovrai con vergogna occupare l'ultimo posto. Invece, quando sei invitato, va' a metterti all'ultimo posto, perché quando viene colui che ti ha invitato ti dica: "Amico, vieni più avanti!". Allora ne avrai onore davanti a tutti i commensali. Perché chiunque si esalta sarà umiliato, e chi si umilia sarà esaltato».
Disse poi a colui che l'aveva invitato: «Quando offri un pranzo o una cena, non invitare i tuoi amici né i tuoi fratelli né i tuoi parenti né i ricchi vicini, perché a loro volta non ti invitino anch'essi e tu abbia il contraccambio. Al contrario, quando offri un banchetto, invita poveri, storpi, zoppi, ciechi; e sarai beato perché non hanno da ricambiarti. Riceverai infatti la tua ricompensa alla risurrezione dei giusti». — Parola del Signore.

PREGHIERA UNIVERSALE

Fratelli e sorelle, troviamo grazia davanti al Signore quanto più siamo umili: tutto, infatti, viene da lui e la nostra vita è suo dono. Forti di questa verità, nella preghiera facciamo appello alla sua grandezza di Padre, sempre disponibile ad ascoltare i suoi figli, ogni volta che lo implorano con fiducia. Invochiamo:

℟. **Ascoltaci, o Signore!**

• In questa società molti sono tentati di primeggiare sugli altri con l'inganno e la forza. Signore, dona a quanti si professano cristiani di avere stima dei fratelli, ritenendoli degni di rispetto, per far loro posto nella vita senza preclusioni, ti preghiamo.

• In questa società chiunque ha qualche responsabilità è spesso trattato come un privilegiato. Signore, fa' che i giovani si ispirino alla logica evangelica, che sospinge il primo a farsi servo di tutti e ad amare gli esclusi, ti preghiamo.

• In questa società si cercano le amicizie che convengono, trascurando chi non riesce a comunicare. Signore, conferma nell'impegno fraterno coloro che si dedicano totalmente alla missione verso i poveri senza sperarne un contraccambio, ti preghiamo.

• In questa società l'indifferenza annulla persino i valori fondamentali. Signore, la partecipazione a questo banchetto eucaristico infonda in noi la capacità di valutare con equilibrio la nostra attività, per saper apprezzare anche l'operato degli altri, ti preghiamo.

• (*Altre intenzioni*).

Padre, accogli le nostre invocazioni e vieni incontro a noi, tuoi figli, che speriamo nella tua misericordia. Tu spezzi le durezze del nostro orgoglio: crea in noi un cuore nuovo, capace di condividere i tuoi doni con coloro che nessuno considera, perché riceviamo la tua ricompensa alla risurrezione dei giusti: in Cristo Gesù, nostro Signore. **Amen.**

SULLE OFFERTE **Santifica, Signore, l'offerta che ti presentiamo, e compi in noi con la potenza del tuo Spirito la redenzione che si attua nel mistero. Per Cristo nostro Signore.**

Prefazio delle domeniche del Tempo ordinario (pp. 477-480).

COMUNIONE
Sal 30,20

Quant'è grande la tua bontà, Signore!
La riservi per quelli che ti temono.

Oppure: Beati gli operatori di pace:
Mt 5,9-10 saranno chiamati figli di Dio.
Beati i perseguitati per causa della giustizia:
di essi è il regno dei cieli.

Oppure: «Chiunque si esalta sarà umiliato
Lc 14,11 e chi si umilia sarà esaltato».

DOPO LA COMUNIONE **O Signore, che ci hai nutriti alla tua mensa, fa' che questo sacramento ci rafforzi nel tuo amore e ci spinga a servirti nei nostri fratelli. Per Cristo nostro Signore.**

5 SETTEMBRE

23ª DOMENICA DEL TEMPO ORDINARIO

LA SAPIENZA DALL'ALTO

In questo nostro tempo siamo più in sintonia con le affermazioni sapienziali, perché è andata in crisi la presunzione moderna di una ragione onnipotente e quasi divinizzata (la dea Ragione della rivoluzione francese). Il crollo delle ideologie ha significato un profondo ridimensionamento, che ha avuto esiti problematici ma anche acquisizioni significative. E se la ragione si trasformasse in sapienza, umile nel suo indagare ma forte nell'apertura all'assoluto che la contraddistingue? In effetti non siamo noi a comprendere le cose del cielo – quando l'uomo lo vuole fare, si ubriaca di se stesso e diviene caricatura di Dio – ma è il cielo che si dona a noi: «Chi avrebbe conosciuto il tuo volere, se tu non gli avessi dato la sapienza e dall'alto non gli avessi inviato il tuo santo spirito?» (Sap 9,17).

Sapienza e Spirito in Gesù di Nazaret divengono la presenza stessa di Dio in mezzo a noi, anzi dentro di noi; non quindi un dono di intelligenza, che aumenta le cose che sappiamo, ma un dono d'amore e di relazione, che allarga il cuore fino alla dismisura. L'intelligenza dell'uomo, infatti, è strumento splendido, ma anche talvolta pericoloso. Pensiamo ai gravi interrogativi posti dalle scoperte scientifiche, dall'ingegneria genetica, dalle frontiere della vita sempre più manipolabili; non si tratta di trovare confini che blocchino la ricerca, ma la misurino sul bene di tutti, per primi i più deboli e svantaggiati. È fuor di misura quanto l'umanità arriva a fare, se non si pone i limiti della fraternità universale, della dignità di ciascuno, del diritto di tutti. Attingere la sapienza dall'alto e accoglierla con riconoscenza impedisce di cadere in atteggiamenti di sfruttamento e di presunzione. Paolo di Tarso, nel biglietto a Filemone, si presenta come «prigioniero per Cristo Gesù» (Fm 9): non solo per il fatto di essere in prigione, ma perché afferrato da Cristo e Cristo crocifisso. Nelle sua esperienza di vita ha capito che la sapienza dall'alto, quella che Gesù addita a Nicodemo invitandolo a rinascere dall'alto, non può che essere la sapienza della croce. Dall'alto della croce si diventa saggi, secondo il vangelo, accettando il paradosso che ha in sé l'amore: «Colui che non porta la propria croce e non viene dietro a me, non può essere mio discepolo» (Lc 14,27).

Il salmo di questa domenica prega così: «Insegnaci a contare i nostri giorni e acquisteremo un cuore saggio» (Sal 89,12). L'amore crocifisso sgrana il rosario dei giorni non in modo rassegnato ma consapevole, non li consuma uno dopo l'altro, bensì vi si immerge lasciandosi attraversare dalle relazioni vissute evangelicamente. È vero, «la tenda d'argilla opprime una mente piena di preoccupazioni» (Sap 9,15); ma colui che è la Sapienza pose la sua tenda in mezzo a noi. In lui la vita può essere vissuta con consapevolezza, non in modo avventato, sapendo andare fino in fondo nelle scelte impegnative.

INGRESSO
Sal 118,137.124

Tu sei giusto, Signore,
e sono retti i tuoi giudizi:
agisci con il tuo servo secondo il tuo amore.

COLLETTA **O Padre, che ci hai donato il Salvatore e lo Spirito Santo, guarda con benevolenza i tuoi figli di adozione, perché a tutti i credenti in Cristo sia data la vera libertà e l'eredità eterna. Per il nostro Signore...**

Oppure: **O Dio, tu sai come a stento ci raffiguriamo le cose terrestri, e con quale maggiore fatica possiamo rintracciare quelle del cielo; donaci la sapienza del tuo Spirito, perché da veri discepoli portiamo la nostra croce ogni giorno dietro il Cristo tuo Figlio. Egli è Dio...**

PRIMA LETTURA *Chi può immaginare che cosa vuole il Signore?*

Dal libro della Sapienza 9,13-18

«Quale, uomo può conoscere il volere di Dio?
Chi può immaginare che cosa vuole il Signore?

I ragionamenti dei mortali sono timidi
e incerte le nostre riflessioni,
perché un corpo corruttibile appesantisce l'anima
e la tenda d'argilla
opprime una mente piena di preoccupazioni.
A stento immaginiamo le cose della terra,
scopriamo con fatica quelle a portata di mano;
ma chi ha investigato le cose del cielo?
Chi avrebbe conosciuto il tuo volere,
se tu non gli avessi dato la sapienza
e dall'alto non gli avessi inviato il tuo santo spirito?
Così vennero raddrizzati i sentieri di chi è sulla terra;
gli uomini furono istruiti in ciò che ti è gradito
e furono salvati per mezzo della sapienza».
— Parola di Dio.

SALMO RESPONSORIALE dal Salmo 89

℟. Signore, sei stato per noi un rifugio
di generazione in generazione.

Tu fai ritornare l'uomo in polvere,
quando dici: «Ritornate, figli dell'uomo».
Mille anni, ai tuoi occhi,
sono come il giorno di ieri che è passato,
come un turno di veglia nella notte. ℟.

Tu li sommergi:
sono come un sogno al mattino,
come l'erba che germoglia;
al mattino fiorisce e germoglia,
alla sera è falciata e secca. ℟.

Insegnaci a contare i nostri giorni
E acquisteremo un cuore saggio.
Ritorna, Signore: fino a quando?
Abbi pietà dei tuoi servi! ℟.

Saziaci al mattino con il tuo amore:
esulteremo e gioiremo per tutti i nostri giorni.
Sia su di noi la dolcezza del Signore, nostro Dio:
rendi salda per noi l'opera delle nostre mani,
l'opera delle nostre mani rendi salda. ℟.

SECONDA LETTURA

Accoglilo non più come schiavo, ma come fratello carissimo

Dalla lettera a Filèmone 9b-10.12-17

Carissimo, ti esorto, io, Paolo, così come sono, vecchio, e ora anche prigioniero di Cristo Gesù. Ti prego per Onèsimo, figlio mio, che ho generato nelle catene. Te lo rimando, lui che mi sta tanto a cuore.
Avrei voluto tenerlo con me perché mi assistesse al posto tuo, ora che sono in catene per il Vangelo. Ma non ho voluto fare nulla senza il tuo parere, perché il bene che fai non sia forzato, ma volontario.
Per questo forse è stato separato da te per un momento: perché tu lo riavessi per sempre; non più però come schiavo, ma molto più che schiavo, come fratello carissimo, in primo luogo per me, ma ancora più per te, sia come uomo sia come fratello nel Signore.
Se dunque tu mi consideri amico, accoglilo come me stesso. — Parola di Dio.

AL VANGELO

Sal 118,135

Alleluia, alleluia.
Fa' risplendere il tuo volto sul tuo servo
e insegnami i tuoi decreti.
Alleluia.

VANGELO

Chi non rinuncia a tutti i suoi averi, non può essere mio discepolo

Dal Vangelo secondo Luca 14,25-33

In quel tempo, una folla numerosa andava con Gesù. Egli si voltò e disse loro: «Se uno viene a me e non mi ama più di quanto ami suo padre, la madre, la moglie, i figli, i fratelli, le sorelle e perfino la propria vita, non può essere mio discepolo.
Colui che non porta la propria croce e non viene dietro a me, non può essere mio discepolo.
Chi di voi, volendo costruire una torre, non siede prima a calcolare la spesa e a vedere se ha i mezzi per portarla a termine? Per evitare che, se getta le fondamenta e non è in grado di finire il lavoro, tutti coloro che vedono comincino a deriderlo, dicendo: "Costui ha iniziato a costruire, ma non è stato capace di finire il lavoro".

Oppure: quale re, partendo in guerra contro un altro re, non siede prima a esaminare se può affrontare con diecimila uomini chi gli viene incontro con ventimila? Se no, mentre l'altro è ancora lontano, gli manda dei messaggeri per chiedere pace.
Così chiunque di voi non rinuncia a tutti i suoi averi, non può essere mio discepolo». — Parola del Signore.

PREGHIERA UNIVERSALE

Fratelli e sorelle, in piena libertà ci rivolgiamo al Padre nella preghiera, perché il bene che ci è donato di compiere scaturisca dalla sua infinita bontà nei nostri confronti. Con la potenza del suo Spirito indirizzi la nostra volontà, per accordarla totalmente al suo progetto di vita. Imploriamo:

℟. **Ascoltaci, o Signore!**

● La tua sapienza, Signore, dimora nella Chiesa e riempie il cuore dei tuoi figli. Fa' che quanti credono in te conformino ad essa ogni loro decisione, perché vivano nell'unità fraterna, superando le divisioni storiche che ancora esistono, ti preghiamo.

● La tua sapienza, Signore, è fonte di ogni conoscenza e garanzia di autentica formazione culturale. Dona agli studenti, a ogni livello scolastico, una risoluta volontà di ricerca, guidati da veritieri educatori e nella condivisione dell'amicizia, ti preghiamo.

● La tua sapienza, Signore, si riassume nella logica della croce, che sconfigge ogni sopraffazione. Concedi ai discepoli del tuo Figlio di accogliere senza rimpianti le scelte più esigenti e aiuta i sofferenti nelle loro difficoltà quotidiane, ti preghiamo.

● La tua sapienza, Signore, abita in noi, che partecipiamo a questo convito fraterno. Illuminaci con la dolcezza del tuo Spirito, perché, consapevoli di dover scoprire con fatica le realtà a portata di mano, costruiamo in te la nostra esistenza, ti preghiamo.

● (*Altre intenzioni*).

Padre, creatore del cielo e della terra, che tutto hai chiamato alla vita con la tua Parola e tutto sostieni con sapienza d'amore, accogli le nostre invocazioni. Nel Battesimo ci hai resi tuoi figli: rendici degni di questa chiamata e aiutaci a portare a compimento ogni volontà di bene, perché sia glorificato il tuo nome in noi, e noi in te. Per Cristo nostro Signore. **Amen.**

SULLE OFFERTE **O Dio, sorgente della vera pietà e della pace, salga a te nella celebrazione di questo mistero la giusta adorazione per la tua grandezza e si rafforzi la fedeltà e la concordia dei tuoi figli. Per Cristo nostro Signore.**

Prefazio delle domeniche del Tempo ordinario (pp. 477-480).

COMUNIONE Come il cervo anela ai corsi d'acqua,
Sal 41,2-3 così l'anima mia anela a te, o Dio;
l'anima mia ha sete di Dio, del Dio vivente.

Oppure: «Io sono la luce del mondo», dice il Signore,
Gv 8,12 «chi segue me non cammina nelle tenebre,
ma avrà la luce della vita».

Oppure: «Chi non porta la propria croce
Lc 14,27 e non viene dietro di me,
non può essere mio discepolo».

DOPO LA COMUNIONE **O Padre, che nutri e rinnovi i tuoi fedeli alla mensa della parola e del pane di vita, per questi doni del tuo Figlio aiutaci a progredire costantemente nella fede, per divenire partecipi della sua vita immortale. Per Cristo nostro Signore.**

12 SETTEMBRE

24ª DOMENICA DEL TEMPO ORDINARIO

DIO DI MISERICORDIA

Il vangelo della grazia ci sorprende sempre, soprattutto perché una certa educazione nella quale siamo cresciuti ha di fatto capovolto la paradossalità dell'amore divino, che è tale proprio perché donato a chi non se lo merita. Se Dio fosse benevolo con chi è buono, che cosa ci sarebbe di straordinario? Non occorre scomodare Dio, per premiare i buoni e punire i cattivi; caso mai si tratta di fare funzionare meglio la giustizia umana. Per amare quanto in noi e negli altri è amabile, non ci vuole molto; ne siamo capaci tutti. Ma per amare ciò che non è amabile e abbracciare ciò che è lebbra e peccato, ci vuole davvero un Dio! Francesco d'Assisi, che bacia il lebbroso e si fa così vera icona di Cristo, rivela il volto del Dio in cui crediamo: unicamente misericordia e salvezza nei riguardi di ogni realtà ributtante, che non è negli altri ma in noi. Secondo alcuni, peraltro, questo sarebbe il Dio del Nuovo Testamento; niente a che fare con quello dell'Antico, crudele e vendicativo. In effetti le pagine bibliche attribuiscono a Dio sentimenti umani, che vanno dall'ira alla gelosia, dal risentimento alla contrarietà. Non mancano, tuttavia, testi nei quali misericordia e bontà, tenerezza e pazienza sgorgano dal cuore di Dio in abbondanza. E quando sembrano prevalere i sentimenti negativi, il Signore si fa convincere dall'uomo che nonostante tutto egli ama; come un genitore, un coniuge, un amico. L'esito di misericordia e di grazia, che alla fine prevale, acquista ancora più rilevanza dal momento che sgorga da una sorta di contraddittorio, da sentimenti contrastanti.

Le scelte di Dio si avvicinano in certo senso alle nostre; se anch'egli è combattuto, dentro di sé, figurarsi se non lo siamo noi! Ma se egli cambia parere, se converte il suo cuore dall'ira al perdo-

no, non lo possiamo fare pure noi alla sua scuola? Il Dio dei due Testamenti è uno, la sua pedagogia si dispiega in modo sempre più evidente fino ad approdare all'evangelo di Gesù, ebreo credente che si relaziona a lui con intimità e singolarità unica. Lo chiama Abbà, il Dio-Papà che già nella sua tradizione aveva conosciuto; ma egli non esita a rivelarlo quale misericordia senza limiti. Il capitolo quindici di Luca è tutto un inno a questa misericordia: non importa chi e come siamo, di fronte a lui l'unica certezza è che siamo ritrovati, come la pecora perduta, la moneta smarrita, il figlio allontanatosi da casa. Un particolare del racconto del Padre misericordioso è rivelatore: «Presto, portate qui la prima veste [così nel testo greco] e rivestitelo» (Lc 15,22). La prima veste è quella battesimale, per noi cristiani; con essa veniamo rivestiti ogni volta che siamo perdonati, perché l'abbraccio del Padre è un'autentica rinascita dall'alto. Dio è misericordioso non perché chiude un occhio, rattoppa il nostro vestito, riaggiusta in qualche modo le cose; ci ricrea, nel suo perdono, come figli e fratelli.

INGRESSO cf. Sir 36,15-16

Da', o Signore,
la pace a coloro che sperano in te;
i tuoi profeti siano trovati degni di fede;
ascolta la preghiera dei tuoi fedeli
e del tuo popolo, Israele.

COLLETTA **O Dio, che hai creato e governi l'universo, fa' che sperimentiamo la potenza della tua misericordia, per dedicarci con tutte le forze al tuo servizio. Per il nostro Signore...**

Oppure: **O Dio, che per la preghiera del tuo servo Mosè non abbandonasti il popolo ostinato nel rifiuto del tuo amore, concedi alla tua Chiesa per i meriti del tuo Figlio, che intercede sempre per noi, di far festa insieme agli angeli anche per un solo peccatore che si converte. Egli è Dio...**

PRIMA LETTURA *Il Signore si pentì del male che aveva minacciato di fare al suo popolo*

Dal libro dell'Èsodo 32,7-11.13-14

In quei giorni, il Signore disse a Mosè: «Va', scendi, per-

ché il tuo popolo, che hai fatto uscire dalla terra d'Egitto, si è pervertito. Non hanno tardato ad allontanarsi dalla via che io avevo loro indicato! Si sono fatti un vitello di metallo fuso, poi gli si sono prostrati dinanzi, gli hanno offerto sacrifici e hanno detto: «Ecco il tuo Dio, Israele, colui che ti ha fatto uscire dalla terra d'Egitto"».
Il Signore disse inoltre a Mosè: «Ho osservato questo popolo: ecco, è un popolo dalla dura cervìce. Ora lascia che la mia ira si accenda contro di loro e li divori. Di te invece farò una grande nazione».
Mosè allora supplicò il Signore, suo Dio, e disse: «Perché, Signore, si accenderà la tua ira contro il tuo popolo, che hai fatto uscire dalla terra d'Egitto con grande forza e con mano potente? Ricòrdati di Abramo, di Isacco, di Israele, tuoi servi, ai quali hai giurato per te stesso e hai detto: «Renderò la vostra posterità numerosa come le stelle del cielo, e tutta questa terra, di cui ho parlato, la darò ai tuoi discendenti e la possederanno per sempre"».
Il Signore si pentì del male che aveva minacciato di fare al suo popolo. — Parola di Dio.

SALMO RESPONSORIALE dal Salmo 50

℟. **Ricordati di me, Signore, nel tuo amore.**

Pietà di me, o Dio, nel tuo amore;
nella tua grande misericordia
cancella la mia iniquità.
Lavami tutto dalla mia colpa,
dal mio peccato rendimi puro. ℟.

Crea in me, o Dio, un cuore puro,
rinnova in me uno spirito saldo.
Non scacciarmi dalla tua presenza
e non privarmi del tuo santo spirito. ℟.

Signore, apri le mie labbra
e la mia bocca proclami la tua lode.
Uno spirito contrito è sacrificio a Dio;
un cuore contrito e affranto
tu, o Dio, non disprezzi. ℟.

SECONDA LETTURA *Cristo è venuto per salvare i peccatori*

Dalla prima lettera di san Paolo apostolo a Timòteo 1,12-17

Figlio mio, rendo grazie a colui che mi ha reso forte, Cristo Gesù Signore nostro, perché mi ha giudicato degno di fiducia mettendo al suo servizio me, che prima ero un bestemmiatore, un persecutore e un violento. Ma mi è stata usata misericordia, perché agivo per ignoranza, lontano dalla fede, e così la grazia del Signore nostro ha sovrabbondato insieme alla fede e alla carità che è in Cristo Gesù.
Questa parola è degna di fede e di essere accolta da tutti: Cristo Gesù è venuto nel mondo per salvare i peccatori, il primo dei quali sono io. Ma appunto per questo ho ottenuto misericordia, perché Cristo Gesù ha voluto in me, per primo, dimostrare tutta quanta la sua magnanimità, e io fossi di esempio a quelli che avrebbero creduto in lui per avere la vita eterna.
Al Re dei secoli, incorruttibile, invisibile e unico Dio, onore e gloria nei secoli dei secoli. Amen. — Parola di Dio.

AL VANGELO
cf. 2Cor 5,19

Alleluia, alleluia.
Dio ha riconciliato a sé il mondo in Cristo,
affidando a noi
la parola della riconciliazione.
Alleluia.

VANGELO *

Ci sarà gioia in cielo per un solo peccatore che si converte

Dal Vangelo secondo Luca 15,1-32 [forma breve: 15,1-10]

In quel tempo, si avvicinavano a Gesù tutti i pubblicani e i peccatori per ascoltarlo. I farisei e gli scribi mormoravano dicendo: «Costui accoglie i peccatori e mangia con loro».
Ed egli disse loro questa parabola: «Chi di voi, se ha cento pecore e ne perde una, non lascia le novantanove nel deserto e va in cerca di quella perduta, finché non la trova? Quando l'ha trovata, pieno di gioia se la carica sulle spalle, va a casa, chiama gli amici e i vicini e dice loro:

"Rallegratevi con me, perché ho trovato la mia pecora, quella che si era perduta". Io vi dico: così vi sarà gioia nel cielo per un solo peccatore che si converte, più che per novantanove giusti i quali non hanno bisogno di conversione.
Oppure:, quale donna, se ha dieci monete e ne perde una, non accende la lampada e spazza la casa e cerca accuratamente finché non la trova? E dopo averla trovata, chiama le amiche e le vicine, e dice: «Rallegratevi con me, perché ho trovato la moneta che avevo perduto». Così, io vi dico, vi è gioia davanti agli angeli di Dio per un solo peccatore che si converte».
[Disse ancora: «Un uomo aveva due figli. Il più giovane dei due disse al padre: "Padre, dammi la parte di patrimonio che mi spetta". Ed egli divise tra loro le sue sostanze. Pochi giorni dopo, il figlio più giovane, raccolte tutte le sue cose, partì per un paese lontano e là sperperò il suo patrimonio vivendo in modo dissoluto. Quando ebbe speso tutto, sopraggiunse in quel paese una grande carestia ed egli cominciò a trovarsi nel bisogno. Allora andò a mettersi al servizio di uno degli abitanti di quella regione, che lo mandò nei suoi campi a pascolare i porci. Avrebbe voluto saziarsi con le carrube di cui si nutrivano i porci; ma nessuno gli dava nulla. Allora ritornò in sé e disse: "Quanti salariati di mio padre hanno pane in abbondanza e io qui muoio di fame! Mi alzerò, andrò da mio padre e gli dirò: Padre, ho peccato verso il Cielo e davanti a te; non sono più degno di essere chiamato tuo figlio. Trattami come uno dei tuoi salariati". Si alzò e tornò da suo padre.
Quando era ancora lontano, suo padre lo vide, ebbe compassione, gli corse incontro, gli si gettò al collo e lo baciò. Il figlio gli disse: "Padre, ho peccato verso il Cielo e davanti a te; non sono più degno di essere chiamato tuo figlio". Ma il padre disse ai servi: "Presto, portate qui il vestito più bello e fateglielo indossare, mettetegli l'anello al dito e i sandali ai piedi. Prendete il vitello grasso, ammazzatelo, mangiamo e facciamo festa, perché questo mio figlio era morto ed è tornato in vita, era perduto ed è stato ritrovato". E cominciarono a far festa.

Il figlio maggiore si trovava nei campi. Al ritorno, quando fu vicino a casa, udì la musica e le danze; chiamò uno dei servi e gli domandò che cosa fosse tutto questo. Quello gli rispose: "Tuo fratello è qui e tuo padre ha fatto ammazzare il vitello grasso, perché lo ha riavuto sano e salvo". Egli si indignò, e non voleva entrare. Suo padre allora uscì a supplicarlo. Ma egli rispose a suo padre: "Ecco, io ti servo da tanti anni e non ho mai disobbedito a un tuo comando, e tu non mi hai mai dato un capretto per far festa con i miei amici. Ma ora che è tornato questo tuo figlio, il quale ha divorato le tue sostanze con le prostitute, per lui hai ammazzato il vitello grasso" Gli rispose il padre: "Figlio, tu sei sempre con me e tutto ciò che è mio è tuo; ma bisognava far festa e rallegrarsi, perché questo tuo fratello era morto ed è tornato in vita, era perduto ed è stato ritrovato"».]

— Parola del Signore.

PREGHIERA UNIVERSALE

Fratelli e sorelle, in noi sovrabbondano la grazia e la bontà misericordiosa del Signore Gesù. A lui, Re dei secoli, che veglia su questa sua comunità in cammino, rivolgiamo con fiducia le nostre suppliche, perché non ci costruiamo idoli da adorare, ma viviamo sempre nella libertà del servizio e nella piena concordia. Insieme imploriamo:

℟. **Ascoltaci, o Signore!**

- Signore, nella tua provvidenza continui a cercare chi si perde, perché nessuno si senta abbandonato quando sbaglia. Rendi la Chiesa preoccupata dei suoi figli, perché non si appellino al giudizio umano, ma anzitutto alla tua misericordia, ti preghiamo.

- Signore, hai rivolto le tue attenzioni particolarmente a chi veniva trascurato nella società. Suscita volontari, che, senza interesse alcuno, si facciano carico degli altri, a cominciare da quanti sono provati nel corpo e nello spirito, ti preghiamo.

- Signore, hai risposto con la tua benevolenza a chi ti accusava. Illumina gli educatori, perché, ispirandosi alla tua immagine di pastore, non manchino di entusiasmo nell'accogliere i ragazzi e i giovani, e coloro che sono delusi dalla vita, ti preghiamo.

- Signore, hai chiamato tutti a gustare la gioia del perdono nella condivisione del banchetto eucaristico. Aiutaci a non mancare a questo incontro con te e con i fratelli, per comprenderci nella nostra povertà di peccatori, ti preghiamo.
- (*Altre intenzioni*).

Padre, ci hai riuniti nel nome del tuo Figlio, per donarci il tuo amore: ascolta le nostre invocazioni. Il tuo Spirito ricomponga nell'unità ciò che la colpa ha disgregato, guarisca le ferite di questa umanità e sostenga la nostra debolezza, perché ritroviamo in te la vita nuova, nella lode perenne del tuo nome e nel servizio dei fratelli. Per Cristo nostro Signore. **Amen.**

SULLE OFFERTE **Accogli con bontà, Signore, i doni e le preghiere del tuo popolo, e ciò che ognuno offre in tuo onore giovi alla salvezza di tutti. Per Cristo nostro Signore.**

Prefazio delle domeniche del Tempo ordinario (pp. 477-480).

COMUNIONE Sal 35,8
Quanto è preziosa la tua misericordia, o Dio!
Gli uomini si rifugiano
all'ombra delle tue ali.

Oppure: cf. 1Cor 10,16
Il calice della benedizione
che noi benediciamo,
è comunione con il sangue di Cristo;
e il pane che spezziamo
è comunione con il corpo di Cristo.

Oppure: Lc 15,24
«Facciamo festa, perché mio figlio era morto
ed è tornato in vita,
era perduto ed è stato ritrovato».

DOPO LA COMUNIONE **La potenza di questo sacramento, o Padre, ci pervada corpo e anima, perché non prevalga in noi il nostro sentimento, ma l'azione del tuo Santo Spirito. Per Cristo nostro Signore.**

19 SETTEMBRE

25ª DOMENICA DEL TEMPO ORDINARIO

DALLA DIVISIONE ALLA CONDIVISIONE

Il profeta Amos denuncia un problema di sempre, dal momento che la disonestà unita all'ingordigia sembrano avere la meglio in tutti i tempi e in tutti i luoghi. Anzi, talvolta non emerge nemmeno l'indignazione manifestata dal profeta, così forte da trasformarsi in invettiva persino violenta. Si subisce e ci si adatta, trasformandosi spesso da vittime ingenue in furbi opportunisti; la scusa è pronta: se lo fanno tutti, perché non dovremmo farlo anche noi? Nasce pertanto una domanda: si tratta semplicemente di eccezioni, oppure la ricchezza porta con sé qualcosa che la rende ingiusta indipendentemente da come la si raggiunge? «Ebbene io vi dico: fatevi degli amici con la ricchezza disonesta, perché quando questa verrà a mancare, essi vi accolgano nelle dimore eterne» (Lc 16,9). È la conclusione che Gesù tira dalla parabola dell'amministratore disonesto; quindi noi pensiamo che la ricchezza disonesta sia quella guadagnata disonestamente. Ma è proprio così? «Non potete servire a Dio e la ricchezza» (Lc 16,13). La ricchezza, ogni ricchezza, sembrerebbe avere in sé una negatività che la oppone a Dio e la rende inganno, illusione, trappola. Il motivo è inscritto nella creazione stessa, fatta di realtà donate per essere condivise. Tutto ciò che è creato ha impresso in sé un sigillo di relazione, dal momento che viene da un Dio trinitario in se stesso relazione; pertanto le cose hanno un'anima relazionale, di cui non vanno espropriate.

La ricchezza che accumula va contro questa struttura profonda e infatti nel mondo a dividerci sono le cose; per esse – possederle, strapparle agli altri, accumularle per sé – si fanno le guerre, sia tra i popoli che all'interno delle famiglie. Ogni proprietà, dice la tradizionale dottrina della chiesa, ha un'ipoteca sociale; è data per una responsabilità nei confronti degli altri, bisogna risponderne di fronte a tutti e in particolare ai poveri. Ciò dovrebbe valere, in primo luogo, per i beni ecclesiastici, di istituti e congregazioni religiose, di diocesi e parrocchie. Ciò che si possiede solo per se stessi è profondamente disonesto, per più motivi: profana il mondo creato per essere condiviso, offende Dio bestemmiandone il Nome che è Amore, disprezza gli altri non riconoscendoli concretamente come fratelli e sorelle. Come uscirne? L'esempio dell'amministratore disonesto è paradossalmente additato da Gesù come risolutivo: «Fatevi degli amici con la ricchezza disonesta» (Lc 16,9), cioè mettetevi in relazione con gli altri proprio attraverso la condivisione di quelle stesse cose che invece spesso provocano divisione e opposizione. Si potrebbe fare un gioco di parole: se alla divisione si aggiungere un «con», tutto cambia! Le cose materiali ritornano finalmente a essere ciò che sono nel progetto di Dio e nella concreta storia dell'umanità non continueranno a dividerci, ma possono anzi affratellarci.

INGRESSO «Io sono la salvezza del popolo»,
dice il Signore,
«in qualunque prova mi invocheranno,
li esaudirò,
e sarò il loro Signore per sempre».

COLLETTA **O Dio, che nell'amore verso di te e verso il prossimo hai posto il fondamento di tutta la legge, fa' che osservando i tuoi comandamenti meritiamo di entrare nella vita eterna. Per il nostro Signore...**

Oppure: **O Padre, che ci chiami ad amarti e servirti come unico Signore, abbi pietà della nostra condizione umana; salvaci dalla cupidigia delle ricchezze, e fa' che alzando al cielo mani libere e pure, ti rendiamo gloria con tutta la nostra vita. Per il nostro Signore...**

PRIMA LETTURA

Contro coloro che comprano con denaro gli indigenti

Dal libro del profeta Amos 8,4-7

Il Signore mi disse:

«Ascoltate questo,
voi che calpestate il povero
e sterminate gli umili del paese,
voi che dite: «Quando sarà passato il novilunio
e si potrà vendere il grano?
E il sabato, perché si possa smerciare il frumento,
diminuendo l'efa e aumentando il siclo
e usando bilance false,
per comprare con denaro gli indigenti
e il povero per un paio di sandali?
Venderemo anche lo scarto del grano"».
Il Signore lo giura per il vanto di Giacobbe:
«Certo, non dimenticherò mai tutte le loro opere».
— Parola di Dio.

SALMO RESPONSORIALE

dal Salmo 112

℟. **Benedetto il Signore che rialza il povero.**

Lodate, servi del Signore,
lodate il nome del Signore.
Sia benedetto il nome del Signore,
da ora e per sempre. ℟.

Su tutte le genti eccelso è il Signore,
più alta dei cieli è la sua gloria.
Chi è come il Signore, nostro Dio,
che siede nell'alto
e si china a guardare
sui cieli e sulla terra? ℟.

Solleva dalla polvere il debole,
dall'immondizia rialza il povero,
per farlo sedere tra i prìncipi,
tra i prìncipi del suo popolo. ℟.

SECONDA LETTURA

Si facciano preghiere per tutti gli uomini a Dio, il quale vuole che tutti gli uomini siano salvati

Dalla prima lettera di san Paolo apostolo a Timòteo 2,1-8

Figlio *mio*, **raccomando, prima di tutto, che si facciano domande, suppliche, preghiere e ringraziamenti per tutti gli uomini, per i re e per tutti quelli che stanno al potere, perché possiamo condurre una vita calma e tranquilla,**

dignitosa e dedicata a Dio. Questa è cosa bella e gradita al cospetto di Dio, nostro salvatore, il quale vuole che tutti gli uomini siano salvati e giungano alla conoscenza della verità.
Uno solo, infatti, è Dio e uno solo anche il mediatore fra Dio e gli uomini, l'uomo Cristo Gesù, che ha dato se stesso in riscatto per tutti. Questa testimonianza egli l'ha data nei tempi stabiliti, e di essa io sono stato fatto messaggero e apostolo – dico la verità, non mentisco –, maestro dei pagani nella fede e nella verità.
Voglio dunque che in ogni luogo gli uomini preghino, alzando al cielo mani pure, senza collera e senza contese.
— Parola di Dio.

AL VANGELO
2Cor 8,9

Alleluia, alleluia.
Gesù Cristo da ricco che era,
si è fatto povero per voi,
perché voi diventaste ricchi
per mezzo della sua povertà.
Alleluia.

VANGELO * *Non potete servire Dio e la ricchezza*

Dal Vangelo secondo Luca 16,1-13 [forma breve: 16,10-13]

In quel tempo, Gesù diceva ai discepoli:
[«Un uomo ricco aveva un amministratore, e questi fu accusato dinanzi a lui di sperperare i suoi averi. Lo chiamò e gli disse: "Che cosa sento dire di te? Rendi conto della tua amministrazione, perché non potrai più amministrare".
L'amministratore disse tra sé: "Che cosa farò, ora che il mio padrone mi toglie l'amministrazione? Zappare, non ne ho la forza; mendicare, mi vergogno. So io che cosa farò perché, quando sarò stato allontanato dall'amministrazione, ci sia qualcuno che mi accolga in casa sua".
Chiamò uno per uno i debitori del suo padrone e disse al primo: "Tu quanto devi al mio padrone?". Quello rispose: "Cento barili d'olio". Gli disse: "Prendi la tua ricevuta, siediti subito e scrivi cinquanta". Poi disse a un altro: "Tu quanto devi?". Rispose: "Cento misure di grano". Gli disse: "Prendi la tua ricevuta e scrivi ottanta".

Il padrone lodò quell'amministratore disonesto, perché aveva agito con scaltrezza. I figli di questo mondo, infatti, verso i loro pari sono più scaltri dei figli della luce. Ebbene, io vi dico: fatevi degli amici con la ricchezza disonesta, perché, quando questa verrà a mancare, essi vi accolgano nelle dimore eterne.]
Chi è fedele in cose di poco conto, è fedele anche in cose importanti; e chi è disonesto in cose di poco conto, è disonesto anche in cose importanti. Se dunque non siete stati fedeli nella ricchezza disonesta, chi vi affiderà quella vera? E se non siete stati fedeli nella ricchezza altrui, chi vi darà la vostra?
Nessun servitore può servire due padroni, perché o odierà l'uno e amerà l'altro, oppure si affezionerà all'uno e disprezzerà l'altro. Non potete servire Dio e la ricchezza». — Parola del Signore.

PREGHIERA UNIVERSALE

Fratelli e sorelle, in questa fraterna preghiera eleviamo al cielo mani pure e senza contese, e poniamo davanti a Dio le molteplici situazioni umane di necessità e di sofferenza. Interceda per noi il Signore Gesù, unico mediatore tra il Padre e gli uomini, e implori la benevolenza divina su tutti i poveri del mondo. Invochiamo:

℟. **Ascoltaci, o Signore!**

● La scaltrezza nel bene è segnalata dal vangelo come esemplare. Perché i cristiani sappiano trafficare i doni ricevuti e si impegnino a essere testimoni credibili in mezzo agli altri, particolarmente tra coloro che si sentono delusi e abbandonati, preghiamo.

● La potenza del male è diffusa e la violenza terrorizza questa società, scardinando le sue certezze. Perché chi è chiamato a guidare i popoli indirizzi il corso della storia verso la pacificazione, vincendo le ritorsioni e ricercando il bene *comune*, preghiamo.

● La fedeltà nel poco della ferialità è garanzia di quella richiesta nelle grandi circostanze della vita. Perché i ragazzi e i giovani utilizzino bene le loro risorse e si impegnino nel trasformare le relazioni mediante l'amicizia, preghiamo.

● Non possiamo servire a due padroni, ma solo a Dio. Perché, partecipando a questo banchetto eucaristico, vinciamo la tentazione dello sperpero, per restare uniti a Cristo ed essere testimoni credibili della verità evangelica, preghiamo.

● (*Altre intenzioni*).

Padre, dona ai tuoi fedeli di vivere nella concordia e nella pace, perché, diventati sempre più coerenti, sappiano comunicare agli altri la gioia di appartenerti. Concedi a noi, purificati da ogni egoismo, di trovare la vera felicità nel compimento del tuo volere, con saggezza e con impegno instancabile: in Cristo Gesù, nostro Signore. **Amen.**

SULLE OFFERTE **Accogli, o Padre, l'offerta del tuo popolo e donaci in questo sacramento di salvezza i beni nei quali crediamo e speriamo con amore di figli. Per Cristo nostro Signore.**

Prefazio delle domeniche del Tempo ordinario (pp. 477-480).

COMUNIONE
Sal 118,4-5

Hai dato, Signore, i tuoi precetti,
perché siano osservati fedelmente.
Siano diritte le mie vie
nell'osservanza dei tuoi comandamenti.

Oppure:
Gv 10,14

«Io sono il buon pastore,
conosco le mie pecore,
e le mie pecore conoscono me»,
dice il Signore.

Oppure:
Lc 16,13

«Non potete servire a Dio e a mammona»,
dice il Signore.

DOPO LA COMUNIONE **Guida e sostieni, Signore, con il tuo continuo aiuto il popolo che hai nutrito con i tuoi sacramenti, perché la redenzione operata da questi misteri trasformi tutta la nostra vita. Per Cristo nostro Signore.**

26 SETTEMBRE

26ª DOMENICA DEL TEMPO ORDINARIO

UN ESODO DI LIBERAZIONE

Una prima chiave interpretativa del racconto di Lazzaro il mendicante è suggerita dalla preghiera liturgica della domenica: «O Dio, tu chiami per nome i tuoi poveri, mentre non ha nome il ricco epulone». Emerge non solo l'amore di preferenza nei confronti dei poveri, ma l'inconsistenza che ha la ricchezza là dove non venga condivisa. Chi pensa di farsi un nome con quanto possiede, si ritrova senza nome di fronte a Dio; e sappiamo come nel mondo biblico il nome dica la verità profonda di ciascuno, la sua unicità, la dignità riconosciuta e accolta. Al punto che in Apocalisse c'è un annuncio molto significativo: «Al vincitore darò una pietruzza bianca sulla quale sta scritto un nome nuovo, che nessuno conosce all'infuori di chi la riceve» (Ap 2,17). Il ricco non ha nome quaggiù, nonostante sia un arrivato, e nemmeno riceve la pienezza di identità – il nome nuovo – nella vita definitiva. Rimane un innominato (che l'intuizione di Manzoni sia biblica?), il quale sembra trarre piacere dal banchetto della vita presente, mentre in realtà sta disfacendo la trama della sua esistenza fino a trovarsi dall'altra parte dell'abisso. La sua vita è stata un esodo al contrario, non il passaggio alla libertà ma la consegna progressiva alla schiavitù.

Del resto il popolo stesso, impaurito dalla troppa libertà che Dio gli dischiude dinanzi nel deserto, preferisce fabbricarsi un vitello d'oro e affidarsi a questo: la sicurezza, innanzitutto! Sarà anche vero che Dio ci chiama per nome, se siamo poveri, ma un gruzzolo da parte dà più garanzie... E nelle stesse chiese è più facile trovare lapidi con i nomi dei ricchi benefattori, che l'elenco del popolo povero autentico costruttore di chiesa. Comunque, sulla pietruzza bianca brilla il nome di Lazzaro, non del ricco epulone. Ed è questa prospettiva futura che dovrebbe illuminare le scelte presenti, perché alla luce di ciò che sarà comprendiamo la consistenza di ciò che è. C'è una verità della parola di Dio – il suo comandamento – che si manifesterà in pienezza alla fine, ma che già da ora va colta nelle scelte concrete, fatte in obbedienza a quanto ci è detto proprio per il nostro autentico bene. Sapere che in futuro Lazzaro sarà risarcito non costituisce un alibi per l'ingiustizia, né legittima a chiedere segni che già ci sono e vanno accolti, appunto in base alla Parola. «Hanno Mosè e i Profeti; ascoltino loro. Se non ascoltano Mosè e i Profeti, non sarebbero persuasi neanche se uno risuscitasse dai morti» (Lc 16,29.31). Questo Uno che risuscita è il Figlio dell'uomo, e solamente chi ha il cuore infiammato dalle Scritture – come nell'episodio di Emmaus – lo riconosce. «Se dai morti qualcuno andrà da loro, si convertiranno» (Lc 16,30). Ma il Risorto non è «qualcuno dai morti», bensì il Vivente; noi lo cerchiamo tra i morti, tutte le volte in cui non abbiamo fatto il passaggio pasquale verso la libertà del cuore.

INGRESSO
Dn 3,31.29.30.43.42

Signore,
tutto ciò che hai fatto ricadere su di noi
l'hai fatto con retto giudizio;
abbiamo peccato contro di te,
non abbiamo dato ascolto ai tuoi precetti;
ma ora glorifica il tuo nome e opera con noi
secondo la grandezza della tua misericordia.

COLLETTA **O Dio, che riveli la tua onnipotenza soprattutto con la misericordia e il perdono, continua a effondere su di noi la tua grazia, perché, camminando verso i beni da te promessi, diventiamo partecipi della felicità eterna. Per il nostro Signore...**

Oppure: **O Dio, tu chiami per nome i tuoi poveri, mentre non ha nome il ricco epulone; stabilisci con giustizia la sorte di tutti gli oppressi, poni fine all'orgia degli spensierati, e fa' che aderiamo in tempo alla tua Parola, per credere che il tuo Cristo è risorto dai morti e ci accoglierà nel tuo regno. Per il nostro Signore...**

PRIMA LETTURA *Ora cesserà l'orgia dei dissoluti*

Dal libro del profeta Amos 6,1a.4-7

Guai agli spensierati di Sion
e a quelli che si considerano sicuri
sulla montagna di Samaria!
Distesi su letti d'avorio e sdraiati sui loro divani
mangiano gli agnelli del gregge
e i vitelli cresciuti nella stalla.
Canterellano al suono dell'arpa,
come Davide improvvisano su strumenti musicali;
bevono il vino in larghe coppe
e si ungono con gli unguenti più raffinati,
ma della rovina di Giuseppe non si preoccupano.
Perciò ora andranno in esilio in testa ai deportati
e cesserà l'orgia dei dissoluti.
— **Parola di Dio.**

SALMO RESPONSORIALE dal Salmo 145

℟. **Loda il Signore, anima mia.**

Il Signore rimane fedele per sempre
rende giustizia agli oppressi,
dà il pane agli affamati.
Il Signore libera i prigionieri. ℟.

Il Signore ridona la vista ai ciechi,
il Signore rialza chi è caduto,
il Signore ama i giusti,
il Signore protegge i forestieri. ℟.

Egli sostiene l'orfano e la vedova,
ma sconvolge le vie dei malvagi.
Il Signore regna per sempre,
il tuo Dio, o Sion, di generazione in generazione. ℟.

SECONDA LETTURA *Conserva il comandamento fino alla manifestazione del Signore*

Dalla prima lettera di san Paolo ap. a Timòteo 6,11-16

Tu, uomo di Dio, evita queste cose; tendi invece alla giustizia, alla pietà, alla fede, alla carità, alla pazienza, alla mitezza. Combatti la buona battaglia della fede, cerca di

raggiungere la vita eterna alla quale sei stato chiamato e per la quale hai fatto la tua bella professione di fede davanti a molti testimoni.
Davanti a Dio, che dà vita a tutte le cose, e a Gesù Cristo, che ha dato la sua bella testimonianza davanti a Ponzio Pilato, ti ordino di conservare senza macchia e in modo irreprensibile il comandamento, fino alla manifestazione del Signore nostro Gesù Cristo,
che al tempo stabilito sarà a noi mostrata da Dio,
il beato e unico Sovrano,
il Re dei re e Signore dei signori,
il solo che possiede l'immortalità
e abita una luce inaccessibile:
nessuno fra gli uomini lo ha mai visto né può vederlo.
A lui onore e potenza per sempre. Amen.
— Parola di Dio.

AL VANGELO
2Cor 8,9

Alleluia, alleluia.
Gesù Cristo da ricco che era,
si è fatto povero per voi,
perché voi diventaste ricchi
per mezzo della sua povertà.
Alleluia.

VANGELO *Nella vita, tu hai ricevuto i tuoi beni, e Lazzaro i suoi mali; ma ora lui è consolato, tu invece sei in mezzo ai tormenti*

Dal Vangelo secondo Luca 16,19-31

In quel tempo, Gesù disse ai farisei: «C'era un uomo ricco, che indossava vestiti di porpora e di lino finissimo, e ogni giorno si dava a lauti banchetti. Un povero, di nome Lazzaro, stava alla sua porta, coperto di piaghe, bramoso di sfamarsi con quello che cadeva dalla tavola del ricco; ma erano i cani che venivano a leccare le sue piaghe. Un giorno il povero morì e fu portato dagli angeli accanto ad Abramo. Morì anche il ricco e fu sepolto. Stando negli inferi fra i tormenti, alzò gli occhi e vide di lontano Abramo, e Lazzaro accanto a lui. Allora gridando disse: "Padre Abramo, abbi pietà di me e manda Lazzaro a intingere nell'acqua la punta del dito e a bagnarmi la lingua, perché soffro terribilmente in questa fiamma".

Ma Abramo rispose: "Figlio, ricòrdati che, nella vita, tu hai ricevuto i tuoi beni, e Lazzaro i suoi mali; ma ora in questo modo lui è consolato, tu invece sei in mezzo ai tormenti. Per di più, tra noi e voi è stato fissato un grande abisso: coloro che di qui vogliono passare da voi, non possono, né di lì possono giungere fino a noi".
E quello replicò: "Allora, padre, ti prego di mandare Lazzaro a casa di mio padre, perché ho cinque fratelli. Li ammonisca severamente, perché non vengano anch'essi in questo luogo di tormento". Ma Abramo rispose: "Hanno Mosè e i Profeti; ascoltino loro". E lui replicò: "No, padre Abramo, ma se dai morti qualcuno andrà da loro, si convertiranno". Abramo rispose: "Se non ascoltano Mosè e i Profeti, non saranno persuasi neanche se uno risorgesse dai morti"». — Parola del Signore.

PREGHIERA UNIVERSALE

Fratelli e sorelle, preghiamo il Padre, che rende giustizia agli oppressi e dona il pane agli affamati. Nella sua onnipotenza ponga fine alle situazioni di ingiustizia, per partecipare la speranza del suo regno ai poveri e agli afflitti. Per questo invochiamo la sua benevolenza, implorando:

℟. **Ascoltaci, o Signore!**

● Signore, quanti credono in te si accorgano che, sulla soglia delle loro case, giacciono i poveri, in attesa delle briciole che cadono dalle tavole imbandite. Fa' che, superata ogni discriminazione, a tutti sia garantito il necessario per vivere, ti preghiamo.

● Signore, coloro che guidano i popoli si impegnino a ricercare le modalità più appropriate per colmare l'abisso scavato tra poveri e ricchi. Allontana la violenza omicida, generata dalle palesi ingiustizie economiche presenti in molte nazioni, ti preghiamo.

● Signore, l'utilizzo delle ricchezze sia commisurato alle necessità degli ultimi e alle nuove povertà. Custodisci nel tuo amore i ragazzi e i giovani, e sostienili nella crescita della loro fede, illuminati dai tuoi insegnamenti e dagli esempi degli adulti, ti preghiamo.

● Signore, fa' che condividiamo con gioia questa mensa, che hai imbandito per rafforzarci nella tua carità. Donaci il coraggio di ascoltare il tuo Figlio, perché, alla scuola del suo vangelo, ci convertiamo e portiamo speranza nel mondo, ti preghiamo.

● (*Altre intenzioni*).

Padre, tu vieni incontro alle nostre povertà: ascolta le preghiere che ti abbiamo innalzato. Aiutaci a diventare sempre più tuoi discepoli e a soccorrere i tuoi figli affamati, perché ti onoriamo in loro e giungiamo un giorno a condividere con Lazzaro il festoso banchetto del tuo regno: in Cristo Gesù, nostro Signore. **Amen.**

SULLE OFFERTE **Accogli, Padre misericordioso, i nostri doni, e da quest'offerta della tua Chiesa fa' scaturire per noi la sorgente di ogni benedizione. Per Cristo nostro Signore.**

Prefazio delle domeniche del Tempo ordinario (pp. 477-480).

COMUNIONE Ricorda, Signore,
Sal 118,49-50 la promessa fatta al tuo servo:
in essa mi hai dato speranza
nella mia miseria essa mi conforta.

Oppure: Da questo abbiamo conosciuto l'amore di Dio:
1Gv 3,16 egli ha dato la sua vita per noi,
e anche noi dobbiamo dare la vita
per i fratelli.

Oppure: Il povero fu portato dagli angeli
Lc 16,22-23 nel seno di Abramo,
il ricco nell'inferno tra i tormenti.

DOPO LA COMUNIONE **Questo sacramento di vita eterna ci rinnovi, o Padre, nell'anima e nel corpo, perché, comunicando a questo memoriale della passione del tuo Figlio, diventiamo eredi con lui nella gloria. Per Cristo nostro Signore.**

3 OTTOBRE

27ª DOMENICA DEL TEMPO ORDINARIO

ARRENDERSI A QUELL'ALBERO

Un grido sale dalla storia, dalle guerre che insanguinano i popoli, dalle malattie che spengono l'esistenza, dalle sofferenze di tanti innocenti, dalla malvagità che dilaga impunita: Fino a quando, Signore? Chi di noi, almeno in alcune esperienze di vita, non ha chiesto conto al Signore di ciò che fa dell'esistenza un «vizio assurdo» (direbbe lo scrittore Pavese)? Gesù stesso sulla croce prega un salmo, in certo senso accusatorio: «Dio mio, Dio mio, perché mi hai abbandonato?» (Sal 22,2). Le anime pie, quando emerge il grido di chi non ne può più, si affrettano a dire che si tratta di avere fede, di accettare, di arrendersi alla sua volontà. Il problema non è Dio – sembrano affermare – sei tu che non credi, hai poca fede. «Se aveste fede quanto un granellino di senapa, potreste dire a questo gelso: Sradicati e vai a piantarti nel mare, ed esso vi obbedirebbe» (Lc 17,6). Ci si mette anche Gesù a rinfacciare, che si tratta di mancanza di fede! Chiariamo una cosa: è proprio il credente che si rivolge al Signore per dirgli che la misura è colma; chi non crede non alza alcun grido verso l'alto, caso mai si limita a maledire la vita. Ma se hai fede, non puoi non coinvolgere Dio nella tragedia della storia con tutte le sue sofferenze.

È l'operazione tentata dagli amici di Giobbe, patetici difensori di un Dio che non ha bisogno di avvocati che lo scagionino. Tuttavia, se avessimo davvero fede così da leggere nel Signore ogni cosa, ci saremmo probabilmente accorti che nel cuore delle avversità, nel mezzo del mare della vita, si è già trapiantato un albero. È l'albero della vita, divenuto con il peccato albero della morte; ma non è rimasto al centro del paradiso perduto, ci ha seguiti nella cacciata a testimoniare la fedeltà di Colui che ce lo ha donato. È divenuto l'albero della croce. Appeso a quell'albero c'è lo stesso Signore, al quale chiediamo conto: Fino a quando? Non ci risponde semplicemente invitandoci a pazientare; ci dona speranza inchiodato alla nostra stessa disperazione. «Scrivi la visione» (Ab 2,2), viene chiesto al profeta. Di che visione può trattarsi, se non di quella della croce? L'evento dell'Amore crocifisso è l'unica risposta che garantisce speranza, infatti non misconosce il grido angosciato proveniente dalla storia. Lo assume, lo fa proprio fino in fondo, lo colloca nel cuore stesso di Dio. È questo il vangelo da accogliere e testimoniare, la buona notizia da custodire per raccontarla a tutti; non le definizioni su Dio, da distribuire come pillole di dottrina cristiana. La fedeltà alla Parola crocifissa va salvaguardata da ogni tentativo di trasformarla in qualcosa d'altro; magari con il nostro protagonismo che sostituisce all'efficacia del chicco di grano, che muore per dare frutto, l'efficienza del proprio fare.

INGRESSO
Est 13,9.10-11

Tutte le cose sono in tuo potere, Signore,
e nessuno può resistere al tuo volere.
Tu hai fatto tutte le cose, il cielo e la terra
e tutte le meraviglie che vi sono racchiuse;
tu sei il Signore di tutto l'universo.

COLLETTA **O Dio, fonte di ogni bene, che esaudisci le preghiere del tuo popolo al di là di ogni desiderio e di ogni merito, effondi su di noi la tua misericordia: perdona ciò che la coscienza teme e aggiungi ciò che la preghiera non osa sperare. Per il nostro Signore...**

Oppure: **O Padre, che ci ascolti se abbiamo fede quanto un granello di senapa, donaci l'umiltà del cuore, perché cooperando con tutte le nostre forze alla crescita del tuo regno, ci riconosciamo servi inutili, che tu hai chiamato a rivelare le meraviglie del tuo amore. Per il nostro Signore...**

PRIMA LETTURA *Il giusto vivrà per la sua fede*

Dal libro del profeta Abacuc 1,2-3; 2,2-4

Fino a quando, Signore, implorerò aiuto
e non ascolti,
a te alzerò il grido: «Violenza!»

e non salvi?
Perché mi fai vedere l'iniquità
e resti spettatore dell'oppressione?
Ho davanti a me rapina e violenza
e ci sono liti e si muovono contese.
Il Signore rispose e mi disse:
«Scrivi la visione e incidila bene sulle tavolette,
perché la si legga speditamente.
È una visione che attesta un termine,
parla di una scadenza e non mentisce;
se indugia, attendila,
perché certo verrà e non tarderà.
Ecco, soccombe colui che non ha l'animo retto,
mentre il giusto vivrà per la sua fede».
— Parola di Dio.

SALMO RESPONSORIALE

dal Salmo 94

℟. **Ascoltate oggi la voce del Signore.**

Venite, cantiamo al Signore,
acclamiamo la roccia della nostra salvezza.
Accostiamoci a lui per rendergli grazie,
a lui acclamiamo con canti di gioia. ℟.

Entrate: prostràti, adoriamo,
in ginocchio davanti al Signore che ci ha fatti.
È lui il nostro Dio
e noi il popolo del suo pascolo,
il gregge che egli conduce. ℟.

Se ascoltaste oggi la sua voce!
«Non indurite il cuore come a Merìba,
come nel giorno di Massa nel deserto,
dove mi tentarono i vostri padri:
mi misero alla prova
pur avendo visto le mie opere». ℟.

SECONDA LETTURA

Non vergognarti di dare testimonianza al Signore nostro

Dalla seconda lettera di san Paolo ap. a Timòteo 1,6-8.13-14

Figlio mio, ti ricordo di ravvivare il dono di Dio, che è in te mediante l'imposizione delle mie mani. Dio infatti non

ci ha dato uno spirito di timidezza, ma di forza, di carità e di prudenza.
Non vergognarti dunque di dare testimonianza al Signore nostro, né di me, che sono in carcere per lui; ma, con la forza di Dio, soffri con me per il Vangelo.
Prendi come modello i sani insegnamenti che hai udito da me con la fede e l'amore, che sono in Cristo Gesù. Custodisci, mediante lo Spirito Santo che abita in noi, il bene prezioso che ti è stato affidato. — Parola di Dio.

AL VANGELO 1Pt 1,25

Alleluia, alleluia.
La parola del Signore rimane in eterno:
e questa è la parola del Vangelo
che vi è stato annunciato.
Alleluia.

VANGELO *Se aveste fede!*

Dal Vangelo secondo Luca 17,5-10

In quel tempo, gli apostoli dissero al Signore: «Accresci in noi la fede!».
Il Signore rispose: «Se aveste fede quanto un granello di senape, potreste dire a questo gelso: «Sràdicati e vai a piantarti nel mare», ed esso vi obbedirebbe.
Chi di voi, se ha un servo ad arare o a pascolare il gregge, gli dirà, quando rientra dal campo: "Vieni subito e mettiti a tavola"? Non gli dirà piuttosto: "Prepara da mangiare, stríngiti le vesti ai fianchi e sérvimi, finché avrò mangiato e bevuto, e dopo mangerai e berrai tu"? Avrà forse gratitudine verso quel servo, perché ha eseguito gli ordini ricevuti?
Così anche voi, quando avrete fatto tutto quello che vi è stato ordinato, dite: "Siamo servi inutili. Abbiamo fatto quanto dovevamo fare"». — Parola del Signore.

PREGHIERA UNIVERSALE

Fratelli e sorelle, ravviviamo con gioia il dono di Dio che è in noi dal giorno del nostro Battesimo e sentiamoci disponibili a rendere testimonianza a Cristo Signore, senza temere le sofferenze da affrontare. Raccolti dallo Spirito in preghiera, viviamo con speranza questo momento comunitario, affidando al Padre la nostra volontà di collaborare alla venuta del suo regno. Con gli apostoli invochiamo:

℟. **Signore, aumenta la nostra fede!**

● Signore, la tua Chiesa sia manifestazione coerente dell'autentica fede in te. Quanti si professano cristiani siano pronti ad ascoltare la tua voce nelle varie situazioni di vita e a confermare la tua misericordia con la povertà di spirito, ti preghiamo.

● Signore, il messaggio evangelico e il suo approfondimento nel tempo rinsaldino la conoscenza di te e la ricerca della tua amicizia. Chi svolge un ministero nella Chiesa diffonda la tua verità e la tua pace, ti preghiamo.

● Signore, nei nostri ambienti e nei nostri gruppi parrocchiali si rinvigorisca il desiderio di camminare su vie nuove, che tu solo indichi. La coscienza di essere servi, e soltanto servi, apra alla sollecitudine e all'amore sincero verso i più poveri, ti preghiamo.

● Signore, in ogni Eucaristia che celebriamo aiutaci a custodire e a rinnovare la tradizione ricevuta, per consegnarla alle generazioni future. Impegnaci nella missione, particolarmente verso coloro che non avvertono più viva la propria fede, ti preghiamo.

● (*Altre intenzioni*).

Padre, accogli le nostre invocazioni e sostienici con la forza del tuo Spirito, per superare con saggezza le avversità. Risuoni nel nostro cuore la voce del tuo Figlio, perché ci convertiamo a lui e testimoniamo l'obbedienza al suo vangelo. Fa' che riconosciamo i segni della tua presenza nel mondo, per portare frutti di riconciliazione e di carità: in Cristo Gesù, nostro Signore. **Amen.**

SULLE OFFERTE **Accogli, Signore, il sacrificio che tu stesso *ci hai comandato* d'offrirti e, mentre esercitiamo *il* nostro ufficio sacerdotale, compi in noi la tua opera di salvezza. Per Cristo nostro Signore.**

Prefazio delle domeniche del Tempo ordinario (pp. 477-480).

COMUNIONE Lam 3,25
Il Signore è buono con chi spera in lui,
con l'anima che lo cerca.

Oppure: cf. 1Cor 10,17
Un solo è il pane, e noi,
pur essendo molti, siamo un corpo solo,
perché partecipiamo tutti
dell'unico pane e dell'unico calice.

Oppure: Lc 17,5
Dissero gli apostoli a Gesù:
«Signore, aumenta la nostra fede!».

DOPO LA COMUNIONE **La comunione a questo sacramento sazi la nostra fame e sete di te, o Padre, e ci trasformi nel Cristo tuo Figlio. Egli vive e regna, nei secoli dei secoli.**

10 OTTOBRE

28ª DOMENICA DEL TEMPO ORDINARIO

LA GUARIGIONE CHE SALVA

«O Dio, fa' che nessuno di noi ti cerchi solo per la salute del corpo». Così dice la preghiera di questa domenica, ineccepibile soprattutto se detta da chi non ha problemi di salute... Il rischio, infatti, è di separare il corpo dall'anima, la dimensione materiale da quella spirituale. Il curato di campagna del diario di Bernanos, in piena crisi per la malattia che lo porterà alla morte, si domanda dove sia mai la sua fede: non nella testa, che sragiona; non nel cuore, che è angosciato; non nello spirito, inaridito dalla sofferenza. È nella sua carne scossa dalla febbre, nel corpo sfinito dal male, nel fisico che invoca sollievo. C'è un sacramento, che dovrebbe accompagnare la malattia dei cristiani, ma purtroppo l'abbiamo impropriamente chiamato estrema unzione e ridotto a viatico per i morti; invece ci è dato anzitutto – anche se non solo – per la guarigione fisica, per il benessere del corpo. Gesù, di fronte a dieci lebbrosi, che fa? Li invia dai sacerdoti, che dovevano attestare la guarigione. «E mentre essi andavano, furono purificati» (Lc 17,14).

I miracoli di guarigione non sono esibizione della potenza divina di Gesù, ma sollecitudine concreta per il male dell'uomo e intervento che ridona salute. La gloria di Dio, infatti, è l'uomo vivente! I cristiani e la stessa chiesa vivono il discepolato del loro Maestro e Signore curvandosi sui bisogni concreti dell'umanità, non spiritualizzando indebitamente l'evangelo e privandolo quindi della sua capacità di sanare la carne «cardine della salvezza» (secondo una famosa espressione di Tertulliano). Ma il racconto di guarigione continua. «Uno di loro, vedendosi guarito, tornò indietro lodando Dio a gran voce; e si prostrò davanti a Gesù per ringraziarlo» (Lc 17,15-16). Non si limita ad accogliere la guarigione come gesto che risana, guarda a se stesso – dentro se stesso – vedendosi con occhi diversi; si sente non semplicemente liberato dalla lebbra, ma raggiunto dall'amore nella sua lebbra. Colui che lo ha sanato, lo ha fatto non con un gesto miracoloso rimanendone fuori; si è immerso nella sua condizione, sentendola propria. Il mistero della pasqua dona vita alle nostre morti, perché il Signore è morto con noi e per noi; per le sue piaghe – fattosi lebbroso per amore – veniamo guariti. Il risultato finale è di autentica salvezza, per chi è ritornato sulla propria guarigione facendola diventare esperienza di incontro, di riconoscimento, di riconoscenza. Dieci sono stati sanati, uno solo si ritrova salvato. Anche Naaman il Siro, dopo essersi immerso nel fiume, si scopre non semplicemente guarito dalla lebbra; per questo ritorna dal profeta. La terra verso la quale si è incamminato, per un esodo interiore simile a quello del patriarca Abramo, diviene sacramento della fede ritrovata; per questo ne porta con sé un certo quantitativo, a testimonianza di un incontro che gli ha cambiato la vita.

INGRESSO
Sal 129,3-4

Se consideri le nostre colpe, Signore,
chi potrà resistere?
Ma presso di te è il perdono,
o Dio di Israele.

COLLETTA **Ci preceda e ci accompagni sempre la tua grazia, Signore, perché, sorretti dal tuo paterno aiuto, non ci stanchiamo mai di operare il bene. Per il nostro Signore...**

Oppure: **O Dio, fonte della vita temporale ed eterna, fa' che nessuno di noi ti cerchi solo per la salute del corpo: ogni fratello in questo giorno santo torni a renderti gloria per il dono della fede, e la Chiesa intera sia testimone della salvezza che tu operi continuamente in Cristo tuo Figlio. Egli è Dio...**

PRIMA LETTURA

Tornato Naamàn dall'uomo di Dio, confessò il Signore

Dal secondo libro dei Re 5,14-17

In quei giorni, Naamàn [il comandante dell'esercito del re di Aram] scese e si immerse nel Giordano sette volte,

secondo la parola di Elisèo, uomo di Dio, e il suo corpo ridivenne come il corpo di un ragazzo; egli era purificato [dalla sua lebbra].
Tornò con tutto il seguito da Elisèo, l'uomo di Dio; entrò e stette davanti a lui dicendo: «Ecco, ora so che non c'è Dio su tutta la terra se non in Israele. Adesso accetta un dono dal tuo servo». Quello disse: «Per la vita del Signore, alla cui presenza io sto, non lo prenderò». L'altro insisteva perché accettasse, ma egli rifiutò.
Allora Naamàn disse: «Se è no, sia permesso almeno al tuo servo di caricare qui tanta terra quanta ne porta una coppia di muli, perché il tuo servo non intende compiere più un olocausto o un sacrificio ad altri dèi, ma solo al Signore». — Parola di Dio.

SALMO RESPONSORIALE dal Salmo 97

℟. **Il Signore ha rivelato ai popoli la sua giustizia.**

Cantate al Signore un canto nuovo,
perché ha compiuto meraviglie.
Gli ha dato vittoria la sua destra
e il suo braccio santo. ℟.

Il Signore ha fatto conoscere la sua salvezza,
agli occhi delle genti ha rivelato la sua giustizia.
Egli si è ricordato del suo amore,
della sua fedeltà alla casa d'Israele. ℟.
Tutti i confini della terra hanno veduto
la vittoria del nostro Dio.
Acclami il Signore tutta la terra,
gridate, esultate, cantate inni! ℟.

SECONDA LETTURA *Se perseveriamo, con lui anche regneremo*

Dalla seconda lettera di san Paolo ap. a Timòteo 2,8-13

Figlio mio, ricòrdati di Gesù Cristo, risorto dai morti, discendente di Davide, come io annuncio nel mio vangelo, per il quale soffro fino a portare le catene come un malfattore.
Ma la parola di Dio non è incatenata! Perciò io sopporto ogni cosa per quelli che Dio ha scelto, perché anch'essi

raggiungano la salvezza che è in Cristo Gesù, insieme alla gloria eterna.
Questa parola è degna di fede: Se moriamo con lui, con lui anche vivremo; se perseveriamo, con lui anche regneremo; se lo rinneghiamo, lui pure ci rinnegherà; se siamo infedeli, lui rimane fedele, perché non può rinnegare se stesso. — Parola di Dio.

AL VANGELO 1Ts 5,18

Alleluia, alleluia.
In ogni cosa rendete grazie:
questa infatti è volontà di Dio in Cristo Gesù
verso di voi.
Alleluia.

VANGELO *Non si è trovato nessuno che tornasse indietro a rendere gloria a Dio, all'infuori di questo straniero*

Dal Vangelo secondo Luca 17,11-19

Lungo il cammino verso Gerusalemme, Gesù attraversava la Samarìa e la Galilea. Entrando in un villaggio, gli vennero incontro dieci lebbrosi, che si fermarono a distanza e dissero ad alta voce: «Gesù, maestro, abbi pietà di noi!». Appena li vide, Gesù disse loro: «Andate a presentarvi ai sacerdoti». E mentre essi andavano, furono purificati.
Uno di loro, vedendosi guarito, tornò indietro lodando Dio a gran voce, e si prostrò davanti a Gesù, ai suoi piedi, per ringraziarlo. Era un Samaritano.
Ma Gesù osservò: «Non ne sono stati purificati dieci? E gli altri nove dove sono? Non si è trovato nessuno che tornasse indietro a rendere gloria a Dio, all'infuori di questo straniero?». E gli disse: «Àlzati e va'; la tua fede ti ha salvato!». — Parola del Signore.

PREGHIERA UNIVERSALE

Fratelli e sorelle, in questa preghiera comunitaria esprimiamo al Signore il nostro ringraziamento per la guarigione dalle molteplici forme di lebbra, presenti nell'umanità. Il suo Spirito ci ricolmi di gioia, perché apparteniamo a un popolo, che confida in lui e attende dalla sua bontà ciò che nessun altro può donare. Imploriamo:

℟. **Ascoltaci, o Signore!**

- Signore, la tua Chiesa raccolga il grido di pietà che s'innalza dalle situazioni di miseria presenti nel mondo. Rendi i tuoi figli aperti alle esigenze dei fratelli e fa' che si impegnino nell'opera di liberazione a favore dei popoli più poveri e infelici, ti preghiamo.

- Signore, negli eventi dolorosi della vita e della storia gli uomini cercano in te, come i lebbrosi, una risposta agli interrogativi che li tormentano. Rivèlati nello splendore della tua potenza, perché chi soffre trovi conforto e speranza per il futuro, ti preghiamo.

- Signore, troppe volte chi ha ottenuto ciò che aveva chiesto si allontana da te senza riconoscenza. Fa' che nella lode per i beni ricevuti i credenti avvertano la grandezza del tuo amore e la necessità di ringraziarti con entusiasmo, ti preghiamo.

- Signore, anche in questa domenica ci siamo riuniti per glorificarti nell'assemblea festosa dei fratelli. Aiutaci a testimoniare ogni giorno la gratuità della tua benevolenza, perché non ci riteniamo padroni, ma collaboratori della tua salvezza, ti preghiamo.

- (*Altre intenzioni*).

Padre, ti abbiamo innalzato le nostre invocazioni, con la fiducia di essere esauditi. Tu ci guarisci dal contagio del male, perché soccorriamo chi si sente estraniato dagli altri: fa' che condividiamo con i fratelli la gioia senza fine, per avere servito te, che sempre ci accompagni nel nostro cammino: in Cristo Gesù, nostro Signore. **Amen.**

SULLE OFFERTE **Accogli, Signore, le nostre offerte e preghiere, e fa' che questo santo sacrificio, espressione perfetta della nostra fede, ci apra il passaggio alla gloria del cielo. Per Cristo nostro Signore.**

Prefazio delle domeniche del Tempo ordinario (pp. 477-480).

COMUNIONE
Sal 33,11

I ricchi impoveriscono e hanno fame,
ma chi cerca il Signore non manca di nulla.

Oppure: 1Gv 3,2
Quando il Signore si manifesterà,
saremo simili a lui,
perché lo vedremo così come egli è.

Oppure: Lc 17,17.19
«Non sono dieci quelli guariti?
E gli altri nove dove sono?
Alzati e va', la tua fede ti ha salvato».

DOPO LA COMUNIONE **Padre santo e misericordioso, che ci hai nutriti con il corpo e sangue del tuo Figlio, per questa partecipazione al suo sacrificio donaci di comunicare alla sua stessa vita. Egli vive e regna nei secoli dei secoli.**

17 OTTOBRE

29ª DOMENICA DEL TEMPO ORDINARIO

SOSTENUTI DALLE SUE BRACCIA INCHIODATE

Sarà anche vero che Dio fa giustizia prontamente, ma a noi viene da dubitare di questa affermazione. Troppe grida cadono a vuoto e quanto ad aspettare l'intervento risolutore di Dio... la misura è colma e la pazienza viene meno. D'altra parte, Gesù sembra dire che siamo noi a cedere: «Ma il Figlio dell'uomo, quando verrà, troverà la fede sulla terra?» (Lc 18,8). Non è facile tener duro, quando le vicende della vita ti fanno cadere le braccia. C'è mancanza di fede per superficialità, per indifferenza, ma anche per una sorta di sfinimento interiore, che poco alla volta fa vacillare ciò che pareva solido. Come può morire l'amore tra un uomo e una donna, se «forte come la morte è l'amore, tenace come il regno dei morti è la passione. Le grandi acque non possono spegnere l'amore né i fiumi travolgerlo» (Ct 8,6-7)? Eppure l'esperienza di amori finiti è sotto i nostri occhi quotidianamente. Chi ci sosterrà nella crisi? Raccontano le Scritture: «Amalek venne a combattere contro Israele a Refidim» (Es 17,8). Storie vecchie, viene da dire. Non proprio, infatti «tutta la Scrittura, ispirata da Dio, è utile per insegnare, convincere, correggere e formare alla giustizia, perché l'uomo di Dio sia completo e ben preparato» (2Tm 3,16). Allora il combattimento è quello che ciascuno di noi affronta ogni giorno, è la battaglia della vita, che ci vede talvolta privi di fede e stanchi di innalzare giorno e notte i nostri lamenti a chi fa il sordo. Le sorti della lotta sono tutt'altro che scontate. «Quando Mosè alzava le mani, Israele prevaleva, ma quando le lasciava cadere, prevaleva Amalek (Es 17,11). Le mani alzate esprimono attraverso il segno ciò che il vangelo esorta a fare: «Gesù disse ai suoi discepoli una parabola sulla necessità di pregare sempre, senza stancarsi» (Lc 18,1). Sempre significa in continuità, al di là delle stanchezze, delle delusioni, delle sensazioni di inutilità, che tante volte sembra avere la stessa preghiera. Nel racconto biblico a intercedere è Mosè sul monte; noi, che leggiamo le Scritture in Cristo, non possiamo non rievocare il monte sul quale sale il Figlio dell'uomo, non più con in mano il legno del bastone ma appeso al legno della croce. Sul Golgota Gesù è tutto innalzato, le sue braccia non possono cadere, se le è fatte inchiodare per amore. Alla domanda che ci pone, se troverà ancora la fede sulla terra, egli stesso offre nel medesimo tempo la risposta. Quando la nostra fede personale vacilla, quando anche la chiesa pare affievolire la sua consapevolezza di comunità anzitutto di fede più che istituzione di potere, che contratta spazi e chiede garanzie agli altri poteri, la parola di Dio ci rassicura. Colui che ci chiede conto della nostra fede, ne è l'autore e la porta a compimento dentro le nostre fragilità e inconsistenze.

INGRESSO
Sal 16,6.8

Io t'invoco, mio Dio: dammi risposta,
rivolgi a me l'orecchio
e ascolta la mia preghiera.
Custodiscimi, o Signore,
come la pupilla degli occhi,
proteggimi all'ombra delle tue ali.

COLLETTA **Dio onnipotente ed eterno, crea in noi un cuore generoso e fedele, perché possiamo sempre servirti con lealtà e purezza di spirito. Per il nostro Signore...**

Oppure: **O Dio, che per le mani alzate del tuo servo Mosè hai dato la vittoria al tuo popolo, guarda la tua Chiesa raccolta in preghiera; fa' che il nuovo Israele cresca nel servizio del bene e vinca il male che minaccia il mondo, nell'attesa dell'ora in cui farai giustizia ai tuoi eletti, che gridano giorno e notte verso di te. Per il nostro Signore...**

PRIMA LETTURA *Quando Mosè alzava le mani, Israele prevaleva*

Dal libro dell'Èsodo 17,8-13

In quei giorni, Amalèk venne a combattere contro Israele a Refidìm.
Mosè disse a Giosuè: «Scegli per noi alcuni uomini ed

esci in battaglia contro Amalèk. Domani io starò ritto sulla cima del colle, con in mano il bastone di Dio». Giosuè eseguì quanto gli aveva ordinato Mosè per combattere contro Amalèk, mentre Mosè, Aronne e Cur salirono sulla cima del colle.
Quando Mosè alzava le mani, Israele prevaleva; ma quando le lasciava cadere, prevaleva Amalèk. Poiché Mosè sentiva pesare le mani, presero una pietra, la collocarono sotto di lui ed egli vi si sedette, mentre Aronne e Cur, uno da una parte e l'altro dall'altra, sostenevano le sue mani. Così le sue mani rimasero ferme fino al tramonto del sole.
Giosuè sconfisse Amalèk e il suo popolo, passandoli poi a fil di spada. — Parola di Dio.

SALMO RESPONSORIALE

Salmo 120

℟. **Il mio aiuto viene dal Signore.**

Alzo gli occhi verso i monti:
da dove mi verrà l'aiuto?
Il mio aiuto viene dal Signore:
egli ha fatto cielo e terra. ℟.

Non lascerà vacillare il tuo piede,
non si addormenterà il tuo custode.
Non si addormenterà, non prenderà sonno
il custode d'Israele. ℟.

Il Signore è il tuo custode,
il Signore è la tua ombra
e sta alla tua destra.
Di giorno non ti colpirà il sole,
né la luna di notte. ℟.

Il Signore ti custodirà da ogni male:
egli custodirà la tua vita.
Il Signore ti custodirà quando esci e quando entri,
da ora e per sempre. ℟.

SECONDA LETTURA

L'uomo di Dio sia completo e ben preparato per ogni opera buona.

Dalla seconda lettera di san Paolo ap. a Timòteo 3,14-4,2

Figlio mio, tu rimani saldo in quello che hai imparato e

che credi fermamente. Conosci coloro da cui lo hai appreso e conosci le sacre Scritture fin dall'infanzia: queste possono istruirti per la salvezza, che si ottiene mediante la fede in Cristo Gesù.
Tutta la Scrittura, ispirata da Dio, è anche utile per insegnare, convincere, correggere ed educare nella giustizia, perché l'uomo di Dio sia completo e ben preparato per ogni opera buona.
Ti scongiuro davanti a Dio e a Cristo Gesù, che verrà a giudicare i vivi e i morti, per la sua manifestazione e il suo regno: annuncia la Parola, insisti al momento opportuno e non opportuno, ammonisci, rimprovera, esorta con ogni magnanimità e insegnamento. — Parola di Dio.

AL VANGELO
cf. Eb 4,12

Alleluia, alleluia.
La parola di Dio è viva ed efficace,
discerne i sentimenti e i pensieri del cuore.
Alleluia.

VANGELO *Dio farà giustizia ai suoi eletti che gridano verso di lui*

Dal Vangelo secondo Luca 18,1-8

In quel tempo, Gesù diceva ai suoi discepoli una parabola sulla necessità di pregare sempre, senza stancarsi mai: «In una città viveva un giudice, che non temeva Dio né aveva riguardo per alcuno. In quella città c'era anche una vedova, che andava da lui e gli diceva: "Fammi giustizia contro il mio avversario".
Per un po' di tempo egli non volle; ma poi disse tra sé: "Anche se non temo Dio e non ho riguardo per alcuno, dato che questa vedova mi dà tanto fastidio, le farò giustizia perché non venga continuamente a importunarmi"».
E il Signore soggiunse: «Ascoltate ciò che dice il giudice disonesto. E Dio non farà forse giustizia ai suoi eletti, che gridano giorno e notte verso di lui? Li farà forse aspettare a lungo? Io vi dico che farà loro giustizia prontamente. Ma il Figlio dell'uomo, quando verrà, troverà la fede sulla terra?». — Parola del Signore.

PREGHIERA UNIVERSALE

Fratelli e sorelle, fedeli all'insegnamento del Signore, non ci stanchiamo di pregare con umiltà il nostro Dio, consapevoli che da lui viene la protezione contro le avversità. Alziamo con coraggio lo sguardo al Padre, perché ci soccorra e ci accompagni nel nostro cammino verso la felicità senza fine. Imploriamo:

℟. **Signore, venga il tuo regno!**

● Ci hai invitato a pregarti senza mai stancarci. Signore, la tua Chiesa esprima davanti a te gli interrogativi della storia e si rinsaldi nel compimento della tua volontà, perché, nel dono di sé, annunci ai popoli la salvezza e la pace, ti preghiamo.

● La Scrittura è ispirata da Dio e utile per insegnare, correggere e formare alla giustizia. Signore, apri il cuore di quanti si accostano ad essa, perché, nella ricerca del bene comune, trasformino l'esperienza religiosa in dialogo costruttivo, ti preghiamo.

● Le mani alzate di Mosè manifestano l'umanità che si rifugia in Dio, perché si sente sfiduciata e abbandonata. Signore, allontana con la tua potenza ogni violenza e converti chi si lascia abbagliare dalla trasgressione, ti preghiamo.

● Sappiamo che Dio farà giustizia ai tuoi eletti, anche se ci sono ignoti tempi e modalità. Signore, la gioia di incontrarci a questa Eucaristia ci confermi nella stima reciproca e nella nostra perseveranza, ti preghiamo.

● (*Altre intenzioni*).

Padre, accogli le invocazioni che ti abbiamo rivolto con l'insistenza della vedova evangelica. Manda il tuo Spirito a rinnovare i nostri stili di vita, perché, nel buio della sofferenza, risplenda la luce della tua presenza in mezzo a noi e tra tutti i popoli si affermi sempre più la civiltà dell'amore: in Cristo Gesù, nostro Signore. **Amen.**

SULLE OFFERTE **Donaci, o Padre, di accostarci degnamente al tuo altare perché il mistero che ci unisce al**

tuo Figlio sia per noi principio di vita nuova. Per Cristo nostro Signore.

Prefazio delle domeniche del Tempo ordinario (pp. 477-480).

COMUNIONE
Sal 32,18-19

Gli occhi del Signore
sono su quanti lo temono,
su quanti sperano nella sua grazia,
per salvare la loro vita dalla morte,
per farli sopravvivere in tempo di fame.

Oppure:
Lc 18,7

«Dio renderà giustizia ai suoi eletti»,
dice il Signore.

DOPO LA COMUNIONE **O Signore, questa celebrazione eucaristica, che ci hai fatto pregustare la realtà del cielo, ci ottenga i tuoi benefici nella vita presente e ci confermi nella speranza dei beni futuri. Per Cristo nostro Signore.**

24 OTTOBRE

30ª DOMENICA DEL TEMPO ORDINARIO

LA PREGHIERA, PAROLA CROCIFISSA

A fronte dell'evento temuto e atteso, quello della propria morte, chi non sottoscriverebbe un testamento così: «È giunto il momento che io lasci questa vita. Ho combattuto la buona battaglia, ho terminato la corsa, ho conservato la fede» (2Tm 4,7)? Infatti non vi si parla di morte ma di vita, non si contempla la fine ma si tirano le somme del percorso compiuto, non ci si rifugia nel rimpianto ma si evidenzia la preziosità di un dono conservato: quello della fede. In altra parte, le lettere paoline constatano che «rimangono queste tre cose: la fede, la speranza e la carità. Ma la più grande di tutte è la carità!» (1Cor 13,13). In realtà non c'è contraddizione, perché la fede sta alla carità come le radici ai frutti. Vivere di fede significa fiorire nella carità e soprattutto sorprendersi di continuo che ciò possa avvenire nella nostra esistenza. Altrimenti si trasforma il tutto in esibizione compiaciuta delle nostre bravure, alla maniera del fariseo tratteggiato da Gesù: «O Dio, ti ringrazio che non sono come gli altri uomini, ladri, ingiusti, adulteri, e neppure come questo pubblicano; digiuno due volte la settimana e pago le decime di quanto possiedo» (Lc 18, 11-12).

Riesce difficile, a dire il vero, riconoscersi nella caricatura evangelica; ma si può assumere l'atteggiamento del pubblicano con il cuore del fariseo! Stiamo in fondo alla chiesa e ci battiamo il petto nei momenti religiosi, mentre nelle cose della vita facciamo carte false pur di essere tra i primi. La preghiera non è assumere un ruolo di fronte a Dio, staccandosi dalla vita e aprendo una sorta di parentesi: è l'esistenza nostra sottoposta allo sguardo Suo e l'esistenza Sua offerta in totalità alla contemplazione nostra (... a che punto ci ha amati!). «O Dio, abbi pietà di me pec-

catore» (Lc 18,13). Non c'è preghiera più autentica, se sgorga dall'esperienza di Lui che ci raggiunge nella nostra lontananza, ci accoglie come davvero siamo e non come dovremmo e vorremmo essere. La stessa chiesa non può pensarsi come la congregazione dei novantanove giusti, che non hanno bisogno di misericordia; altrimenti la sua preghiera sarà presunzione, la sua liturgia separazione, la sua contemplazione superbia e arroganza religiosa. Delle monache di Port-Royal, grande convento giansenista del Seicento francese, si diceva: Pure come angeli, superbe come demoni; mentre un'amica pastora mi racconta cose meravigliose della preghiera che fa con le prostitute, a lato delle strade dove battono. «La preghiera dell'umile penetra le nubi» (Sir 35,17).

E se ci fosse più fede nell'imprecazione sconsolata di un povero qualsiasi, che in tutte le cerimonie preziosamente imbastite dalle accorte regie liturgiche dei nostri templi? Gesù sa essere addirittura spietato nel mettere a nudo una religiosità che si autocelebra. La preghiera cristiana non può che essere Parola crocifissa e scarnificata, l'unica che penetra le nubi e guarisce i cuori.

INGRESSO
Sal 104,3-4

Gioisca il cuore di chi cerca il Signore.
Cercate il Signore e la sua potenza,
cercate sempre il suo volto.

COLLETTA **Dio onnipotente ed eterno, accresci in noi la fede, la speranza e la carità, e perché possiamo ottenere ciò che prometti, fa' che amiamo ciò che comandi. Per il nostro Signore...**

Oppure: **O Dio, tu non fai preferenze di persone e ci dai la certezza che la preghiera dell'umile penetra le nubi; guarda anche a noi come al pubblicano pentito, e fa' che ci apriamo alla confidenza nella tua misericordia per essere giustificati nel tuo nome. Per il nostro Signore...**

PRIMA LETTURA *La preghiera del povero attraversa le nubi*

Dal libro del Siràcide 35,15b-17.20-22a

Il Signore è giudice
e per lui non c'è preferenza di persone.

Non è parziale a danno del povero
e ascolta la preghiera dell'oppresso.
Non trascura la supplica dell'orfano,
né la vedova, quando si sfoga nel lamento.
Chi la soccorre è accolto con benevolenza,
la sua preghiera arriva fino alle nubi.
La preghiera del povero attraversa le nubi
né si quieta finché non sia arrivata;
non desiste finché l'Altissimo non sia intervenuto
e abbia reso soddisfazione ai giusti e ristabilito l'equità.
— Parola di Dio.

SALMO RESPONSORIALE dal Salmo 33

℟. **Il povero grida e il Signore lo ascolta.**

Benedirò il Signore in ogni tempo,
sulla mia bocca sempre la sua lode.
Io mi glorio nel Signore:
i poveri ascoltino e si rallegrino. ℟.

Il volto del Signore contro i malfattori,
per eliminarne dalla terra il ricordo.
Gridano e il Signore li ascolta,
li libera da tutte le loro angosce. ℟.

Il Signore è vicino a chi ha il cuore spezzato,
egli salva gli spiriti affranti.
Il Signore riscatta la vita dei suoi servi;
non sarà condannato chi in lui si rifugia. ℟.

SECONDA LETTURA *Mi resta soltanto la corona di giustizia*

Dalla seconda lettera di san Paolo ap. a Timòteo 4,6-8.16-18

Figlio mio, io sto già per essere versato in offerta ed è giunto il momento che io lasci questa vita. Ho combattuto la buona battaglia, ho terminato la corsa, ho conservato la fede. Ora mi resta soltanto la corona di giustizia che il Signore, *il giudice giusto*, mi consegnerà in quel giorno; non solo a me, ma anche a tutti coloro che hanno atteso con amore la sua manifestazione.

Nella mia prima difesa in tribunale nessuno mi ha assistito; tutti mi hanno abbandonato. Nei loro confronti,

non se ne tenga conto. Il Signore però mi è stato vicino e mi ha dato forza, perché io potessi portare a compimento l'annuncio del Vangelo e tutte le genti lo ascoltassero: e così fui liberato dalla bocca del leone.
Il Signore mi libererà da ogni male e mi porterà in salvo nei cieli, nel suo regno; a lui la gloria nei secoli dei secoli. Amen. — Parola di Dio.

AL VANGELO
cf. 2Cor 5,19

Alleluia, alleluia.
Dio ha riconciliato a sé il mondo in Cristo,
affidando a noi
la parola della riconciliazione.
Alleluia.

VANGELO

Il pubblicano tornò a casa giustificato, a differenza del fariseo

Dal Vangelo secondo Luca 18,9-14

In quel tempo, Gesù disse ancora questa parabola per alcuni che avevano l'intima presunzione di essere giusti e disprezzavano gli altri: «Due uomini salirono al tempio a pregare: uno era fariseo e l'altro pubblicano.
Il fariseo, stando in piedi, pregava così tra sé: "O Dio, ti ringrazio perché non sono come gli altri uomini, ladri, ingiusti, adùlteri, e neppure come questo pubblicano. Digiuno due volte alla settimana e pago le decime di tutto quello che possiedo".
Il pubblicano invece, fermatosi a distanza, non osava nemmeno alzare gli occhi al cielo, ma si batteva il petto dicendo: "O Dio, abbi pietà di me peccatore".
Io vi dico: questi, a differenza dell'altro, tornò a casa sua giustificato, perché chiunque si esalta sarà umiliato, chi invece si umilia sarà esaltato». — Parola del Signore.

PREGHIERA UNIVERSALE

Fratelli e sorelle, la preghiera dell'umile penetra le nubi e viene accolta con benevolenza dal Padre. Obbedienti alla sua parola, non desistiamo dall'invocarlo, perché, con la sua potenza, intervenga a nostro favore e si ponga in difesa dei poveri, ristabilendo il rispetto e la giustizia. È questa la fiducia che ora ci sorregge. Imploriamo:

℟. **Ascoltaci, o Signore!**

● La presunzione di essere giusto sospinge l'uomo al disprezzo degli altri. Signore, illumina quanti credono in te, perché non si permettano di condannare i fratelli più deboli, ma si aprano alla loro accoglienza, nella reciproca stima, ti preghiamo.

● Il fariseo, stando in piedi, pregava fra sé. Signore, fa' che nessuno, quando t'invoca, si rinchiuda nel proprio interesse, ma si unisca agli altri nel combattere la buona battaglia della vita, per terminare la corsa e conservare la fede, ti preghiamo.

● Il pubblicano si batteva il petto e invocava pietà. Signore, guarda con intenso amore gli emarginati di questa società e le vittime della violenza, e rispondi con il dono della pace, che solo tu puoi concedere, ti preghiamo.

● Chi si umilia, sarà esaltato: sia questo l'atteggiamento caratteristico del nostro agire. Signore, tornati a casa perdonati da questa celebrazione, fa' che riscopriamo il significato dell'esistenza nella semplicità della condivisione, ti preghiamo.

● (*Altre intenzioni*).

Padre, esaudisci le nostre preghiere, come hai assecondato con amabilità il pubblicano pentito. Tu sei vicino a chi ha il cuore ferito e lo spirito affranto: libera i tuoi servi da ogni presunzione nei confronti dei fratelli, e ricolmali di speranza, perché riconoscano le tue meraviglie e proclamino la tua lode: ora e nei secoli dei secoli. **Amen.**

SULLE OFFERTE **Guarda, Signore, i doni che ti presentiamo: quest'offerta, espressione del nostro servizio sacerdotale, salga fino a te e renda gloria al tuo nome. Per Cristo nostro Signore.**

Prefazio delle domeniche del Tempo ordinario (pp. 477-480).

COMUNIONE
Sal 19,6

Esulteremo per la tua salvezza
e gioiremo nel nome del Signore,
nostro Dio.

Oppure: Ef 5,2

Cristo ci ha amati:
per noi ha sacrificato se stesso,
offrendosi a Dio
in sacrificio di soave profumo.

Oppure: Lc 18,13-14

Il pubblicano diceva:
«O Dio, abbi pietà di me peccatore».
E tornò a casa sua giustificato.

DOPO LA COMUNIONE **Signore, questo sacramento della nostra fede compia in noi ciò che esprime e ci ottenga il possesso delle realtà eterne, che ora celebriamo nel mistero. Per Cristo nostro Signore.**

31 OTTOBRE

31ª DOMENICA DEL TEMPO ORDINARIO

SI FA PICCOLO PER AMARCI

In questo scorcio autunnale, tra i Santi e i Morti, la riflessione sapienziale cade a proposito: il tempo che fugge, la relatività delle cose, il dissolversi progressivo... Meditazione non inutile, se servisse per acquisire una capacità diversa nel valutare ciò che conta e sgonfiarci quindi di troppa presunzione, autosufficienza, arrivismo. La visita, che solitamente si fa al cimitero, va vissuta così: guardiamo alla morte per capire la vita, pensiamo ai nostri cari che non sono più tra noi per chiederci quale qualità abbia la nostra permanenza tra i vivi (rimane pur sempre il monito: che la morte ci trovi vivi!). Ma la parola di Dio non si limita a suggerire una parentesi meditativa nella corsa quotidiana, non ha come scopo di svenderci un po' di filosofia a buon mercato. La consistenza non viene da noi ma da Lui, a pesare sulla bilancia non è la polvere delle realtà umane, ma la roccia del suo amore. Visto da noi tutto è soffio, vanità dice il libro sapienziale di Qoelet; ma il libro della Sapienza afferma che, visto da Lui, tutto è importante perché amato: «Tu infatti ami tutte le cose che esistono e non provi disgusto per nessuna delle cose che hai creato» (Sap 11,24). E al vertice di questo amore sta l'uomo, che di tutte le creature è quello chiamato a una vocazione di intimità con il Signore. Per questo Paolo scrive: «Preghiamo continuamente per voi, perché il nostro Dio vi renda degni della sua chiamata» (2Ts 1,11). Davvero siamo grandi, per il Signore, anche e soprattutto quando ci scopriamo piccoli.

La ricerca di Zaccheo, importante e ricco, prende le mosse dalla sua piccolezza: solo una questione di centimetri? Probabilmente, fino a quel momento, Zaccheo si era ritenuto basso – più che piccolo – e guardando gli altri li avrà considerati più alti, ma non più grandi di lui. Anche quel tale di cui tutti parlavano, quel Gesù che doveva passare di là, egli pensa di poterlo guardare dall'alto in basso (come faceva con quelli che tassava, spremendoli e vessandoli ingiustamente). Tuttavia va in cerca, per vederlo e sapere chi sia, quale mistero nasconda un Maestro così; e non si accontenta di vederlo tra la folla, mescolandosi a una generica curiosità vagamente religiosa. Si innalza anche nel senso che interiormente sta maturando l'esigenza di un incontro, che si rivelerà decisivo. Fino a quel momento si era arrampicato sulla propria presunzione, si era posto in alto con la sua ricchezza, si era fatto grande del suo stare a capo. «Gesù alzò lo sguardo» (Lc 19,5). Non ha paura di guardarci dal basso in alto – Zaccheo siamo noi – dal momento che non gli interessa giudicarci o ribadire una superiorità; gli preme solo di farci scendere dal piedistallo. Per questo il Signore si fa piccolo per amarci, si abbassa per raggiungerci, si fa peccato per noi, affinché ci sia possibile essere santi della santità di Dio; non senza peccato, ma peccatori perdonati.

INGRESSO
Sal 37,22-23

Non abbandonarmi, Signore mio Dio,
da me non star lontano;
vieni presto in mio aiuto,
Signore, mia salvezza.

COLLETTA **Dio onnipotente e misericordioso, tu solo puoi dare ai tuoi fedeli il dono di servirti in modo lodevole e degno; fa' che camminiamo senza ostacoli verso i beni da te promessi. Per il nostro Signore...**

Oppure: **O Dio, che nel tuo Figlio sei venuto a cercare e a salvare chi era perduto, rendici degni della tua chiamata: porta a compimento ogni nostra volontà di bene, perché sappiamo accoglierti con gioia nella nostra casa per condividere i beni della terra e del cielo. Per il nostro Signore...**

PRIMA LETTURA

Hai compassione di tutti, perché ami tutte le cose che esistono

Dal libro della Sapienza 11,22-12,2

Signore, tutto il mondo davanti a te
è come polvere sulla bilancia,

come una stilla di rugiada mattutina caduta sulla terra.
Hai compassione di tutti, perché tutto puoi,
chiudi gli occhi sui peccati degli uomini,
aspettando il loro pentimento.
Tu infatti ami tutte le cose che esistono
e non provi disgusto per nessuna delle cose
che hai creato;
se avessi odiato qualcosa, non l'avresti neppure formata.
Come potrebbe sussistere una cosa,
se tu non l'avessi voluta?
Potrebbe conservarsi
ciò che da te non fu chiamato all'esistenza?
Tu sei indulgente con tutte le cose, perché sono tue,
Signore, amante della vita.
Poiché il tuo spirito incorruttibile è in tutte le cose.
Per questo tu correggi a poco a poco quelli che sbagliano
e li ammonisci
ricordando loro in che cosa hanno peccato,
perché, messa da parte ogni malizia,
credano in te, Signore. — Parola di Dio.

SALMO RESPONSORIALE dal Salmo 144

℟. **Benedirò il tuo nome per sempre, Signore.**

O Dio, mio re, voglio esaltarti
e benedire il tuo nome in eterno e per sempre.
Ti voglio benedire ogni giorno,
lodare il tuo nome in eterno e per sempre. ℟.

Misericordioso e pietoso è il Signore,
lento all'ira e grande nell'amore.
Buono è il Signore verso tutti,
la sua tenerezza si espande su tutte le creature. ℟.

Ti lodino, Signore, tutte le tue opere
e ti benedicano i tuoi fedeli.
Dicano la gloria del tuo regno
e parlino della tua potenza. ℟.

Fedele è il Signore in tutte le sue parole
e buono in tutte le sue opere.
Il Signore sostiene quelli che vacillano
e rialza chiunque è caduto. ℟.

SECONDA LETTURA

Sia glorificato il nome di Cristo in voi, e voi in lui

Dalla seconda lettera di san Paolo apostolo
ai Tessalonicési 1,11-2,2

Fratelli, preghiamo continuamente per voi, perché il nostro Dio vi renda degni della sua chiamata e, con la sua potenza, porti a compimento ogni proposito di bene e l'opera della vostra fede, perché sia glorificato il nome del Signore nostro Gesù in voi, e voi in lui, secondo la grazia del nostro Dio e del Signore Gesù Cristo.
Riguardo alla venuta del Signore nostro Gesù Cristo e al nostro radunarci con lui, vi preghiamo, fratelli, di non lasciarvi troppo presto confondere la mente e allarmare né da ispirazioni né da discorsi, né da qualche lettera fatta passare come nostra, quasi che il giorno del Signore sia già presente. — Parola di Dio.

AL VANGELO

Gv 3,16

Alleluia, alleluia.
Dio ha tanto amato il mondo
da dare il Figlio unigenito;
chiunque crede in lui ha la vita eterna.
Alleluia.

VANGELO

Il Figlio dell'uomo era venuto a cercare e a salvare ciò che era perduto

Dal Vangelo secondo Luca 19,1-10

In quel tempo, Gesù entrò nella città di Gèrico e la stava attraversando, quand'ecco un uomo, di nome Zacchèo, capo dei pubblicani e ricco, cercava di vedere chi era Gesù, ma non gli riusciva a causa della folla, perché era piccolo di statura. Allora corse avanti e, per riuscire a vederlo, salì su un sicomòro, perché doveva passare di là.
Quando giunse sul luogo, Gesù alzò lo sguardo e gli disse: «Zacchèo, scendi subito, perché oggi devo fermarmi a casa tua». Scese in fretta e lo accolse pieno di gioia. Vedendo ciò, tutti mormoravano: «È entrato in casa di un peccatore!».
Ma Zacchèo, alzatosi, disse al Signore: «Ecco, Signore, io do la metà di ciò che possiedo ai poveri e, se ho rubato a qualcuno, restituisco quattro volte tanto».

Gesù gli rispose: «Oggi per questa casa è venuta la salvezza, perché anch'egli è figlio di Abramo. Il Figlio dell'uomo infatti è venuto a cercare e a salvare ciò che era perduto». — Parola del Signore.

PREGHIERA UNIVERSALE

Fratelli e sorelle, preghiamo insieme il Padre paziente e misericordioso, perché ci renda sempre più degni della sua chiamata e sempre più generosi nella nostra dedizione agli altri, così da portare a compimento ogni volontà di bene, nell'attesa della venuta del suo Figlio. Imploriamo:

℟. **Salvaci, o Signore!**

● Hai chiamato Zaccheo, per convertirlo. Signore, fa' che la Chiesa ti riconosca negli umili e nei poveri, e ti accolga, piena di gioia, in coloro che manifestano la volontà di cambiare vita, condividendo i loro beni, ti preghiamo.

● Hai ispirato a Zaccheo di restituire quattro volte tanto ciò che aveva sottratto ai poveri. Signore, ristabilisci la giustizia in questa società, ponendo un freno agli imbrogli commerciali, per favorire i più bisognosi, ti preghiamo.

● Hai sfidato le mormorazioni di chi ti accusava per essere andato ad alloggiare da un peccatore. Signore, sostieni il proposito di quanti si impegnano a dare un volto nuovo alla società, testimoniando i valori essenziali nell'opera educativa, ti preghiamo.

● Hai proclamato che la salvezza era entrata nella casa di un pubblicano pentito. Signore, aiutaci a gioire della tua presenza tra noi e a partecipare agli altri il frutto della carità, per vivere in amicizia e in sincera comunione, ti preghiamo.

● (*Altre intenzioni*).

Padre, tu non guardi i nostri peccati, se ci pentiamo veramente: accogli le preghiere che con fiducia ti abbiamo rivolto. Sostienici, quando vacilliamo, e rialzaci, quando cadiamo sotto il peso della nostra debolezza, perché troviamo in te la forza di progredire verso il regno, dove si compirà ogni aspirazione di pace: in Cristo Gesù, nostro Signore. **Amen.**

SULLE OFFERTE **Questo sacrificio che la Chiesa ti offre, Signore, salga a te come offerta pura e santa, e ottenga a noi la pienezza della tua misericordia. Per Cristo nostro Signore.**

Prefazio delle domeniche del Tempo ordinario (pp. 477-480).

COMUNIONE
Sal 15,11
Tu mi indichi il sentiero della vita, Signore,
gioia piena nella tua presenza.

Oppure:
Gv 6,57
Dice il Signore:
«Come il Padre che ha la vita
ha mandato me e io vivo per il Padre,
così anche colui che mangia di me
vivrà per me».

Oppure:
Lc 19,5
«Scendi, Zaccheo:
perché oggi devo fermarmi a casa tua».

DOPO LA COMUNIONE **Continua in noi, o Dio, la tua opera di salvezza, perché i sacramenti che ci nutrono in questa vita ci preparino a ricevere i beni promessi. Per Cristo nostro Signore.**

1 NOVEMBRE

TUTTI I SANTI

SANTITÀ È INDOSSARE CRISTO

La visione biblica spazza via d'un sol colpo l'immaginario religioso sulla dannazione, che evoca fuoco e fiamme che divorano una massa di dannati. La parola di Dio, che pure richiama alla serietà della nostra risposta in un mondo continuamente lacerato da dinamiche di morte, mette in primo piano la salvezza offerta a un popolo sconfinato; è questa la rivelazione, che è poi il significato di apocalisse. *La visione attesta un dono capace di raggiungere tutti, al di là di ogni appartenenza, dal momento che dal punto di vista di Dio non c'è chi è dentro e chi è fuori: ciascuno di noi, indistintamente, è abbracciato dal suo amore. «Vedete quale grande amore ci ha dato il Padre per essere chiamati figli di Dio, e lo siamo realmente!» (1Gv 3,1). Siamo figli nel Figlio, le cui braccia si spalancano dalla croce ad accogliere davvero tutti in una fraternità universale; potremmo quasi dire che se le è lasciate inchiodare, per farle rimanere aperte per sempre e segnare così il superamento di ogni possibile esclusione. La santità infatti non è guadagno nostro, essa irrompe dall'alto; appartiene a Dio, non alle chiese, quindi è in buone mani. Si comunica al mondo attraverso Colui che si è fatto agnello mite e innocente, affinché ci sia un unico ovile anche per le pecore lontane o smarrite.*

Il vangelo giunge al suo culmine là dove la buona notizia si fa proclamazione di santità per l'umanità intera, anzi per la creazione tutta chiamata a celebrare la festa eterna nel paradiso; il Vaticano II la definisce l'universale vocazione alla santità. Non con-

*siste nell'esibizione di eroismi spirituali, ma nel dinamismo dal quale lasciarci afferrare; fino a quella trasformazione che realizza definitivamente l'*immagine *di Dio in noi, trasformandola in* somiglianza. *Dentro la storia, abbiamo un anticipo di beatitudine: «Beati i poveri in spirito, perché di essi è il regno dei cieli» (Mt 5,3). Gesù fa il suo discorso programmatico sulla montagna, luogo simbolico dove la santità di Dio si incontra con il cammino dell'uomo; è una sorta di manifesto, che delinea in modo paradossale il realizzarsi delle aspirazioni più profonde, riconducibili alla felicità per la quale nonostante tutto siamo fatti. Vocazione alla santità equivale a vocazione alla felicità; è quanto il Padre vuole per i suoi figli, come ogni genitore per i propri. Il popolo delle beatitudini esprime nelle sue scelte l'orizzonte di felicità verso il quale l'evangelo ci invita a camminare, diffidando di altre felicità in svendita. È costituito da santi di una santità non vincente, a livello umano; per questo scommettere sulla santità evangelica significa entrare in una logica alternativa, disposti a smettere i propri panni. «Hanno lavato le loro vesti rendendole candide nel sangue dell'Agnello» (Ap 7,14); non hanno fatto il bucato dell'anima, ma indossato Cristo.*

INGRESSO Rallegriamoci tutti nel Signore
in questa solennità di tutti i Santi:
con noi gioiscono gli angeli
e lodano il Figlio di Dio.

COLLETTA **Dio onnipotente ed eterno, che doni alla tua Chiesa la gioia di celebrare in un'unica festa i meriti e la gloria di tutti i Santi, concedi al tuo popolo, per la comune intercessione di tanti nostri fratelli, l'abbondanza della tua misericordia. Per il nostro Signore...**

PRIMA LETTURA ***Dopo queste cose vidi: ecco, una moltitudine immensa, che nessuno poteva contare, di ogni nazione, tribù, popolo e lingua***

Dal libro dell'Apocalisse di san Giovanni apostolo 7,2-4.9-14

Io, Giovanni, vidi salire dall'oriente un altro angelo, con il sigillo del Dio vivente. E gridò a gran voce ai quattro angeli, ai quali era stato concesso di devastare la terra e

il mare: «Non devastate la terra né il mare né le piante, finché non avremo impresso il sigillo sulla fronte dei servi del nostro Dio».
E udii il numero di coloro che furono segnati con il sigillo: centoquarantaquattromila segnati, provenienti da ogni tribù dei figli d'Israele.
Dopo queste cose vidi: ecco, una moltitudine immensa, che nessuno poteva contare, di ogni nazione, tribù, popolo e lingua. Tutti stavano in piedi davanti al trono e davanti all'Agnello, avvolti in vesti candide, e tenevano rami di palma nelle loro mani. E gridavano a gran voce: «La salvezza appartiene al nostro Dio, seduto sul trono, e all'Agnello».
E tutti gli angeli stavano attorno al trono e agli anziani e ai quattro esseri viventi, e si inchinarono con la faccia a terra davanti al trono e adorarono Dio dicendo: «Amen! Lode, gloria, sapienza, azione di grazie, onore, potenza e forza al nostro Dio nei secoli dei secoli. Amen».
Uno degli anziani allora si rivolse a me e disse: «Questi, che sono vestiti di bianco, chi sono e da dove vengono?». Gli risposi: «Signore mio, tu lo sai». E lui: «Sono quelli che vengono dalla grande tribolazione e che hanno lavato le loro vesti, rendendole candide nel sangue dell'Agnello». — Parola di Dio.

SALMO RESPONSORIALE dal Salmo 23

℟. **Ecco la generazione che cerca il tuo volto, Signore.**

Del Signore è la terra e quanto contiene:
il mondo, con i suoi abitanti.
È lui che l'ha fondato sui mari
e sui fiumi l'ha stabilito. ℟.

Chi potrà salire il monte del Signore?
Chi potrà stare nel suo luogo santo?
Chi ha mani innocenti e cuore puro,
chi non si rivolge agli idoli. ℟.

Egli otterrà benedizione dal Signore,
giustizia da Dio sua salvezza.
Ecco la generazione che lo cerca,
che cerca il tuo volto, Dio di Giacobbe. ℟.

SECONDA LETTURA *Vedremo Dio così come egli è*

Dalla prima lettera di san Giovanni apostolo 3,1-3

Carissimi, vedete quale grande amore ci ha dato il Padre per essere chiamati figli di Dio, e lo siamo realmente! Per questo il mondo non ci conosce: perché non ha conosciuto lui.
Carissimi, noi fin d'ora siamo figli di Dio, ma ciò che saremo non è stato ancora rivelato. Sappiamo però che quando egli si sarà manifestato, noi saremo simili a lui, perché lo vedremo così come egli è. Chiunque ha questa speranza in lui, purifica se stesso, come egli è puro. — Parola di Dio.

AL VANGELO Alleluia, alleluia.
Mt 11,28 Venite a me, voi tutti che siete affaticati
e oppressi, e io vi darò ristoro. **Alleluia.**

VANGELO *Rallegratevi ed esultate, perché grande è la vostra ricompensa nei cieli*

Dal vangelo secondo Matteo Mt 5,1-12a

In quel tempo, vedendo le folle, Gesù salì sul monte: si pose a sedere e si avvicinarono a lui i suoi discepoli. Si mise a parlare e insegnava loro dicendo:
«Beati i poveri in spirito,
perché di essi è il regno dei cieli.
Beati quelli che sono nel pianto,
perché saranno consolati.
Beati i miti,
perché avranno in eredità la terra.
Beati quelli che hanno fame e sete della giustizia,
perché saranno saziati.
Beati i misericordiosi,
perché troveranno misericordia.
Beati i puri di cuore,
perché vedranno Dio.
Beati gli operatori di pace,
perché saranno chiamati figli di Dio.
Beati i perseguitati per la giustizia,
perché di essi è il regno dei cieli.
Beati voi quando vi insulteranno, vi perseguiteranno e,

mentendo, diranno ogni sorta di male contro di voi per causa mia. Rallegratevi ed esultate, perché grande è la vostra ricompensa nei cieli».

PREGHIERA UNIVERSALE

Fratelli e sorelle, la visione della città del cielo, dove l'assemblea festosa dei nostri fratelli glorifica in eterno il nome di Dio, ci rinsalda nella fiducia, mentre proseguiamo insieme il nostro cammino terreno. Ora apriamo il cuore alla preghiera, perché comprendiamo quale grande amore il Padre ci dona, per essere chiamati suoi figli, ed esserlo realmente. Imploriamo:

℟. **Ascoltaci, o Signore!**

● «Beati i poveri in spirito»: i tuoi figli, o Padre, siano testimoni esemplari di fedeltà in famiglia e nella Chiesa, perché, nella docilità alla tua Parola e nella disponibilità alla reciproca collaborazione, costruiscano il tuo regno di giustizia e di amore, ti preghiamo.

● «Beati gli operatori di pace»: i tuoi figli, o Padre, che hai scelto da ogni razza e nazione, si oppongano all'odio e alla violenza, ed esprimano la gioia di appartenerti, impegnandosi nel servizio educativo ai ragazzi e ai giovani, speranza della Chiesa, ti preghiamo.

● «Beati i perseguitati a causa della fede»: i tuoi figli, o Padre, siano liberi dall'integralismo religioso e garantiscano a ogni uomo il rispetto della propria dignità, consacrata nel Battesimo, che i santi hanno difeso fino all'effusione del sangue, ti preghiamo.

● «Beati i misericordiosi»: i tuoi figli, o Padre, siano testimoni della carità che si esprime nella forza del perdono, perché, mediante la partecipazione a questo sacramento, manifestino fin d'ora lo splendore della tua gloria, presente nell'uomo vivente, ti preghiamo.

● (*Altre intenzioni*).

Padre, salga al tuo cospetto la preghiera di questa famiglia, che celebra la beatitudine eterna di quanti sono vissuti su questa terra, credendo e sperando nel tuo Figlio. Concedi a noi, ancora in cammino verso la tua dimora di luce, di essere testimoni della verità, per godere in eterno la visione del tuo volto, in comunione con la Vergine Maria e con tutti i santi. Per Cristo nostro Signore. Amen.

SULLE OFFERTE **Ti siano graditi, Signore, i doni che ti offriamo in onore di tutti i Santi: essi che già godono della tua vita immortale, ci proteggano nel cammino verso di te. Per Cristo nostro Signore.**

PREFAZIO *La gloria della Gerusalemme celeste*

È veramente cosa buona e giusta,
nostro dovere e fonte di salvezza,
rendere grazie sempre e in ogni luogo
a te, Signore, Padre santo, Dio onnipotente ed eterno.
Oggi ci dai la gioia di contemplare la città del cielo,
la santa Gerusalemme che è nostra madre,
dove l'assemblea festosa dei nostri fratelli
glorifica in eterno il tuo nome.
Verso la patria comune noi, pellegrini sulla terra,
affrettiamo nella speranza il nostro cammino,
lieti per la sorte gloriosa
di questi membri eletti della Chiesa,
che ci hai dato come amici e modelli di vita.
Per questo dono del tuo amore,
uniti all'immensa schiera degli angeli e dei santi,
cantiamo con gioiosa esultanza la tua lode:
Santo, Santo, Santo il Signore...

COMUNIONE
Mt 5,8-10

Beati i puri di cuore, perché vedranno Dio.
Beati gli operatori di pace,
perché saranno chiamati figli di Dio.
Beati i perseguitati a causa della giustizia,
perché di essi è il regno dei cieli.

DOPO LA COMUNIONE **O Padre, unica fonte di ogni santità, mirabile in tutti i tuoi Santi, fa' che raggiungiamo anche noi la pienezza del tuo amore, per passare da questa mensa eucaristica, che ci sostiene nel pellegrinaggio terreno, al festoso banchetto del cielo. Per Cristo nostro Signore.**

2 NOVEMBRE
COMMEMORAZIONE DEI FEDELI DEFUNTI

TUTTO È RISUSCITATO DA COLUI CHE CI AMA

Nell'esperienza straziante e inevitabile della morte, la fede e l'amore ci permettono di ripetere – nei confronti di chi ci ha amato e noi abbiamo amato – uno splendido verso di Rainer M. Rilke: «Il tuo non esserci è caldo di te / ed è più vero del tuo mancarmi». I versi sono parole così discrete e lievi da poter essere pronunciate anche in presenza dell'estremo distacco, della separazione innaturale, sì, ma così innestata nella natura delle cose, che costituisce l'approdo inevitabile della vita. Altra possibilità è ricorrere alla parola di Dio, cioè a Gesù Cristo morto e risuscitato; in lui facciamo fronte al silenzio ultimo e definitivo, quale viatico per passare all'altra riva o accompagnare il passaggio dei nostri cari. Egli, che è la Parola, ha parole di radicale speranza: «Questa è la volontà di colui che mi ha mandato, che io non perda nulla di quanto egli mi ha dato, ma lo risusciti nell'ultimo giorno» (Gv 6,39). Le disse un giorno a coloro che lo cercavano per avere il pane mangiato in abbondanza, fino ad avanzarne.

Anticipando la rivelazione della cura nei riguardi di ciascuno e di tutti, affidatagli dal Padre, chiede alla fine della moltiplicazione dei pani: «Raccogliete i pezzi avanzati, perché nulla vada perduto» (Gv 6,12). Raccogliete i frammenti, si diceva nella versione latina riferita in seguito al pane eucaristico; ogni minimo frammento, infatti, è prezioso, è la sua presenza, è testimonianza di amore e di dedizione. Non si tratta, tuttavia, del solo frammento di particola; prima ancora e più profondamente sono in questione i frammenti di vita, i pezzetti di esistenza nei quali riluce il Volto, che dà bellezza ai volti troppe volte sfigurati e disumanizzati. L'annuncio di fede sulla morte e al di là della morte diviene pertanto questo: nulla è perduto e tutto viene risuscitato. Proprio tutto, non solamente tutti; noi crediamo infatti nella risurrezione della carne. «Io so che il mio Redentore è vivo e che, ultimo, si ergerà sulla polvere; dopo che questa mia pelle sarà strappata via, senza la mia carne, vedrò Dio» (Gb 19,25-26). La frase di Giobbe sembrerebbe sconfessare questa fede; in realtà sentiamo anche noi che non si tratta della dimensione fisica della nostra esistenza. Non ci interessa infatti che Gesù Cristo si faccia carico della materia di cui siamo composti; l'affidiamo alla terra, perché polvere siamo e in polvere ritorniamo. Ci consola invece che egli risusciti ogni minimo frammento della nostra esperienza di vita: lacrime e sorrisi, gioie e sofferenze, amori e amicizie, silenzi e parole, incontri e separazioni, impegni e fatiche. Infatti «la speranza non delude, perché l'amore di Dio è stato riversato nei nostri cuori per mezzo dello Spirito santo» (Rm 5,5). Come garanzia, questo ci basta.

PRIMA MESSA

INGRESSO
1Ts 4,14;
1Cor 15,22

Gesù è morto ed è risorto;
così anche quelli che sono morti in Gesù
Dio li radunerà insieme con lui.
E come tutti muoiono in Adamo,
così tutti in Cristo riavranno la vita.

COLLETTA **Ascolta, o Dio, la preghiera che la comunità dei credenti innalza a te nella fede del Signore risorto, e conferma in noi la beata speranza che insieme ai nostri fratelli defunti risorgeremo in Cristo a vita nuova. Per il nostro Signore...**

PRIMA LETTURA *Io lo so che il mio Redentore è vivo*

Dal libro di Giobbe 19,1.23-27a

Rispondendo Giobbe prese a dire:
«Oh, se le mie parole si scrivessero,
se si fissassero in un libro,
fossero impresse con stilo di ferro e con piombo,
per sempre s'incidessero sulla roccia!
Io so che il mio redentore è vivo
e che, ultimo, si ergerà sulla polvere!

Dopo che questa mia pelle sarà strappata via,
senza la mia carne, vedrò Dio.
Io lo vedrò, io stesso,
i miei occhi lo contempleranno e non un altro».
— Parola di Dio.

SALMO RESPONSORIALE

dal Salmo 26

℟. **Sono certo di contemplare la bontà del Signore**
nella terra dei viventi.

Il Signore è mia luce e mia salvezza:
di chi avrò timore?
Il Signore è difesa della mia vita:
di chi avrò paura? ℟.

Una cosa ho chiesto al Signore,
questa sola io cerco:
abitare nella casa del Signore
tutti i giorni della mia vita,
per contemplare la bellezza del Signore
e ammirare il suo santuario. ℟.

Ascolta, Signore, la mia voce.
Io grido: abbi pietà di me, rispondimi!
Il tuo volto, Signore, io cerco.
Non nascondermi il tuo volto. ℟.

Sono certo di contemplare la bontà del Signore
nella terra dei viventi.
Spera nel Signore, sii forte,
si rinsaldi il tuo cuore e spera nel Signore. ℟.

SECONDA LETTURA

Giustificati nel suo sangue,
saremo salvati dall'ira per mezzo di lui

Dalla lettera di san Paolo apostolo ai Romani 5,5-11

Fratelli, la speranza non delude, perché l'amore di Dio è stato riversato nei nostri cuori per mezzo dello Spirito Santo che ci è stato dato.
Infatti, quando eravamo ancora deboli, nel tempo stabilito Cristo morì per gli empi. Ora, a stento qualcuno è disposto a morire per un giusto; forse qualcuno oserebbe morire per una persona buona. Ma Dio dimostra il suo

amore verso di noi nel fatto che, mentre eravamo ancora peccatori, Cristo è morto per noi.
A maggior ragione ora, giustificati nel suo sangue, saremo salvati dall'ira per mezzo di lui. Se infatti, quand'eravamo nemici, siamo stati riconciliati con Dio per mezzo della morte del Figlio suo, molto più, ora che siamo riconciliati, saremo salvati mediante la sua vita. Non solo, ma ci gloriamo pure in Dio, per mezzo del Signore nostro Gesù Cristo, grazie al quale ora abbiamo ricevuto la riconciliazione. — Parola di Dio.

AL VANGELO
Gv 6,40

Alleluia, alleluia.
Questa è la volontà del Padre mio:
che chiunque vede il Figlio e crede in lui
abbia la vita eterna;
e io lo risusciterò nell'ultimo giorno,
dice il Signore.
Alleluia.

VANGELO

Chi crede nel Figlio ha la vita eterna; e io lo risusciterò nell'ultimo giorno

Dal vangelo secondo Giovanni 6,37-40

In quel tempo, Gesù disse alla folla: «Tutto ciò che il Padre mi dà, verrà a me: colui che viene a me, io non lo caccerò fuori, perché sono disceso dal cielo non per fare la mia volontà, ma la volontà di colui che mi ha mandato. E questa è la volontà di colui che mi ha mandato: che io non perda nulla di quanto egli mi ha dato, ma che lo risusciti nell'ultimo giorno.
Questa infatti è la volontà del Padre mio: che chiunque vede il Figlio e crede in lui abbia la vita eterna; e io lo risusciterò nell'ultimo giorno». — Parola del Signore.

PREGHIERA UNIVERSALE

Fratelli e sorelle, secondo la promessa evangelica, chiunque si accosta a Gesù non viene respinto, ma trova accoglienza nel suo regno. In questo giorno, nel quale la Chiesa ricorda i suoi figli che hanno concluso il loro cammino terreno, imploriamo la bontà divina per i nostri cari e per tutti coloro che riposano in Cristo, in attesa della risurrezione finale. Invochiamo:

℟. **Ascoltaci, o Signore!**

● Signore della vita, accogli nella pace del tuo regno coloro che su questa terra hanno lavorato per la diffusione del vangelo; hanno servito la Chiesa nella molteplicità dei ministeri; hanno diffuso nel mondo la forza della verità con la coerenza della loro testimonianza, ti preghiamo.

● Signore della vita, accogli nella pace del tuo regno coloro che hanno lottato per la liberazione dei popoli da ogni schiavitù; hanno contribuito a costruire le fondamenta politiche e sociali nelle nazioni; hanno pagato di persona la propria fedeltà alla democrazia, ti preghiamo.

● Signore della vita, accogli nella pace del tuo regno coloro che si sono adoperati per alleviare le sofferenze dei malati; hanno lottato per togliere la fame dalla faccia della terra; hanno concluso in fretta il loro cammino, strappati da gravi malattie o da incidenti, ti preghiamo.

● Signore della vita, accogli nella pace del tuo regno coloro che hanno condiviso con noi questo banchetto di fraternità; si sono prodigati per trasmetterci la fede; hanno continuamente servito questa comunità con disinteresse, ti preghiamo.

● (*Altre intenzioni*).

Padre, davanti alla morte ognuno di noi avverte la propria fragilità e impotenza: per questo ci siamo rivolti a te nella preghiera. Tu ci consoli con la certezza della tua presenza e ci ricordi che non abbiamo perduto per sempre quanti portiamo nel cuore. Rafforzaci nella speranza di ritrovarli nella tua casa, liberi da ogni affanno, perché, trasfigurati dal tuo amore, diventiamo capaci di una comunione più intensa e gioiosa: in Cristo Gesù, nostro Signore. Amen.

SULLE OFFERTE **Accetta, *o Padre, i doni* che ti offriamo *in questo* sacramento di amore che tutti unisce in Cristo tuo Figlio, e accogli i nostri fratelli defunti nella gloria del tuo regno. Per Cristo nostro Signore.**

Prefazio dei defunti (pp. 481-482).

COMUNIONE Gv 11,25-26

Dice il Signore:
«Io sono la risurrezione e la vita.
Chi crede in me, anche se muore, vivrà;
e chiunque vive e crede in me,
non morirà in eterno».

DOPO LA COMUNIONE **Abbiamo celebrato, Signore, il mistero pasquale, invocando la tua misericordia per i nostri fratelli defunti: dona loro di partecipare alla pasqua eterna nella tua dimora di luce e di pace. Per Cristo nostro Signore.**

SECONDA MESSA

INGRESSO cf. 4Es 2,34-35

L'eterno riposo dona loro, Signore,
e splenda ad essi la luce perpetua.

COLLETTA **O Dio, gloria dei credenti e vita dei giusti, che ci hai salvati con la morte e risurrezione del tuo Figlio, sii misericordioso con i nostri fratelli defunti; quando erano in mezzo a noi essi hanno professato la fede nella risurrezione: tu dona loro la beatitudine senza fine. Per il nostro Signore...**

PRIMA LETTURA *Il Signore eliminerà la morte per sempre*

Dal libro del profeta Isaìa 25,6a.7-9

In quel giorno, preparerà il Signore degli eserciti
per tutti i popoli, su questo monte,
un banchetto di grasse vivande.
Egli strapperà su questo monte
il velo che copriva la faccia di tutti i popoli
e la coltre distesa su tutte le nazioni.
Eliminerà la morte per sempre.
Il Signore Dio asciugherà le lacrime su ogni volto,
l'ignominia del suo popolo
farà scomparire da tutta la terra,
poiché il Signore ha parlato.

**E si dirà in quel giorno: «Ecco il nostro Dio;
in lui abbiamo sperato perché ci salvasse.
Questi è il Signore in cui abbiamo sperato;
rallegriamoci, esultiamo per la sua salvezza».
— Parola di Dio.**

SALMO RESPONSORIALE dal Salmo 24

℟. **Chi spera in te, Signore, non resta deluso.**

Ricòrdati, Signore, della tua misericordia
e del tuo amore, che è da sempre.
Ricòrdati di me nella tua misericordia,
per la tua bontà, Signore. ℟.

Allarga il mio cuore angosciato,
liberami dagli affanni.
Vedi la mia povertà e la mia fatica
e perdona tutti i miei peccati. ℟.

Proteggimi, portami in salvo;
che io non resti deluso,
perché in te mi sono rifugiato.
Mi proteggano integrità e rettitudine,
perché in te ho sperato. ℟.

SECONDA LETTURA *Aspettiamo la redenzione del nostro corpo*

Dalla lettera di san Paolo apostolo ai Romani 8,14-23

**Fratelli, tutti quelli che sono guidati dallo Spirito di Dio, questi sono figli di Dio. E voi non avete ricevuto uno spirito da schiavi per ricadere nella paura, ma avete ricevuto lo Spirito che rende figli adottivi, per mezzo del quale gridiamo: «Abbà! Padre!».
Lo Spirito stesso, insieme al nostro spirito, attesta che siamo figli di Dio. E se siamo figli, siamo anche eredi: eredi di Dio, coeredi di Cristo, se davvero prendiamo parte alle sue sofferenze per partecipare anche alla sua gloria.
Ritengo infatti che le sofferenze del tempo presente non siano paragonabili alla gloria futura che sarà rivelata in noi. L'ardente aspettativa della creazione, infatti, è protesa verso la rivelazione dei figli di Dio.**

La creazione infatti è stata sottoposta alla caducità – non per sua volontà, ma per volontà di colui che l'ha sottoposta – nella speranza che anche la stessa creazione sarà liberata dalla schiavitù della corruzione per entrare nella libertà della gloria dei figli di Dio.
Sappiamo infatti che tutta insieme la creazione geme e soffre le doglie del parto fino ad oggi. Non solo, ma anche noi, che possediamo le primizie dello Spirito, gemiamo interiormente aspettando l'adozione a figli, la redenzione del nostro corpo. — Parola di Dio.

AL VANGELO
cf. Mt 25,34

Alleluia, alleluia.
Venite, benedetti del Padre mio,
ricevete in eredità il regno preparato per voi
fin dalla creazione del mondo.
Alleluia.

VANGELO

Venite, benedetti del Padre mio

Dal vangelo secondo Matteo 25,31-46

In quel tempo, Gesù disse ai suoi discepoli: «Quando il Figlio dell'uomo verrà nella sua gloria, e tutti gli angeli con lui, siederà sul trono della sua gloria. Davanti a lui verranno radunati tutti i popoli. Egli separerà gli uni dagli altri, come il pastore separa le pecore dalle capre, e porrà le pecore alla sua destra e le capre alla sinistra.
Allora il re dirà a quelli che saranno alla sua destra: "Venite, benedetti del Padre mio, ricevete in eredità il regno preparato per voi fin dalla creazione del mondo, perché ho avuto fame e mi avete dato da mangiare, ho avuto sete e mi avete dato da bere, ero straniero e mi avete accolto, nudo e mi avete vestito, malato e mi avete visitato, ero in carcere e siete venuti a trovarmi".
Allora i giusti gli risponderanno: "Signore, quando ti abbiamo visto affamato e ti abbiamo dato da mangiare, o assetato e ti abbiamo dato da bere? Quando mai ti abbiamo visto straniero e ti abbiamo accolto, o nudo e ti abbiamo vestito? Quando mai ti abbiamo visto malato o in carcere e siamo venuti a visitarti?". E il re risponderà loro: "In verità io vi dico: tutto quello che avete fatto a uno solo di questi miei fratelli più piccoli, l'avete fatto a me".

Poi dirà anche a quelli che saranno alla sinistra: "Via, lontano da me, maledetti, nel fuoco eterno, preparato per il diavolo e per i suoi angeli, perché ho avuto fame e non mi avete dato da mangiare, ho avuto sete e non mi avete dato da bere, ero straniero e non mi avete accolto, nudo e non mi avete vestito, malato e in carcere e non mi avete visitato".
Anch'essi allora risponderanno: "Signore, quando ti abbiamo visto affamato o assetato o straniero o nudo o malato o in carcere, e non ti abbiamo servito?". Allora egli risponderà loro: "In verità io vi dico: tutto quello che non avete fatto a uno solo di questi più piccoli, non l'avete fatto a me".
E se ne andranno: questi al supplizio eterno, i giusti invece alla vita eterna». — Parola del Signore.

PREGHIERA UNIVERSALE

Vedi alla Prima messa (pp. 377-378).

SULLE OFFERTE Dio onnipotente, che nell'acqua del Battesimo hai rigenerato i nostri fratelli defunti, per questo sacrificio di riconciliazione che la Chiesa ti offre, lava le loro colpe nel sangue del Cristo e ricevili fra le braccia della tua misericordia. Per Cristo nostro Signore.

Prefazio dei defunti (pp. 481-482).

COMUNIONE
cf. 4Esd 2,35.34

Splenda ad essi la luce perpetua,
insieme ai tuoi santi, in eterno, Signore,
perché tu sei buono.
L'eterno riposo dona loro, Signore,
e splenda ad essi la luce perpetua,
insieme ai tuoi santi, in eterno, Signore,
perché tu sei buono.

DOPO LA COMUNIONE O Padre, che in questo sacramento pasquale ci hai uniti al tuo Figlio, vincitore del peccato e della morte, fa' che i nostri fratelli defunti, liberi da ogni colpa, partecipino alla gloria del Signore risorto, che vive e regna nei secoli dei secoli.

TERZA MESSA

INGRESSO cf. Rm 8,11

Dio, che ha risuscitato Cristo Gesù
dai morti,
darà la vita anche ai nostri corpi mortali
per mezzo del suo Spirito,
che abita in noi.

COLLETTA **Dio onnipotente, il tuo unico Figlio, nel mistero della Pasqua, è passato da questo mondo alla gloria del tuo regno; concedi ai nostri fratelli defunti di condividere il suo trionfo sulla morte e di contemplare in eterno te, o Padre, che li hai creati e redenti. Per il nostro Signore...**

PRIMA LETTURA

Il Signore li ha graditi come l'offerta di un un olocausto

Dal libro della Sapienza 3,1-9

Le anime dei giusti sono nelle mani di Dio,
nessun tormento li toccherà.
Agli occhi degli stolti parve che morissero,
la loro fine fu ritenuta una sciagura,
la loro partenza da noi una rovina,
ma essi sono nella pace.
Anche se agli occhi degli uomini subiscono castighi,
la loro speranza resta piena d'immortalità.
In cambio di una breve pena riceveranno grandi benefici,
perché Dio li ha provati e li ha trovati degni di sé;
li ha saggiati come oro nel crogiolo
e li ha graditi come l'offerta di un olocausto.
Nel giorno del loro giudizio risplenderanno,
come scintille nella stoppia correranno qua e là.
Governeranno le nazioni, avranno potere sui popoli
e il Signore regnerà per sempre su di loro.
Coloro che confidano in lui comprenderanno la verità,
i fedeli nell'amore rimarranno presso di lui,
perché grazia e misericordia sono per i suoi eletti.
— Parola di Dio.

SALMO RESPONSORIALE
dal Salmo 41

℟. **L'anima mia ha sete del Dio vivente.**

Come la cerva anela
ai corsi d'acqua,
così l'anima mia anela
a te, o Dio. ℟.

L'anima mia ha sete di Dio,
del Dio vivente:
quando verrò e vedrò
il volto di Dio? ℟.

Avanzavo tra la folla,
la precedevo fino alla casa di Dio,
fra canti di gioia e di lode
di una moltitudine in festa. ℟.

Manda la tua luce e la tua verità:
siano esse a guidarmi,
mi conducano alla tua santa montagna,
alla tua dimora. ℟.

Verrò all'altare di Dio,
a Dio, mia gioiosa esultanza.
A te canterò sulla cetra,
Dio, Dio mio. ℟.

Perché ti rattristi, anima mia,
perché ti agiti in me?
Spera in Dio: ancora potrò lodarlo,
lui, salvezza del mio volto e mio Dio. ℟.

SECONDA LETTURA
Non vi sarà più la morte

Dal libro dell'Apocalisse di san Giovanni apostolo 21,1-5.6-7

Io, Giovanni, vidi un cielo nuovo e una terra nuova: il cielo e la terra di prima infatti erano scomparsi e il mare non c'era più. E vidi anche la città santa, la Gerusalemme nuova, scendere dal cielo, da Dio, pronta come una sposa adorna per il suo sposo.
Udii allora una voce potente, che veniva dal trono e diceva:
«Ecco la tenda di Dio con gli uomini!
Egli abiterà con loro
ed essi saranno suoi popoli

ed egli sarà il Dio con loro, il loro Dio.
E asciugherà ogni lacrima dai loro occhi
e non vi sarà più la morte
né lutto né lamento né affanno,
perché le cose di prima sono passate».
E Colui che sedeva sul trono disse:
«Ecco, io faccio nuove tutte le cose.
Io sono l'Alfa e l'Omèga,
il Principio e la Fine.
A colui che ha sete
io darò gratuitamente da bere
alla fonte dell'acqua della vita.
Chi sarà vincitore erediterà questi beni;
io sarò suo Dio ed egli sarà mio figlio».
— Parola di Dio.

AL VANGELO cf. Mt 11,25

Alleluia, alleluia.
Ti rendo lode, Padre,
Signore del cielo e della terra,
perché ai piccoli hai rivelato
i misteri del regno. Alleluia.

VANGELO

Rallegratevi ed esultate:
perché grande è la vostra ricompensa nei cieli

Dal vangelo secondo Matteo 5,1-12a

In quel tempo, vedendo le folle, Gesù salì sul monte: si pose a sedere e si avvicinarono a lui i suoi discepoli. Si mise a parlare e insegnava loro dicendo:
«Beati i poveri in spirito,
perché di essi è il regno dei cieli.
Beati quelli che sono nel pianto,
perché saranno consolati.
Beati i miti,
perché avranno in eredità la terra.
Beati quelli che hanno fame e sete della giustizia,
perché saranno saziati.
Beati i misericordiosi,
perché troveranno misericordia.
Beati i puri di cuore,
perché vedranno Dio.

Beati gli operatori di pace,
perché saranno chiamati figli di Dio.
Beati i perseguitati per la giustizia,
perché di essi è il regno dei cieli.
Beati voi quando vi insulteranno, vi perseguiteranno e, mentendo, diranno ogni sorta di male contro di voi per causa mia. Rallegratevi ed esultate, perché grande è la vostra ricompensa nei cieli». — Parola del Signore.

PREGHIERA UNIVERSALE

Vedi alla Prima messa (pp. 377-378).

SULLE OFFERTE O Dio, Signore dei vivi e dei morti, pieno di misericordia verso le tue creature, concedi il perdono e la pace ai nostri fratelli defunti, perché, immersi nella tua beatitudine, ti lodino in eterno. Per Cristo nostro Signore.

Prefazio dei defunti (pp. 481-482).

COMUNIONE
cf. Fil 3,20-21

Aspettiamo il nostro salvatore Gesù Cristo;
egli trasfigurerà il nostro corpo mortale
a immagine del suo corpo glorioso.

DOPO LA COMUNIONE Accogli nell'abbraccio della tua misericordia, o Padre, i nostri fratelli defunti, per i quali ti abbiamo offerto questo sacrificio; e poiché nel battesimo li hai resi tuoi figli, dona loro nella tua casa la gioia senza fine. Per Cristo nostro Signore.

7 NOVEMBRE

32ª DOMENICA DEL TEMPO ORDINARIO

CI ACCOGLIEREMO NELLA LIBERTÀ

Una certa retorica dice che è bello morire per un ideale; invece è bello vivere noi e dare a tutti la possibilità di farlo, senza bisogno di eroismi ammantati di sacralità. Non se ne può più di queste strumentalizzazioni; anzi, come dice il drammaturgo tedesco Brecht, felice il popolo che non ha bisogno di eroi! Tuttavia l'èra dei martiri – di cui ci racconta il libro dei Maccabei – è significativa proprio perché pone l'interrogativo della morte dinanzi al Dio della vita; gli chiede conto di coloro che affrontano la morte per fedeltà a lui. D'altra parte nelle Scritture è assai poco presente la «bella» morte, risalta invece il trauma che investe l'uomo coinvolto in un evento per un lato naturale e per un altro lato oscuro e angoscioso.

Gesù di Nazaret muore come ogni comune mortale; non certo una morte pia e devota, la sua; umana, piuttosto, troppo umana. Non soddisfano, pertanto, le esortazioni che talvolta si sentono fare da parte di donne e uomini religiosi. È facile sentenziare sugli altri, invitandoli alla fede e alla rassegnazione, assai più difficile affrontare per se stessi e per le persone amate il passaggio definitivo, il salto nel buio. Non misuriamo il grado di fede da ciò che vediamo all'esterno: infatti può succedere che una persona religiosa viva traumaticamente e rifiuti sino all'ultimo il proprio morire. Una possibile luce non viene tanto dalla fermezza del nostro credere o dalla certezza del nostro sperare, dal momento che queste realtà spesso vacillano, quando si arriva al dunque. Viene piuttosto da lui, dal Signore, che è fedele e non può abbandonarci nella morte.

È significativo che nel racconto dei fratelli Maccabei lo squarcio di speranza arrivi dalla madre, che confronta la propria ma-

ternità con la maternità di Dio, essa esprime per prima, nelle Scritture, la fede nella risurrezione della carne. Ciò che i sadducei invece non credono, come mostra il loro dialogo con Gesù. La loro discussione, peraltro, messa accanto alle parole della madre dei Maccabei mostra un vizio di fondo: è obiezione di testa più che coinvolgimento delle viscere.

Le cose della fede – pur avendo bisogno di ragionevolezza – chiedono l'abbandono dell'amore, non la freddezza del ragionamento. Credere, come amare, scaturisce da un incontro non da una dimostrazione. Gesù infatti motiva la fede nella risurrezione con il testo del roveto ardente che, guarda caso, narra un incontro vivo e vitale. Allora anche la sua risposta va capita bene: «Quelli giudicati degni della vita futura non prendono né moglie né marito» (Lc 20,35). Non significa che non ritroveremo le persone care, ma che le relazioni non avranno più la forma conosciuta ora, con i molti limiti, la tentazione del possesso e il pericolo della strumentalizzazione. Ci accoglieremo finalmente nella libertà.

INGRESSO
Sal 87,3

La mia preghiera giunga fino a te;
tendi, o Signore, l'orecchio
alla mia preghiera.

COLLETTA **Dio grande e misericordioso, allontana ogni ostacolo nel nostro cammino verso di te, perché, nella serenità del corpo e dello spirito, possiamo dedicarci liberamente al tuo servizio. Per il nostro Signore...**

Oppure: **O Dio, Padre della vita e autore della risurrezione, davanti a te anche i morti vivono; fa' che la parola del tuo Figlio, seminata nei nostri cuori, germogli e fruttifichi in ogni opera buona, perché in vita e in morte siamo confermati nella speranza della gloria. Per il nostro Signore...**

PRIMA LETTURA

Il re dell'universo ci risusciterà a vita nuova ed eterna

Dal secondo libro dei Maccabèi 7,1-2.9-14

In quei giorni, ci fu il caso di sette fratelli che, presi insieme alla loro madre, furono costretti dal re, a forza di flagelli e nerbate, a cibarsi di carni suine proibite.

Uno di loro, facendosi interprete di tutti, disse: «Che cosa cerchi o vuoi sapere da noi? Siamo pronti a morire piuttosto che trasgredire le leggi dei padri».
[E il secondo,] giunto all'ultimo respiro, disse: «Tu, o scellerato, ci elimini dalla vita presente, ma il re dell'universo, dopo che saremo morti per le sue leggi, ci risusciterà a vita nuova ed eterna».
Dopo costui fu torturato il terzo, che alla loro richiesta mise fuori prontamente la lingua e stese con coraggio le mani, dicendo dignitosamente: «Dal Cielo ho queste membra e per le sue leggi le disprezzo, perché da lui spero di riaverle di nuovo».
Lo stesso re e i suoi dignitari rimasero colpiti dalla fierezza di questo giovane, che non teneva in nessun conto le torture.

Fatto morire anche questo, si misero a straziare il quarto con gli stessi tormenti. Ridotto in fin di vita, egli diceva: «È preferibile morire per mano degli uomini, quando da Dio si ha la speranza di essere da lui di nuovo risuscitati; ma per te non ci sarà davvero risurrezione per la vita».
— Parola di Dio.

SALMO RESPONSORIALE dal Salmo 16

℟. **Ci sazieremo, Signore, contemplando il tuo volto.**

Ascolta, Signore, la mia giusta causa,
sii attento al mio grido.
Porgi l'orecchio alla mia preghiera:
sulle mie labbra non c'è inganno. ℟.

Tieni saldi i miei passi sulle tue vie
e i miei piedi non vacilleranno.
Io t'invoco poiché tu mi rispondi, o Dio;
tendi a me l'orecchio, ascolta le mie parole. ℟.

Custodiscimi come pupilla degli occhi,
all'ombra delle tue ali nascondimi,
io nella giustizia contemplerò il tuo volto,
al risveglio mi sazierò della tua immagine. ℟.

SECONDA LETTURA

Il Signore vi confermi in ogni opera e parola di bene

Dalla seconda lettera di san Paolo apostolo
ai Tessalonicési 2,16-3,5

Fratelli, lo stesso Signore nostro Gesù Cristo e Dio, Padre nostro, che ci ha amati e ci ha dato, per sua grazia, una consolazione eterna e una buona speranza, conforti i vostri cuori e li confermi in ogni opera e parola di bene.
Per il resto, fratelli, pregate per noi, perché la parola del Signore corra e sia glorificata, come lo è anche tra voi, e veniamo liberati dagli uomini corrotti e malvagi. La fede infatti non è di tutti. Ma il Signore è fedele: egli vi confermerà e vi custodirà dal Maligno.
Riguardo a voi, abbiamo questa fiducia nel Signore: che quanto noi vi ordiniamo già lo facciate e continuerete a farlo. Il Signore guidi i vostri cuori all'amore di Dio e alla pazienza di Cristo. — Parola di Dio.

AL VANGELO

Ap 1,5a.6b

Alleluia, alleluia.
Gesù Cristo è il primogenito dei morti:
a lui la gloria e la potenza
nei secoli dei secoli. Alleluia.

VANGELO *

Dio non è dei morti, ma dei viventi

Dal Vangelo secondo Luca 20,27-38

In quel tempo, si avvicinarono a Gesù alcuni sadducèi – i quali dicono che non c'è risurrezione – e gli posero questa domanda: «Maestro, Mosè ci ha prescritto: "Se muore il fratello di qualcuno che ha moglie, ma è senza figli, suo fratello prenda la moglie e dia una discendenza al proprio fratello". C'erano dunque sette fratelli: il primo, dopo aver preso moglie, morì senza figli. Allora la prese il secondo e poi il terzo e così tutti e sette morirono senza lasciare figli. Da ultimo morì anche la donna. La donna dunque, alla risurrezione, di chi sarà moglie? Poiché tutti e ***sette l'hanno*** **avuta in moglie».**
Gesù rispose loro: «I figli di questo mondo prendono moglie e prendono marito; ma quelli che sono giudicati degni della vita futura e della risurrezione dai morti, non prendono né moglie né marito: infatti non possono più

morire, perché sono uguali agli angeli e, poiché sono figli della risurrezione, sono figli di Dio. Che poi i morti risorgano, lo ha indicato anche Mosè a proposito del roveto, quando dice: "Il Signore è il Dio di Abramo, Dio di Isacco e Dio di Giacobbe". Dio non è dei morti, ma dei viventi; perché tutti vivono per lui». — Parola del Signore.

Forma breve:

Dal Vangelo secondo Luca 20,27.34-38

In quel tempo, disse Gesù ad alcuni sadducèi, i quali dicono che non c'è risurrezione: «I figli di questo mondo prendono moglie e prendono marito; ma quelli che sono giudicati degni della vita futura e della risurrezione dai morti, non prendono né moglie né marito: infatti non possono più morire, perché sono uguali agli angeli e, poiché sono figli della risurrezione, sono figli di Dio. Che poi i morti risorgano, lo ha indicato anche Mosè a proposito del roveto, quando dice: "Il Signore è il Dio di Abramo, Dio di Isacco e Dio di Giacobbe". Dio non è dei morti, ma dei viventi; perché tutti vivono per lui». — Parola del Signore.

PREGHIERA UNIVERSALE

Fratelli e sorelle, preghiamo insieme il Padre, perché la sua parola si diffonda e sia glorificata, liberandoci dagli abbagli e dalle falsità. Il Signore è fedele e ci confermerà nell'adesione a lui e nella coerenza della nostra testimonianza. Imploriamo:

℟. **Signore, venga il tuo regno!**

- Signore, la speranza della vita senza fine sostenga sempre la tua Chiesa nell'amore concreto e senza misura. Non venga meno tra i credenti chi lotta contro ogni egoismo e chiusura, per conformare l'impegno nel mondo al tuo disegno di salvezza, ti preghiamo.
- Signore, la tua rivelazione come Dio di Abramo, di Isacco e di Giacobbe, rinsaldi i legami con le generazioni passate. In questa fede ricongiungi i popoli che hanno in te il loro riferimento, oggi divisi e in guerra tra loro, e guidali alla tua pace, ti preghiamo.

● Signore, l'annullamento di ogni distinzione, che la morte comporta, renda gli uomini più consapevoli della fugacità del tempo. Fa' che la cura per la custodia del creato prefiguri quella pienezza di vita, a cui l'uomo è chiamato, ti preghiamo.

● Signore, tutti esistiamo per te, come ci garantisce questa celebrazione. Aiutaci a testimoniare la forza dell'unità nel nostro impegno ecclesiale, e confermaci nella certezza che siamo figli della risurrezione e del mondo senza fine, ti preghiamo.

● (*Altre intenzioni*).

Padre, tu sei la nostra speranza: ascolta queste invocazioni. Fa' che nelle vicende del tempo obbediamo al tuo volere e troviamo il coraggio di promuovere stili di vita improntati al rispetto del creato, per scoprire l'ambiente come giardino da custodire e gli uomini come fratelli da amare: in Cristo Gesù, nostro Signore. **Amen.**

SULLE OFFERTE **Volgi il tuo sguardo, o Padre, alle offerte della tua Chiesa, e fa' che partecipiamo con fede alla passione gloriosa del tuo Figlio, che ora celebriamo nel mistero. Per Cristo nostro Signore.**

Prefazio delle domeniche del Tempo ordinario (pp. 477-480).

COMUNIONE
Sal 22,1-2

Il Signore è mio pastore,
non manco di nulla;
in pascoli di erbe fresche mi fa riposare,
ad acque tranquille mi conduce.

Oppure:
Lc 24,35

I discepoli riconobbero Gesù, il Signore,
nello spezzare il pane.

Oppure:
Lc 20,38

Dio non è il Dio dei morti, ma dei vivi,
perché tutti vivono in lui.

DOPO LA COMUNIONE **Ti ringraziamo dei tuoi doni, o Padre; la forza dello Spirito Santo, che ci hai comunicato in questi sacramenti, rimanga in noi e trasformi tutta la nostra vita. Per Cristo nostro Signore.**

14 NOVEMBRE

33 DOMENICA DEL TEMPO ORDINARIO

VIENE E ATTIRA TUTTI A SÉ

C'è un grido che prorompe dalla storia, in nome di una giustizia che sembra disattesa. Non se ne può più dell'arroganza di chi ha i soldi, il potere, la forza delle armi; ci sarà prima o poi una resa dei conti. Anche perché il pianto delle vittime non può rimanere senza risposta, né si può sempre invitare alla pazienza e alla rassegnazione. Ecco perché sentiamo che ha una sua verità l'annuncio tremendo: «Quel giorno venendo li brucerà, fino a non lasciar loro né radice né germoglio» (Mal 3,19). Finalmente si farà piazza pulita, ci viene da dire, e sarà Dio in persona a farla. Ma se invece la profezia fosse non una delega a Dio, ma la presa di coscienza nostra e un invito alla responsabilità? Troppo facile chiedere al Signore di intervenire per operare giustizia e non muovere un dito, per paura di pagare il prezzo delle proprie scelte. Inoltre l'annuncio profetico può essere letto proiettandolo fuori di noi, ciascuno in cuor suo avendo ben chiaro chi siano i superbi e gli ingiusti da togliere di mezzo. Va invece interiorizzato, per comprendere che il giorno rovente come un forno è la grande occasione che ci è data di purificare il nostro cuore, di bruciare le inconsistenze personali, di passare attraverso un crogiuolo di verità e autenticità che ci fa liberi. Sono io ad aver bisogno del giorno del Signore, che viene con potenza nella mia vita a incendiare le mie tiepidezze; non è l'irruzione della collera di Dio, invocata su coloro che non sopporto! Nemmeno dobbiamo confrontarci con l'annuncio del giorno del Signore a partire da una sorta di curiosità, che pretende di racchiudere in date stabilite il libero irrompere di Dio nella storia personale e collettiva.

Giustamente la preghiera di questa domenica chiede di avere una bussola per attraversare i differenti eventi della vita, senza pretendere né che ci siano risparmiati né di conoscerli in anticipo. Non è questo, infatti, che ci ottiene la fede. «O Dio, fa' che attraverso le vicende, lieti e tristi, di questo mondo, teniamo fissa la speranza del tuo regno». Il vangelo più che della fine ci parla del fine, della meta verso cui tutto tende. Nel tumulto degli avvenimenti lo sguardo credente coglie comunque il venire del Signore, che attira tutto e tutti a sé; è un venirci incontro, per abbracciare quanto di bello e buono egli ha creato dall'inizio, per accogliere in se stesso la creazione frutto del suo amore libero e liberante.

Con questo orientamento è possibile passare attraverso le vicende della vita cogliendo un senso e di conseguenza non consumare i propri giorni errando senza meta. «Sentiamo infatti che alcuni fra voi vivono una vita disordinata, senza far nulla e sempre in agitazione» (2Ts 3,11). Senza un traguardo, che si corre a fare? Il Signore che viene, viene appunto per donarci l'orizzonte verso cui tendere e confermare così la preziosità di ogni singolo passo.

INGRESSO
Ger 29,11.12.14

Dice il Signore:
«Io ho progetti di pace e non di sventura;
voi mi invocherete e io vi esaudirò,
e vi farò tornare da tutti i luoghi
dove vi ho dispersi».

COLLETTA **Il tuo aiuto, Signore, ci renda sempre lieti nel tuo servizio, perché solo nella dedizione a te, fonte di ogni bene, possiamo avere felicità piena e duratura. Per il nostro Signore...**

Oppure: **O Dio, principio e fine di tutte le cose, che raduni tutta l'umanità nel tempio vivo del tuo Figlio, fa' che attraverso le vicende, lieti e tristi, di questo mondo, teniamo fissa la speranza del tuo regno, certi che nella nostra pazienza possederemo la vita. Per il nostro Signore...**

PRIMA LETTURA *Sorgerà per voi il sole di giustizia*

Dal libro del profeta Malachìa 3,19-20a

Ecco: sta per venire il giorno rovente come un forno. Allora tutti i superbi e tutti coloro che commettono ingiu-

stizia saranno come paglia; quel giorno, venendo, li brucerà – dice il Signore degli eserciti – fino a non lasciar loro né radice né germoglio. Per voi, che avete timore del mio nome, sorgerà con raggi benefici il sole di giustizia. — Parola di Dio.

SALMO RESPONSORIALE

dal Salmo 97

℟. **Il Signore giudicherà il mondo con giustizia.**

Cantate inni al Signore con la cetra,
con la cetra e al suono di strumenti a corde;
con le trombe e al suono del corno
acclamate davanti al re, il Signore. ℟.

Risuoni il mare e quanto racchiude,
il mondo e i suoi abitanti.
I fiumi battano le mani,
esultino insieme le montagne
davanti al Signore che viene a giudicare la terra. ℟.

Giudicherà il mondo con giustizia
e i popoli con rettitudine. ℟.

SECONDA LETTURA

Chi non vuole lavorare, neppure mangi

Dalla seconda lettera di san Paolo apostolo
ai Tessalonicési 3,7-12

Fratelli, sapete in che modo dovete prenderci a modello: noi infatti non siamo rimasti oziosi in mezzo a voi, né abbiamo mangiato gratuitamente il pane di alcuno, ma abbiamo lavorato duramente, notte e giorno, per non essere di peso ad alcuno di voi.
Non che non ne avessimo diritto, ma per darci a voi come modello da imitare. E infatti quando eravamo presso di voi, vi abbiamo sempre dato questa regola: chi non vuole lavorare, neppure mangi.
Sentiamo infatti che alcuni fra voi vivono una vita disordinata, senza fare nulla e sempre in agitazione. A questi tali, esortandoli nel Signore Gesù Cristo, ordiniamo di guadagnarsi il pane lavorando con tranquillità. — Parola di Dio.

AL VANGELO Alleluia, alleluia.
Lc 21,28 Risollevatevi e alzate il capo,
perché la vostra liberazione è vicina.
Alleluia.

VANGELO *Con la vostra perseveranza salverete la vostra vita*

Dal Vangelo secondo Luca 21,5-19

In quel tempo, mentre alcuni parlavano del tempio, che era ornato di belle pietre e di doni votivi, Gesù disse: «Verranno giorni nei quali, di quello che vedete, non sarà lasciata pietra su pietra che non sarà distrutta».
Gli domandarono: «Maestro, quando dunque accadranno queste cose e quale sarà il segno, quando esse staranno per accadere?». Rispose: «Badate di non lasciarvi ingannare. Molti infatti verranno nel mio nome dicendo: "Sono io", e: "Il tempo è vicino". Non andate dietro a loro! Quando sentirete di guerre e di rivoluzioni, non vi terrorizzate, perché prima devono avvenire queste cose, ma non è subito la fine».
Poi diceva loro: «Si solleverà nazione contro nazione e regno contro regno, e vi saranno in diversi luoghi terremoti, carestie e pestilenze; vi saranno anche fatti terrificanti e segni grandiosi dal cielo. Ma prima di tutto questo metteranno le mani su di voi e vi perseguiteranno, consegnandovi alle sinagoghe e alle prigioni, trascinandovi davanti a re e governatori, a causa del mio nome. Avrete allora occasione di dare testimonianza. Mettetevi dunque in mente di non preparare prima la vostra difesa; io vi darò parola e sapienza, cosicché tutti i vostri avversari non potranno resistere né controbattere.
Sarete traditi perfino dai genitori, dai fratelli, dai parenti e dagli amici, e uccideranno alcuni di voi; sarete odiati da tutti a causa del mio nome. Ma nemmeno un capello del vostro capo andrà perduto. Con la vostra perseveranza salverete la vostra vita». — Parola del Signore.

PREGHIERA UNIVERSALE

Fratelli e sorelle, preghiamo con insistente fiducia Cristo Signore, che la Chiesa attende come giudice glorioso alla fine dei tempi. Nella sua benevolenza interceda per noi presso il Padre, perché ci aiuti a non essere mai di peso ad alcuno e a non lasciarci conquistare da false rivelazioni e promesse, che ci distolgono dalla realtà quotidiana. Invochiamo:

℟. **Ascoltaci, o Signore!**

● Signore, nell'attesa della tua venuta la Chiesa è chiamata a professare con coraggio la fede in te. Fa' che adempia questa missione, cercando di cogliere le occasioni opportune per la salvezza e di formare i cristiani alla sapienza, ti preghiamo.

● Signore, nell'attesa della tua venuta vi saranno fatti terrificanti, che richiameranno gli uomini alla provvisorietà. Sorreggi chi è deluso e aiuta i giovani a trasmettere l'amore vero con la propria corporeità, senza cedere alla violenza, ti preghiamo.

● Signore, nell'attesa della tua venuta vi saranno persecuzioni, che metteranno alla prova i discepoli. Conferma nella perseveranza quanti credono in te, perché non desistano dai propositi e dall'adempimento instancabile del proprio lavoro, ti preghiamo.

● Signore, nell'attesa della tua venuta molti cercheranno di ingannarci con falsità. Rinsaldaci nell'amicizia con te e con i fratelli, garantita da questo incontro eucaristico, e nella disponibilità verso ogni persona che ti cerca con coraggio, ti preghiamo.

● (*Altre intenzioni*).

Padre, la preghiera che ti abbiamo innalzato nel nome del tuo amato Figlio accresca in noi la speranza, per superare qualsiasi tentazione di abbattimento e di pigrizia. Donaci la certezza che anche nella precarietà sei accanto a noi e ci guidi con il tuo Spirito sui sentieri del tempo, verso la gioia perfetta del regno. Per Cristo nostro Signore. **Amen.**

SULLE OFFERTE **Quest'offerta che ti presentiamo, Dio onnipotente, ci ottenga la grazia di servirti fedelmente e ci prepari il frutto di un'eternità beata. Per Cristo nostro Signore.**

Prefazio delle domeniche del Tempo ordinario (pp. 477-480).

COMUNIONE Il mio bene è stare vicino a Dio,
Sal 72,28 nel Signore Dio riporre la mia speranza.

Oppure: Dice il Signore: «In verità vi dico:
Mc 11,23.24 tutto quello che domandate nella preghiera,
abbiate fede di averlo ottenuto
e vi sarà accordato».

Oppure: «Nemmeno un capello del vostro capo
Lc 21,18-19 perirà.
Con la perseveranza
salverete le vostre anime».

DOPO LA COMUNIONE **O Padre, che ci hai saziati con questo sacramento, ascolta la nostra umile preghiera: il memoriale, che Cristo tuo Figlio ci ha comandato di celebrare, ci edifichi sempre nel vincolo del tuo amore. Per Cristo nostro Signore.**

21 NOVEMBRE

CRISTO RE DELL'UNIVERSO

OSSA E CARNE DI PECCATO, MA AMATI

La regalità attribuita a Dio non può essere una sovranità alla maniera del mondo, se Gesù stesso richiama i discepoli a distinguersi da coloro che nella storia si fanno chiamare re, signori o benefattori. Il vecchio Samuele aveva, a ragione, messo in guardia dalla proposta di avere un re, che in ogni caso avrebbe finito con il mettere in ombra l'unica regalità liberante, quella di Dio. Gesù di Nazaret si presenta alle folle annunciando un regno che ormai è qui, è presente, non solo in mezzo a noi, ma dentro di noi; interiorizza e spiritualizza una regalità non più mondana, ma insieme la concretizza con segni di liberazione, guarigione, vicinanza, salvezza, perdono. «Ecco, noi siamo tue ossa e tua carne» (2Sam 5,1) Le tribù d'Israele lo dicono a Davide, Gesù rivela che lo siamo di un Padre che è Dio stesso; e lo è anche lo straniero, il peccatore, l'emarginato.

L'universalità di questo abbraccio appare particolarmente sulla croce, il trono paradossale dal quale il Signore regna. C'è una scritta, sopra il suo capo: «Costui è il re dei Giudei» (Lc 23,38). Gliela mettono come scherno e non immaginano di affermare la sconvolgente verità che fa liberi, e liberi davvero. Credono di prendere in giro un povero cristo, appeso al legno della maledizione, e con le loro parole gridano il vangelo – cioè la buona notizia – di un Dio che non si fa re sulla pelle altrui, ma gioca fino in fondo la propria per amore, solo per amore. Tutto converge verso questo Re dalla corona di spine, tutto prende senso da questa sconfitta che in realtà sconfigge ogni negatività. «È piaciuto a Dio che abiti in lui tutta la pienezza e che per mezzo di lui siano riconciliate tutte le cose, avendo pacificato con il sangue della sua croce sia le cose che stanno sulla terra sia quelle che stanno nei cieli» (Col 1,19-20). Solo una vittima nonviolenta riconcilia e porta pace, mentre sono dissennate le scelte folli di chi continua a pensare che si rappacifichi il mondo a suon di guerre. L'esito è sotto gli occhi di tutti, ma a quanto pare si preferisce essere ciechi! A un re così, anche l'ultimo dei ladroni può dire: «Ricordati di me quando entrerai nel tuo regno» (Lc 23,42). Ed egli risponde: «In verità io ti dico: oggi sarai con me nel paradiso» (Lc 23,43). Infatti nella croce condivide la medesima situazione di lontananza e di maledizione, si fa dannato tra i dannati affinché non ci sia più dannazione per nessuno. Immergendosi nell'inferno, l'ha svuotato e l'ha fatto divenire il luogo della sua regalità di perdono e di salvezza; regna sul mondo della morte, perché la morte è stata vinta. L'albero della croce ridiventa l'albero della vita piantato al centro del paradiso, che non è più frutto da strappare a un Dio che sembra negarcelo, ma dono offerto nella gratuità. È salvezza accessibile a chiunque si lasci amare nella sua povertà e nel suo stesso peccato.

INGRESSO
Ap 5,12; 1,6

L'Agnello immolato
è degno di ricevere potenza
e ricchezza e sapienza e forza e onore:
a lui gloria e potenza nei secoli, in eterno.

COLLETTA **Dio onnipotente ed eterno, che hai voluto rinnovare tutte le cose in Cristo tuo Figlio, Re dell'universo, fa' che ogni creatura, libera dalla schiavitù del peccato, ti serva e ti lodi senza fine. Per il nostro Signore...**

Oppure: **O Dio Padre, che ci hai chiamati a regnare con te nella giustizia e nell'amore, liberaci dal potere delle tenebre; fa' che camminiamo sulle orme del tuo Figlio, e come lui doniamo la nostra vita per amore dei fratelli, certi di condividere la sua gloria in paradiso. Egli è Dio...**

PRIMA LETTURA *Unsero Davide re d'Israele*

Dal secondo libro di Samuele 5,1-3

In quei giorni, vennero tutte le tribù d'Israele da Davide a Ebron, e gli dissero: «Ecco, noi siamo tue ossa e tua carne. Già prima, quando regnava Saul su di noi, tu con-

ducevi e riconducevi Israele. Il Signore ti ha detto: "Tu pascerai il mio popolo Israele, tu sarai capo d'Israele"». Vennero dunque tutti gli anziani d'Israele dal re a Ebron, il re Davide concluse con loro un'alleanza a Ebron davanti al Signore ed essi unsero Davide re d'Israele. — Parola di Dio.

SALMO RESPONSORIALE
dal Salmo 121

℟. **Andremo con gioia alla casa del Signore.**

Quale gioia, quando mi dissero:
«Andremo alla casa del Signore!».
Già sono fermi i nostri piedi
alle tue porte, Gerusalemme! ℟.

È là che salgono le tribù,
le tribù del Signore,
secondo la legge d'Israele,
per lodare il nome del Signore.
Là sono posti i troni del giudizio,
i troni della casa di Davide. ℟.

SECONDA LETTURA
Ci ha trasferiti nel regno del Figlio del suo amore

Dalla lettera di san Paolo apostolo ai Colossési 1,12-20

Fratelli, ringraziate con gioia il Padre che vi ha resi capaci di partecipare alla sorte dei santi nella luce. È lui che ci ha liberati dal potere delle tenebre e ci ha trasferiti nel regno del Figlio del suo amore, per mezzo del quale abbiamo la redenzione, il perdono dei peccati.
Egli è immagine del Dio invisibile, primogenito di tutta la creazione, perché in lui furono create tutte le cose nei cieli e sulla terra, quelle visibili e quelle invisibili: Troni, Dominazioni, Principati e Potenze. Tutte le cose sono state create per mezzo di lui e in vista di lui. Egli è prima di tutte le cose e tutte in lui sussistono.
Egli è anche il capo del corpo, della Chiesa. Egli è principio, primogenito di quelli che risorgono dai morti, perché sia lui ad avere il primato su tutte le cose. È piaciuto infatti a Dio che abiti in lui tutta la pienezza e che per mezzo di lui e in vista di lui siano riconciliate tutte le co-

se, avendo pacificato con il sangue della sua croce sia le cose che stanno sulla terra, sia quelle che stanno nei cieli. — Parola di Dio.

AL VANGELO
Mc 11,9.10

Alleluia, alleluia.
Benedetto colui che viene
nel nome del Signore!
Benedetto il Regno che viene,
del nostro padre Davide!
Alleluia.

VANGELO *Signore, ricordati di me quando entrerai nel tuo regno*

Dal vangelo secondo Luca 23,35-43

In quel tempo [dopo che ebbero crocifisso Gesù] il popolo stava a vedere; i capi invece deridevano Gesù dicendo: «Ha salvato altri! Salvi se stesso, se è lui il Cristo di Dio, l'eletto».
Anche i soldati lo deridevano, gli si accostavano per porgergli dell'aceto e dicevano: «Se tu sei il re dei Giudei, salva te stesso». Sopra di lui c'era anche una scritta: «Costui è il re dei Giudei».
Uno dei malfattori appesi alla croce lo insultava: «Non sei tu il Cristo? Salva te stesso e noi!». L'altro invece lo rimproverava dicendo: «Non hai alcun timore di Dio, tu che sei condannato alla stessa pena? Noi, giustamente, perché riceviamo quello che abbiamo meritato per le nostre azioni; egli invece non ha fatto nulla di male».
E disse: «Gesù, ricordati di me quando entrerai nel tuo regno». Gli rispose: «In verità io ti dico: oggi con me sarai nel paradiso». — Parola del Signore.

PREGHIERA UNIVERSALE

Fratelli e sorelle, ringraziamo il Padre, perché in Cristo, Re dell'universo e Signore della storia, ha manifestato la potenza della riconciliazione e del perdono. Ora lo preghiamo insieme, perché rinsaldi in noi la volontà di accettare ogni giorno il suo progetto di liberazione e di amore. Imploriamo:

℟. **Signore, venga il tuo regno!**

- «Egli non ha fatto nulla di male»: la constatazione del ladrone nei confronti di Gesù confermi la Chiesa nel percorrere con fiducia il suo cammino, per partecipare a tutti la misericordia e aiutare gli uomini a ricercare sempre ciò che è giusto, preghiamo.
- «Ha salvato altri, salvi se stesso»: il disprezzo delle folle di fronte al crocifisso sospinga a conversione quanti hanno responsabilità, perché, superata l'indifferenza, i più deboli e gli anziani trovino appoggio nei credenti, preghiamo.
- «Gesù, ricordati di me, quando entrerai nel tuo regno»: questa implorazione sollevi la condizione dei sofferenti per malattia e calamità, e rafforzi la speranza di tutti, preghiamo.
- «Oggi con me sarai nel paradiso»: questa promessa diventi nel futuro una garanzia per noi, che incontriamo Cristo nell'Eucaristia, e ci impegni nel presente a testimoniare l'accoglienza reciproca e l'apertura agli altri, preghiamo.
- (*Altre intenzioni*).

Padre, nella fiduciosa preghiera che ti abbiamo innalzato riconosci la voce di Cristo, incarnazione del tuo infinito amore, salvezza sempre attesa. Questa tua Chiesa, quale sposa pronta per le nozze, lo acclama suo Re nelle vicende della storia, implorando: vieni Signore Gesù, unica speranza del mondo, e donaci la tua pace, ora e nei secoli dei secoli. **Amen.**

SULLE OFFERTE **Accetta, o Padre, questo sacrificio di riconciliazione, e per i meriti del Cristo tuo Figlio concedi a tutti i popoli il dono dell'unità e della pace. Egli vive e regna nei secoli dei secoli.**

PREFAZIO *Cristo sacerdote e re dell'universo*

È veramente cosa buona e giusta,
nostro dovere e fonte di salvezza,
rendere grazie sempre e in ogni luogo a te,
Signore, Padre santo, Dio onnipotente ed eterno.

Tu con olio di esultanza
hai consacrato Sacerdote eterno
e Re dell'universo il tuo unico Figlio,
Gesù Cristo nostro Signore.
Egli, sacrificando se stesso
immacolata vittima di pace sull'altare della Croce,
operò il mistero dell'umana redenzione;
assoggettate al suo potere tutte le creature,
offrì alla tua maestà infinita il regno eterno e universale:
regno di verità e di vita, regno di santità e di grazia,
regno di giustizia, di amore e di pace.
E noi, uniti agli Angeli e agli Arcangeli,
ai Troni e alle Dominazioni
e alla moltitudine dei Cori celesti,
cantiamo con voce incessante l'inno della tua gloria:
Santo, Santo, Santo il Signore...

COMUNIONE
Sal 28,10-11

Re in eterno siede il Signore:
benedirà il suo popolo nella pace.

Oppure:
Lc 23,42-43

«Gesù, ricordati di me
quando entrerai nel tuo regno».
«Oggi sarai con me in paradiso».

DOPO LA COMUNIONE O Dio, nostro Padre, che ci hai nutriti con il pane della vita immortale, fa' che obbediamo con gioia a Cristo, Re dell'universo, per vivere senza fine con lui nel suo regno glorioso. Egli vive e regna nei secoli dei secoli.

28 NOVEMBRE

1ª DOMENICA DI AVVENTO

NELL'ATTESA DELLA SUA VENUTA

*Ritorna l'avvento, il tempo dell'attesa; ritornano i grandi testi profetici, di fronte ai quali non si sa se riaccendere la speranza o confermare la disillusione. Da millenni si sogna, si invoca, si prefigura un mondo di pace e il risultato è quanto leggiamo ogni mattina sul giornale e vediamo ogni sera in televisione. Ha senso riascoltare parole come quelle di Isaia? La domanda si fa ancora più bruciante per noi cristiani, dal momento che l'attesa ha già ricevuto una risposta: Gesù di Nazaret. L'avvento non è fingere di attendere il Cristo, che è già venuto; semmai confrontarsi nel profondo con lo scandalo di una venuta, apparentemente poco significativa per la storia umana. Che cosa è davvero cambiato? Forse c'è dell'*utopia *nella speranza cristiana; ma al termine si può dare significati differenti. Infatti la* u *iniziale può derivare dal prefisso greco* ou *(non), allora utopia è un luogo che non esiste; ma se la riferiamo al prefisso* eu *(bene), allora è la tensione verso un mondo finalmente realizzato. I cristiani non sono degli illusi, che sognano una realtà che con ci sarà mai; scommettono invece sulla possibilità che il bene trovi un suo luogo nella storia. La verifica di questo atteggiamento è appunto il tempo di avvento, che ogni anno ci è dato da vivere. Avvento infatti è anzitutto celebrare una venuta nella storia, che l'ha davvero modificata sino al punto di dividerla tra un «prima» e un «dopo». Noi siamo dopo Cristo e questo fatto, per chi crede, non è un riferimento come un altro per contare gli anni; è la memoria viva di un evento che dischiude il senso, svelando una presenza che cambia di segno le nostre: non si tratta di illusioni, bensì di speranze confermate. «La nostra salvezza è più vicina di quando diventammo credenti. La notte è avanzata, il giorno è vicino» (Rm 13,11).*

Di avvento in avvento, siamo chiamati non a scoraggiarci per il tempo che passa apparentemente lasciando tutto come, o peggio, di prima; l'invito è di credere al venire continuo e progressivo della salvezza, che è pace, giustizia, fraternità, poste dentro la storia una volta per tutte dalla Parola che si è fatta carne. Per questo è necessario rimanere svegli: «Vegliate dunque, perché non sapete in quale giorno il Signore vostro verrà» (Mt 24,42). Siamo in attesa che la salvezza portata dal Cristo nella sua prima venuta maturi in pienezza, che egli giunga nella sua seconda venuta per portare a compimento il mondo nuovo già inaugurato. Preghiamo infatti con la chiesa: «Verrà di nuovo nello splendore della gloria e ci chiamerà a possedere il regno promesso, che ora osiamo sperare vigilanti nell'attesa». Tra la prima e la seconda venuta ci siamo noi, il pezzo di storia che ci è dato da vivere, il tempo tra il «già» e il «non ancora». In modo forse silenzioso ma sicuro, sta maturando il mondo nuovo.

INGRESSO Sal 24,1-3

A te, Signore, elèvo l'anima mia,
Dio mio, in te confido:
che io non sia confuso.
Non trionfino su di me i miei nemici.
Chiunque spera in te non resti deluso.

COLLETTA **O Dio, nostro Padre, suscita in noi la volontà di andare incontro con le buone opere al tuo Cristo che viene, perché egli ci chiami accanto a sé nella gloria a possedere il regno dei cieli. Per il nostro Signore...**

Oppure: **O Dio, Padre misericordioso, che per riunire i popoli nel tuo regno hai inviato il tuo Figlio unigenito, maestro di verità e fonte di riconciliazione, risveglia in noi uno spirito vigilante, perché camminiamo sulle tue vie di libertà e di amore fino a contemplarti nell'eterna gloria. Per il nostro Signore...**

PRIMA LETTURA

Il Signore unisce tutti i popoli nella pace eterna del suo Regno

Dal libro del profeta Isaia 2,1-5

Messaggio che Isaìa, figlio di Amoz, ricevette in visione su Giuda e su Gerusalemme.

Alla fine dei giorni,
il monte del tempio del Signore
sarà saldo sulla cima dei monti
e s'innalzerà sopra i colli,
e ad esso affluiranno tutte le genti.
Verranno molti popoli e diranno:
«Venite, saliamo sul monte del Signore,
al tempio del Dio di Giacobbe,
perché ci insegni le sue vie
e possiamo camminare per i suoi sentieri».
Poiché da Sion uscirà la legge
e da Gerusalemme la parola del Signore.
Egli sarà giudice fra le genti
e arbitro fra molti popoli.
Spezzeranno le loro spade e ne faranno aratri,
delle loro lance faranno falci;
una nazione non alzerà più la spada
contro un'altra nazione,
non impareranno più l'arte della guerra.
Casa di Giacobbe, venite,
camminiamo nella luce del Signore.
— Parola di Dio.

SALMO RESPONSORIALE

dal Salmo 121

℟. Andiamo con gioia incontro al Signore.

Quale gioia, quando mi dissero:
«Andremo alla casa del Signore!».
Già sono fermi i nostri piedi
alle tue porte, Gerusalemme! ℟.

È là che salgono le tribù,
le tribù del Signore,
secondo la legge d'Israele,
per lodare il nome del Signore.
Là sono posti i troni del giudizio,
i troni della casa di Davide. ℟.

Chiedete pace per Gerusalemme:
vivano sicuri quelli che ti amano;
sia pace nelle tue mura,
sicurezza nei tuoi palazzi. ℟.

Per i miei fratelli e i miei amici
io dirò: «Su di te sia pace!».
Per la casa del Signore nostro Dio,
chiederò per te il bene. ℟.

SECONDA LETTURA *La nostra salvezza è vicina*

Dalla lettera di san Paolo apostolo ai Romani 13,11-14a

Fratelli, questo voi farete, consapevoli del momento: è ormai tempo di svegliarvi dal sonno, perché adesso la nostra salvezza è più vicina di quando diventammo credenti.
La notte è avanzata, il giorno è vicino. Perciò gettiamo via le opere delle tenebre e indossiamo le armi della luce. Comportiamoci onestamente, come in pieno giorno: non in mezzo a orge e ubriachezze, non fra lussurie e impurità, non in litigi e gelosie. Rivestitevi invece del Signore Gesù Cristo. — Parola di Dio.

AL VANGELO
Sal 84,8

Alleluia, alleluia.
Mostraci, Signore, la tua misericordia
e donaci la tua salvezza.
Alleluia.

VANGELO *Vegliate, per essere pronti al suo arrivo*

Dal vangelo secondo Matteo 24,37-44

In quel tempo, Gesù disse ai suoi discepoli: «Come furono i giorni di Noè, così sarà la venuta del Figlio dell'uomo. Infatti, come nei giorni che precedettero il diluvio mangiavano e bevevano, prendevano moglie e prendevano marito, fino al giorno in cui Noè entrò nell'arca, e non si accorsero di nulla finché venne il diluvio e travolse tutti: così sarà anche la venuta del Figlio dell'uomo. Allora due uomini saranno nel campo: uno verrà portato via e l'altro lasciato. Due donne macineranno alla mola: una verrà portata via e l'altra lasciata.
Vegliate dunque, perché non sapete in quale giorno il Signore vostro verrà. Cercate di capire questo: se il padrone di casa sapesse a quale ora della notte viene il ladro, veglierebbe e non si lascerebbe scassinare la casa.

Perciò anche voi tenetevi pronti perché, nell'ora che non immaginate, viene il Figlio dell'uomo». — Parola del Signore.

PREGHIERA UNIVERSALE

Fratelli e sorelle, il Cristo, luce che risplende nella notte del mondo, rafforzi la nostra fiducia nel cammino dell'Avvento che abbiamo iniziato, per andare incontro a lui nella gioia del Natale. Con l'implorazione orante, esprimiamo pertanto la nostra speranza, convalidata dalla promessa della venuta del Signore alla fine dei tempi, nella maestà della sua gloria. Preghiamo e diciamo:

℟. **Signore, venga il tuo regno!**

• All'inizio di questo tempo di gioiosa attesa, manifestiamo a te, Signore, le ansie dell'umanità. Concedi alla tua Chiesa di essere tempio collocato sul monte, al quale salgono tutte le genti, per trovare, nella comune collaborazione, concordia e giustizia, ti preghiamo.

• Davanti al quadro degli avvenimenti internazionali la profezia di Isaia appare ancora un sogno. La tua bontà, Signore, affretti quella pace universale, che le forze umane non riescono ad ottenere, trasformando sempre più le armi in strumenti di lavoro, ti preghiamo.

• In risposta alle certezze, che l'uomo crede di possedere, risuona l'invito alla vigilanza. Fa', o Signore, che l'imperativo evangelico della carità si traduca soprattutto nell'attenzione verso gli ultimi, per garantire loro un futuro di prosperità, ti preghiamo.

• Nelle nostre assemblee domenicali si attua concretamente, Signore, la tua salvezza, che sconfigge le opere delle tenebre. Apri i nostri occhi per scrutare i segni sempre nuovi del tuo amore per noi, e camminare con coraggio nella luce dei tuoi insegnamenti, ti preghiamo.

• (*Altre intenzioni*).

Ascolta, o Dio, le preghiere che ti abbiamo rivolto con fede viva, quale lampada da te accesa in noi, popolo di battezzati, pellegrini sulla terra. Il tuo Cristo, che verrà come ladro nella notte, come sposo a lungo atteso, ci disponga ad accoglierlo nell'operosa vigilanza. Egli diventi sempre più giudice fra le genti e arbitro delle sorti dell'umanità, per avvalorare le nostre aspirazioni di pace: ora e nei secoli dei secoli. Amen.

SULLE OFFERTE **Accogli, Signore, il pane e il vino, dono della tua benevolenza, e fa' che l'umile espressione della nostra fede sia per noi pegno di salvezza eterna. Per Cristo nostro Signore.**

Prefazio dell'Avvento I o I/A (p. 472).

COMUNIONE Il Signore elargirà il suo bene
Sal 84,13 e la nostra terra produrrà il suo frutto.

Oppure: «Vegliate, perché non sapete
Mt 24,42 in quale giorno verrà il Signore».

DOPO LA COMUNIONE **La partecipazione a questo sacramento, che a noi pellegrini sulla terra rivela il senso cristiano della vita, ci sostenga, Signore, nel nostro cammino e ci guidi ai beni eterni. Per Cristo nostro Signore.**

5 DICEMBRE

2ª DOMENICA DI AVVENTO

UNA PRIMAVERA DI VITA

Il primo salmo, che apre la stupenda sequenza di preghiere consegnateci dalle Scritture, parla dell'uomo giusto davvero beato: «Nella legge del Signore trova la sua gioia, la sua legge medita giorno e notte. È come albero piantato lungo corsi d'acqua, che dà frutto a suo tempo: le sue foglie non appassiscono» (Sal 1,2-3). L'albero buono e quello cattivo, sterile o fruttuoso, da tagliare senza remissione o da additare quale esempio: simbolo non solo di persone collocate su sponde diverse, ma anche della stessa persona alle prese con scelte difformi nella vita. Ma, soprattutto per chi vive in luoghi aridi e desertici, il produrre frutti è fortemente condizionato dall'acqua: irrigandolo, anche il deserto fiorisce. Giovanni il Battista, che predica come voce nel deserto, sembrerebbe parlare invano; forse manca proprio l'acqua, non anzitutto materiale ma spirituale. Eppure, invita lo stesso a preparare la via del Signore, riecheggiando la «via diritta» che i profeti annunciano agli esuli delusi e sfiancati prefigurando il ritorno in patria. Il deserto non sarà più tale, l'albero sterile darà frutti in abbondanza, il grido del Battista non cadrà nel vuoto, se all'acqua – da lui usata per battezzare – si aggiungerà dell'altro; infatti egli precisa che deve venire chi «battezzerà in Spirito santo e fuoco» (Mt 3,11). I corsi d'acqua del salmo sono identificati con la legge del Signore, cioè la sua parola meditata giorno e notte; così come la parola forte del Battista, che chiama a conversione, è simile all'acqua entro la quale va piantato l'albero della nostra vita. L'invito allora è a battezzarci nella Parola fecondata dallo Spirito, per mettere a fuoco il nostro cuore.

Il cammino d'avvento è tempo prezioso in cui meditare giorno e notte la parola di Dio, per trovare rivi d'acqua nel deserto dell'esistenza. Altrimenti, avverte il Battista, rimaniamo «razza di vipere!» (Mt 3,7), cioè stirpe del serpente che ha trasformato l'albero della vita in albero della morte. Anche Paolo attinge all'acqua della parola di Dio, per mantenere viva la speranza: «In virtù della perseveranza e della consolazione che provengono dalle Scritture, teniamo viva la speranza» (Rm 15,4); è la Parola che consola e dà forza per continuare il cammino, soprattutto quando verrebbe la voglia di mollare. Lo fa il profeta, leggendo la situazione drammatica del suo tempo dove non sembrano esserci frutti di giustizia, di pace, di fraternità: «Un germoglio spunterà dal tronco di Iesse, un virgulto germoglierà dalle sue radici» (Is 11,1). Con lo sguardo della fede si coglie che dal tronco apparentemente morto spunta un germoglio; si annuncia una inaspettata primavera.

INGRESSO
cf. Is 30,19.30

Popolo di Sion,
il Signore verrà a salvare i popoli
e farà sentire la sua voce potente
per la gioia del vostro cuore.

COLLETTA **Dio grande e misericordioso, fa' che il nostro impegno nel mondo non ci ostacoli nel cammino verso il tuo Figlio, ma la sapienza che viene dal cielo ci guidi alla comunione con Cristo, nostro Salvatore. Egli è Dio...**

Oppure: **Dio dei viventi, suscita in noi il desiderio di una conversione, perché rinnovati dal tuo Santo Spirito sappiamo attuare in ogni rapporto umano la giustizia, la mitezza e la pace, che l'incarnazione del tuo Verbo ha fatto germogliare sulla terra. Per il nostro Signore...**

PRIMA LETTURA *Giudicherà con giustizia i miseri*

Dal primo del profeta Isaia 11,1-10

In quel giorno,
un germoglio spunterà dal tronco di Iesse,
un virgulto germoglierà dalle sue radici.
Su di lui si poserà lo spirito del Signore,
spirito di sapienza e d'intelligenza,
spirito di consiglio e di fortezza,
spirito di conoscenza e di timore del Signore.

Si compiacerà del timore del Signore.
Non giudicherà secondo le apparenze
e non prenderà decisioni per sentito dire;
ma giudicherà con giustizia i miseri
e prenderà decisioni eque per gli umili della terra.
Percuoterà il violento con la verga della sua bocca,
con il soffio delle sue labbra ucciderà l'empio.
La giustizia sarà fascia dei suoi lombi
e la fedeltà cintura dei suoi fianchi.
Il lupo dimorerà insieme con l'agnello;
il leopardo si sdraierà accanto al capretto;
il vitello e il leoncello pascoleranno insieme
e un piccolo fanciullo li guiderà.
La mucca e l'orsa pascoleranno insieme;
i loro piccoli si sdraieranno insieme.
Il leone si ciberà di paglia, come il bue.
Il lattante si trastullerà sulla buca della vipera;
il bambino metterà la mano
nel covo del serpente velenoso.
Non agiranno più iniquamente né saccheggeranno
in tutto il mio santo monte,
perché la conoscenza del Signore riempirà la terra
come le acque ricoprono il mare.
In quel giorno avverrà
che la radice di Iesse si leverà a vessillo per i popoli.
Le nazioni la cercheranno con ansia.
La sua dimora sarà gloriosa.
— Parola di Dio.

SALMO RESPONSORIALE dal Salmo 71

℟. Vieni, Signore, re di giustizia e di pace.

O Dio, affida al re il tuo diritto,
al figlio di re la tua giustizia;
egli giudichi il tuo popolo secondo giustizia
e i tuoi poveri secondo il diritto. ℟.

Nei suoi giorni fiorisca il giusto
e abbondi la pace,
finché non si spenga la luna.
E dòmini da mare a mare,
dal fiume sino ai confini della terra. ℟.

Perché egli libererà il misero che invoca
e il povero che non trova aiuto.
Abbia pietà del debole e del misero
e salvi la vita dei miseri. ℟.

Il suo nome duri in eterno,
davanti al sole germogli il suo nome.
In lui siano benedette tutte le stirpi della terra
e tutte le genti lo dicano beato. ℟.

SECONDA LETTURA *Gesù Cristo salva tutti gli uomini*

Dalla lettera di san Paolo apostolo ai Romani 15,4-9

Fratelli, tutto ciò che è stato scritto prima di noi, è stato scritto per nostra istruzione, perché, in virtù della perseveranza e della consolazione che provengono dalle Scritture, teniamo viva la speranza.
E il Dio della perseveranza e della consolazione vi conceda di avere gli uni verso gli altri gli stessi sentimenti, sull'esempio di Cristo Gesù, perché con un solo animo e una voce sola rendiate gloria a Dio, Padre del Signore nostro Gesù Cristo.
Accoglietevi perciò gli uni gli altri come anche Cristo accolse voi, per la gloria di Dio. Dico infatti che Cristo è diventato servitore dei circoncisi per mostrare la fedeltà di Dio nel compiere le promesse dei padri; le genti invece glorificano Dio per la sua misericordia, come sta scritto: «Per questo ti loderò fra le genti e canterò inni al tuo nome». — Parola di Dio.

AL VANGELO
Lc 3,4-6

Alleluia, alleluia.
Preparate la via del Signore,
raddrizzate i suoi sentieri!
Ogni uomo vedrà la salvezza di Dio!
Alleluia.

VANGELO *Convertitevi: il regno dei cieli è vicino!*

Dal vangelo secondo Matteo 3,1-12

In quei giorni, venne Giovanni il Battista e predicava nel deserto della Giudea dicendo: «Convertitevi, perché il regno dei cieli è vicino!». Egli infatti è colui del quale aveva parlato il profeta Isaìa quando disse: «Voce di uno che

grida nel deserto: Preparate la via del Signore, raddrizzate i suoi sentieri!». E lui, Giovanni, portava un vestito di peli di cammello e una cintura di pelle attorno ai fianchi; il suo cibo erano cavallette e miele selvatico. Allora Gerusalemme, tutta la Giudea e tutta la zona lungo il Giordano accorrevano a lui e si facevano battezzare da lui nel fiume Giordano, confessando i loro peccati.
Vedendo molti farisei e sadducei venire al suo battesimo, disse loro: «Razza di vipere! Chi vi ha fatto credere di poter sfuggire all'ira imminente? Fate dunque un frutto degno della conversione, e non crediate di poter dire dentro di voi: "Abbiamo Abramo per padre!". Perché io vi dico che da queste pietre Dio può suscitare figli ad Abramo. Già la scure è posta alla radice degli alberi; perciò ogni albero che non dà buon frutto viene tagliato e gettato nel fuoco. Io vi battezzo nell'acqua per la conversione; ma colui che viene dopo di me è più forte di me e io non sono degno di portargli i sandali; egli vi battezzerà in Spirito Santo e fuoco. Tiene in mano la pala e pulirà la sua aia e raccoglierà il suo frumento nel granaio, ma brucerà la paglia con un fuoco inestinguibile». — Parola del Signore.

PREGHIERA UNIVERSALE

Fratelli e sorelle, mediante l'ascolto della Parola manteniamo viva la speranza in un futuro di totale rinnovamento del creato e dell'uomo, che Cristo è venuto ad affrettare con la sua incarnazione. Preghiamo il Padre, con un solo animo e una sola voce, perché ci converta dalle nostre inquietudini e ci aiuti a spianare la strada al Signore che viene. Invochiamolo dicendo:

℟. **Convertici, Signore!**

- Come Giovanni predicava nel deserto la penitenza, così la Chiesa non si stanchi di annunciare che il regno di Dio si è fatto vicino in Gesù, e solleciti gli uomini a una profonda conversione, perché rivedano i loro orizzonti di vita e i loro comportamenti, preghiamo.
- Come Isaia preannunciava lo spuntare di un germoglio, che avrebbe riempito di saggezza il mondo, così quanti

hanno responsabilità politiche e sociali si adoperino grandemente per rappacificare i popoli, superando l'odio e le molteplici divisioni razziali, preghiamo.

- Come il Battista viveva sobriamente e anticipava i tempi nuovi con la sua austerità, così coloro che non hanno il necessario per esistere, o sono provati da gravi calamità naturali, ritrovino la solidarietà di chi è nell'abbondanza, evitando gli sprechi, preghiamo.
- Come il Precursore invitava ad accogliere Cristo, che avrebbe ripulito il mondo dalle brutture, mediante il fuoco dello Spirito, così anche noi, qui riuniti, siamo aiutati dalla Parola a perseverare nella testimonianza, trovando nell'Eucaristia il coraggio delle scelte, preghiamo.
- (*Altre intenzioni*).

Padre, la nostra voce si è innalzata a te, dal deserto di questo mondo, con la potenza di quella del Battista. Scuotici dal torpore e dalla generale indifferenza, perché, fedeli all'insegnamento profetico, prepariamo la strada al tuo Figlio e collaboriamo a instaurare una società, dove la tua benevolenza ci pervada e i poveri trovino finalmente difesa e consolazione: in Cristo Gesù, nostro Signore. Amen.

SULLE OFFERTE **Ti siano, gradite, Signore, le nostre umili offerte e preghiere; all'estrema povertà dei nostri meriti supplisca l'aiuto della tua misericordia. Per Cristo nostro Signore.**

Prefazio dell'Avvento I oppure I/A (p. 472).

COMUNIONE
Bar 5,5;4,36

Gerusalemme, sorgi e sta' in alto:
e contempla la gioia
che a te viene dal tuo Dio.

Oppure:
cf. Mt 3,3; Mc 1,3; Lc 3,4

Voce che grida nel deserto:
Preparate la via del Signore,
raddrizzate i suoi sentieri!

DOPO LA COMUNIONE **O Dio, che in questo sacramento ci hai nutriti con il pane della vita, insegnaci a valutare con sapienza i beni della terra, nella continua ricerca dei beni del cielo. Per Cristo nostro Signore.**

8 DICEMBRE
IMMACOLATA CONCEZIONE DELLA BEATA VERGINE MARIA

L'EDEN RITROVATO

Che cosa ha trasformato il passo dell'Amato, che fa trepidare il cuore dell'amata, in rumore che provoca paura? Siamo infatti nel giardino, che il Signore ha piantato per collocarvi l'umanità plasmata con le sue mani e resa viva dal soffio della sua relazione. «Giardino chiuso tu sei, sorella mia, mia sposa, sorgente chiusa, fontana sigillata» (Ct 4,12). Le parole dell'innamorato possono davvero essere messe sulle labbra di Dio; la sua sposa e sorella, l'umanità, è immersa nei profumi e nei colori di un paradiso, che è poi l'abbraccio di alleanza con il quale fin da subito egli ci avvolge. L'Eden dell'amore, della relazione, dell'intimità e del dialogo per noi ha un nome: Gesù Cristo, il Diletto come viene chiamato nel Cantico. In lui, con lu e per lui veniamo introdotti nel giardino che custodisce l'identità più profonda di ciascuno, bellezza e bontà che costituiscono l'immagine prima e mai più revocata di ogni uomo e donna. E come i nove mesi nel seno della madre segnano in modo indelebile ogni vita, così il cuore umano non può non sentire almeno il richiamo dell'Assoluto che gli ha fatto e gli fa da grembo.

Ritorna pertanto la domanda: perché la paura, la nudità vergognosa, la fuga e il nascondersi? Davvero ormai siamo razza del serpente, incapaci di udire altra voce che non sia la sua, fuggitivi di fronte alla Parola che ci interpella: «Dove sei?» (Gn 3,9)? Se si guarda alla condizione umana di oggi – e di sempre – verrebbe proprio da dire che l'Eden è un sogno infranto. Guerre e oppressioni, ingiustizie e violenze, egoismi e atrocità. L'inganno degli inizi è l'inganno continuo: ne siamo vittime e ne diveniamo complici, la voce che ci solletica ha più audience della Parola che ci mette a nudo e ci chiede conto. «Ecco la serva del Signore, avvenga per me secondo la tua parola» (Lc 1,38). Nella cappella Redemptoris Mater, in Vaticano, Maria di Nazaret dice il suo sì all'annuncio dell'angelo entro un rotolo delle Scritture; è accovacciata sui talloni, nella posizione di Maria di Betania, quando sceglie di sedersi ai piedi di Gesù.

L'artista – padre M. Rupnik, che è anche teologo – esprime il significato primo e fondamentale di quel sì: Maria è la donna che ascolta non la voce ma la Parola, anzi l'accoglie in grembo fino al punto che in lei si fa carne. Affinché avvenga questo, la presenza stessa di Dio scende su di lei come sul tempio di Gerusalemme. È stata preparata da sempre a questo compito: «In lui ci ha scelti prima della creazione del mondo, per essere santi e immacolati di fronte a lui» (Ef 1,4). Attraverso la primizia di Maria, l'umanità viene resa immacolata al suo cospetto, sposa bella senza macchia e senza ruga. Maria è immacolata non per privilegio che la riguarda, ma per una profezia che essa incarna; celebrarla non è esaltare lei, ma rendere lode per una storia d'amore – che è storia di salvezza – resa possibile non dalla nostra ma dalla fedeltà di Dio.

INGRESSO
Is 61,10

Esulto e gioisco nel Signore,
l'anima mia si allieta nel mio Dio,
perché mi ha rivestito delle vesti di salvezza,
mi ha avvolto con il manto della giustizia,
come una sposa adornata di gioielli.

COLLETTA **O Padre, che nell'Immacolata Concezione della Vergine hai preparato una degna dimora per il tuo Figlio, e in previsione della morte di lui l'hai preservata da ogni macchia di peccato, concedi anche a noi, per sua intercessione, di venire incontro a te in santità e purezza di spirito. Per il nostro Signore...**

PRIMA LETTURA

Porrò inimicizia tra la tua stirpe e la stirpe della donna

Dal libro della Gènesi 3,9-15.20

[Dopo che l'uomo ebbe mangiato del frutto dell'albero,] il Signore Dio lo chiamò e gli disse: «Dove sei?». Rispose:

«Ho udito la tua voce nel giardino: ho avuto paura, perché sono nudo, e mi sono nascosto». Riprese: «Chi ti ha fatto sapere che sei nudo? Hai forse mangiato dell'albero di cui ti avevo comandato di non mangiare?». Rispose l'uomo: «La donna che tu mi hai posto accanto mi ha dato dell'albero e io ne ho mangiato». Il Signore Dio disse alla donna: «Che hai fatto?». Rispose la donna: «Il serpente mi ha ingannata e io ho mangiato».
Allora il Signore Dio disse al serpente:
«Poiché hai fatto questo,
maledetto tu fra tutto il bestiame
e fra tutti gli animali selvatici!
Sul tuo ventre camminerai
e polvere mangerai
per tutti i giorni della tua vita.
Io porrò inimicizia fra te e la donna,
fra la tua stirpe e la sua stirpe:
questa ti schiaccerà la testa
e tu le insidierai il calcagno».
L'uomo chiamò sua moglie Eva, perché ella fu la madre di tutti i viventi. — Parola di Dio.

SALMO RESPONSORIALE

dal Salmo 97

℟. **Cantate al Signore un canto nuovo,**
perché ha compiuto meraviglie.

Cantate al Signore un canto nuovo,
perché ha compiuto meraviglie.
Gli ha dato vittoria la sua destra
e il suo braccio santo. ℟.

Il Signore ha fatto conoscere la sua salvezza,
agli occhi delle genti ha rivelato la sua giustizia.
Egli si è ricordato del suo amore,
della sua fedeltà alla casa d'Israele. ℟.

Tutti i confini della terra hanno veduto
la vittoria del nostro Dio.
Acclami il Signore tutta la terra,
gridate, esultate, cantate inni! ℟.

SECONDA LETTURA

In Cristo Dio ci ha scelti prima della creazione del mondo

Dalla lettera di san Paolo apostolo agli Efesini 1,3-6.11-12

**Benedetto Dio, Padre del Signore nostro Gesù Cristo,
che ci ha benedetti
con ogni benedizione spirituale nei cieli in Cristo.
In lui ci ha scelti prima della creazione del mondo
per essere santi e immacolati di fronte a lui nella carità,
predestinandoci a essere per lui figli adottivi
mediante Gesù Cristo,
secondo il disegno d'amore della sua volontà,
a lode dello splendore della sua grazia,
di cui ci ha gratificati nel Figlio amato.
In lui siamo stati fatti anche eredi,
predestinati – secondo il progetto di colui
che tutto opera secondo la sua volontà –
a essere lode della sua gloria,
noi, che già prima abbiamo sperato nel Cristo.
— Parola di Dio.**

AL VANGELO

cf. Lc 1,28

Alleluia, alleluia.
Rallègrati, piena di grazia,
il Signore è con te,
benedetta tu fra le donne.
Alleluia.

VANGELO

Ecco, concepirai un figlio e lo darai alla luce

Dal vangelo secondo Luca 1,26-38

**In quel tempo, l'angelo Gabriele fu mandato da Dio in una città della Galilea, chiamata Nàzaret, a una vergine, promessa sposa di un uomo della casa di Davide, di nome Giuseppe. La vergine si chiamava Maria. Entrando da lei, disse: «Rallègrati, piena di grazia: il Signore è con te».
A queste parole ella fu molto turbata e si domandava che senso avesse un saluto come questo. L'angelo le disse: «Non temere, Maria, perché hai trovato grazia presso Dio. Ed ecco, concepirai un figlio, lo darai alla luce e lo chiamerai Gesù. Sarà grande e verrà chiamato Figlio del-**

l'Altissimo; il Signore Dio gli darà il trono di Davide suo padre e regnerà per sempre sulla casa di Giacobbe e il suo regno non avrà fine».
Allora Maria disse all'angelo: «Come avverrà questo, poiché non conosco uomo?». Le rispose l'angelo: «Lo Spirito Santo scenderà su di te e la potenza dell'Altissimo ti coprirà con la sua ombra. Perciò colui che nascerà sarà santo e sarà chiamato Figlio di Dio. Ed ecco, Elisabetta, tua parente, nella sua vecchiaia ha concepito anch'essa un figlio e questo è il sesto mese per lei, che era detta sterile: nulla è impossibile a Dio».
Allora Maria disse: «Ecco la serva del Signore: avvenga per me secondo la tua parola».
E l'angelo si allontanò da lei. — Parola del Signore.

PREGHIERA UNIVERSALE

Fratelli e sorelle, nell'itinerario verso il Natale, che insieme stiamo percorrendo, volgiamo fiduciosi lo sguardo alla Vergine Maria, per contemplare, nella più eccelsa di tutte le creature, ciò che speriamo di diventare. Invochiamo su noi e sul popolo cristiano la sua protezione, perché ci renda più conformi all'immagine del suo Figlio. Imploriamo:

℟. **Ascoltaci, o Signore!**

• Tu chiami la Chiesa, o Padre, a rendersi disponibile come Maria per attuare la tua volontà. In questo Avvento sappia indirizzare i popoli a Cristo, Salvatore del mondo, e indicare ai credenti le strade della vera conversione, per rinnovare questa società, ti preghiamo.

• Tu confermi nell'amore i tuoi figli, o Padre, perché siano perfetti nell'unità. Fa' che quanti credono nel tuo nome rinsaldino la loro appartenenza alla Chiesa, testimoniando, con semplicità e coraggio, il vangelo che hanno gratuitamente ricevuto, ti preghiamo.

• Tu riveli in Maria, o Padre, la trasparente bellezza delle tue creature e chiami tutti a continua purificazione. Riconduci l'uomo alla sua originaria dignità e soccorri chi è provato dal dolore e insicuro nelle sue scelte, ti preghiamo.

● Tu effondi su noi, o Padre, lo Spirito Santo, come sollievo nella fatica e riparo nelle difficoltà. Donaci di condividere con gioia questo banchetto eucaristico, perché siamo illuminati da Cristo, affrettando la venuta di nuovi cieli e terra nuova, ti preghiamo.

● (*Altre intenzioni*).

O Dio d'infinita sapienza, ascolta le invocazioni, che ti abbiamo innalzato nella solennità dell'Immacolata Concezione di Maria. Tu hai scelto come Madre del Salvatore questa figlia eletta di Sion e l'hai ricolmata del tuo Spirito Consolatore: aiutaci ad accogliere con fede viva le tue parole e a riporre in te ogni speranza. Per Cristo nostro Signore. Amen.

SULLE OFFERTE **Accetta, Signore, il sacrificio di salvezza, che ti offriamo nella festa dell'Immacolata Concezione della beata Vergine Maria, e come noi la riconosciamo preservata per tua grazia da ogni macchia di peccato, così, per sua intercessione, fa' che siamo liberati da ogni colpa. Per Cristo nostro Signore.**

PREFAZIO *Maria felice inizio della Chiesa*

È veramente cosa buona e giusta,
nostro dovere e fonte di salvezza,
rendere grazie sempre e in ogni luogo
a te, Signore, Padre santo,
Dio onnipotente ed eterno.
Tu hai preservato la Vergine Maria
da ogni macchia di peccato originale,
perché, piena di grazia,
diventasse degna Madre del tuo Figlio.
In lei hai segnato l'inizio della Chiesa,
sposa di Cristo senza macchia e senza ruga,
splendente di bellezza.
Da lei, vergine purissima, doveva nascere il Figlio,
agnello innocente che toglie le nostre colpe;
e tu sopra ogni altra creatura
la predestinavi per il tuo popolo
avvocata di grazia e modello di santità.

**E noi, uniti ai cori degli angeli,
proclamiamo esultanti la tua lode:
Santo, Santo, Santo il Signore...**

COMUNIONE Grandi cose di te si cantano, o Maria,
perché da te è nato il sole di giustizia,
Cristo, nostro Dio.

DOPO LA COMUNIONE **Il sacramento che abbiamo ricevuto, Signore Dio nostro, guarisca in noi le ferite di quella colpa da cui, per singolare privilegio, hai preservato la beata Vergine Maria, nella sua immacolata Concezione. Per Cristo nostro Signore.**

12 DICEMBRE

3ª DOMENICA DI AVVENTO

ATTENDERE ALTRO

La domanda del Battista risuona – oggi come ieri – dal cuore di una storia, visibilmente segnata da un'assenza più che da una presenza: «Sei tu colui che deve venire o dobbiamo aspettare un altro?» (Mt 11,3). La fede fa paradossalmente risaltare ancor più la contraddizione di un mondo orfano di troppe realtà indispensabili per un'esistenza degna di tale nome: giustizia, pace, dignità, fraternità, uguaglianza, libertà. Forse davvero ci è chiesto di aspettare ancora e l'attesa si fa invocazione pressante, anzitutto da parte di chi non ne può più delle sue condizioni di vita. Chi sta bene può anche non attendere nulla, preferisce che rimanga tutto com'è.

Ogni volta che arriva l'avvento comprendiamo quanto sia evangelica la condizione di chi è nella povertà, mentre non lo è affatto la condizione del cristiano installato nella propria ricchezza. Chi non ha niente non può che attendere, invocare la venuta, affrettare l'incontro; chi ha tutto se ne sta tranquillo, gode del suo possesso, non è proteso a ciò che verrà. Mi chiedo se per noi, chiese del benessere, l'avvento non si riduca a fingere di aspettare un Natale già capitato duemila anni fa, limitandoci a garantire una coreografia che ci faccia tornare un po' bambini. Dobbiamo imparare a attendere: non un altro, come dubita il Battista, ma lo Stesso che già è venuto a condividere la nostra realtà e si è fatto carico del grido dei poveri, al punto tale da identificarsi con loro. Il Signore Gesù, che ha segnato la storia con la sua prima venuta, «verrà nell'ultimo giorno e non ci sarà nel suo regno né peccato, né morte, né pianto, né pena alcuna». Dai sotterranei della storia, da ogni luogo di prigionia dove l'uomo è incatenato, qualcuno manda a dire: Dobbiamo attenderne un altro?

I cristiani, coloro che portano il nome dell'Unico dal quale viene salvezza, non possono non rispondere. Possiamo far riecheggiare la parola del profeta: «Dite agli smarriti di cuore: Coraggio, non temete! Ecco il vostro Dio, egli viene a salvarvi» (Is 35,4). Ma annunciare speranza non può limitarsi a dire parole; l'annuncio del regno va accompagnato da segni. Se l'umanità aspetta non un altro, ma dell'altro – e non trova senso alla vita – non può essere anche a causa delle comunità cristiane, incapaci di porre segni significativi di vangelo nella storia? «Beato è colui che non trova in me motivo di scandalo» (Mt 11,6). Perché scandalizzarsi di uno, che pone segni così positivi? Forse perché ne siamo interpellati nella nostra vita e nella nostra testimonianza, a fronte di tutti coloro che attendono di essere accolti e riconosciuti nella loro dignità e non marginalizzati nella loro situazione problematica.

INGRESSO
Fil 4,4.5

Rallegratevi sempre nel Signore:
ve lo ripeto, rallegratevi,
il Signore è vicino.

COLLETTA **Guarda, o Padre, il tuo popolo che attende con fede il Natale del Signore, e fa' che giunga a celebrare con rinnovata esultanza il grande mistero della salvezza. Per il nostro Signore...**

Oppure: **Sostieni, o Padre, con la forza del tuo amore il nostro cammino incontro a colui che viene e fa' che, perseverando nella pazienza, maturiamo in noi il frutto della fede e accogliamo con rendimento di grazie il vangelo della gioia. Per il nostro Signore...**

PRIMA LETTURA *Ecco il vostro Dio, egli viene a salvarvi*

Dal primo del profeta Isaia 35,1-6a.8a.10

Si rallegrino il deserto e la terra arida,
esulti e fiorisca la steppa.
Come fiore di narciso fiorisca;
sì, canti con gioia e con giubilo.
Le è data la gloria del Libano,

lo splendore del Carmelo e di Saron.
Essi vedranno la gloria del Signore,
la magnificenza del nostro Dio.
Irrobustite le mani fiacche,
rendete salde le ginocchia vacillanti.
Dite agli smarriti di cuore:
«Coraggio, non temete!
Ecco il vostro Dio,
giunge la vendetta,
la ricompensa divina.
Egli viene a salvarvi».
Allora si apriranno gli occhi dei ciechi
e si schiuderanno gli orecchi dei sordi.
Allora lo zoppo salterà come un cervo,
griderà di gioia la lingua del muto.
Ci sarà un sentiero e una strada
e la chiameranno via santa.
Su di essa ritorneranno i riscattati dal Signore
e verranno in Sion con giubilo;
felicità perenne splenderà sul loro capo;
gioia e felicità li seguiranno
e fuggiranno tristezza e pianto.
— Parola di Dio.

SALMO RESPONSORIALE dal Salmo 145

℟. **Vieni, Signore, a salvarci.**

Il Signore rimane fedele per sempre
rende giustizia agli oppressi,
dà il pane agli affamati.
Il Signore libera i prigionieri. ℟.

Il Signore ridona la vista ai ciechi,
il Signore rialza chi è caduto,
il Signore ama i giusti,
il Signore protegge i forestieri. ℟.

Egli sostiene l'orfano e la vedova,
ma sconvolge le vie dei malvagi.
Il Signore regna per sempre,
il tuo Dio, o Sion,
di generazione in generazione. ℟.

SECONDA LETTURA *Rinfrancate i vostri cuori, perché la venuta del Signore è vicina*

Dalla lettera di san Giacomo apostolo 5,7-10

Siate costanti, fratelli miei, fino alla venuta del Signore. Guardate l'agricoltore: egli aspetta con costanza il prezioso frutto della terra finché abbia ricevuto le prime e le ultime piogge. Siate costanti anche voi, rinfrancate i vostri cuori, perché la venuta del Signore è vicina.

Non lamentatevi, fratelli, gli uni degli altri, per non essere giudicati; ecco, il giudice è alle porte. Fratelli, prendete a modello di sopportazione e di costanza i profeti che hanno parlato nel nome del Signore. — Parola di Dio.

AL VANGELO **Alleluia, alleluia.**
Is 61,1 Lo Spirito del Signore è sopra di me,
mi ha mandato a portare ai poveri
il lieto annunzio.
Alleluia.

VANGELO *Sei tu colui che deve venire o dobbiamo aspettare un altro?*

Dal vangelo secondo Matteo 11,2-11

In quel tempo, Giovanni, che era in carcere, avendo sentito parlare delle opere del Cristo, per mezzo dei suoi discepoli mandò a dirgli: «Sei tu colui che deve venire o dobbiamo aspettare un altro?». Gesù rispose loro: «Andate e riferite a Giovanni ciò che udite e vedete: I ciechi riacquistano la vista, gli zoppi camminano, i lebbrosi sono purificati, i sordi odono, i morti risuscitano, ai poveri è annunciato il Vangelo. E beato è colui che non trova in me motivo di scandalo!».

Mentre quelli se ne andavano, Gesù si mise a parlare di Giovanni alle folle: «Che cosa siete andati a vedere nel deserto? Una canna sbattuta dal vento? Allora, che cosa siete andati a vedere? Un uomo vestito con abiti di lusso? Ecco, quelli che vestono abiti di lusso stanno nei palazzi dei re! Ebbene, che cosa siete andati a vedere? Un profeta? Sì, io vi dico, anzi, più che un profeta. Egli è colui del quale sta scritto: "Ecco, dinanzi a te io mando il mio messaggero, davanti a te egli preparerà la tua via".

In verità io vi dico: fra i nati da donna non è sorto alcuno più grande di Giovanni il Battista; ma il più piccolo nel regno dei cieli è più grande di lui». — Parola del Signore.

PREGHIERA UNIVERSALE

Fratelli e sorelle, con gioiosa esultanza rivolgiamo al Padre la nostra supplica. È lui che rende giustizia agli oppressi, rialza chi è caduto e protegge chiunque viene estraniato per la sua coerenza. Alla preghiera uniamo la nostra sincera riconoscenza, perché ogni giorno della vita possiamo cantare con speranza le meraviglie del Signore. Invochiamo:

℟. **Signore, venga il tuo regno!**

- «Sei tu colui che deve venire?»: l'interrogativo di Giovanni susciti nei credenti la volontà di riconoscere i molteplici segni della presenza del Signore e li richiami alla concretezza delle scelte quotidiane, eliminando ciò che ostacola il cammino verso il Natale, preghiamo.

- «Andate e riferite ciò che udite e vedete»: anche oggi non manchino gli annunciatori della salvezza, che siano in grado di indicare agli altri la strada dell'incontro con Cristo, nella fedeltà al vangelo e nella generosità dell'impegno, per eliminare tristezza e pianto, preghiamo.

- «Ai poveri viene predicata la buona novella»: in questa società si renda visibile l'opera premurosa di chi continua la carità di Cristo verso i malati e i sofferenti, perché recuperino la loro dignità e lodino Dio, che sostiene i miseri e sconvolge le vie degli empi, preghiamo.

- «Beato colui che non si scandalizza di me»: il Signore, che ci ha qui riuniti, ci dia il coraggio di aprirci alla forza trasformante del suo Spirito, per espropriarci del nostro egoismo ed essere, come il Battista, testimoni credibili della novità evangelica, preghiamo.

- (*Altre intenzioni*).

Abbiamo innalzato a te, o Padre, queste invocazioni, pienamente consapevoli della grandezza di appartenere al tuo regno, anche se nella piccolezza delle nostre personalità, confrontate con quella maestosa di Giovanni. Donaci la sapienza dell'agricoltore, che aspetta pazientemente la maturazione dei frutti, con la certezza che giungeranno. Allora la nostra attesa si trasformerà in festa, che durerà per sempre: in Cristo Gesù, nostro Signore. Amen.

SULLE OFFERTE **Sempre si rinnovi, Signore, l'offerta di questo sacrificio, che attua il santo mistero da te istituito, e con la sua divina potenza renda efficace in noi l'opera della salvezza. Per Cristo nostro Signore.**

Prefazio dell'Avvento I o I/A, oppure II o II/A (pp. 472-473).

COMUNIONE Dite agli sfiduciati:
Is 35,4 «Coraggio non abbiate timore:
ecco, il nostro Dio viene a salvarci».

Oppure: «Andate e riferite
Mt 11,4 ciò che avete udito e veduto:
ai poveri è annunziata la buona novella».

DOPO LA COMUNIONE **O Dio, nostro Padre, la forza di questo sacramento ci liberi dal peccato e ci prepari alle feste ormai vicine. Per Cristo nostro Signore.**

19 DICEMBRE
4ª DOMENICA DI AVVENTO

SEGNO DI UNA VITA CHE NON MUORE

«Il Signore stesso vi darà un segno» (Is 7,14). Ci guardiamo attorno, ma il segno non lo vediamo. Sì, è vero, ci sono i segni del Natale imminente: luci, negozi aperti, un certo che nell'aria... Tuttavia non ne siamo coinvolti nel profondo, non percepiamo l'atmosfera che ci avvolgeva quando eravamo bambini. Rimpianto, nostalgia, disincanto? Tutto questo e altro, nel cuore dell'adulto alle prese con festività insieme amate e odiate; i riti natalizi, infatti, sembrano tirar fuori il meglio e il peggio di noi! Vedere il segno, accoglierlo, gioirne come ne gioiscono i bimbi: chi può farlo? Forse Giuseppe, l'uomo dei sogni, di cui si parla così poco nei vangeli, ma al quale si può applicare la definizione data al suo antenato: «Eccolo, il signore dei sogni!» (Gn 37,19). Biblicamente il sogno introduce nella dimensione interiore e insieme trascendente, fa scendere nel profondo di te (che la psicologia abbia imparato dalle Scritture?) e insieme fa salire nel cielo di Dio. Nei sogni si parla non puramente il linguaggio della ragione, si accede piuttosto ai linguaggi evocativi e simbolici con i quali è possibile dire l'indicibile, credere all'incredibile, sperimentare ciò che non si vede e non si tocca, ma entra dentro più di un fatto fisico. Sognare equivale a far sì che si spalanchi l'occhio interiore, nell'incontro stesso con la Luce accesa da Dio tramite la sua parola fin dal primo atto creativo.

Il segno dato, d'altra parte, è da leggere nella dinamica della fede. «Ecco: la vergine concepirà e partorirà un figlio, che chiamerà Emmanuele (Dio-con-noi)» (Is 7,14). Nel testo ebraico si parla di una giovane ragazza, che nella versione greca dei Settanta diviene la vergine. Si tratta di un passaggio, che la tradizione interpreta come rilettura nello Spirito; avrà il suo culmine nell'appli-

cazione evangelica: «Il bambino che è generato in lei viene dallo Spirito Santo» (Mt 1,20). Ma riguarda solamente Maria o anche noi, chiamati come Giuseppe ad accogliere quanto viene dallo Spirito? Il grembo di Maria, come il cuore di Giuseppe, hanno dovuto sperimentare uno svuotamento simile alla tomba vuota, che parrebbe chiudere la vicenda di Gesù. Come tuttavia lo Spirito ha fatto della tomba un grembo da cui esce il Vivente, così feconda la verginità sofferta di questi due giovani e dona al mondo il Salvatore. Quanto il vangelo evidenzia fin dal concepimento, troverà il suo culmine nella risurrezione. Il segno dato, pertanto, non è semplicemente un bambino neo-nato da una vergine; è già un neo-risorto, vincitore del peccato e della morte. Anche noi veniamo resi vergini attraverso questa nascita, che segna un passaggio pasquale nel quale immergersi e dal quale farsi cambiare dentro. Immergiamoci dunque con disponibilità nel Natale del Cristo: ne usciremo rinati alla vita che non muore.

INGRESSO
Is 45,8

Stillate dall'alto, o cieli, la vostra rugiada
e dalle nubi scenda a noi il Giusto;
si apra la terra e germogli il Salvatore.

COLLETTA **Infondi nel nostro spirito la tua grazia, o Padre, tu, che nell'annunzio dell'angelo ci hai rivelato l'incarnazione del tuo Figlio, per la sua passione e la sua croce guidaci alla gloria della risurrezione. Per il nostro Signore...**

Oppure: **O Dio, Padre buono, tu hai rilevato la gratuità e la potenza del tuo amore, scegliendo il grembo purissimo della Vergine Maria per rivestire di carne mortale il Verbo della vita: concedi anche a noi di accoglierlo e generarlo nello spirito con l'ascolto della tua parola, nell'obbedienza della fede. Per il nostro Signore...**

PRIMA LETTURA *Ecco, la vergine concepirà e partorirà un figlio*

Dal libro del profeta Isaia 7,10-14

In quei giorni, il Signore parlò ad Acaz: «Chiedi per te un segno dal Signore, tuo Dio, dal profondo degli inferi oppure dall'alto».

Ma Àcaz rispose: «Non lo chiederò, non voglio tentare il Signore».
Allora Isaìa disse: «Ascoltate, casa di Davide! Non vi basta stancare gli uomini, perché ora vogliate stancare anche il mio Dio? Pertanto il Signore stesso vi darà un segno. Ecco: la vergine concepirà e partorirà un figlio, che chiamerà Emmanuele». — Parola di Dio.

SALMO RESPONSORIALE dal Salmo 23

℞. **Ecco, viene il Signore, re della gloria.**

Del Signore è la terra e quanto contiene:
il mondo, con i suoi abitanti.
È lui che l'ha fondato sui mari
e sui fiumi l'ha stabilito. ℞.

Chi potrà salire il monte del Signore?
Chi potrà stare nel suo luogo santo?
Chi ha mani innocenti e cuore puro,
chi non si rivolge agli idoli. ℞.

Egli otterrà benedizione dal Signore,
giustizia da Dio sua salvezza.
Ecco la generazione che lo cerca,
che cerca il tuo volto, Dio di Giacobbe. ℞.

SECONDA LETTURA

Gesù Cristo, dal seme di Davide, figlio di Dio

Dalla lettera di san Paolo apostolo ai Romani 1,1-7

Paolo, servo di Cristo Gesù, apostolo per chiamata, scelto per annunciare il vangelo di Dio – che egli aveva promesso per mezzo dei suoi profeti nelle sacre Scritture e che riguarda il Figlio suo, nato dal seme di Davide secondo la carne, costituito Figlio di Dio con potenza, secondo lo Spirito di santità, in virtù della risurrezione dei morti, Gesù Cristo nostro Signore; per mezzo di lui abbiamo ricevuto la grazia di essere apostoli, per suscitare l'obbedienza della fede in tutte le genti, a gloria del suo nome, e tra queste siete anche voi, chiamati da Gesù Cristo –, a tutti quelli che sono a Roma, amati da Dio e santi per chiamata, grazia a voi e pace da Dio, Padre nostro, e dal Signore Gesù Cristo! — Parola di Dio.

AL VANGELO
Mt 1,23

Alleluia, alleluia.
Ecco, la vergine concepirà
e darà la luce un figlio:
a lui sarà dato il nome di Emmanuele:
«Dio con noi». **Alleluia.**

VANGELO

Gesù nascerà da Maria, sposa di Giuseppe, della stirpe di Davide

Dal vangelo secondo Matteo 1,18-24

Così fu generato Gesù Cristo: sua madre Maria, essendo promessa sposa di Giuseppe, prima che andassero a vivere insieme si trovò incinta per opera dello Spirito Santo. Giuseppe suo sposo, poiché era uomo giusto e non voleva accusarla pubblicamente, pensò di ripudiarla in segreto.
Però, mentre stava considerando queste cose, ecco, gli apparve in sogno un angelo del Signore e gli disse: «Giuseppe, figlio di Davide, non temere di prendere con te Maria, tua sposa. Infatti il bambino che è generato in lei viene dallo Spirito Santo; ella darà alla luce un figlio e tu lo chiamerai Gesù: egli infatti salverà il suo popolo dai suoi peccati».
Tutto questo è avvenuto perché si compisse ciò che era stato detto dal Signore per mezzo del profeta: «Ecco, la vergine concepirà e darà alla luce un figlio: a lui sarà dato il nome di Emmanuele», che significa «Dio con noi». Quando si destò dal sonno, Giuseppe fece come gli aveva ordinato l'angelo del Signore e prese con sé la sua sposa.
— Parola del Signore.

PREGHIERA UNIVERSALE

Fratelli e sorelle, in questi ultimi giorni che ci separano dal Natale, invochiamo con ardore la venuta di Cristo, perché, con la potenza del suo Spirito, ci rafforzi nel nostro cammino e ci confermi nella fedeltà alle scelte battesimali, per tradurle in esperienza di vita. Ci soccorrano Maria e Giuseppe, con la loro esemplarità nel rendersi totalmente disponibili al compimento della volontà del Padre. Preghiamo e diciamo:

℟. **Vieni, Signore Gesù!**

● O Sapienza, che esci dall'Altissimo e tutto disponi con forza e dolcezza, rendi la Chiesa grembo accogliente della vita, in tutte le sue manifestazioni. Aiuta i cristiani ad apprezzare il dono della fede, per costruire un mondo nuovo, nella solidarietà e nell'amore, ti preghiamo.

● O Signore, guida del tuo popolo, illumina chi regge le sorti dell'umanità, perché si rinsaldino nella determinazione di operare instancabilmente per la pace. Rafforza il dialogo tra le confessioni religiose, perché si orientino verso la reciproca accoglienza, ti preghiamo.

● O Astro che sorgi, splendore di luce eterna e sole di giustizia, dona speranza a quanti sono tormentati dal dubbio e dalla precarietà. Conforta i sofferenti nel corpo e nello spirito, perché affrontino le avversità con fermezza e serenità, ti preghiamo.

● O Emmanuele, attesa dei popoli e loro liberatore, guarda a noi, qui riuniti, e aiutaci a riconoscere la tua presenza nelle vicende quotidiane. Fa' che realizziamo i tuoi progetti, anche quando non li comprendiamo pienamente, per seguirti con coraggio sulle strade della giustizia, ti preghiamo.

● (*Altre intenzioni*).

O Dio, che hai prescelto Giuseppe, uomo giusto, come sposo di Maria e, quale servo saggio e fedele, lo hai posto a capo della Santa Famiglia, ascolta le nostre invocazioni. Confermaci nell'adesione a Cristo, perché, santi per elezione, perseveriamo nella testimonianza a lui e, in questo Natale, lo additiamo ancora agli uomini come loro Salvatore. Egli vive e regna nei secoli dei secoli. Amen.

SULLE OFFERTE **Accogli, o Dio, i doni che presentiamo all'altare, e consacrali con la potenza del tuo Spirito, che santificò il grembo della Vergine Maria. Per Cristo nostro Signore.**

Prefazio dell'Avvento II oppure II/A (pp. 472-473).

COMUNIONE
Is 7,14

Ecco, la Vergine concepirà
e darà alla luce un Figlio:
sarà chiamato Emmanuele, Dio con noi.

Oppure:
Mt 1,20.21

«Giuseppe, non temere:
Maria partorirà un figlio
e tu lo chiamerai Gesù.
Egli salverà il suo popolo».

DOPO LA COMUNIONE **O Dio, che ci hai dato il pegno della vita eterna, ascolta la nostra preghiera: quanto più si avvicina il gran giorno della nostra salvezza, tanto più cresca il nostro fervore, per celebrare degnamente il Natale del tuo Figlio. Egli vive e regna nei secoli dei secoli.**

25 DICEMBRE
NATALE DEL SIGNORE

LA LUCE DELLE ORIGINI

La messa della notte di Natale è caratterizzata da un annuncio di luce sfolgorante, capace di squarciate le tenebre trasformandosi in gioia. È la luce delle origini, che viene dalla parola stessa di Dio e fa sprigionare la vita là dove la terra è informe e vuota, come un grande abisso di nulla. Crea e ricrea, questa parola, da sempre e per sempre sospesa al silenzio glaciale che essa riempie e riscalda, al buio disperante che disperde, non prima di tutto fuori, bensì dentro (dove può riprendere il sopravvento anche e soprattutto in chi pensa di vederci). E ogni anno, a Natale, ci sorprendiamo a constatare quanto bisogno di luce abbia un mondo a rischio, in bilico sull'abisso. Da dove viene questa luminosità, capace di far fiorire una nuova creazione? Un bambino avvolto in fasce, adagiato in una mangiatoia. Il mistero del Natale è tutto qui, in questo scarto tra la grandezza del dono e la piccolezza del segno che lo incarna, tra la sorprendente notizia di un cambiamento inimmaginabile (come dicessero a un cieco nato che ora vede) e la fragilità di chi la realizza nella storia e nei cuori. Se fossimo di fronte a una partitura musicale, somiglierebbe al passaggio da un fortissimo a un pianissimo; o, in un quadro, dal netto chiaroscuro alla sfumatura quasi impercettibile.

Che sia anche la difficoltà di viverla, questa festa, sentita da tutti e compresa da pochi? Da una parte, infatti, vorremmo vedere finalmente una luce e l'attesa – sebbene sopita – è in ciascuno; dall'altra, scomodarci a fare un viaggio per trovare un bimbetto come tanti, non sappiamo se ne valga la pena. Ecco allora la messa dell'aurora, nella quale risuona la decisione dei pastori di andare a Betlemme. Pochi chilometri, probabilmente, eppure un ve-

ro e proprio esodo verso l'inaspettato; un cammino di conversione per cambiare il proprio modo di vedere, per acquisire la trasparenza degli occhi interiori. Forse ai pastori è avvenuto quello che avviene ai due discepoli di Emmaus, anch'essi alle prese con le tenebre fuori e soprattutto dentro di loro. I pastori vanno a Betlemme – la casa del pane – e in una mangiatoia – luogo del cibo – trovano il bambino. Vogliamo farlo anche noi questo viaggio? Non un viaggio a ritroso per ritrovare il sapore del Natale di quando eravamo piccoli; il cammino della fede, del diventare cristiani nell'incontro vivo con il Cristo, che non è né un'idea né un sentimento religioso. Infatti nella messa del giorno, anche in questo Natale il vangelo proclamerà il centro dell'esperienza cristiana. Quel bambino è addirittura la carne di Dio, che si fa storia con noi e per noi; la nostra carne di peccato trasfigurata in carne d'amore. Quel bimbo, divenuto adulto, inviterà provocatoriamente a mangiarla, la sua carne. Lo farà alludendo alla sua esistenza donata, nella mangiatoia dove è posto a Natale come nella croce dove si lascerà inchiodare a pasqua.

MESSA DELLA NOTTE

INGRESSO Sal 2,7

Il Signore mi ha detto:
«Tu sei mio Figlio, io oggi ti ho generato».

Oppure:

Rallegriamoci tutti nel Signore,
perché è nato nel mondo il Salvatore.
Oggi la vera pace è scesa a noi dal cielo.

COLLETTA **O Dio, che hai illuminato questa santissima notte con lo splendore di Cristo, vera luce del mondo, concedi a noi, che sulla terra lo contempliamo nei suoi misteri, di partecipare alla sua gloria nel cielo. Per il nostro Signore...**

PRIMA LETTURA *Ci è stato dato un figlio*

Dal libro del profeta Isaia 9,1-6

Il popolo che camminava nelle tenebre
ha visto una grande luce;
su coloro che abitavano in terra tenebrosa una luce rifulse.
Hai moltiplicato la gioia, hai aumentato la letizia.

Gioiscono davanti a te
come si gioisce quando si miete
e come si esulta quando si divide la preda.
Perché tu hai spezzato il giogo che l'opprimeva,
la sbarra sulle sue spalle,
e il bastone del suo aguzzino,
come nel giorno di Màdian.
Perché ogni calzatura di soldato
che marciava rimbombando
e ogni mantello intriso di sangue
saranno bruciati, dati in pasto al fuoco.
Perché un bambino è nato per noi,
ci è stato dato un figlio.
Sulle sue spalle è il potere e il suo nome sarà:
Consigliere mirabile, Dio potente,
Padre per sempre, Principe della pace.
Grande sarà il suo potere e la pace non avrà fine
sul trono di Davide e sul suo regno,
che egli viene a consolidare e rafforzare
con il diritto e la giustizia, ora e per sempre.
Questo farà lo zelo del Signore degli eserciti.
— Parola di Dio.

SALMO RESPONSORIALE dal Salmo 95

℟. **Oggi è nato per noi il Salvatore.**

Cantate al Signore un canto nuovo,
cantate al Signore, uomini di tutta la terra.
Cantate al Signore, benedite il suo nome. ℟.

Annunciate di giorno in giorno la sua salvezza.
In mezzo alle genti narrate la sua gloria,
a tutti i popoli dite le sue meraviglie. ℟.

Gioiscano i cieli, esulti la terra,
risuoni il mare e quanto racchiude;
sia in festa la campagna e quanto contiene,
acclamino tutti gli alberi della foresta. ℟.

Davanti al Signore che viene:
sì, egli viene a giudicare la terra;
giudicherà il mondo con giustizia
e nella sua fedeltà i popoli. ℟.

SECONDA LETTURA

È apparsa la grazia di Dio per tutti gli uomini

Dalla lettera di san Paolo apostolo a Tito 2,11-14

Figlio mio, è apparsa la grazia di Dio, che porta salvezza a tutti gli uomini e ci insegna a rinnegare l'empietà e i desideri mondani e a vivere in questo mondo con sobrietà, con giustizia e con pietà, nell'attesa della beata speranza e della manifestazione della gloria del nostro grande Dio e salvatore Gesù Cristo.

Egli ha dato se stesso per noi, per riscattarci da ogni iniquità e formare per sé un popolo puro che gli appartenga, pieno di zelo per le opere buone. — Parola di Dio.

AL VANGELO

cf. Lc 2,10-11

Alleluia, alleluia.

Vi annunzio una grande gioia:
oggi vi è nato un Salvatore: Cristo Signore.

Alleluia.

VANGELO

Oggi vi è nato il Salvatore

Dal vangelo secondo Luca 2,1-14

In quei giorni un decreto di Cesare Augusto ordinò che si facesse il censimento di tutta la terra. Questo primo censimento fu fatto quando Quirinio era governatore della Siria. Tutti andavano a farsi censire, ciascuno nella propria città.

Anche Giuseppe, dalla Galilea, dalla città di Nàzaret, salì in Giudea alla città di Davide chiamata Betlemme: egli apparteneva infatti alla casa e alla famiglia di Davide. Doveva farsi censire insieme a Maria, sua sposa, che era incinta.

Mentre si trovavano in quel luogo, si compirono per lei i giorni del parto. Diede alla luce il suo figlio primogenito, lo avvolse in fasce e lo pose in una mangiatoia, perché per loro non c'era posto nell'alloggio.

C'erano in quella regione alcuni pastori che, pernottando all'aperto, vegliavano tutta la notte facendo la guardia al loro gregge. Un angelo del Signore si presentò a loro e la gloria del Signore li avvolse di luce. Essi furono presi da grande timore, ma l'angelo disse loro: «Non temete: ecco, vi annuncio una grande gioia, che sarà di tut-

to il popolo: oggi, nella città di Davide, è nato per voi un Salvatore, che è Cristo Signore. Questo per voi il segno: troverete un bambino avvolto in fasce, adagiato in una mangiatoia».
E subito apparve con l'angelo una moltitudine dell'esercito celeste, che lodava Dio e diceva:
«Gloria a Dio nel più alto dei cieli
e sulla terra pace agli uomini, che egli ama».
— Parola del Signore.

PREGHIERA UNIVERSALE

Vedi alla Messa del giorno (pp. 446-447).

SULLE OFFERTE Accetta, o Padre, la nostra offerta in questa notte di luce, e per questo misterioso scambio di doni trasformarci nel Cristo tuo Figlio, che ha innalzato l'uomo accanto a te nella gloria. Per Cristo nostro Signore.

Prefazio di Natale (pp. 473-474).

COMUNIONE
Gv 1,14
Il Verbo si è fatto carne
e noi abbiamo visto la sua gloria.

Oppure:
Lc 2,11
Oggi è nato nella città di Davide un salvatore,
che è il Cristo Signore.

DOPO LA COMUNIONE O Dio, che ci hai convocati a celebrare nella gioia la nascita del Redentore, fa' che testimoniamo nella vita l'annunzio della salvezza, per giungere alla gloria del cielo. Per Cristo nostro Signore.

MESSA DELL'AURORA

INGRESSO
cf. Is 9,2.6; Lc 1,33
Oggi su di noi splenderà la luce,
perché è nato per noi il Signore;
Dio onnipotente sarà il suo nome,
Principe della pace, Padre dell'eternità:
il suo regno non avrà fine.

COLLETTA Signore, Dio onnipotente, che ci avvolgi della nuova luce del tuo Verbo fatto uomo, fa' che risplenda nelle nostre opere il mistero della fede che rifulge nel nostro Spirito. Per il nostro Signore...

PRIMA LETTURA *Ecco, arriva il tuo Salvatore*

Dal libro del profeta Isaia 62,11-12

Ecco ciò che il Signore fa sentire
all'estremità della terra:
«Dite alla figlia di Sion:
Ecco, arriva il tuo salvatore;
ecco, egli ha con sé il premio
e la sua ricompensa lo precede.
Li chiameranno Popolo santo,
Redenti del Signore.
E tu sarai chiamata Ricercata,
Città non abbandonata». — Parola di Dio.

SALMO RESPONSORIALE dal Salmo 96

℟. **Oggi la luce risplende su di noi.**

Il Signore regna: esulti la terra,
gioiscano le isole tutte.
Annunciano i cieli la sua giustizia
e tutti i popoli vedono la sua gloria. ℟.

Una luce è spuntata per il giusto,
una gioia per i retti di cuore.
Gioite, giusti, nel Signore,
della sua santità celebrate il ricordo. ℟.

SECONDA LETTURA *Ci ha salvati per la sua misericordia*

Dalla lettera di san Paolo apostolo a Tito 3,4-7

Figlio mio, quando apparvero la bontà di Dio, salvatore nostro, e il suo amore per gli uomini, egli ci ha salvati, non per opere giuste da noi compiute, ma per la sua misericordia, con un'acqua che rigenera e rinnova nello Spirito Santo, che Dio ha effuso su di noi in abbondanza per mezzo di Gesù Cristo, salvatore nostro, affinché, giustificati per la sua grazia, diventassimo, nella speranza, eredi della vita eterna. — Parola di Dio.

AL VANGELO Lc 2,14

Alleluia, alleluia.
Gloria a Dio nel più alto dei cieli
e pace in terra agli uomini, che egli ama.
Alleluia.

VANGELO *I pastori trovarono Maria e Giuseppe e il bambino*

Dal vangelo secondo Luca 2,15-20

Appena gli angeli si furono allontanati da loro, verso il cielo, i pastori dicevano l'un l'altro: «Andiamo dunque fino a Betlemme, vediamo questo avvenimento che il Signore ci ha fatto conoscere».
Andarono, senza indugio, e trovarono Maria e Giuseppe e il bambino, adagiato nella mangiatoia. E dopo averlo visto, riferirono ciò che del bambino era stato detto loro. Tutti quelli che udivano si stupirono delle cose dette loro dai pastori. Maria, da parte sua, custodiva tutte queste cose, meditandole nel suo cuore.
I pastori se ne tornarono, glorificando e lodando Dio per tutto quello che avevano udito e visto, com'era stato detto loro. — Parola del Signore.

PREGHIERA UNIVERSALE

Vedi alla Messa del giorno (pp. 446-447).

SULLE OFFERTE **Le nostre offerte, o Padre, siano degne del mistero che oggi celebriamo; tu che nel Natale ci hai rivelato il Cristo uomo e Dio, fa' che nel pane e vino da te consacrati partecipiamo alla sua vita immortale. Per Cristo nostro Signore.**

Prefazio di Natale (pp. 473-474)

COMUNIONE cf. Zc 9,9

Esulta, figlia di Sion,
innalza la tua lode, figlia di Gerusalemme:
ecco, a te viene il tuo Re,
il Santo, il Salvatore del mondo.

Oppure: Lc 2,20

I pastori se ne ritornarono,
glorificando e lodando Dio
per tutto quello che avevano udito e visto.

DOPO LA COMUNIONE O Dio, che ci hai radunato a celebrare in devota letizia la nascita del tuo Figlio, concedi alla tua Chiesa di conoscere con la fede le profondità del tuo mistero, e di viverlo con amore intenso e generoso. Per Cristo nostro Signore.

MESSA DEL GIORNO

INGRESSO
cf. Is 9,5

È nato per noi un bambino,
un figlio ci è stato donato:
egli avrà sulle spalle il dominio,
consigliere ammirabile sarà il suo nome.

COLLETTA O Dio, che in modo mirabile ci hai creati a tua immagine, e in modo più mirabile ci hai rinnovati e redenti, fa' che possiamo condividere la vita divina del tuo Figlio, che oggi ha voluto assumere la nostra natura umana. Egli è Dio...

PRIMA LETTURA

Tutti i confini della terra vedranno la salvezza del nostro Dio

Dal libro del profeta Isaia 52,7-10

Come sono belli sui monti
i piedi del messaggero che annuncia la pace,
del messaggero di buone notizie che annuncia la salvezza,
che dice a Sion: «Regna il tuo Dio».
Una voce! Le tue sentinelle alzano la voce,
insieme esultano,
poiché vedono con gli occhi
il ritorno del Signore a Sion.
Prorompete insieme in canti di gioia,
rovine di Gerusalemme,
perché il Signore ha consolato il suo popolo,
ha riscattato Gerusalemme.
Il Signore ha snudato il suo santo braccio
davanti a tutte le nazioni;
tutti i confini della terra vedranno
la salvezza del nostro Dio. — Parola di Dio.

SALMO RESPONSORIALE dal Salmo 97

℟. **Tutta la terra ha veduto la salvezza del nostro Dio.**

Cantate al Signore un canto nuovo,
perché ha compiuto meraviglie.
Gli ha dato vittoria la sua destra
e il suo braccio santo. ℟.

Il Signore ha fatto conoscere la sua salvezza,
agli occhi delle genti ha rivelato la sua giustizia.
Egli si è ricordato del suo amore,
della sua fedeltà alla casa d'Israele. ℟.

Tutti i confini della terra hanno veduto
la vittoria del nostro Dio.
Acclami il Signore tutta la terra,
gridate, esultate, cantate inni! ℟.

Cantate inni al Signore con la cetra,
con la cetra e al suono di strumenti a corde;
con le trombe e al suono del corno
acclamate davanti al re, il Signore. ℟.

SECONDA LETTURA *Dio ha parlato a noi per mezzo del Figlio*

Dalla lettera agli Ebrei 1,1-6

Dio, che molte volte e in diversi modi nei tempi antichi aveva parlato ai padri per mezzo dei profeti, ultimamente, in questi giorni, ha parlato a noi per mezzo del Figlio, che ha stabilito erede di tutte le cose e mediante il quale ha fatto anche il mondo.
Egli è irradiazione della sua gloria e impronta della sua sostanza, e tutto sostiene con la sua parola potente. Dopo aver compiuto la purificazione dei peccati, sedette alla destra della maestà nell'alto dei cieli, divenuto tanto superiore agli angeli quanto più eccellente del loro è il nome che ha ereditato.
Infatti, a quale degli angeli Dio ha mai detto: «Tu sei mio figlio, oggi ti ho generato»? e ancora: «Io sarò per lui padre ed egli sarà per me figlio»? Quando invece introduce il primogenito nel mondo, dice: «Lo adorino tutti gli angeli di Dio». — **Parola di Dio.**

AL VANGELO **Alleluia, alleluia.**
Un giorno santo è spuntato per noi:
venite tutti ad adorare il Signore;
oggi una splendida luce è discesa sulla terra.
Alleluia.

VANGELO *

Il Verbo si fece carne e venne ad abitare in mezzo a noi

Dal vangelo secondo Giovanni 1,1-18 [forma breve: 1,1-5.9-14]

In principio era il Verbo,
e il Verbo era presso Dio
e il Verbo era Dio.
Egli era, in principio, presso Dio:
tutto è stato fatto per mezzo di lui
e senza di lui nulla è stato fatto di ciò che esiste.
In lui era la vita
e la vita era la luce degli uomini;
la luce splende nelle tenebre
e le tenebre non l'hanno vinta.

[Venne un uomo mandato da Dio:
il suo nome era Giovanni.
Egli venne come testimone
per dare testimonianza alla luce,
perché tutti credessero per mezzo di lui.
Non era lui la luce,
ma doveva dare testimonianza alla luce.]

Veniva nel mondo la luce vera,
quella che illumina ogni uomo.
Era nel mondo
e il mondo è stato fatto per mezzo di lui;
eppure il mondo non lo ha riconosciuto.
Venne fra i suoi,
e i suoi non lo hanno accolto.
A quanti però lo hanno accolto
ha dato potere di diventare figli di Dio:
a quelli che credono nel suo nome,
i quali, non da sangue
né da volere di carne
né da volere di uomo,
ma da Dio sono stati generati.

E il Verbo si fece carne
e venne ad abitare in mezzo a noi;
e noi abbiamo contemplato la sua gloria,
gloria come del Figlio unigenito
che viene dal Padre,
pieno di grazia e di verità.

[Giovanni gli dà testimonianza e proclama:
«Era di lui che io dissi:
Colui che viene dopo di me
è avanti a me,
perché era prima di me».
Dalla sua pienezza
noi tutti abbiamo ricevuto:
grazia su grazia.
Perché la Legge fu data per mezzo di Mosè,
la grazia e la verità
vennero per mezzo di Gesù Cristo.
Dio, nessuno lo ha mai visto:
il Figlio unigenito, che è Dio
ed è nel seno del Padre,
è lui che lo ha rivelato.]
— Parola del Signore.

PREGHIERA UNIVERSALE

Fratelli e sorelle, il Natale del Signore ci inonda di luce e ci ricolma di speranza. Questo evento meraviglioso trasfiguri i nostri giorni e guidi i nostri passi su vie di pace. Ora innalziamo al Padre la nostra preghiera, per esprimergli gratitudine, mentre condividiamo la gioia di essere pienamente suoi figli. Imploriamo:

℟. **Ascoltaci, o Signore!**

● Padre, nell'incarnazione del tuo Figlio hai posto la tua dimora in mezzo agli uomini. Fa' che la Chiesa si ponga sempre al passo della storia, per aiutare i tuoi figli, sparsi sulla terra, a leggere i segni della tua presenza e a parlare loro con cuore e fermezza di madre, ti preghiamo.

● Padre, nell'incarnazione del tuo Figlio hai manifestato la pienezza dell'amore e della verità. Diffondi questi tuoi doni nel mondo e nelle nostre famiglie, perché si rinsaldino nell'unità e spengano l'odio e la violenza mediante la giustizia e il perdono, ti preghiamo.

- Padre, nell'incarnazione del tuo Figlio hai portato il lieto annuncio ai poveri. Conforta i malati e i sofferenti; aiuta i giovani a sentire Cristo quale loro amico, facendosi promotori dei valori più autentici; accompagna i ragazzi nella loro graduale crescita, ti preghiamo.

- Padre, nell'incarnazione del tuo Figlio hai compiuto le attese dell'umanità. Nell'oggi della celebrazione eucaristica sostienici con la forza del tuo Spirito, perché in Cristo siamo guidati a vivere con sobrietà, liberi da ogni malvagità e impegnati nel bene, ti preghiamo.

- (*Altre intenzioni*).

Ascolta, Padre santo, le invocazioni che abbiamo elevato a te, nella serena familiarità di questo Natale. Concedici di riconoscere nel tuo Figlio, generato dalla Vergine Maria, il Salvatore di tutti, perché, rinnovati dal suo amore, riceviamo in eredità la pienezza della vita e magnifichiamo la tua misericordia, che si estende di generazione in generazione: in Cristo Gesù, nostro Signore. Amen.

SULLE OFFERTE **Ti sia gradito, Signore, questo sacrificio, espressione perfetta della nostra fede, e ottenga a tutti gli uomini il dono natalizio della pace. Per Cristo nostro Signore.**

Prefazio di Natale (pp. 473-474).

COMUNIONE
Sal 97,3

Tutti i popoli hanno veduto
la salvezza del nostro Dio.

Oppure:
Gv 1,14

Il Verbo si è fatto carne
e noi abbiamo visto la sua gloria.

DOPO LA COMUNIONE **Padre santo e misericordioso, il Salvatore del mondo, che oggi è nato e ci ha rigenerati come tuoi figli, ci comunichi il dono della vita immortale. Per Cristo nostro Signore.**

26 DICEMBRE
SANTA FAMIGLIA

RELAZIONI EVANGELIZZATE

Nella società patriarcale, che talvolta qualcuno rimpiange, non era così semplice vivere in pienezza la relazione con i genitori. Le relazioni familiari, d'altra parte, sono sì naturali, tuttavia devono continuamente essere verificate e motivate. Assistiamo attoniti a esplosioni di violenza inaudita proprio all'interno delle famiglie, oppure fingiamo di non accorgerci dei silenzi inquietanti che coprono grovigli inestricabili. Le dinamiche familiari non vanno idealizzate, bensì evangelizzate; sembra che ce ne dimentichiamo, quando negli ambienti cattolici si inneggia alla famiglia in modo acritico e la si fa diventare bandiera di una riconquista religiosa e civile. «La parola di Cristo abiti tra voi nella sua ricchezza. Con ogni sapienza istruitevi e ammonitevi a vicenda con salmi, inni e canti ispirati, con gratitudine, cantando a Dio nei vostri cuori» (Col 3,16).

È vero che qui si parla della comunità cristiana, ma tenendo conto del volto domestico della chiesa alle origini si può dire che il testo delinea anche uno stile familiare di vivere da cristiani. È vero, però, che l'esortazione è un po' troppo ideale; quale famiglia concreta può mai fare così, quasi si fosse in convento? Più che i modi concreti richiamati, è l'indicazione di fondo a essere preziosa. Al centro viene messo infatti non il nostro fare famiglia, ma l'accoglienza della parola di Dio accolta, pregata e condivisa. Dare casa alla parola di Dio diviene il modo per rendere vere le relazioni reciproche, aprendole a una fraternità che non si ferma entro le mura domestiche. In questa chiave vanno recepite anche le indicazioni, segnate dalla mentalità del tempo e dal modello di famiglia allora esistente, dove si parla di sottomissione e di obbedienza entro un principio gerarchico: il marito capo della moglie, i genitori dei figli. Là dove dimora la parola del vangelo irrompe una reciprocità nuova e liberante: «Voi, mogli, state sottomesse ai mariti, come conviene nel Signore. Voi, mariti, amate le vostre mogli e non trattatele con durezza. Voi, figli, obbedite ai genitori in tutto... Voi, padri, non esasperate i vostri figli» (Col 3,18-21). Apparentemente sono solo regole di convivenza, in realtà si delinea poco alla volta la possibilità concreta che la novità cristiana riplasmi il volto della convivenza familiare; non perché il vangelo abbia un modello proprio, ma perché si fa lievito entro la pasta di ogni tempo e di ogni cultura.

Nella vicenda di Gesù i riferimenti alle relazioni familiari sono sempre connotati da provocazioni sul filo del paradosso, si parla persino di odiare padre e madre per seguire lui. Come paradossale è quanto accade alla santa Famiglia: «Àlzati, prendi con te il bambino e sua madre, fuggi in Egitto» (Mt 2,13). Si tratta di una fuga che, oltre ad accomunare questo nucleo familiare ai troppi costretti a migrazioni squassanti, capovolge l'esperienza di Israele: la terra di schiavitù diviene terra di salvezza e viceversa. Patria e famiglia sono la fraternità umana, per il vangelo.

INGRESSO
Lc 2,16

I pastori si avviarono in fretta
e trovarono Maria e Giuseppe,
e il Bambino deposto nella mangiatoia.

COLLETTA **O Dio, nostro Padre, che nella santa Famiglia ci hai dato un vero modello di vita, fa' che nelle nostre famiglie fioriscano le stesse virtù e lo stesso amore, perché, riuniti insieme nella tua casa, possiamo godere la gioia senza fine. Per il nostro Signore Gesù Cristo, tuo Figlio, che è Dio, e vive e regna con te, nell'unità dello Spirito Santo, per tutti i secoli dei secoli.**

Oppure: **O Dio, nostro creatore e Padre, tu hai voluto che il tuo Figlio, generato prima dell'aurora del mondo, divenisse membro dell'umana famiglia; ravviva in noi la venerazione per il dono e il mistero della vita, perché i genitori si sentano partecipi della fecondità del tuo amore, e i figli crescano in sapienza, età e grazia, rendendo lode al tuo santo nome.**

PRIMA LETTURA *Chi teme il Signore onora i genitori*

Dal libro di Siracide 3,3-7.14-17a

Il Signore ha glorificato il padre al di sopra dei figli
e ha stabilito il diritto della madre sulla prole.
Chi onora il padre espìa i peccati e li eviterà
e la sua preghiera quotidiana sarà esaudita.
Chi onora sua madre è come chi accumula tesori.
Chi onora il padre avrà gioia dai propri figli
e sarà esaudito nel giorno della sua preghiera.
Chi glorifica il padre vivrà a lungo,
chi obbedisce al Signore darà consolazione alla madre.
Figlio, soccorri tuo padre nella vecchiaia,
non contristarlo durante la sua vita.
Sii indulgente, anche se perde il senno,
e non disprezzarlo, mentre tu sei nel pieno vigore.
L'opera buona verso il padre non sarà dimenticata,
otterrà il perdono dei peccati, rinnoverà la tua casa.
— Parola di Dio.

SALMO RESPONSORIALE dal Salmo 127

℟. **Beato chi teme il Signore e cammina nelle sue vie.**

Beato chi teme il Signore
e cammina nelle sue vie.
Della fatica delle tue mani ti nutrirai,
sarai felice e avrai ogni bene. ℟.

La tua sposa come vite feconda
nell'intimità della tua casa;
i tuoi figli come virgulti d'ulivo
intorno alla tua mensa. ℟.

Ecco com'è benedetto
l'uomo che teme il Signore.
Ti benedica il Signore da Sion.
Possa tu vedere il bene di Gerusalemme
tutti i giorni della tua vita! ℟.

SECONDA LETTURA
Vita familiare cristiana, secondo il comandamento dell'amore

Dalla lettera di san Paolo apostolo ai Colossesi 3,12-21

Fratelli, scelti da Dio, santi e amati, rivestitevi di senti-

menti di tenerezza, di bontà, di umiltà, di mansuetudine, di magnanimità, sopportandovi a vicenda e perdonandovi gli uni gli altri, se qualcuno avesse di che lamentarsi nei riguardi di un altro.
Come il Signore vi ha perdonato, così fate anche voi. Ma sopra tutte queste cose rivestitevi della carità, che le unisce in modo perfetto. E la pace di Cristo regni nei vostri cuori, perché ad essa siete stati chiamati in un solo corpo. E rendete grazie!
La parola di Cristo abiti tra voi nella sua ricchezza. Con ogni sapienza istruitevi e ammonitevi a vicenda con salmi, inni e canti ispirati, con gratitudine, cantando a Dio nei vostri cuori. E qualunque cosa facciate, in parole e in opere, tutto avvenga nel nome del Signore Gesù, rendendo per mezzo di lui grazie a Dio Padre.
Voi, mogli, state sottomesse ai mariti, come conviene nel Signore. Voi, mariti, amate le vostre mogli e non trattatele con durezza. Voi, figli, obbedite ai genitori in tutto; ciò è gradito al Signore. Voi, padri, non esasperate i vostri figli, perché non si scoraggino. — Parola di Dio.

AL VANGELO Col 3,15.16

Alleluia, alleluia.
La pace di Cristo regni nei vostri cuori;
la parola di Cristo abiti tra voi
nella sua ricchezza. Alleluia.

VANGELO *Prendi con te il bambino e sua madre e fuggi in Egitto*

Dal vangelo secondo Matteo 2,13-15.19-23

I Magi erano appena partiti, quando un angelo del Signore apparve in sogno a Giuseppe e gli disse: «Àlzati, prendi con te il bambino e sua madre, fuggi in Egitto e resta là finché non ti avvertirò: Erode infatti vuole cercare il bambino per ucciderlo».
Egli si alzò, nella notte, prese il bambino e sua madre e si rifugiò in Egitto, dove rimase fino alla morte di Erode, perché si compisse ciò che era stato detto dal Signore per mezzo del profeta: «Dall'Egitto ho chiamato mio figlio».
Morto Erode, ecco, un angelo del Signore apparve in sogno a Giuseppe in Egitto e gli disse: «Àlzati, prendi con

te il bambino e sua madre e va' nella terra d'Israele; sono morti infatti quelli che cercavano di uccidere il bambino».
Egli si alzò, prese il bambino e sua madre ed entrò nella terra d'Israele. Ma, quando venne a sapere che nella Giudea regnava Archelao al posto di suo padre Erode, ebbe paura di andarvi. Avvertito poi in sogno, si ritirò nella regione della Galilea e andò ad abitare in una città chiamata Nàzaret, perché si compisse ciò che era stato detto per mezzo dei profeti: «Sarà chiamato Nazareno». — Parola del Signore.

PREGHIERA UNIVERSALE

Fratelli e sorelle, divenuto membro della famiglia umana, il Signore Gesù si è assoggettato in tutto a Maria e a Giuseppe, per rendersi disponibile al compimento della volontà del Padre. Imploriamo sulle famiglie della terra, e in particolare sulle nostre, il conforto della benedizione divina, apportatrice di salvezza nelle vicende più problematiche della loro storia. Preghiamo e diciamo:

℟. **Ascoltaci, o Signore!**

● Invochiamo la protezione divina sui coniugi cristiani, perché, attraverso la loro unione, rivelino al mondo l'amore di Cristo per la Chiesa, sua sposa, che genera gli uomini alla fede e li rinsalda mediante la carità, vincolo della perfezione e della pace, preghiamo.

● Invochiamo la protezione divina su coloro che ci governano, perché, nell'attività legislativa e nell'amministrazione del bene comune, sostengano le famiglie nei loro compiti educativi e sociali, rendendo le istituzioni sempre più adeguate alla formazione dei figli, preghiamo.

● Invochiamo la protezione divina sui profughi e sugli immigrati, su quanti sono senza casa e lavoro, sui coniugi in difficoltà, sulle coppie separate o divorziate, sugli orfani, sulle vittime dell'odio e delle guerre e su tutti coloro che versano in qualsiasi necessità, preghiamo.

● (*Altre intenzioni*).

• Invochiamo la protezione divina su noi, perché, come la Santa Famiglia, sappiamo affrontare con fiducia gli eventi critici della vita, obbedienti all'azione dello Spirito Santo, che ci guida sempre verso la vittoria pasquale e la pienezza della concordia, preghiamo.

SULLE OFFERTE **Accogli, o Signore, questo sacrificio di salvezza, e per intercessione della Vergine Madre e di san Giuseppe, fa' che le nostre famiglie vivano nella tua amicizia e nella tua pace. Per Cristo nostro Signore.**

Prefazio di Natale (pp. 473-474).

COMUNIONE
Bar 3,38

Il nostro Dio è apparso sulla terra,
e ha dimorato in mezzo a noi.

Oppure:
cf. Mt 2,22-23

Giuseppe ritornò in Galilea
e andò ad abitare a Nazaret,
perché si adempisse la profezia:
sarà chiamato Nazareno.

DOPO LA COMUNIONE **Padre misericordioso, che ci hai nutriti alla tua mensa, donaci di seguire gli esempi della santa Famiglia, perché dopo le prove di questa vita siamo associati alla sua gloria in cielo. Per Cristo nostro Signore.**

RITO DELLA MESSA

RITI DI INTRODUZIONE

CANTO D'INGRESSO

in piedi

Mentre il celebrante con i ministri si reca all'altare, l'assemblea esegue un canto adatto (oppure il sacerdote stesso, o un altro ministro, dopo il saluto legge l'antifona d'ingresso proposta dal Messale).

SALUTO DEL CELEBRANTE

C Nel nome del Padre e del Figlio e dello Spirito Santo.
A **Amen.**

C La grazia del Signore nostro Gesù Cristo,
l'amore di Dio Padre e la comunione dello Spirito Santo
sia con tutti voi.
A **E con il tuo spirito.**

Oppure una delle seguenti formule::

C La grazia e la pace di Dio nostro Padre
e del Signore nostro Gesù Cristo
sia con tutti voi.
A **E con il tuo spirito** (*o:* **Benedetto nei secoli il Signore**).

C Il Signore sia con voi.
A **E con il tuo spirito.**

C Il Signore, che guida i nostri cuori nell'amore
e nella pazienza di Cristo,
sia con tutti voi.
A **E con il tuo spirito.**

C Il Dio della speranza,
che ci riempie di ogni gioia e pace nella fede
per la potenza dello Spirito Santo,
sia con tutti voi.
A **E con il tuo spirito.**

A = Assemblea • C = Celebrante • L = Lettore.

C La pace, la carità e la fede da parte di Dio Padre
e del Signore nostro Gesù Cristo, sia con tutti voi.
A **E con il tuo spirito.**

C Fratelli, eletti secondo la prescienza di Dio Padre
mediante la santificazione dello Spirito
per obbedire a Gesù Cristo
e per essere aspersi del suo sangue,
grazia e pace in abbondanza a tutti voi.
A **E con il tuo spirito.**

ATTO PENITENZIALE

1ª forma

C Fratelli, per celebrare degnamente i santi misteri,
riconosciamo i nostri peccati.

Oppure:

Il Signore Gesù, che ci invita alla mensa della Parola
e dell'Eucaristia, ci chiama alla conversione.
Riconosciamo di essere peccatori
e invochiamo con fiducia la misericordia di Dio.

Oppure, specialmente nelle domeniche:

Nel giorno in cui celebriamo la vittoria di Cristo
sul peccato e sulla morte,
anche noi siamo chiamati a morire al peccato
per risorgere alla vita nuova.
Riconosciamoci bisognosi della misericordia del Padre.

Breve pausa per l'esame di coscienza. Poi tutti insieme:

A **Confesso a Dio onnipotente e a voi, fratelli,
che ho molto peccato
in pensieri, parole, opere e omissioni,
per mia colpa, mia colpa, mia grandissima colpa.
E supplico la beata sempre vergine Maria,
gli angeli, i santi e voi fratelli,
di pregare per me il Signore Dio nostro.**

C Dio onnipotente abbia misericordia di noi
perdoni i nostri peccati
e ci conduca alla vita eterna.
A **Amen.**

2ª forma

C All'inizio di questa celebrazione eucaristica,
chiediamo la conversione del cuore,
fonte di riconciliazione e di comunione con Dio
e con i fratelli.

Oppure:

Umili e pentiti come il pubblicano al tempio,
accostiamoci al Dio giusto e santo,
perché abbia pietà anche di noi peccatori.

Breve pausa per l'esame di coscienza. Poi il sacerdote prosegue:

C Pietà di noi, Signore.
A **Contro di te abbiamo peccato.**

C Mostraci, Signore, la tua misericordia.
A **E donaci la tua salvezza.**

C Dio onnipotente abbia misericordia di noi
perdoni i nostri peccati
e ci conduca alla vita eterna.
A **Amen.**

3ª forma

C Gesù Cristo, il giusto, intercede per noi
e ci riconcilia con il Padre.
Apriamo il nostro spirito al pentimento,
per essere meno indegni
di accostarci alla mensa del Signore.

Oppure:

Il Signore ha detto:
Chi di voi è senza peccato scagli la prima pietra.
Riconosciamoci tutti peccatori
e perdoniamoci a vicenda dal profondo del cuore.

Breve pausa per l'esame di coscienza. Poi il sacerdote prosegue:

C Signore, mandato dal Padre a salvare i contriti di cuore,
abbi pietà di noi.
A **Signore pietà.**

C Cristo, che sei venuto a chiamare i peccatori,
abbi pietà di noi.
A **Cristo, pietà.**

C Signore, che intercedi per noi presso il Padre,
abbi pietà di noi.

A **Signore, pietà.**

C Dio onnipotente abbia misericordia di noi
perdoni i nostri peccati
e ci conduca alla vita eterna.

A **Amen.**

Si prosegue con le Invocazioni (se non sono già state dette o cantate) e poi con il Gloria (p. 464).

INVOCAZIONI ALTERNATIVE

Prima dell'assoluzione del sacerdote, si può dire una delle seguenti invocazioni distribuite secondo i vari tempi liturgici. Le parole Signore, pietà *e* Cristo, pietà, *possono essere ripettivamente sostituite da* Kyrie, eleison *e* Christe, eleison *recitati o, meglio, cantati.*

Nel Tempo ordinario

1. Signore, tu sei la via che riconduce al Padre,
abbi pietà di noi.
Signore, pietà.

Cristo, tu sei la verità che illumina i popoli,
abbi pietà di noi.
Cristo, pietà.

Signore, tu sei la vita che rinnova il mondo,
abbi pietà di noi.
Signore, pietà.

2. Signore, che a Pietro pentito hai offerto il tuo perdono,
abbi pietà di noi.
Signore, pietà.

Cristo, che al buon ladrone hai promesso il paradiso,
abbi pietà di noi.
Cristo, pietà.

Signore, che accogli ogni uomo che si affida
alla tua misericordia, abbi pietà di noi.
Signore, pietà.

3. Signore, che non sei venuto a condannare,
ma a perdonare, abbi pietà di noi.
Signore, pietà.
Cristo, che fai festa per ogni peccatore pentito,
abbi pietà di noi.
Cristo, pietà.
Signore, che perdoni molto a chi molto ama,
abbi pietà di noi.
Signore, pietà.

4. Signore, che sei venuto a cercare chi era perduto,
abbi pietà di noi.
Signore, pietà.
Cristo, che sei venuto per dare la tua vita
in riscatto per tutti, abbi pietà di noi.
Cristo, pietà.
Signore, che raccogli nell'unità i tuoi figli dispersi,
abbi pietà di noi.
Signore, pietà.

5. Signore, che sei la pienezza di verità e di grazia,
abbi pietà di noi.
Signore, pietà.
Cristo, che ti sei fatto povero per arricchirci,
abbi pietà di noi.
Cristo, pietà.
Signore, che sei venuto a fare di noi il tuo popolo santo,
abbi pietà di noi.
Signore, pietà.

Nel Tempo di Avvento

1. Signore, che sei venuto nel mondo per salvarci,
abbi pietà di noi.
Signore, pietà.
Cristo, che continui a visitarci con la grazia
del tuo Spirito, abbi pietà di noi.
Cristo, pietà.
Signore, che verrai un giorno a giudicare
le nostre opere, abbi pietà di noi.
Signore, pietà.

2. Signore, che sei il difensore dei poveri,
abbi pietà di noi.
Signore, pietà.

Cristo, che sei il rifugio dei deboli,
abbi pietà di noi.
Cristo, pietà.

Signore, che sei la speranza dei peccatori,
abbi pietà di noi.
Signore, pietà.

3. Signore, che vieni a visitare il tuo popolo nella pace,
abbi pietà di noi.
Signore, pietà.

Cristo, che vieni a salvare chi è perduto,
abbi pietà di noi.
Cristo, pietà.

Signore, che vieni a creare un mondo nuovo,
abbi pietà di noi.
Signore, pietà.

Tempo di Natale

1. Signore, Figlio di Dio, che nascendo da Maria Vergine
ti sei fatto nostro fratello, abbi pietà di noi.
Signore, pietà.

Cristo, Figlio dell'uomo, che conosci e comprendi
la nostra debolezza, abbi pietà di noi.
Cristo, pietà.

Signore, Figlio primogenito del Padre,
che fai di noi una sola famiglia, abbi pietà di noi.
Signore, pietà.

2. Signore, re della pace, abbi pietà di noi.
Signore, pietà.

Cristo, luce nelle tenebre, abbi pietà di noi.
Cristo, pietà.

Signore, immagine dell'uomo nuovo, abbi pietà di noi.
Signore, pietà.

Tempo di Quaresima

1. Signore, che comandi di perdonarci
prima di venire al tuo altare, abbi pietà di noi.
Signore, pietà.
Cristo, che sulla croce hai invocato il perdono
per i peccatori, abbi pietà di noi.
Cristo, pietà.
Signore, che affidi alla tua Chiesa
il ministero della riconciliazione, abbi pietà di noi.
Signore, pietà.

2. Signore, che nell'acqua e nello Spirito
ci hai rigenerato a tua immagine, abbi pietà di noi.
Signore, pietà.
Cristo, che mandi il tuo Spirito a creare in noi
un cuore nuovo, abbi pietà di noi.
Cristo, pietà.
Signore, che ci fai partecipi
del tuo corpo e del tuo sangue, abbi pietà di noi.
Signore, pietà.

3. Signore, che fai passare dalla morte alla vita
chi ascolta la tua parola, abbi pietà di noi.
Signore, pietà.
Cristo, che hai voluto essere innalzato da terra
per attirarci a te, abbi pietà di noi.
Cristo, pietà.
Signore, che ci sottoponi al giudizio della tua croce,
abbi pietà di noi.
Signore, pietà.

Tempo di Pasqua

1. Signore, nostra pace, abbi pietà di noi.
Signore, pietà.
Cristo, nostra Pasqua, abbi pietà di noi.
Cristo, pietà.
Signore, nostra vita, abbi pietà di noi.
Signore, pietà.

2. Signore, che sei l'eterno sacerdote
della nuova alleanza, abbi pietà di noi.
Signore, pietà.

Cristo, che ci edifichi come pietre vive
nel tempio santo di Dio, abbi pietà di noi.
Cristo, pietà.

Signore, che ci fai concittadini dei santi
nel regno dei cieli, abbi pietà di noi.
Signore, pietà.

3. Signore, che asceso alla destra del Padre,
ci fai dono del tuo Spirito, abbi pietà di noi.
Signore, pietà.

Cristo, che sostieni ogni cosa,
con la potenza della tua parola, abbi pietà di noi.
Cristo, pietà.

Signore, re dell'universo e dominatore dei secoli,
abbi pietà di noi.
Signore, pietà.

INVOCAZIONI

Si omettono se già dette o cantate durante l'atto penitenziale.

C Signore, pietà. *Oppure:* Kyrie, eleison
A **Signore, pietà.** **Kyrie, eleison**

C Cristo, pietà. Christe, eleison
A **Cristo, pietà.** **Christe, eleison**

C Signore, pietà. Kyrie, eleison
A **Signore, pietà.** **Kyrie, eleison**

INNO: GLORIA A DIO

Non si recita nei Tempi di Avvento e di Quaresima.

**Gloria a Dio nell'alto dei cieli
e pace in terra agli uomini di buona volontà.
Noi ti lodiamo, ti benediciamo,
ti adoriamo, ti glorifichiamo,
ti rendiamo grazie per la tua gloria immensa,
Signore Dio, Re del cielo, Dio Padre onnipotente.**

Signore, figlio unigenito, Gesù Cristo,
Signore Dio, Agnello di Dio, Figlio del Padre,
tu che togli i peccati del mondo, abbi pietà di noi;
tu che togli i peccati dal mondo, accogli la nostra supplica;
tu che siedi alla destra del Padre, abbi pietà di noi.
Perché tu solo il Santo, tu solo il Signore,
tu solo l'Altissimo, Gesù Cristo,
con lo Spirito Santo: nella gloria di Dio Padre.
Amen.

Oppure, in latino:

Glória in excélsis Deo et in terra pax homínibus bonæ voluntatis. Laudamus te, benedícimus te, adorámus te, glorificámus te, grátias ágimus tibi propter magnam glóriam tuam, Dómine Deus, Rex cæléstis, Deus Pater omnípotens. Dómine Fili unigénite, Ieus Christe, Dómine Deus, Agnus Dei, Filius Patris, qui tollis peccáta mundi, miserére nobis; qui tollis peccáta mundi, súscipe deprecatiónem nostram. Qui sedes ad déxteram Patris, miserére nobis.
Quóniam tu solus Sanctus, tu solus Dóminus, tu solus Altissimus, Iesu Christe, cum Sancto Spíritu: in glória Dei Patris. Amen.

COLLETTA

Il celebrante dice: Preghiamo. *Dopo una breve preghiera in silenzio recita la colletta, con la quale raccoglie le intenzioni dell'assemblea.*

Se l'orazione è rivolta al Padre, conclude con:

Per il nostro Signore Gesù Cristo, tuo Figlio, che è Dio, e vive e regna con te, nell'unità dello Spirito Santo, per tutti i secoli dei secoli.

Se è rivolta al Padre, ma alla fine si fa menzione del Figlio:

Egli è Dio, e vive e regna con te, nell'unità dello Spirito Santo, per tutti i secoli dei secoli.

Se è rivolta al Figlio:

Tu sei Dio, e vivi e regni con Dio Padre, nell'unità dello Spirito Santo, per tutti i secoli dei secoli.

Alla fine tutti rispondono:

A **Amen.**

LITURGIA DELLA PAROLA

PRIMA LETTURA

seduti

La proclamazione della parola di Dio è parte essenziale della celebrazione eucaristica. Ascoltare insieme la Parola, fare comunione con la Parola è la condizione necessaria per fare comunione con Cristo, pane di vita, e con i fratelli. Alla fine della lettura si acclama:

L Parola di Dio.
A Rendiamo grazie a Dio.

SALMO RESPONSORIALE

A ogni strofa tutti rispondono con il ritornello.

SECONDA LETTURA

Anche alla fine di questa lettura si acclama:

L Parola di Dio.
A Rendiamo grazie a Dio.

CANTO AL VANGELO

in piedi

*Viene letto o cantato; il popolo partecipa con il canto dell'*Alleluia *o del ritornello.*

VANGELO

La lettura del Vangelo, da parte del celebrante o di un diacono, è preceduta dal seguente dialogo:

C Il Signore sia con voi.
A E con il tuo spirito.

C Dal Vangelo secondo N..
A Gloria a te, o Signore.

E si conclude con queste parole:

C Parola del Signore.
A Lode a te, o Cristo.

OMELIA

seduti

L'omelia fa parte della Liturgia della Parola ed è prescritta in tutte le domeniche e feste di precetto. Dopo l'omelia è opportuno fare una breve pausa di silenzio.

PROFESSIONE DI FEDE

in piedi

Intonato dal sacerdote, tutti i fedeli proseguono nella recita del Credo *(Simbolo niceno-costantinopolitano). Alle parole:* e per opera dello Spirito Santo si è incarnato nel seno della Vergine Maria e si è fatto uomo, *tutti si inchinano.*
In alternativa, il Credo *più breve o Simbolo degli Apostoli* (p. 467).

**Credo in un solo Dio, Padre onnipotente,
creatore del cielo e della terra,
di tutte le cose visibili e invisibili.
Credo in un solo Signore, Gesù Cristo,
unigenito Figlio di Dio,
nato dal Padre prima di tutti i secoli:
Dio da Dio, Luce da Luce, Dio vero da Dio vero,
generato, non creato, della stessa sostanza del Padre;
per mezzo di lui tutte le cose sono state create.
Per noi uomini e per la nostra salvezza discese dal cielo,
e per opera dello Spirito Santo
si è incarnato nel seno della Vergine Maria
e si è fatto uomo.
Fu crocifisso per noi sotto Ponzio Pilato,
morì e fu sepolto.
Il terzo giorno è risuscitato, secondo le Scritture,
è salito al cielo, siede alla destra del Padre.
E di nuovo verrà, nella gloria,
per giudicare i vivi e i morti,
e il suo regno non avrà fine.
Credo nello Spirito Santo, che è Signore e dà la vita,
e procede dal Padre e dal Figlio.
Con il Padre e il Figlio è adorato e glorificato,
e ha parlato per mezzo dei profeti.
Credo la Chiesa, una santa cattolica e apostolica.
Professo un solo battesimo per il perdono dei peccati.
Aspetto la risurrezione dei morti
e la vita del mondo che verrà. Amen.**

Oppure (Simbolo degli Apostoli):

Io credo in Dio, Padre onnipotente,
creatore del cielo e della terra;
e in Gesù Cristo, suo unico Figlio, nostro Signore,
il quale fu concepito di Spirito Santo,
nacque da Maria Vergine,
patì sotto Ponzio Pilato,
fu crocifisso, morì e fu sepolto:
discese agli inferi;
il terzo giorno risuscitò da morte;
salì al cielo, siede alla destra di Dio Padre onnipotente;
di là verrà a giudicare i vivi e i morti.
Credo nello Spirito santo,
la santa Chiesa cattolica,
la comunione dei santi,
la remissione dei peccati,
la risurrezione della carne,
la vita eterna. Amen.

Simbolo niceno-costantinopolitano in latino:

Credo in unum Deum,
Patrem omnipoténtem, factórem cæli et terræ,
visibílium ómnium et invisibílium.
Et in unum Dóminum Iesum Christum,
Filium Dei unigénitum,
et ex Patre natum ante omnia sǽcula.
Deum de Deo, lúmen de lúmine,
Deum verum de Deo vero,
génitum, non factum, consubstantialem Patri:
per quem ómnia facta sunt.
Qui propter nos hómines et propter nostram salutem
descendit de cælis.
Et incarnatus est de Spíritu Sancto ex Maria Vírgine,
et homo factus est.
Crucifíxus etiam pro nobis sub Pontio Pilato;
passus et sepúltus est, et resurrexit tertia die,
secúndum Scripturas,
et ascendit in cælum, sedet ad déxteram Patris.
Et íterum ventúrus est cum gloria,
iudicare vivos et mortuos, cúius regni non erit finis.

Et in Spíritum Sanctum, Dóminum et vivificantem:
qui ex Patre Filióque procédit.
Qui cum Patre et Filio símul adoratur
et conglorificatur: qui locútus est per prophetas.
Et unam, sanctam, cathólicam et apostólicam Ecclesiam.
Confíteor unum baptísma in remissiónem peccatórum.
Et expecto resurrectiónem mortuórum
et vitam venturi sǽculi. Amen.

PREGHIERA DEI FEDELI

I partecipanti alla liturgia pregano per tutti gli uomini seguendo, in genere, questo ordine: per la Chiesa, per i governanti, per quanti si trovano in difficoltà, per la comunità locale, e per altre circostanze particolari.

LITURGIA EUCARISTICA

PRESENTAZIONE DEI DONI

seduti

Mentre vengono portati all'altare il pane e il vino (e altri doni per particolari necessità della Chiesa e dei poveri) per la celebrazione eucaristica, è bene eseguire un canto adatto. Presentando il pane e poi il vino, il sacerdote dice:

C Benedetto sei tu, Signore, Dio dell'universo: dalla tua bontà abbiamo ricevuto questo pane, frutto della terra e del lavoro dell'uomo; lo presentiamo a te, perché diventi per noi cibo di vita eterna.

A **Benedetto nei secoli il Signore.**

C Benedetto sei tu, Signore, Dio dell'universo: dalla tua bontà abbiamo ricevuto questo vino, frutto della vite e del lavoro dell'uomo; lo presentiamo a te, perché diventi per noi bevanda di salvezza.

A **Benedetto nei secoli il Signore.**

Il sacerdote, inchinandosi, dice sottovoce:

Umili e pentiti, accoglici, o Signore; ti sia gradito il nostro sacrificio che oggi si compie dinanzi a te.

Si lava le mani a lato dell'altare, dicendo sottovoce:

Lavami, Signore, da ogni colpa,
purificami da ogni peccato.

Tornato al centro dell'altare, invita il popolo alla preghiera:

C Pregate, fratelli, perché il mio e vostro sacrificio sia gradito a Dio, Padre onnipotente.

Oppure una delle seguenti tre formule:

Pregate, fratelli e sorelle, perché questa nostra famiglia, radunata nel nome di Cristo, possa offrire il sacrificio gradito a Dio, Padre onnipotente.

Pregate, fratelli e sorelle, perché portando all'altare la gioia e la fatica di ogni giorno, ci disponiamo a offrire il sacrificio gradito a Dio, Padre onnipotente.

Pregate, fratelli e sorelle, perché il sacrificio della Chiesa, in questa sosta che la rinfranca nel suo cammino verso la patria, sia gradito a Dio, Padre onnipotente.

A **Il Signore riceva dalle tue mani questo sacrificio a lode e gloria del suo nome, per il bene nostro e di tutta la sua santa Chiesa.**

ORAZIONE SULLE OFFERTE

in piedi

Questa preghiera conclude la preparazione delle offerte, presentandole a Dio, e prelude alla preghiera eucaristica. Alla fine si risponde Amen.

PREGHIERA EUCARISTICA

Inizia il momento culminante della celebrazione. Il sacerdote invita l'assemblea a innalzare il cuore verso il Signore e la associa a sé nella preghiera eucaristica rivolta a Dio Padre per mezzo di Gesù Cristo.

C Il Signore sia con voi.
A **E con il tuo Spirito.**
C In alto i nostri cuori.
A **Sono rivolti al Signore.**
C Rendiamo grazie al Signore nostro Dio.
A **È cosa buona e giusta.**

Il sacerdote recita il prefazio adatto come riportato nelle pagine seguenti, se non è stato inserito nel proprio della festa che si celebra. Al termine tutta l'assemblea recita o canta:

Santo, Santo Santo il Signore Dio dell'universo.
I cieli e la terra sono pieni della tua gloria.
Osanna nell'alto dei cieli.
Benedetto Colui che viene nel nome del Signore.
Osanna nell'alto dei cieli.

Oppure:

Sanctus, Sanctus, Sanctus, Dóminus Deus Sábaoth.
Pleni sunt cæli et terra gloria tua. Hosanna in excelsis
Benedíctus qui venit in nómine Dómini.
Hosanna in excélsis

La preghiera eucaristica prosegue da p. 483.

PREFAZI

AVVENTO I È veramente cosa buona e giusta, nostro dovere e fonte di salvezza, rendere grazie sempre e in ogni luogo a te, Signore, Padre santo, Dio onnipotente ed eterno, per Cristo nostro Signore.
Al suo primo avvento nell'umiltà della nostra natura umana, egli portò a compimento la promessa antica, e ci apri la via dell'eterna salvezza. Verrà di nuovo nello splendore della gloria, e ci chiamerà a possedere il regno promesso che ora osiamo sperare vigilanti nell'attesa.
E noi, uniti agli angeli e alla moltitudine dei cori celesti, cantiamo con gioia l'inno della tua lode: **Santo, Santo, Santo il Signore...**

AVVENTO I/A È veramente giusto renderti grazie a innalzare a te l'inno di benedizione e di lode, Padre onnipotente, principio e fine di tutte le cose.
Tu ci hai nascosto il giorno e l'ora, in cui il Cristo tuo Figlio, Signore e giudice della storia, apparirà sulle nubi del cielo rivestito di potenza e splendore. In quel giorno tremendo e glorioso passerà il mondo presente e sorgeranno cieli nuovi e terra nuova. Ora egli viene incontro a noi in ogni uomo e in ogni tempo, perché lo accogliamo nella fede e testimoniamo nell'amore la beata speranza del suo regno.
Nell'attesa del suo ultimo avvento, insieme agli angeli e ai santi, cantiamo unanimi l'inno della tua gloria: **Santo, Santo, Santo il Signore...**

AVVENTO II È veramente cosa buona e giusta renderti grazie e innalzare a te l'inno di benedizione e di lode, Dio onnipotente ed eterno, per Cristo nostro Signore.
Egli fu annunziato da tutti i profeti, la Vergine Madre l'attese e lo portò in grembo con ineffabile amore, Giovanni proclamò la sua venuta e lo indicò presente nel mondo. Lo stesso Signore, che ci invita a preparare il suo Natale, ci trovi vigilanti nella preghiera, esultanti nella lode.
Per questo dono della tua benevolenza, uniti agli angeli e ai santi, con voce unanime cantiamo l'inno della tua gloria: **Santo, Santo, Santo il Signore...**

AVVENTO II/A È veramente giusto rendere grazie a te, Padre santo, Dio onnipotente ed eterno. Noi ti lodiamo, ti benediciamo, ti glorifichiamo per il mistero della Vergine Madre. Dall'antico avversario venne la rovina, dal grembo verginale della figlia di Sion è germinato colui che ci nutre con il pane degli angeli ed è scaturita per tutto il genere umano la salvezza e la pace.
La grazia che Eva ci tolse ci è ridonata in Maria.
In lei, madre di tutti gli uomini, la maternità, redenta dal peccato e dalla morte, si apre al dono della vita nuova.
Dove abbondò la colpa, sovrabbonda la tua misericordia in Cristo nostro salvatore.
E noi, nell'attesa della sua venuta, uniti agli angeli e ai santi, cantiamo l'inno della tua lode: **Santo, Santo, Santo il Signore...**

NATALE I È veramente cosa buona e giusta, nostro dovere e fonte di salvezza, rendere grazie sempre e in ogni luogo a te, Signore, Padre santo, Dio onnipotente ed eterno. Nel mistero del Verbo incarnato è apparsa agli occhi della nostra mente la luce nuova del tuo fulgore, perché conoscendo Dio visibilmente, per mezzo suo siamo rapiti all'amore delle realtà invisibili.
E noi, uniti agli Angeli e agli Arcangeli, ai Troni e alle Dominazioni e alla moltitudine dei Cori celesti, cantiamo con voce incessante l'inno della tua gloria: **Santo, Santo, Santo il Signore...**

NATALE II È veramente cosa buona e giusta, nostro dovere e fonte di salvezza, lodarti e ringraziarti sempre per i tuoi benefici, Dio onnipotente ed eterno, per Cristo nostro Signore.
Nel mistero adorabile del Natale, egli, Verbo invisibile, apparve visibilmente nella nostra carne, per assumere in sé tutto il creato e sollevarlo dalla sua caduta.
Generato prima dei secoli, cominciò ad esistere nel tempo, per reintegrare l'universo nel tuo disegno, o Padre, e ricondurre a te l'umanità dispersa.
Per questo dono della tua benevolenza, uniti a tutti gli angeli, cantiamo esultanti la tua lode: **Santo, Santo, Santo il Signore...**

NATALE III È veramente cosa buona e giusta, nostro dovere e fonte di salvezza, rendere grazie sempre e in ogni luogo a te, Signore, Padre santo, Dio onnipotente ed eterno, per Cristo nostro Signore.
In lui oggi risplende in piena luce il misterioso scambio che ci ha redenti: la nostra debolezza è assunta dal Verbo, l'uomo mortale è innalzato a dignità perenne e noi, uniti a te in comunione mirabile, condividiamo la tua vita immortale. Per questo mistero di salvezza, uniti a tutti gli angeli, proclamiamo esultanti la tua lode: **Santo, Santo, Santo il Signore...**

QUARESIMA I È veramente cosa buona e giusta, nostro dovere e fonte di salvezza, rendere grazie sempre e in ogni luogo a te, Signore, Padre santo, Dio onnipotente ed eterno. Ogni anno tu doni ai tuoi fedeli di prepararsi con gioia, purificati nello spirito, alla celebrazione della Pasqua, perché, assidui nella preghiera e nella carità operosa, attingano ai misteri della redenzione la pienezza della vita nuova in Cristo tuo Figlio, nostro salvatore.
E noi, uniti agli Angeli e agli Arcangeli, ai Troni e alle Dominazioni e alla moltitudine dei Cori celesti, cantiamo con voce incessante l'inno della tua gloria: **Santo, Santo, Santo il Signore...**

QUARESIMA II È veramente giusto renderti grazie, è bello cantare la tua gloria, Padre santo, Dio onnipotente ed eterno. Tu hai stabilito per i tuoi figli un tempo di rinnovamento spirituale perché si convertano a te con tutto il cuore, e liberi dai fermenti del peccato vivano le vicende di questo mondo, sempre orientati verso i beni eterni.
Per questo dono della tua benevolenza, uniti agli angeli e ai santi, con voce unanime cantiamo l'inno della tua lode: **Santo, Santo, Santo il Signore...**

QUARESIMA III È veramente cosa buona e giusta innalzare un inno a te, Padre onnipotente, e cantare insieme la tua lode. Tu vuoi che ti glorifichiamo con le opere della penitenza quaresimale, perché la vittoria sul nostro egoismo ci renda disponibili alle necessità dei poveri, a imitazione di Cristo tuo Figlio, nostro salvatore.

E noi, uniti agli Angeli e agli Arcangeli, ai Troni e alle Dominazioni e alla moltitudine dei Cori celesti, cantiamo con voce incessante l'inno della tua gloria: **Santo, Santo, Santo il Signore...**

QUARESIMA IV È veramente cosa buona e giusta, nostro dovere e fonte di salvezza, rendere grazie sempre e in ogni luogo a te, Signore, Padre santo, Dio onnipotente ed eterno. Con il digiuno quaresimale tu vinci le nostre passioni, elèvi lo spirito, infondi la forza e doni il premio, per Cristo nostro Signore.
Per questo mistero si allietano gli angeli e per l'eternità adorano la gloria del tuo volto. Al loro canto concedi, o Signore, che si uniscano le nostre umili voci nell'inno di lode: **Santo, Santo, Santo il Signore...**

QUARESIMA V È veramente giusto benedire il tuo nome, Padre santo, ricco di misericordia, nel nostro itinerario verso la luce pasquale sulle orme di Cristo, maestro e modello dell'umanità riconciliata nell'amore.
Tu riapri alla Chiesa la strada dell'esodo attraverso il deserto quaresimale, perché ai piedi della santa montagna, con il cuore contrito e umiliato, prenda coscienza della sua vocazione di popolo dell'alleanza, convocato per la tua lode nell'ascolto della tua parola, e nell'esperienza gioiosa dei tuoi prodigi.
Per questi segni di salvezza, insieme agli angeli, ministri della tua gloria, proclamiamo nel canto la tua lode: **Santo, Santo, Santo il Signore...**

PASQUALE I È veramente cosa buona e giusta, nostro dovere e fonte di salvezza, proclamare sempre la tua gloria, o Signore, e soprattutto esaltarti in questo tempo nel quale Cristo, nostra Pasqua, si è immolato.
È lui il vero Agnello che ha tolto i peccati del mondo, è lui che morendo ha distrutto la morte e risorgendo ha ridato a noi la vita.
Per questo mistero, nella pienezza della gioia pasquale, l'umanità esulta su tutta la terra, e con l'assemblea degli angeli e dei santi canta l'inno della tua gloria: **Santo, Santo, Santo il Signore...**

PASQUALE II È veramente cosa buona e giusta, nostro dovere e fonte di salvezza, proclamare sempre la tua gloria, o Signore, e soprattutto esaltarti in questo tempo nel quale Cristo, nostra Pasqua, si è immolato. Per mezzo di lui rinascono a vita nuova i figli della luce, e si aprono ai credenti le porte del regno dei cieli. In lui morto è redenta la nostra morte, in lui risorto tutta la vita risorge.
Per questo mistero, nella pienezza della gioia pasquale, l'umanità esulta su tutta la terra, e con l'assemblea degli angeli e dei santi canta l'inno della tua gloria: **Santo, Santo, Santo il Signore...**

PASQUALE III È veramente cosa buona e giusta, nostro dovere e fonte di salvezza, proclamare sempre la tua gloria, o Signore, e soprattutto esaltarti in questo tempo nel quale Cristo, nostra Pasqua, si è immolato.
Egli continua a offrirsi per noi e intercede come nostro avvocato: sacrificato sulla croce più non muore, e con i segni della passione vive immortale.
Per questo mistero, nella pienezza della gioia pasquale, l'umanità esulta su tutta la terra, e con l'assemblea degli angeli e dei santi canta l'inno della tua gloria: **Santo, Santo, Santo il Signore...**

PASQUALE IV È veramente cosa buona e giusta, nostro dovere e fonte di salvezza, proclamare sempre la tua gloria, o Signore, e soprattutto esaltarti in questo tempo nel quale Cristo, nostra Pasqua, si è immolato.
In lui, vincitore del peccato e della morte, l'universo risorge e si rinnova, e l'uomo ritorna alle sorgenti della vita.
Per questo mistero, nella pienezza della gioia pasquale, l'umanità esulta su tutta la terra, e con l'assemblea degli angeli e dei santi canta l'inno della tua gloria: **Santo, Santo, Santo il Signore...**

PASQUALE V È veramente cosa buona e giusta, nostro dovere e fonte di salvezza, proclamare sempre la tua gloria, o Signore, e soprattutto esaltarti in questo tempo nel quale Cristo, nostra Pasqua, si è immolato.
Offrendo il suo corpo sulla croce, diede compimento ai sacrifici antichi, e donandosi per la nostra redenzione, divenne altare, vittima e sacerdote.

Per questo mistero, nella pienezza della gioia pasquale, l'umanità esulta su tutta la terra, e con l'assemblea degli angeli e dei santi canta l'inno della tua gloria: **Santo, Santo, Santo il Signore...**

TEMPO ORDIN. I È veramente cosa buona e giusta renderti grazie e innalzare a te l'inno di benedizione e di lode, Dio onnipotente ed eterno, per Cristo nostro Signore.
Mirabile è l'opera da lui compiuta nel mistero pasquale: egli ci ha fatti passare dalla schiavitù del peccato e della morte alla gloria di proclamarci stirpe eletta, regale sacerdozio, gente santa, popolo di sua conquista, per annunziare al mondo la tua potenza, o Padre, che dalle tenebre ci hai chiamati allo splendore della tua luce.
Per questo mistero di salvezza, uniti ai cori degli angeli, proclamiamo esultanti la tua lode: **Santo, Santo, Santo il Signore...**

TEMPO ORDIN. II È veramente cosa buona e giusta, nostro dovere e fonte di salvezza, rendere grazie sempre e in ogni luogo a te, Signore, Padre santo, Dio onnipotente ed eterno, per Cristo nostro Signore. Nella sua misericordia per noi peccatori egli si è degnato di nascere dalla Vergine; morendo sulla croce, ci hai liberati dalla morte eterna e con la sua risurrezione ci ha donato la vita immortale.
Per questo mistero di salvezza, uniti agli angeli e ai santi, cantiamo con gioia l'inno della tua lode: **Santo, Santo, Santo il Signore...**

TEMPO ORDIN. III È veramente cosa buona e giusta, nostro dovere e fonte di salvezza, rendere grazie sempre e in ogni luogo a te, Signore, Padre santo, Dio onnipotente ed eterno. Abbiamo riconosciuto il segno della tua immensa gloria quando hai mandato tuo Figlio a prendere su di sé la nostra debolezza; in lui nuovo Adamo hai redento l'umanità decaduta, e con la sua morte ci hai resi partecipi della vita immortale.
Per mezzo di lui si allietano gli angeli e nell'eternità adorano la gloria del tuo volto. Al loro canto concedi, o Signore, che si uniscano le nostre umili voci nell'inno di lode: **Santo, Santo, Santo il Signore...**

TEMPO ORDIN. IV È veramente cosa buona e giusta proclamare le tue grandi opere e renderti grazie a nome di tutti gli uomini, Dio onnipotente ed eterno, per Cristo nostro Signore.
Egli, nascendo da Maria Vergine, ha inaugurato i tempi nuovi; soffrendo la passione, ha distrutto i nostri peccati; risorgendo dai morti, ci ha aperto il passaggio alla vita eterna; salendo a te, Padre, ci ha preparato un posto nel tuo regno.
Per questo mistero di salvezza, uniti agli angeli e ai santi, cantiamo senza fine l'inno della tua lode: **Santo, Santo, Santo il Signore...**

TEMPO ORDIN. V È veramente cosa buona e giusta renderti grazie e innalzare a te l'inno di benedizione e di lode, Dio onnipotente ed eterno.
Tu hai creato il mondo nella varietà dei suoi elementi, e hai disposto l'avvicendarsi dei tempi e delle stagioni. All'uomo, fatto a tua immagine, hai affidato le meraviglie dell'universo, perché, fedele interprete dei tuoi disegni, eserciti il dominio su ogni creatura, e nelle tue opere glorifichi te, Creatore e Padre, per Cristo nostro Signore.
E noi, con tutti gli angeli del cielo, innalziamo a te il nostro canto, e proclamiamo insieme la tua gloria: **Santo, Santo, Santo il Signore...**

TEMPO ORDIN. VI È veramente cosa buona e giusta renderti grazie e innalzare a te l'inno di benedizione e di lode, Dio onnipotente ed eterno, dal quale tutto l'universo riceve esistenza, energia e vita.
Ogni giorno del nostro pellegrinaggio sulla terra è un dono sempre nuovo del tuo amore per noi, e un pegno della vita immortale, poiché possediamo fin da ora le primizie del tuo Spirito, nel quale hai risuscitato Gesù Cristo dai morti, e viviamo nell'attesa che si compia la beata speranza nella Pasqua eterna del tuo regno.
Per questo mistero di salvezza, insieme agli angeli e ai santi, cantiamo a una sola voce l'inno della tua gloria: **Santo, Santo, Santo il Signore...**

TEMPO ORDIN. VII È veramente cosa buona e giusta, nostro dovere e fonte di salvezza, rendere grazie sempre e in ogni luogo a te, Signore, Padre santo, Dio onnipotente ed eterno.
Nella tua misericordia hai tanto amato gli uomini da mandare il tuo Figlio come Redentore a condividere in tutto, fuorché nel peccato, la nostra condizione umana. Così hai amato in noi ciò che tu amavi nel Figlio, e in lui, servo obbediente, hai ricostruito l'alleanza distrutta dalla disobbedienza del peccato.
Per questo mistero di salvezza, uniti agli angeli e ai santi, cantiamo con gioia l'inno della tua lode: **Santo, Santo, Santo il Signore...**

TEMPO ORDIN. VIII È veramente cosa buona e giusta, nostro dovere e fonte di salvezza, rendere grazie sempre e in ogni luogo a te, Signore, Padre santo, Dio onnipotente ed eterno.
Con il sangue del tuo Figlio e la potenza dello Spirito tu hai ricostituito l'unità della famiglia umana disgregata dal peccato, perché il tuo popolo, radunato nel vincolo di amore della Trinità, a lode e gloria della tua multiforme sapienza, formi la Chiesa, corpo del Cristo e tempio vivo dello Spirito.
Per questo mistero di salvezza, uniti ai cori degli angeli, proclamiamo esultanti la tua lode: **Santo, Santo, Santo il Signore...**

TEMPO ORDIN. IX È veramente cosa buona e giusta, nostro dovere e fonte di salvezza, rendere grazie sempre e in ogni luogo a te, Signore, Padre santo, Dio onnipotente ed eterno.
In ogni tempo tu doni energie nuove alla tua Chiesa e lungo il suo cammino mirabilmente la guidi e la proteggi. Con la potenza del tuo Santo Spirito le assicuri il tuo sostegno, ed essa, nel suo amore fiducioso, non si stanca mai d'invocarti nella prova, e nella gioia sempre ti rende grazie per Cristo nostro Signore.
Per mezzo di lui cieli e terra inneggiano al tuo amore; e noi, uniti agli angeli e ai santi, cantiamo senza fine la tua gloria: **Santo, Santo, Santo il Signore...**

TEMPO ORDIN. X È veramente giusto benedirti e ringraziarti, Padre santo, sorgente della verità e della vita, perché in questo giorno di festa ci hai convocato nella tua casa.
Oggi la tua famiglia, riunita nell'ascolto della parola e nella comunione dell'unico pane spezzato, fa memoria del Signore risorto nell'attesa della domenica senza tramonto, quando l'umanità intera entrerà nel tuo riposo. Allora noi vedremo il tuo volto e loderemo senza fine la tua misericordia.
Con questa gioiosa speranza, uniti agli angeli e ai santi, cantiamo a una sola voce l'inno della tua gloria: **Santo, Santo, Santo il Signore...**

SS. EUCARISTIA I È veramente cosa buona e giusta, nostro dovere e fonte di salvezza, rendere grazie sempre e in ogni luogo a te, Signore, Padre santo, Dio onnipotente e misericordioso, per Cristo nostro Signore.
Sacerdote vero ed eterno, egli istituì il rito del sacrificio perenne; a te per primo si offrì vittima di salvezza, e comandò a noi di perpetuare l'offerta in sua memoria. Il suo corpo per noi immolato è nostro cibo e ci dà forza, il suo sangue per noi versato è la bevanda che ci redime da ogni colpa.
Per questo mistero del tuo amore, uniti agli angeli e ai santi, cantiamo con gioia l'inno della tua lode: **Santo, Santo, Santo il Signore...**

SS. EUCARISTIA II È veramente cosa buona e giusta renderti grazie e innalzare a te l'inno di benedizione e di lode, Dio onnipotente ed eterno, per Cristo nostro Signore.
Nell'ultima cena con i suoi Apostoli, egli volle perpetuare nei secoli il memoriale della sua passione e si offrì a te, Agnello senza macchia, lode perfetta e sacrificio a te gradito.
In questo grande mistero tu nutri e santifichi i tuoi fedeli, perché una sola fede illumini e una sola carità riunisca l'umanità diffusa su tutta la terra. E noi ci accostiamo a questo sacro convito, perché l'effusione del tuo Spirito ci trasformi a immagine della tua gloria.

Per questo mistero di salvezza, il cielo e la terra si uniscono in un cantico nuovo di adorazione e di lode, e noi con tutti gli angeli del cielo proclamiamo senza fine la tua gloria: **Santo, Santo, Santo il Signore...**

SS. EUCARISTIA III È veramente giusto renderti grazie, e benedire il tuo nome, Padre santo, Dio di misericordia e di pace. Tu hai voluto che il tuo Figlio, obbediente fino alla morte di croce, ci precedesse sulla via del ritorno a te, termine ultimo di ogni umana attesa.
Nell'Eucaristia, testamento del suo amore, egli si fa cibo e bevanda spirituale per il nostro viaggio verso la Pasqua eterna.
Con questo pegno della risurrezione finale partecipiamo nella speranza alla mensa gloriosa del tuo regno, e, uniti agli angeli e ai santi, proclamiamo l'inno della tua lode: **Santo, Santo, Santo, il Signore...**

DEFUNTI I È veramente cosa buona e giusta, nostro dovere e fonte di salvezza, rendere grazie sempre e in ogni luogo a te, Signore, Padre santo, Dio onnipotente ed eterno.
In Cristo tuo Figlio, nostro salvatore, rifulge a noi la speranza della beata risurrezione, e se ci rattrista la certezza di dover morire, ci consola la promessa dell'immortalità futura. Ai tuoi fedeli, o Signore, la vita non è tolta, ma trasformata; e mentre si distrugge la dimora di questo esilio terreno, viene preparata un'abitazione eterna nel cielo.
Per questo mistero di salvezza, uniti agli angeli e ai santi, cantiamo senza fine l'inno della tua lode: **Santo, Santo, Santo il Signore...**

DEFUNTI II È veramente cosa buona e giusta renderti grazie e innalzare a te l'inno di benedizione e di lode, Dio onnipotente ed eterno, per Cristo nostro Signore.
Egli prendendo su di sé la nostra morte ci ha liberati dalla morte e sacrificando la sua vita ci ha aperto il passaggio alla vita immortale.
Per questo mistero di salvezza, uniti agli angeli e ai santi, cantiamo senza fine la tua gloria: **Santo, Santo, Santo il Signore...**

DEFUNTI III È veramente cosa buona e giusta, nostro dovere e fonte di salvezza, rendere grazie sempre e in ogni luogo a te, Signore, Padre santo, Dio onnipotente ed eterno, per Cristo nostro Signore.
Egli è la salvezza del mondo, la vita senza fine e la risurrezione dei morti.
Per mezzo di lui si allietano gli angeli, e nell'eternità adorano la gloria del tuo volto. Al loro canto concedi, o Signore, che si uniscano le nostre umili voci nell'inno di lode: **Santo, Santo, Santo il Signore...**

DEFUNTI IV È veramente cosa buona e giusta renderti grazie e innalzare a te l'inno di benedizione e di lode, Padre santo, Dio onnipotente ed eterno.
Sei tu, Signore, che ci dai la vita, e ci sostieni con la tua provvidenza; e se a causa del peccato il nostro corpo ritorna alla terra, dalla quale lo hai formato, per la morte redentrice del tuo Figlio la tua potenza ci risveglia alla gloria della risurrezione.
Per questo mistero di salvezza, uniti agli angeli e ai santi, cantiamo senza fine l'inno della tua lode: **Santo, Santo, Santo il Signore...**

DEFUNTI V È veramente cosa buona e giusta renderti grazie per la tua immensa misericordia, Dio onnipotente, re d'eterna gloria.
La morte è comune eredità di tutti gli uomini, ma, per un dono misterioso del tuo amore, Cristo con la sua vittoria ci redime dalla morte e ci richiama con sé a vita nuova.
E noi, con tutti gli angeli del cielo, innalziamo a te il nostro canto e proclamiamo insieme la tua gloria: **Santo, Santo, Santo il Signore...**

PREGHIERA EUCARISTICA I

Preghiera per la Chiesa

Padre clementissimo, noi ti supplichiamo e ti chiediamo per Gesù Cristo, tuo Figlio e nostro Signore, di accettare questi doni, di benedire ✠ queste offerte, questo santo e immacolato sacrificio. Noi te l'offriamo anzitutto per la tua Chiesa santa e cattolica, perché tu le dia pace e la protegga, la raccolga nell'unità e la governi su tutta la terra, con il tuo servo il nostro Papa N., il nostro Vescovo N. [con me indegno tuo servo] e con tutti quelli che custodiscono la fede cattolica, trasmessa dagli Apostoli.

Preghiera per i vivi

Ricòrdati, Signore, dei tuoi fedeli [N. e N.].
Ricòrdati di tutti i presenti, dei quali conosci la fede e la devozione: per loro ti offriamo e anch'essi ti offrono questo sacrificio di lode, e innalzano la preghiera a te, Dio eterno, vivo e vero, per ottenere a sé e ai loro cari redenzione, sicurezza di vita e salute.

Ricordo dei Santi

* In comunione con tutta la Chiesa, ricordiamo e veneriamo anzitutto †

Domenica:
In comunione con tutta la Chiesa, mentre celebriamo il giorno nel quale il Cristo ha vinto la morte e ci ha resi partecipi della sua vita immortale, ricordiamo e veneriamo anzitutto †

Natale e Ottava:
In comunione con tutta la Chiesa, mentre celebriamo (la notte sntissima nella quale) il giorno santissimo, nel quale

---

* Nelle domeniche e solennità si inizia come indicato qui sotto dopo il filo rosso e si prosegue dalla † (flexa) dopo l'altro filo rosso.

Maria, vergine illibata, diede al mondo il Salvatore, ricordiamo e veneriamo anzitutto lei, †

Epifania:
In comunione con tutta la Chiesa, mentre celebriamo il giorno santissimo nel quale il tuo unigenito Figlio, eterno con te nella gloria divina, si è manifestato con la vera nostra carne in un corpo visibile, ricordiamo e veneriamo anzitutto †

Giovedì santo:
In comunione con tutta la Chiesa, mentre celebriamo il giorno santissimo nel quale Gesù Cristo nostro Signore fu consegnato alla morte per noi, ricordiamo e veneriamo anzitutto †

Dal Sabato santo alla domenica dopo Pasqua:
In comunione con tutta la Chiesa, mentre celebriamo (la notte santissima) il giorno santissimo della risurrezione di nostro Signore Gesù Cristo nel suo vero corpo, ricordiamo e veneriamo anzitutto †

Ascensione:
In comunione con tutta la Chiesa, mentre celebriamo il giorno nel quale il tuo unigenito Figlio, nostro Signore, ha portato alle altezze della tua gloria la fragile nostra natura, che egli aveva unito a sé, ricordiamo e veneriamo anzitutto †

Pentecoste:
In comunione con tutta la Chiesa, mentre celebriamo il giorno santissimo della Pentecoste, nel quale lo Spirito Santo si manifestò agli apostoli in molteplici lingue di fuoco, ricordiamo e veneriamo anzitutto †

---

† la gloriosa e sempre vergine Maria, Madre del nostro Dio e Signore Gesù Cristo, san Giuseppe, suo sposo, i santi apostoli e martiri: Pietro e Paolo, Andrea, [Giacomo, Giovanni, Tommaso, Giacomo, Filippo, Bartolomeo, Matteo, Simone e Taddeo, Lino, Cleto, Clemente, Sisto, Cornelio e Cipriano, Lorenzo, Crisogono, Giovanni e Paolo, Cosma e Damiano] e tutti i santi; per i loro meriti e le loro preghiere donaci sempre aiuto e protezione.

Intenzione del sacrificio

Accètta con benevolenza, o Signore, l'offerta che ti presentiamo noi tuoi ministri e tutta la tua famiglia: disponi nella tua pace i nostri giorni, salvaci dalla dannazione eterna, e accoglici nel gregge degli eletti.

Invocazione dello Spirito Santo per la consacrazione

Santifica, o Dio, questa offerta con la potenza della tua benedizione, e degnati di accettarla a nostro favore, in sacrificio spirituale e perfetto, perché diventi per noi il corpo e il sangue del tuo amatissimo Figlio, il Signore nostro Gesù Cristo.

Racconto della Cena

La vigilia della sua passione, * egli prese il pane nelle sue mani sante e venerabili, e alzando gli occhi al cielo a te Dio Padre suo onnipotente, rese grazie con la preghiera di benedizione, spezzò il pane, lo diede ai suoi discepoli, e disse:

PRENDETE, E MANGIATENE TUTTI:
QUESTO È IL MIO CORPO
OFFERTO IN SACRIFICIO PER VOI.

Dopo la cena, allo stesso modo, prese il calice e, rese grazie, lo diede ai suoi discepoli, e disse:

PRENDETE, E BEVETENE TUTTI:
QUESTO È IL CALICE DEL MIO SANGUE
PER LA NUOVA ED ETERNA ALLEANZA,
VERSATO PER VOI E PER TUTTI
IN REMISSIONE DEI PECCATI.
FATE QUESTO IN MEMORIA DI ME.

C Mistero della fede.
A **Annunciamo la tua morte, Signore,**
proclamiamo la tua risurrezione,
nell'attesa della tua venuta.

---

* *Il Giovedì santo si dice:* **In questo giorno, vigilia della sua passione, sofferta per la salvezza del mondo intero, egli prese...**

Oppure:

Ogni volta che mangiamo di questo pane
e beviamo a questo calice
annunziamo la tua morte, Signore,
nell'attesa della tua venuta.

Oppure:

Tu ci hai redenti con la tua croce e la tua risurrezione:
salvaci, o Salvatore del mondo.

Offerta ella Chiesa

In questo sacrificio, o Padre, noi tuoi ministri e il tuo popolo santo celebriamo il memoriale della beata passione, della risurrezione dai morti e della gloriosa ascensione al cielo del Cristo tuo Figlio e nostro Signore; e offriamo alla tua maestà divina, tra i doni che ci hai dato, la vittima pura, santa e immacolata, pane santo della vita eterna e calice dell'eterna salvezza.

Invocazione dello Spirito Santo per la comunione

Volgi sulla nostra offerta il tuo sguardo sereno e benigno, come hai voluto accettare i doni di Abele, il giusto, il sacrificio di Abramo, nostro padre nella fede, e l'oblazione pura e santa di Melchisedek, tuo sommo sacerdote.

Ti supplichiamo, Dio onnipotente: fa' che questa offerta, per le mani del tuo angelo santo, sia portata sull'altare del cielo davanti alla tua maestà divina, perché su tutti noi che partecipiamo di questo altare, comunicando al santo mistero del corpo e sangue del tuo Figlio, scenda la pienezza di ogni grazia e benedizione del cielo.

Intercessione per i defunti

Ricòrdati, o Signore, dei tuoi fedeli [N. e N.], che ci hanno preceduto con il segno della fede e dormono il sonno della pace.
Dona loro, Signore, e a tutti quelli che riposano in Cristo, la beatitudine, la luce e la pace.

Per i ministri

Anche a noi, tuoi ministri, peccatori, ma fiduciosi nella tua infinita misericordia, concedi, o Signore, di aver parte nella comunità dei tuoi santi apostoli e martiri: Giovanni, Stefano, Mattia, Barnaba, [Ignazio, Alessandro, Marcellino e Pietro, Felicita, Perpetua, Agata, Lucia, Agnese, Cecilia, Anastasia] e tutti i santi: ammettici a godere della loro sorte beata non per i nostri meriti, ma per la ricchezza del tuo perdono.

Acclamazione trinitaria

Per Cristo nostro Signore tu, o Dio, crei e santifichi sempre, fai vivere, benedici e doni al mondo ogni bene

Per Cristo, con Cristo e in Cristo, a te, Dio Padre onnipotente, nell'unità dello Spirito Santo, ogni onore e gloria per tutti i secoli dei secoli.
A **Amen.**

La Messa prosegue con i riti di comunione (p. 509).

PREGHIERA EUCARISTICA II

Invocazione dello Spirito Santo per la consacrazione

Padre veramente santo, fonte di ogni santità, santifica questi doni con l'effusione del tuo Spirito, perché diventino per noi il corpo e ✠ il sangue di Gesù Cristo nostro Signore.

Racconto della Cena

Egli *, offrendosi liberamente alla sua passione, prese il pane e, rese grazie, lo spezzò, lo diede ai suoi discepoli, e disse:

PRENDETE, E MANGIATENE TUTTI:
QUESTO È IL MIO CORPO
OFFERTO IN SACRIFICIO PER VOI.

Dopo la cena, allo stesso modo, prese il calice e, rese grazie, lo diede ai suoi discepoli, e disse:

PRENDETE, E BEVETENE TUTTI:
QUESTO È IL CALICE DEL MIO SANGUE
PER LA NUOVA ED ETERNA ALLEANZA,
VERSATO PER VOI E PER TUTTI
IN REMISSIONE DEI PECCATI.
FATE QUESTO IN MEMORIA DI ME.

C Mistero della fede.

A **Annunciamo la tua morte, Signore,**
proclamiamo la tua risurrezione,
nell'attesa della tua venuta.

Oppure:

Ogni volta che mangiamo di questo pane
e beviamo a questo calice
annunziamo la tua morte, Signore,
nell'attesa della tua venuta.

Oppure:

Tu ci hai redenti con la tua croce e la tua risurrezione:
salvaci, o Salvatore del mondo.

---

* *Il Giovedì santo si dice:* Egli, in questa notte, offrendosi...

Memoriale e offerta

Celebrando il memoriale della morte e risurrezione del tuo Figlio, ti offriamo, Padre, il pane della vita e il calice della salvezza, e ti rendiamo grazie per averci ammessi alla tua presenza a compiere il servizio sacerdotale.

Invocazione dello Spirito per la comunione

Ti preghiamo umilmente: per la comunione al corpo e al sangue di Cristo, lo Spirito Santo ci riunisca in un solo corpo.

Preghiera di intercessione

Ricordati, Padre, della tua Chiesa diffusa su tutta la terra, * †

Domenica:

e qui convocata nel giorno in cui il Cristo ha vinto la morte e ci ha resi partecipi della sua vita immortale: †

Natale e Ottava:

e qui convocata (nella notte), nel giorno in cui la Vergine Maria diede al mondo il Salvatore: †

Epifania:

e qui convocata nel giorno in cui il tuo unico Figlio, eterno con te nella gloria, si è manifestato nella nostra natura umana: †

Dal Sabato santo alla domenica dopo Pasqua:

e qui convocata (nella notte gloriosa) nel giorno della risurrezione del Cristo Signore nel suo vero corpo: †

Ascensione:

e qui convocata nel giorno glorioso dell'Ascensione in cui Cristo è stato costituito Signore del cielo e della terra: †

Pentecoste:

e qui convocata nel giorno in cui l'effusione del tuo Spirito l'ha costituita sacramento di unità per tutti i popoli: †

---

† rendila perfetta nell'amore in unione con il nostro papa N., il nostro vescovo N., e tutto l'ordine sacerdotale.

* Nelle domeniche e solennità si aggiunge quanto indicato dopo il filo rosso e si prosegue dalla † (flexa) dopo l'altro filo rosso.

Nelle Messe per i defunti, si può aggiungere:

Ricordati del nostro fratello N. (della nostra sorella N.) che hai chiamato a te da questa vita: e come per il battesimo l'hai unito (unita) alla morte di Cristo, tuo Figlio, così rendilo (rendila) partecipe della sua risurrezione.

Ricordati dei nostri fratelli, che si sono addormentati nella speranza della risurrezione, e di tutti i defunti che si affidano alla tua clemenza: ammettili a godere la luce del tuo volto.
Di noi tutti abbi misericordia: donaci di aver parte alla vita eterna, insieme con la beata Maria, Vergine e Madre di Dio, con gli apostoli e tutti i santi che in ogni tempo ti furono graditi: e in Gesù Cristo tuo Figlio canteremo la tua gloria.

Acclamazione trinitaria

Per Cristo, con Cristo e in Cristo, a te, Dio Padre onnipotente, nell'unità dello Spirito Santo, ogni onore e gloria per tutti i secoli dei secoli.
Amen.

La Messa prosegue con i riti di comunione (p. 509).

PREGHIERA EUCARISTICA III

Lode a Dio Padre

Padre veramente santo, a te la lode da ogni creatura. Per mezzo di Gesù Cristo, tuo Figlio e nostro Signore, nella potenza dello Spirito Santo fai vivere e santifichi l'universo, e continui a radunare intorno a te un popolo, che da un confine all'altro della terra offra al tuo nome il sacrificio perfetto.

Invocazione dello Spirito per la consacrazione

Ora ti preghiamo umilmente: manda il tuo Spirito a santificare i doni che ti offriamo, perché diventino il corpo e il ✠ sangue di Gesù Cristo, tuo Figlio e nostro Signore, che ci ha comandato di celebrare questi misteri.

Racconto della Cena

Nella notte in cui fu tradito *, egli prese il pane, ti rese grazie con la preghiera di benedizione, lo spezzò, lo diede ai suoi discepoli, e disse:

PRENDETE, E MANGIATENE TUTTI:
QUESTO È IL MIO CORPO
OFFERTO IN SACRIFICIO PER VOI.

Dopo la cena, allo stesso modo, prese il calice e, rese grazie, lo diede ai suoi discepoli, e disse:

PRENDETE, E BEVETENE TUTTI:
QUESTO È IL CALICE DEL MIO SANGUE
PER LA NUOVA ED ETERNA ALLEANZA,
VERSATO PER VOI E PER TUTTI
IN REMISSIONE DEI PECCATI.
FATE QUESTO IN MEMORIA DI ME.

C Mistero della fede.

---

* *Il Giovedì santo si dice:* **In questa notte in cui fu tradito, avendo amato i suoi che erano nel mondo li amò sino alla fine, e mentre cenava con loro, egli...**

A **Annunciamo la tua morte, Signore,**
proclamiamo la tua risurrezione,
nell'attesa della tua venuta.

Oppure:

Ogni volta che mangiamo di questo pane
e beviamo a questo calice
annunziamo la tua morte, Signore,
nell'attesa della tua venuta.

Oppure:

Tu ci hai redenti con la tua croce e la tua risurrezione:
salvaci, o Salvatore del mondo.

Memoriale e offerta

Celebrando il memoriale del tuo Figlio, morto per la nostra salvezza, gloriosamente risorto e asceso al cielo, nell'attesa della sua venuta, ti offriamo, Padre, in rendimento di grazie questo sacrificio vivo e santo.

Invocazione dello Spirito per la comunione

Guarda con amore e riconosci, nell'offerta della tua Chiesa, la vittima immolata per la nostra redenzione; e a noi, che ci nutriamo del corpo e sangue del tuo Figlio, dona la pienezza dello Spirito Santo perché diventiamo, in Cristo, un solo corpo e un solo spirito.
Egli faccia di noi un sacrificio perenne a te gradito, perché possiamo ottenere il regno promesso insieme con i tuoi eletti: con la beata Maria, Vergine e Madre di Dio, con i tuoi santi apostoli, i gloriosi martiri, (san N.) e tutti i santi, nostri intercessori presso di te.

Preghiera di intercessione

Per questo sacrificio di riconciliazione dona, Padre, pace e salvezza al mondo intero. Conferma nella fede e nell'amore la tua Chiesa pellegrina sulla terra: il tuo servo e nostro papa N., il nostro vescovo N., il collegio episcopale, tutto il clero e il popolo che tu hai redento.

Ascolta la preghiera di questa famiglia che hai convocato alla tua presenza * †

---

* Nelle domeniche e solennità si inizia come indicato qui sotto dopo il filo rosso e si prosegue dalla † (flexa) dopo l'altro filo rosso.

Domenica:
nel giorno in cui il Cristo ha vinto la morte e ci ha resi partecipi della sua vita immortale. †

Natale e Ottava:
(nella notte), nel giorno in cui la Vergine Maria diede al mondo il Salvatore. †

Epifania:
nel giorno in cui il tuo unico Figlio, eterno con te nella gloria, si è manifestato nella nostra natura umana. †

Dal Sabato santo alla domenica dopo Pasqua:
(nella notte gloriosa) nel giorno della risurrezione del Cristo Signore nel suo vero corpo. †

Ascensione:
nel giorno glorioso dell'Ascensione in cui Cristo è stato costituito Signore del cielo e della terra. †

Pentecoste:
nel giorno in cui l'effusione del tuo Spirito l'ha costituita sacramento di unità per tutti i popoli. †

---

† Ricongiungi a te, Padre misericordioso, tutti i tuoi figli ovunque dispersi.

Preghiera per i defunti

Accogli nel tuo regno i nostri fratelli defunti e tutti i giusti che, in pace con te, hanno lasciato questo mondo; concedi anche a noi di ritrovarci insieme a godere per sempre della tua gloria, in Cristo, nostro Signore, per mezzo del quale tu, o Dio, doni al mondo ogni bene.

Nelle Messe per i defunti, la seguente preghiera può sostituire quella precedente:

Ricordati del nostro fratello (della nostra sorella) N. che hai chiamato a te da questa vita: e come per il battesimo l'hai unito (unita) alla morte di Cristo, tuo Figlio, così rendilo (rendila) partecipe della sua risurrezione, quando farà sorgere i morti dalla terra e trasformerà il nostro corpo mortale a immagine del suo corpo glorioso.

Accogli nel tuo regno i nostri fratelli defunti e tutti i giusti che, in pace con te, hanno lasciato questo mondo; concedi anche a noi di ritrovarci insieme, a godere della tua gloria, quando, asciugata ogni lacrima, i nostri occhi vedranno il tuo volto e noi saremo simili a te, e canteremo per sempre la tua lode, in Cristo, nostro Signore, per mezzo del quale tu, o Dio, doni al mondo ogni bene.

Acclamazione trinitaria

Per Cristo, con Cristo e in Cristo, a te, Dio Padre onnipotente, nell'unità dello Spirito Santo, ogni onore e gloria per tutti i secoli dei secoli.
Amen.

La Messa prosegue con i riti di comunione (p. 509).

PREGHIERA EUCARISTICA IV

PREFAZIO

È veramente giusto renderti grazie,
è bello cantare la tua gloria, Padre santo,
unico Dio vivo e vero:
prima del tempo e in eterno tu sei,
nel tuo regno di luce infinita.
Tu solo sei buono e fonte della vita,
e hai dato origine all'universo,
per effondere il tuo amore su tutte le creature
e allietarle con gli splendori della tua luce.
Schiere innumerevoli di angeli
stanno davanti a te per servirti,
contemplano la gloria del tuo volto,
e giorno e notte cantano la tua lode.
Insieme con loro anche noi, fatti voce di ogni creatura,
esultanti cantiamo:
Santo, Santo, Santo il Signore...

Il disegno di salvezza

Noi ti lodiamo, Padre santo, per la tua grandezza: tu hai fatto ogni cosa con sapienza e amore. A tua immagine hai formato l'uomo, alle sue mani operose hai affidato l'universo perché nell'obbedienza a te, suo creatore, esercitasse il dominio su tutto il creato. E quando, per la sua disobbedienza, l'uomo perse la tua amicizia, tu non l'hai abbandonato in potere della morte, ma nella tua misericordia a tutti sei venuto incontro, perché coloro che ti cercano ti possano trovare.
Molte volte hai offerto agli uomini la tua alleanza, e per mezzo dei profeti hai insegnato a sperare nella salvezza.
Padre santo, hai tanto amato il mondo da mandare a noi, nella pienezza dei tempi, il tuo unico Figlio come salvatore. Egli si è fatto uomo per opera dello Spirito Santo ed è nato dalla Vergine Maria; ha condiviso in tutto, eccetto il peccato, la nostra condizione umana. Ai poveri annunziò il vangelo di salvezza, la libertà ai prigionieri, agli afflitti la gioia.

Per attuare il tuo disegno di redenzione si consegnò volontariamente alla morte, e risorgendo distrusse la morte e rinnovò la vita.
E perché non viviamo più per noi stessi, ma per lui che è morto e risorto per noi, ha mandato, o Padre, lo Spirito Santo, primo dono ai credenti, a perfezionare la sua opera nel mondo e compiere ogni santificazione.

Invocazione dello Spirito Santo per la consacrazione

Ora ti preghiamo, Padre: lo Spirito Santo santifichi questi doni perché diventino il corpo e ✠ il sangue di Gesù Cristo, nostro Signore, nella celebrazione di questo grande mistero, che ci ha lasciato in segno di eterna alleanza.

Racconto della Cena

Egli, venuta l'ora d'essere glorificato da te, Padre santo, avendo amato i suoi che erano nel mondo, li amò sino alla fine; e mentre cenava con loro, prese il pane e rese grazie, lo spezzò, lo diede ai suoi discepoli, e disse:

PRENDETE, E MANGIATENE TUTTI:
QUESTO È IL MIO CORPO
OFFERTO IN SACRIFICIO PER VOI.

Dopo la cena, allo stesso modo, prese il calice e, rese grazie, lo diede ai suoi discepoli, e disse:

PRENDETE, E BEVETENE TUTTI:
QUESTO È IL CALICE DEL MIO SANGUE
PER LA NUOVA ED ETERNA ALLEANZA,
VERSATO PER VOI E PER TUTTI
IN REMISSIONE DEI PECCATI.
FATE QUESTO IN MEMORIA DI ME.

C Mistero della fede.

A **Annunciamo la tua morte, Signore,
proclamiamo la tua risurrezione,
nell'attesa della tua venuta.**

Oppure:

**Ogni volta che mangiamo di questo pane
e beviamo a questo calice
annunziamo la tua morte, Signore,
nell'attesa della tua venuta.**

Oppure:

Tu ci hai redenti con la tua croce e la tua risurrezione: salvaci, o Salvatore del mondo.

Offerta ella Chiesa

In questo memoriale della nostra redenzione celebriamo, Padre, la morte di Cristo, la sua discesa agli inferi, proclamiamo la sua risurrezione e ascensione al cielo, dove siede alla tua destra; e, in attesa della sua venuta nella gloria, ti offriamo il suo corpo e il suo sangue, sacrificio a te gradito, per la salvezza del mondo.

Invocazione dello Spirito Santo per la comunione

Guarda con amore, o Dio, la vittima che tu stesso hai preparato per la tua Chiesa; e a tutti coloro che mangeranno di quest'unico pane e berranno di quest'unico calice, concedi che, riuniti in un solo corpo dallo Spirito Santo, diventino offerta viva in Cristo, a lode della tua gloria.

Intercessioni

Ora, Padre, ricordati di tutti quelli per i quali noi ti offriamo questo sacrificio: del tuo servo e nostro Papa N., del nostro Vescovo N., del collegio episcopale, di tutto il clero, di coloro che si uniscono alla nostra offerta, dei presenti e del tuo popolo e di tutti gli uomini che ti cercano con cuore sincero.

Ricòrdati anche dei nostri fratelli che sono morti nella pace del tuo Cristo, e di tutti i defunti, dei quali tu solo hai conosciuto la fede.

Padre misericordioso concedi a noi, tuoi figli, di ottenere con la beata Maria Vergine e Madre di Dio, con gli apostoli e i santi, l'eredità eterna del tuo regno, dove con tutte le creature, liberate dalla corruzione del peccato e della morte, canteremo la tua gloria, in Cristo nostro Signore, per mezzo del quale tu, o Dio, doni al mondo ogni bene.

Acclamazione trinitaria

Per Cristo, con Cristo e in Cristo, a te, Dio Padre onnipotente, nell'unità dello Spirito Santo, ogni onore e gloria per tutti i secoli dei secoli.

A **Amen.**

La Messa prosegue con i riti di comunione (p. 509).

PREGHIERA EUCARISTICA V

Questa preghiera eucaristica è composta di una parte centrale fissa (Memoriale - Consacrazione), *mentre il prefazio e le intercessioni finali variano, seguendo questi quattro temi: A) Dio guida la sua Chiesa; B) Gesù è la nostra via; C) Gesù modello di amore; D) la Chiesa in cammino verso l'unità.*

PREFAZIO

A

È veramente giusto renderti grazie, Padre santo,
creatore del mondo e fonte della vita.
Tu non ci lasci soli nel cammino,
ma sei vivo e operante in mezzo a noi.
Con il tuo braccio potente
guidasti il popolo errante nel deserto;
oggi accompagni la tua Chiesa, pellegrina nel mondo,
con la luce e la forza del tuo Spirito;
per mezzo del Cristo, tuo Figlio e nostro Signore,
ci guidi, nei sentieri del tempo,
alla gioia perfetta del tuo regno.
Per questi immensi doni, uniti agli angeli e ai santi,
cantiamo senza fine l'inno della tua gloria:
Santo, Santo, Santo il Signore...

B

E veramente giusto renderti grazie,
Dio grande e misericordioso, che hai creato il mondo
e lo custodisci con immenso amore.
Tu vegli come Padre su tutte le creature
e riunisci in una sola famiglia
gli uomini creati per la gloria del tuo nome,
redenti dalla croce del tuo Figlio,
segnati dal sigillo dello Spirito.
Il Cristo, tua Parola vivente, è la via che ci guida a te,
la verità che ci fa liberi, la vita che ci riempie di gioia.
Per mezzo di lui innalziamo a te l'inno di grazie

per questi doni della tua benevolenza
e con l'assemblea degli angeli e dei santi
proclamiamo la tua lode:
Santo, Santo, Santo il Signore...

C

È veramente giusto renderti grazie, Padre misericordioso:
tu ci hai donato il tuo Figlio, Gesù Cristo,
nostro fratello e redentore.
In lui ci hai manifestato il tuo amore
per i piccoli e i poveri, per gli ammalati e gli esclusi.
Mai egli si chiuse alle necessità
e alle sofferenze dei fratelli.
Con la vita e la parola annunziò al mondo che tu sei Padre
e hai cura di tutti i tuoi figli.
Per questi segni della tua benevolenza
noi ti lodiamo e ti benediciamo,
e uniti agli angeli e ai santi
cantiamo l'inno della tua gloria:
Santo, Santo, Santo il Signore...

D

È veramente giusto renderti grazie,
e innalzare a te, Signore, Padre buono,
l'inno di benedizione e di lode.
Per mezzo del tuo Figlio,
splendore d'eterna gloria, fatto uomo per noi,
hai raccolto tutte le genti nell'unità della Chiesa.
Con la forza del tuo Spirito
continui a radunare in una sola famiglia
i popoli della terra,
e offri a tutti gli uomini la beata speranza del tuo regno.
Così la Chiesa risplende
come segno della tua fedeltà all'alleanza
promessa e attuata in Gesù Cristo, nostro Signore.
Per questo mistero di salvezza
ti lodano i cieli ed esulta la terra
e la Chiesa unanime canta la tua gloria:
Santo, Santo, Santo il Signore...

MEMORIALE - CONSACRAZIONE

Ti glorifichiamo, Padre santo: tu ci sostieni sempre nel nostro cammino soprattutto in quest'ora in cui il Cristo, tuo Figlio, ci raduna per la santa cena. Egli, come ai discepoli di Emmaus, ci svela il senso delle Scritture e spezza il pane per noi.

Invocazione dello Spirito Santo per la consacrazione

Ti preghiamo, Padre onnipotente, manda il tuo Spirito su questo pane e su questo vino, perché il tuo Figlio sia presente in mezzo a noi con il suo corpo e il suo sangue.

Racconto della Cena

La vigilia della sua passione, mentre cenava con loro, prese il pane e rese grazie, lo spezzò, lo diede ai suoi discepoli, e disse:

PRENDETE, E MANGIATENE TUTTI:
QUESTO È IL MIO CORPO
OFFERTO IN SACRIFICIO PER VOI.

Dopo la cena, allo stesso modo, prese il calice e, rese grazie, lo diede ai suoi discepoli, e disse:

PRENDETE, E BEVETENE TUTTI:
QUESTO È IL CALICE DEL MIO SANGUE
PER LA NUOVA ED ETERNA ALLEANZA,
VERSATO PER VOI E PER TUTTI
IN REMISSIONE DEI PECCATI.
FATE QUESTO IN MEMORIA DI ME.

C Mistero della fede.

A **Annunciamo la tua morte, Signore,**
proclamiamo la tua risurrezione,
nell'attesa della tua venuta.

Oppure:

Ogni volta che mangiamo di questo pane
e beviamo a questo calice
annunziamo la tua morte, Signore,
nell'attesa della tua venuta.

Oppure:

Tu ci hai redenti con la tua croce e la tua risurrezione:
salvaci, o Salvatore del mondo.

Memoriale e offerta

Celebrando il memoriale della nostra riconciliazione annunziamo, o Padre, l'opera del tuo amore. Con la passione e la croce hai fatto entrare nella gloria della risurrezione il Cristo, tuo Figlio, e lo hai chiamato alla tua destra, re immortale dei secoli e Signore dell'universo.

Guarda, Padre santo, questa offerta: è Cristo che si dona con il suo corpo e il suo sangue, e con il suo sacrificio apre a noi il cammino verso di te.

Invocazione dello Spirito Santo

Dio, Padre di misericordia, donaci lo Spirito dell'amore, lo Spirito del tuo Figlio.

INTERCESSIONI

A

Fortifica nell'unità tutti i convocati alla tua mensa: insieme con il nostro Papa N., il nostro Vescovo N., i presbiteri, i diaconi e tutto il popolo cristiano. Possano irradiare nel mondo gioia e fiducia e camminare nella fede e nella speranza.

B

Fortifica il tuo popolo con il corpo e il sangue del tuo Figlio, e rinnovaci a sua immagine. Benedici il nostro Papa N., il nostro Vescovo N., e il nostro popolo. Tutti i membri della Chiesa sappiano riconoscere i segni dei tempi e si impegnino con coerenza al servizio del Vangelo.
Rendici aperti e disponibili verso i fratelli che incontriamo sul nostro cammino, perché possiamo condividerne i dolori e le angosce, le gioie e le speranze, e progredire insieme sulla via della salvezza.

C

Fortifica il tuo popolo con il pane della vita e il calice della salvezza; rendici perfetti nella fede e nell'amore in comunione con il nostro Papa N. e il nostro Vescovo N..
Donaci occhi per vedere le necessità e le sofferenze dei

fratelli; infondi in noi la luce della tua parola per confortare gli affaticati e gli oppressi: fa' che ci impegniamo lealmente al servizio dei poveri e dei sofferenti.
La tua Chiesa sia testimonianza viva di verità e di libertà, di giustizia e di pace, perché tutti gli uomini si aprano alla speranza di un mondo nuovo.

D

Fa' che la Chiesa N. si rinnovi nella luce del Vangelo. Rafforza il vincolo dell'unità fra i laici e i presbiteri, fra i presbiteri e il nostro Vescovo N., fra i Vescovi e il nostro Papa N.: in un mondo lacerato da discordie la tua Chiesa risplenda segno profetico di unità e di pace.

Preghiera per i defunti

Ricordati anche dei nostri fratelli che sono morti nella pace del tuo Cristo, e di tutti i defunti dei quali tu solo hai conosciuto la fede: ammettili a godere la luce del tuo volto e la pienezza di vita nella risurrezione; concedi anche a noi, al termine di questo pellegrinaggio, di giungere alla dimora eterna, dove tu ci attendi.

In comunione con la beata Vergine Maria, con gli Apostoli e i martiri, san N. [*santo del giorno o patrono*] e tutti i santi innalziamo a te la nostra lode nel Cristo, tuo Figlio e nostro Signore.

Acclamazione trinitaria

Per Cristo, con Cristo e in Cristo, a te, Dio Padre onnipotente, nell'unità dello Spirito Santo, ogni onore e gloria per tutti i secoli dei secoli.
A Amen.

La Messa prosegue con i riti di comunione (p. 509).

PREGHIERA EUCARISTICA DELLA RICONCILIAZIONE I

PREFAZIO

È veramente giusto renderti grazie,
Padre santo, Dio di bontà infinita.

Tu continui a chiamare i peccatori
a rinnovarsi nel tuo Spirito
e manifesti la tua onnipotenza
soprattutto nella grazia del perdono.
Molte volte gli uomini hanno infranto la tua alleanza,
e tu invece di abbandonarli
hai stretto con loro un vincolo nuovo
per mezzo di Gesù, tuo Figlio e nostro redentore:
un vincolo così saldo che nulla potrà mai spezzare.
Anche a noi offri un tempo di riconciliazione e di pace,
perché affidandoci unicamente alla tua misericordia
ritroviamo la via del ritorno a te,
e aprendoci all'azione dello Spirito Santo
viviamo in Cristo la vita nuova,
nella lode perenne del tuo nome e nel servizio dei fratelli.

Per questo mistero della tua benevolenza,
nello stupore e nella gioia della salvezza ritrovata,
ci uniamo all'immenso coro degli angeli e dei santi
per cantare la tua gloria:
Santo, Santo, Santo il Signore...

Padre veramente santo, fin dall'origine del mondo tu ci fai partecipi del tuo disegno di amore, per renderci santi come tu sei santo.

Invocazione dello Spirito Santo per la consacrazione

Guarda il popolo riunito intorno a te e manda il tuo Spirito, perché i doni che ti offriamo diventino il corpo ✠ e il sangue del tuo amatissimo Figlio, Gesù Cristo, nel quale anche noi siamo tuoi figli.

Racconto della Cena

Eravamo morti a causa del peccato e incapaci di accostarci a te, ma tu ci hai dato la prova suprema della tua misericordia, quando il tuo Figlio, il solo giusto, si è consegnato nelle nostre mani e si è lasciato inchiodare sulla croce. Prima di stendere le braccia fra il cielo e la terra, in segno di perenne alleanza, egli volle celebrare la Pasqua con i suoi discepoli.
Mentre cenava, prese il pane e rese grazie con la preghiera di benedizione, lo spezzò, lo diede loro, e disse:

PRENDETE, E MANGIATENE TUTTI:
QUESTO È IL MIO CORPO
OFFERTO IN SACRIFICIO PER VOI.

Dopo la cena, allo stesso modo, prese il calice e, rese grazie, lo diede ai suoi discepoli, e disse:

PRENDETE, E BEVETENE TUTTI:
QUESTO È IL CALICE DEL MIO SANGUE
PER LA NUOVA ED ETERNA ALLEANZA,
VERSATO PER VOI E PER TUTTI
IN REMISSIONE DEI PECCATI.
FATE QUESTO IN MEMORIA DI ME.

C Mistero della fede.
A **Annunciamo la tua morte, Signore,**
proclamiamo la tua risurrezione,
nell'attesa della tua venuta.

Oppure:

Ogni volta che mangiamo di questo pane
e beviamo a questo calice
annunziamo la tua morte, Signore,
nell'attesa della tua venuta.

Oppure:

Tu ci hai redenti con la tua croce e la tua risurrezione:
salvaci, o Salvatore del mondo.

Offerta della Chiesa

Celebrando il memoriale della morte e risurrezione del tuo Figlio, nostra Pasqua e nostra pace, in attesa del giorno beato della sua venuta alla fine dei tempi, offriamo a te, Dio vero e fedele, questo sacrificio che riconcilia nel tuo amore l'umanità intera.

Invocazione dello Spirito Santo per la comunione

Guarda, o Padre, questa tua famiglia, che ricongiungi a te nell'unico sacrificio del tuo Cristo, e donaci la forza dello Spirito Santo, perché vinta ogni divisione e discordia siamo riuniti in un solo corpo.

Intercessioni

Custodisci tutti noi in comunione di fede e di amore con il nostro Papa N. e il nostro Vescovo N.. Aiutaci a costruire insieme il tuo regno fino al giorno in cui verremo davanti a te nella tua casa, santi tra i santi, con la beata Vergine Maria, gli Apostoli, san N. [*santo del giorno o patrono*], e i nostri fratelli defunti che raccomandiamo alla tua misericordia. Allora nella creazione nuova, finalmente liberata dalla corruzione della morte, canteremo l'inno di ringraziamento che sale a te dal tuo Cristo vivente in eterno.

Acclamazione trinitaria

Per Cristo, con Cristo e in Cristo, a te, Dio Padre onnipotente, nell'unità dello Spirito Santo, ogni onore e gloria per tutti i secoli dei secoli.

A Amen.

La Messa prosegue con i riti di comunione (p. 509).

PREGHIERA EUCARISTICA DELLA RICONCILIAZIONE II

PREFAZIO

È veramente giusto ringraziarti e glorificarti,
Dio onnipotente ed eterno,
per la mirabile opera della redenzione
in Cristo nostro salvatore.

Riconosciamo il tuo amore di Padre
quando pieghi la durezza dell'uomo,
e in un mondo lacerato da lotte e discordie
lo rendi disponibile alla riconciliazione.
Con la forza dello Spirito
tu agisci nell'intimo dei cuori,
perché i nemici si aprano al dialogo,
gli avversari si stringano la mano
e i popoli si incontrino nella concordia.
Per tuo dono, o Padre,
la ricerca sincera della pace estingue le contese,
l'amore vince l'odio
e la vendetta è disarmata dal perdono.

E noi, uniti agli angeli, cantori della tua gloria,
innalziamo con gioia l'inno di benedizione e di lode:
Santo, Santo, Santo il Signore...

Lode a Dio Padre

Noi ti benediciamo, Dio onnipotente, Signore del cielo e della terra, per Gesù Cristo tuo Figlio venuto nel tuo nome: egli è la mano che tendi ai peccatori, la parola che ci salva, la via che ci guida alla pace.

Tutti ci siamo allontanati da te, ma tu stesso, o Dio nostro Padre, ti sei fatto vicino ad ogni uomo; con il sacrificio del tuo Cristo, consegnato alla morte per noi, ci riconduci al tuo amore, perché anche noi ci doniamo ai nostri fratelli.

Invocazione dello Spirito Santo per la consacrazione

Per questo mistero di riconciliazione ti preghiamo di santificare con l'effusione dello Spirito Santo questi doni che la Chiesa ti offre, obbediente al comando ✠ del tuo Figlio.

Racconto della Cena

Egli, venuta l'ora di dare la vita per la nostra liberazione, mentre cenava, prese il pane nelle sue mani, ti rese grazie con la preghiera di benedizione, lo spezzò, lo diede ai suoi discepoli, e disse:

PRENDETE, E MANGIATENE TUTTI:
QUESTO È IL MIO CORPO
OFFERTO IN SACRIFICIO PER VOI.

Dopo la cena, allo stesso modo, prese il calice e, rese grazie, lo diede ai suoi discepoli, e disse:

PRENDETE, E BEVETENE TUTTI:
QUESTO È IL CALICE DEL MIO SANGUE
PER LA NUOVA ED ETERNA ALLEANZA,
VERSATO PER VOI E PER TUTTI
IN REMISSIONE DEI PECCATI.
FATE QUESTO IN MEMORIA DI ME.

C Mistero della fede.
A **Annunciamo la tua morte, Signore,**
proclamiamo la tua risurrezione,
nell'attesa della tua venuta.

Oppure:

Ogni volta che mangiamo di questo pane
e beviamo a questo calice
annunziamo la tua morte, Signore,
nell'attesa della tua venuta.

Oppure:

Tu ci hai redenti con la tua croce e la tua risurrezione:
salvaci, o Salvatore del mondo.

Offerta della Chiesa

Celebrando il memoriale della morte e risurrezione del tuo Figlio, noi ti offriamo, o Padre, il sacrificio di riconciliazione, che egli ci ha lasciato come pegno del suo amore e che tu stesso hai posto nelle nostre mani.

Invocazione dello Spirito Santo per la comunione

Accetta anche noi, Padre santo, insieme con l'offerta del tuo Cristo, e nella partecipazione a questo convito eucaristico donaci il tuo Spirito, perché sia tolto ogni ostacolo sulla via della concordia, e la Chiesa risplenda in mezzo agli uomini come segno di unità e strumento della tua pace.

Intercessioni

Lo Spirito, che è vincolo di carità, ci custodisca in comunione con il nostro Papa N., il nostro Vescovo N., il collegio episcopale, i presbiteri, i diaconi e tutto il popolo cristiano.

Accogli nel tuo regno i nostri fratelli, che si sono addormentati nel Signore, e tutti i defunti dei quali tu solo hai conosciuto la fede. Tu che ci hai convocati intorno alla tua mensa, raccogli in unità perfetta gli uomini di ogni stirpe e di ogni lingua, insieme con la Vergine Maria, con gli Apostoli e tutti i santi nel convito della Gerusalemme nuova, per godere in eterno la pienezza della pace.

Acclamazione trinitaria

Per Cristo, con Cristo e in Cristo, a te, Dio Padre onnipotente, nell'unità dello Spirito Santo, ogni onore e gloria per tutti i secoli dei secoli.
A **Amen.**

La Messa prosegue con i riti di comunione (p. 509).

RITI DI COMUNIONE

Seguendo il comando del Signore, è bene che i fedeli ben disposti ricevano, come cibo spirituale, il suo corpo e il suo sangue sotto le specie eucaristiche. A questo mirano la frazione del pane e gli altri riti preparatori alla distribuzione della comunione.

PREGHIERA DEL SIGNORE

C Obbedienti alla parola del Salvatore e formati al suo divino insegnamento, osiamo dire:

Oppure:

C Il Signore ci ha donato il suo spirito. Con la fiducia e la libertà dei figli diciamo insieme:

Oppure:

Prima di partecipare al banchetto dell'Eucaristia, segno di riconciliazione e vincolo di unione fraterna, preghiamo insieme come il Signore ci ha insegnato:

Oppure:

Guidati dallo Spirito di Gesù e illuminati dalla sapienza del vangelo, diciamo insieme:

A **Padre nostro, che sei nei cieli,**
sia santificato il tuo nome,
venga il tuo regno,
sia fatta la tua volontà, come in cielo così in terra.
Dacci oggi il nostro pane quotidiano,
e rimetti a noi i nostri debiti
come noi li rimettiamo ai nostri debitori,
e non ci indurre in tentazione,
ma liberaci dal male.

Oppure:

A Pater noster, qui es in cælis, sanctificetur nomen tuum, adveniat regnum tuum, fiat voluntas tua, sicut in cælo et in terra. Panem nostrum cotidianum da nobis hodie, et dimitte nobis debita nostra, sicut et nos dimittimus debitoribus nostris, et ne nos inducas in tentationem, sed libera nos a malo.

C Liberaci, o Signore, da tutti i mali, concedi la pace ai nostri giorni, e con l'aiuto della tua misericordia vivremo sempre liberi dal peccato e sicuri da ogni turbamento, nell'attesa che si compia la beata speranza e venga il nostro salvatore Gesù Cristo.

A **Tuo è il regno, tua la potenza e la gloria nei secoli.**

RITO DELLA PACE

C Signore Gesù Cristo, che hai detto ai tuoi apostoli: «Vi lascio la pace, vi do la mia pace», non guardare ai nostri peccati, ma alla fede della tua Chiesa, e donale unità e pace secondo la tua volontà. Tu che vivi e regni nei secoli dei secoli.

A **Amen.**

C La pace del Signore sia sempre con voi.

A **E con il tuo spirito.**

Se il celebrante ritiene opportuno, invita i fedeli a scambiarsi, secondo gli usi locali, un segno di pace, con queste o altre simili parole:

Scambiatevi un segno di pace.

FRAZIONE DEL PANE

Il sacerdote spezza l'ostia e ne lascia cadere un frammento nel calice, dicendo sottovoce:

Il corpo e il sangue di Cristo, uniti in questo calice, siano per noi cibo di vita eterna.

Intanto si canta o si dice:

A **Agnello di Dio, che togli i peccati del mondo, abbi pietà di noi.**
Agnello di Dio, che togli i peccati del mondo, abbi pietà di noi.
Agnello di Dio, che togli i peccati del mondo, dona a noi la pace.

COMUNIONE

Il celebrante recita a bassa voce una delle seguenti preghiere:

C Signore Gesù Cristo, Figlio del Dio vivo, che per volontà del Padre e con l'opera dello Spirito Santo morendo hai dato la vita al mondo, per il santo mistero del tuo corpo e del tuo sangue liberami da ogni colpa e da ogni male; fa' che sia sempre fedele alla tua legge, e non sia mai separato da te.

Oppure:

La comunione con il tuo corpo e il tuo sangue, Signore Gesù Cristo, non diventi per me giudizio di condanna, ma per tua misericordia sia rimedio e difesa dell'anima e del corpo.

Quindi, presentando il pane eucaristico all'assemblea, dice:

C Beati gli invitati alla cena del Signore.
Ecco l'Agnello di Dio, che toglie i peccati del mondo.

A **O Signore, non sono degno**
di partecipare alla tua mensa;
ma di' soltanto una parola, e io sarò salvato.

Il celebrante si comunica con il corpo e sangue del Signore. I fedeli si accostano processionalmente all'altare. Nel frattempo si può eseguire un canto adatto. Nel dare la comunione, il ministro dice:

C Il corpo di Cristo.

A **Amen.**

*Terminata la distribuzione della comunione, dopo una pausa di silenzio, il sacerdote si reca all'altare, legge (se non è stato eseguito un canto) l'*antifona alla comunione *e recita, a nome di tutti, la* preghiera dopo la comunione*, con cui chiede a Dio la partecipazione ai frutti dell'eucaristia.*

RITI DI CONCLUSIONE

Il celebrante benedice e poi congeda l'assemblea dei fedeli. Per le formule solenni di benedizione, vedi alle pp. 518-525.

C Il Signore sia con voi.
A **E con il tuo spirito.**

C Vi benedica Dio onnipotente, Padre e Figlio ✠ e Spirito Santo.
A **Amen.**

C La Messa è finita: andate in pace. *
A **Rendiamo grazie a Dio.** *

Altre formule di congedo dell'assemblea:

– La gioia del Signore sia la nostra forza. Andate in pace.
– Glorificate il Signore con la vostra vita. Andate in pace.
– Nel nome del Signore, andate in pace.
– Andate e portate a tutti la gioia del Signore risorto.

Finita la celebrazione, ognuno può intrattenersi privatamente in preghiera o in meditazione. Anzi, è molto utile prolungare il colloquio personale con Cristo ricevuto nel sacramento: egli ci darà la forza di attuare il suo amore nella nostra vita.

---

* Dalla Veglia pasquale alla domenica dopo la Pasqua si aggiunge: **Alleluia. alleluia.**

APPENDICE
AL RITO DELLA MESSA

1. RITO PER L'ASPERSIONE DOMENICALE DELL'ACQUA BENEDETTA

Il rito di benedizione e di aspersione dell'acqua benedetta si può fare ogni domenica in tutte le chiese, in tutti gli oratori, a tutte le Messe, ivi comprese quelle anticipate alla sera del sabato. Esso sostituisce l'atto penitenziale all'inizio della Messa.
Dopo il saluto iniziale, il sacerdote rimane in piedi alla sede, rivolto al popolo; dinanzi a lui, il recipiente con l'acqua da benedire.

FORMULARIO I

C Fratelli carissimi, in questo giorno del Signore, Pasqua della settimana, preghiamo umilmente Dio nostro Padre, perché benedica quest'acqua con la quale saremo aspersi in ricordo del nostro Battesimo. Il Signore ci rinnovi interiormente, perché siamo sempre fedeli allo Spirito che ci è stato dato in dono.

Tutti pregano per qualche istante in silenzio. Il sacerdote prosegue.

C Dio eterno e onnipotente, tu hai voluto che per mezzo dell'acqua, elemento di purificazione e sorgente di vita, anche l'anima venisse lavata e ricevesse il dono della vita eterna: benedici ✠ quest'acqua, perché diventi segno della tua protezione in questo giorno a te consacrato. Rinnova in noi, Signore, la fonte viva della tua grazia e difendici da ogni male dell'anima e del corpo, perché veniamo a te con cuore puro. Per Cristo nostro Signore.
A Amen.
Oppure:

C Dio onnipotente, origine e fonte della vita, benedici ✠ quest'acqua, e fa' che noi tuoi fedeli, aspersi da questa fonte di purificazione, otteniamo il perdono dei nostri peccati, la difesa dalle insidie del maligno e il dono della tua protezione. Nella tua misericordia donaci, o Signore, una sorgente di acqua viva che zampilli per la vita eterna, perché liberi da ogni pericolo possiamo venire a te con cuore puro. Per Cristo nostro Signore.

A **Amen.**

Oppure nel Tempo pasquale:

C Dio onnipotente, ascolta le preghiere del tuo popolo, che nel ricordo dell'opera ammirabile della nostra creazione, e di quella ancor più ammirabile della nostra salvezza a te si rivolge.
Degnati di benedire ✠ quest'acqua, che hai creato perché dia fertilità alla terra, freschezza e sollievo ai nostri corpi.
Di questo dono della creazione hai fatto un segno della tua bontà: attraverso l'acqua del Mar Rosso hai liberato il tuo popolo dalla schiavitù; nel deserto hai fatto scaturire una sorgente per saziare la sua sete; con l'immagine dell'acqua viva i profeti hanno preannunziato la nuova alleanza che tu intendevi offrire agli uomini; infine nell'acqua del Giordano, santificata dal Cristo, hai inaugurato il sacramento della rinascita, che segna l'inizio dell'umanità nuova libera dalla corruzione del peccato.
Ravviva in noi, Signore, nel segno di quest'acqua benedetta, il ricordo del nostro Battesimo, perché possiamo unirci all'assemblea gioiosa di tutti i fratelli, battezzati nella Pasqua di Cristo nostro Signore. Egli vive e regna nei secoli dei secoli.

A **Amen.**

Se gli usi o le tradizioni suggeriscono di conservare nella benedizione dell'acqua l'aggiunta e la mescolanza del sale, il sacerdote lo benedice dicendo:

C Benedici, ✠ Signore, questo sale. Come ordinasti al profeta Eliseo di risanare l'acqua con il sale, fa' che mediante questo duplice segno di purificazione siamo liberati dalle insidie del maligno e custoditi dalla presenza del tuo Santo Spirito. Per Cristo nostro Signore.

A **Amen.**

Quindi infonde il sale nell'acqua, senza nulla dire. Poi prende l'aspersorio e asperge se stesso e i ministri, poi il clero e il popolo, passando, se lo ritiene opportuno, attraverso la navata della chiesa. Intanto si esegue un canto che esprima la gioia battesimale o il desiderio di purificazione e conversione; oppure una delle seguenti antifone:

ANTIFONA *(fuori del tempo pasquale)*

- Aspergimi, o Signore, con l'issòpo, e sarò purificato;
  lavami, e sarò più bianco della neve. Sal 50,9

- Purificami, o Signore:
  sarò più bianco della neve.
- «Su di voi verserò dell'acqua pura,
  e sarete mondi da ogni vostra colpa,
  e vi darò un cuore nuovo», dice il Signore. Ez 36,25-26

ANTIFONA *(nel tempo pasquale)*

- Ecco l'acqua, che sgorga dal tempio santo di Dio,
  alleluia;
  e a quanti giungerà quest'acqua porterà salvezza,
  ed essi canteranno: alleluia, alleluia. cf. Ez 47,1-2.9

- È sgorgata dal tuo fianco, Cristo Signore,
  una fonte di salvezza che ci lava dal peccato,
  e in tutto il mondo rinnova la vita. Alleluia.
- Voi siete stirpe eletta, popolo santo di sacerdoti e re;
  proclamate le meraviglie del Signore:
  egli ha vinto le tenebre del male
  e vi ha chiamati alla sua santa luce. Alleluia. cf. 1Pt 2,9

Quindi il sacerdote torna alla sede.
Terminato il canto, rivolto al popolo, dice a mani giunte:

C Dio onnipotente ci purifichi dai peccati, e per questa celebrazione dell'Eucaristia ci renda degni di partecipare alla mensa del suo regno.

A Amen.

Quindi, quando è prescritto, si canta o si dice l'inno Gloria a Dio nell'alto dei cieli (p. 464 *e la santa Messa prosegue come al solito.*

FORMULARIO II

In sacerdote invita i fedeli alla preghiera con queste parole o con altre simili:

C Fratelli carissimi, invochiamo la benedizione di Dio nostro Padre, perché questo rito di aspersione ravvivi in noi la grazia del Battesimo per mezzo del quale siamo stati immersi nella morte redentrice del Signore per risorgere con lui alla vita nuova.

Tutti pregano per qualche istante in silenzio. Il sacerdote prosegue.

C O Dio creatore, che nell'acqua e nello Spirito hai dato forma e volto all'uomo e all'universo,

A **Purifica e benedici la tua Chiesa.**

C O Cristo, che dal petto squarciato sulla croce hai fatto scaturire i sacramenti della nostra salvezza.

A **Purifica e benedici la tua Chiesa.**

C O Spirito Santo, che dal grembo battesimale della Chiesa ci hai fatto rinascere come nuove creature.

A **Purifica e benedici la tua Chiesa.**

C O Dio, che raduni la tua Chiesa, sposa e corpo del Signore, nel giorno memoriale della risurrezione, benedici il tuo popolo e ravviva in noi per mezzo di quest'acqua il gioioso ricordo e la grazia della prima Pasqua nel Battesimo. Per Cristo nostro Signore.

A **Amen.**

Oppure, specialmente nel tempo di Pasqua:

C O Padre, gloria a te, che dall'Agnello immolato sulla croce fai scaturire le sorgenti dell'acqua viva.

A **Gloria a te, o Signore.**

C O Cristo, gloria a te, che rinnovi la giovinezza della Chiesa nel lavacro dell'acqua con la parola della vita.

A **Gloria a te, o Signore.**

C O Spirito, gloria a te, che dalle acque del Battesimo ci fai riemergere come primizia dell'umanità nuova.

A **Gloria a te, o Signore.**

C Dio onnipotente che nei santi segni della nostra fede rinnovi i prodigi della creazione e della redenzione, benedici ✠ quest'acqua e fa' che tutti i rinati nel Battesimo siano annunziatori e testimoni della Pasqua che sempre si rinnova nella tua Chiesa. Per Cristo nostro Signore.
A Amen.

Il sacerdote prende l'aspersorio e asperge se stesso e i ministri, poi il clero e il popolo, passando, se lo ritiene opportuno, attraverso la navata della chiesa. Intanto si può eseguire un canto adatto come indicato sopra.
Quindi il sacerdote torna alla sede e, terminato il canto, rivolto al popolo dice a mani giunte:

C Dio onnipotente ci purifichi dai peccati, e per questa celebrazione dell'Eucaristia ci renda degni di partecipare alla mensa del suo regno.
A Amen.

Quindi, quando è prescritto, si canta o si dice l'inno Gloria a Dio nell'alto dei cieli (p. 464) *e la santa Messa prosegue come al solito.*

2. BENEDIZIONI SOLENNI

Queste preghiere di benedizione si possono usare, a giudizio del celebrante, al termine della Messa. Il diacono, se è presente, o il celebrante stesso invita i fedeli dicendo:

Inchinatevi per la benedizione.

Quindi il sacerdote, tenendo le mani stese sul popolo, pronunzia la benedizione, scegliendola fra le seguenti, secondo il tempo liturgico o particolari occasioni. A ogni invocazione l'assemblea risponde: Amen.

Nell'Avvento

Dio, che vi dà la grazia di celebrare la prima venuta del suo Figlio e di attendere il suo avvento glorioso vi santifichi con la luce della sua visita. **Amen.**

Nel cammino di questa vita, Dio vi renda saldi nella fede, gioiosi nella speranza, operosi nella carità. **Amen.**

Voi che vi rallegrate per la venuta del nostro Redentore, possiate godere della gioia eterna, quando egli verrà nella gloria. **Amen.**

E la benedizione di Dio onnipotente, Padre e Figlio ✠ e Spirito Santo, discenda su di voi, e con voi rimanga sempre. **Amen.**

Nel Natale del Signore

Dio, che nella nascita del Cristo suo Figlio ha inondato di luce questa notte [giorno] santissima, allontani da voi le tenebre del male e vi illumini con la luce del bene. **Amen.**

Dio, che nel suo Figlio fatto uomo ha congiunto la terra al cielo, vi riempia della sua pace e del suo amore. **Amen.**

Dio, che mandò gli angeli a recare ai pastori il lieto annunzio del Natale, vi faccia messaggeri del suo Vangelo. **Amen.**

E la benedizione di Dio onnipotente, Padre e Figlio ✠ e Spirito Santo, discenda su di voi, e con voi rimanga sempre. **Amen.**

All'inizio dell'anno

Dio, sorgente e principio di ogni benedizione, effonda su di voi la sua grazia e vi doni per tutto l'anno vita e salute. **Amen.**

Vi custodisca integri nella fede, pazienti nella speranza, perseveranti nella carità. **Amen.**

Dio disponga opere e giorni nella sua pace, ascolti ora e sempre le vostre preghiere e vi conduca alla felicità eterna. **Amen.**

E la benedizione di Dio onnipotente, Padre e Figlio ✠ e Spirito Santo, discenda su di voi, e con voi rimanga sempre. **Amen.**

Nell'Epifania del Signore

Dio, che dalle tenebre vi ha chiamati alla sua luce mirabile, effonda su di voi la sua benedizione. **Amen.**

Dio, vi faccia veri discepoli del Cristo Signore, annunziatori della sua verità, testimoni della sua pace. **Amen.**

Come i santi magi, al termine del vostro cammino, possiate trovare, con immensa gioia, Cristo, luce dell'eterna gloria. **Amen.**

E la benedizione di Dio onnipotente, Padre e Figlio ✠ e Spirito Santo, discenda su di voi, e con voi rimanga sempre. **Amen.**

Nella Quaresima

Dio Padre misericordioso conceda a tutti voi come al figlio prodigo la gioia del ritorno nella sua casa. **Amen.**

Cristo, modello di preghiera e di vita, vi guidi nel cammino della Quaresima all'autentica conversione del cuore. **Amen.**

Lo Spirito di sapienza e di fortezza vi sostenga nella lotta contro il maligno, perché possiate celebrare con Cristo la vittoria pasquale. **Amen.**

E la benedizione di Dio onnipotente, Padre e Figlio ✠ e Spirito Santo, discenda su di voi, e con voi rimanga sempre. **Amen.**

Nella Passione del Signore

Dio, che nella Passione del suo Figlio ci ha manifestato la grandezza del suo amore, vi faccia gustare la gioia dello Spirito nell'umile servizio dei fratelli. **Amen.**

Cristo Signore, che ci ha salvato con la sua croce dalla morte eterna, vi conceda la vita senza fine. **Amen.**

Voi, che seguite Cristo umiliato e sofferente, possiate aver parte alla sua risurrezione. **Amen.**

E la benedizione di Dio onnipotente, Padre e Figlio ✠ e Spirito Santo, discenda su di voi, e con voi rimanga sempre. **Amen.**

Nella Veglia pasquale e nel giorno di Pasqua

In questa santa notte [giorno] di Pasqua, Dio onnipotente vi benedica e vi custodisca nella sua pace. **Amen.**

Dio, che nella Pasqua del suo Figlio ha rinnovato l'umanità intera, vi renda partecipi della sua vita immortale. **Amen.**

Voi, che dopo i giorni della Passione celebrate con gioia la risurrezione del Signore, possiate giungere alla grande festa della Pasqua eterna. **Amen.**

E la benedizione di Dio onnipotente, Padre e Figlio ✠ e Spirito Santo, discenda su di voi, e con voi rimanga sempre. **Amen.**

Nel Tempo pasquale

Dio, che nella risurrezione del Cristo ha operato la nostra salvezza e ci ha fatto suoi figli, vi dia la gioia della sua benedizione. **Amen.**

Il Redentore, che ci ha dato il dono della vera libertà, vi renda partecipi dell'eredità eterna. Amen.

E voi, che per mezzo del Battesimo siete risorti in Cristo, possiate crescere in santità di vita per incontrarlo un giorno nella patria del cielo. **Amen.**

E la benedizione di Dio onnipotente, Padre e Figlio ✠ e Spirito Santo, discenda su di voi, e con voi rimanga sempre. **Amen.**

Nell'Ascensione del Signore

Nel giorno in cui Cristo è asceso nella gloria e vi ha aperto la via del cielo, Dio vi riempia della sua benedizione. **Amen.**

Voi, che oggi riconoscete che Cristo è il Signore nella gloria del Padre, possiate sperimentare la sua presenza in mezzo a noi sino alla fine dei secoli. **Amen.**

Cristo, che dopo la sua risurrezione apparve visibilmente ai suoi discepoli, si mostri a voi giudice misericordioso e vi conduca all'eredità eterna. **Amen.**

E la benedizione di Dio onnipotente, Padre e Figlio ✠ e Spirito Santo, discenda su di voi, e con voi rimanga sempre. **Amen.**

Nella domenica di Pentecoste

Dio, sorgente di ogni luce, che oggi ha mandato sui discepoli lo Spirito Consolatore, vi benedica e vi colmi dei suoi doni. **Amen.**

Il Signore risorto vi comunichi il fuoco del suo Spirito e vi illumini con la sua sapienza. **Amen.**

Lo Spirito Santo che ha riunito popoli diversi nell'unica Chiesa, vi renda perseveranti nella fede e gioiosi nella speranza fino alla visione beata del cielo. **Amen.**

E la benedizione di Dio onnipotente, Padre e Figlio ✠ e Spirito Santo, discenda su di voi, e con voi rimanga sempre. **Amen**

Nel Tempo ordinario I

Nm 6,24-26

Il Signore vi benedica e vi protegga. **Amen.**

Faccia risplendere il suo volto su di voi e vi doni la sua misericordia. **Amen.**

Rivolga su di voi il suo sguardo e vi doni la sua pace. **Amen.**

E la benedizione di Dio onnipotente, Padre e Figlio ✠ e Spirito Santo, discenda su di voi, e con voi rimanga sempre. **Amen**

Nel Tempo ordinario II Fil 4,7

La pace di Dio, che sorpassa ogni sentimento, custodisca il vostro cuore e il vostro spirito nella conoscenza e nell'amore di Dio e del suo Figlio, il Signore nostro Gesù Cristo. **Amen.**

E la benedizione di Dio onnipotente, Padre e Figlio ✠ e Spirito Santo, discenda su di voi, e con voi rimanga sempre. **Amen**

Nel Tempo ordinario III

Dio onnipotente e misericordioso vi benedica e vi dia il dono della vera sapienza, apportatrice di salvezza. **Amen.**

Vi illumini sempre con gli insegnamenti della fede, e vi aiuti a perseverare nel bene. **Amen.**

Vi mostri la via della verità e della pace, e guidi i vostri passi nel cammino verso la vita eterna. **Amen.**

E la benedizione di Dio onnipotente, Padre e Figlio ✠ e Spirito Santo, discenda su di voi, e con voi rimanga sempre. **Amen.**

Nel Tempo ordinario IV

Il Dio di ogni consolazione disponga nella sua pace i vostri giorni, e vi conceda i doni della sua grazia. **Amen.**

Vi liberi sempre da ogni pericolo e confermi nel suo amore i vostri cuori. **Amen.**

Vi colmi di fede, speranza e carità, perché sia ricca di opere buone la vostra vita, e possiate giungere alla gioia della vita eterna. **Amen.**

E la benedizione di Dio onnipotente, Padre e Figlio ✠ e Spirito Santo, discenda su di voi, e con voi rimanga sempre. **Amen.**

Nel Tempo ordinario V

Dio onnipotente allontani da voi ogni male e vi conceda i doni della sua benedizione. **Amen.**

Renda attenti i vostri cuori alla sua parola, perché possiate camminare nella via dei suoi precetti. **Amen.**
Vi aiuti a comprendere ciò che è buono e giusto, perché diventiate coeredi della città eterna. **Amen.**

E la benedizione di Dio onnipotente, Padre e Figlio ✠ e Spirito Santo, discenda su di voi, e con voi rimanga sempre. **Amen.**

Nel Tempo ordinario VI — 2Ts 2,16-17

Il Signore nostro Gesù Cristo e Dio Padre nostro, che ci ha amati e ci ha dato, per sua grazia, una consolazione eterna e una buona speranza, conforti i vostri cuori e li confermi in ogni opera e parola di bene. **Amen.**

E la benedizione di Dio onnipotente, Padre e Figlio ✠ e Spirito Santo, discenda su di voi, e con voi rimanga sempre. **Amen.**

Nel Tempo ordinario VII — 1Ts 5,23-24

Il Dio della pace vi santifichi fino alla perfezione, e tutto quello che è vostro, spirito, anima e corpo, si conservi irreprensibile per la venuta del Signore nostro Gesù Cristo. **Amen.**

E la benedizione di Dio onnipotente, Padre e Figlio ✠ e Spirito Santo, discenda su di voi, e con voi rimanga sempre. **Amen.**

Nel Tempo ordinario VIII — Eb 13,20-21

Il Dio della pace che ha fatto tornare dai morti il Pastore grande delle pecore, in virtù del sangue di un'alleanza eterna, il Signore nostro Gesù, vi renda perfetti in ogni bene, perché possiate compiere la sua volontà, operando in voi ciò che a lui è gradito. **Amen.**

E la benedizione di Dio onnipotente, Padre e Figlio ✠ e Spirito Santo, discenda su di voi, e con voi rimanga sempre. **Amen.**

Nel Tempo ordinario IX cf. 1Pt 5,10-11

Il Dio di ogni grazia, il quale vi ha chiamati alla sua gloria eterna in Cristo, vi confermi e vi renda forti e saldi nella fede. **Amen.**

E la benedizione di Dio onnipotente, Padre e Figlio ✠ e Spirito Santo, discenda su di voi, e con voi rimanga sempre. **Amen.**

Nelle feste della Madonna

Dio misericordioso, che per mezzo del suo Figlio, nato dalla Vergine, ha redento il mondo, vi colmi della sua benedizione. **Amen.**

Dio vi protegga sempre per intercessione di Maria, vergine e madre, che ha dato al mondo l'autore della vita. **Amen.**

A tutti voi, che celebrate con fede la festa ..., conceda il Signore la salute del corpo e la consolazione dello spirito. **Amen.**

E la benedizione di Dio onnipotente, Padre e Figlio ✠ e Spirito Santo, discenda su di voi, e con voi rimanga sempre. **Amen.**

Nella festa di Tutti i Santi

Dio, gloria e letizia dei suoi servi fedeli, che ci concede di celebrare la festa di Tutti i Santi, vi dia la sua perenne benedizione. **Amen.**

L'intercessione dei Santi vi liberi dai mali presenti, e i loro esempi vi spronino a una vita santa, nel servizio di Dio e dei fratelli. **Amen.**

Possiate godere con tutti i Santi la pace e la gioia di quella patria, nella quale la Chiesa esulta in eterno per la comunione gloriosa di tutti i suoi figli. **Amen.**

E la benedizione di Dio onnipotente, Padre e Figlio ✠ e Spirito Santo, discenda su di voi, e con voi rimanga sempre. **Amen.**

Nelle celebrazioni per i defunti

Dio, creatore e padre, che nella risurrezione del suo Figlio ha dato ai credenti la speranza di risorgere, effonda su di voi la sua benedizione. **Amen.**

Cristo, che ci ha redenti con la sua croce, vi rinnovi nel suo amore e doni a tutti i defunti la luce e la pace eterna. **Amen.**

Lo Spirito Consolatore vi conceda di godere la felicità promessa a chi attende l'avvento del Signore. **Amen.**

E la benedizione di Dio onnipotente, Padre e Figlio ✠ e Spirito Santo, discenda su di voi, e con voi rimanga sempre. **Amen.**

3. PREGHIERE DI BENEDIZIONE SUL POPOLO

Le seguenti preghiere si possono usare, a giudizio del sacerdote, al termine della celebrazione della Messa. Il diacono o, in sua mancanza, il sacerdote stesso può invitare i fedeli con queste parole o con altre simili:

Inchinatevi per la benedizione.

Quindi il sacerdote, con le mani stese sul popolo, dice la preghiera scelta fra le seguenti.
Dopo la preghiera, il sacerdote conclude sempre con:

C E la benedizione di Dio onnipotente, Padre e Figlio ✠ e Spirito Santo, discenda su di voi, e con voi rimanga sempre.

A Amen.

1. Assisti il tuo popolo, Signore, e non privare della tua benedizione sulla terra coloro che chiami a una speranza eterna. Per Cristo nostro Signore.

2. Concedi ai tuoi fedeli, Signore, l'abbondanza dei tuoi doni: la salute del corpo e dello spirito, la concordia fraterna e la pace, la gioia di servirti nella santa Chiesa. Per Cristo nostro Signore.

3. Concedi, Signore, al popolo cristiano di conoscere profondamente la verità che professa, e di vivere del dono che ha ricevuto nei santi misteri.

4. Sostieni il tuo popolo, Signore, con la santa benedizione: donagli vittoria sul male e compi i suoi desideri di bene. Per Cristo nostro Signore.

5. Scenda sul tuo popolo, Signore, la desiderata benedizione: lo confermi nei santi propositi, perché non si sepàri mai dalla tua volontà, e ti renda grazie per i tuoi benefici. Per Cristo nostro Signore.

6. O Dio, proteggi il tuo popolo, perdona i nostri errori e convertici al tuo amore, perché possiamo servirti con piena dedizione in tutti i giorni della nostra vita. Per Cristo nostro Signore.

7. Signore, fa' risplendere la luce del tuo volto sopra la tua famiglia, perché aderisca di cuore alla tua legge e possa attuare tutto il bene che le ispiri. Per Cristo nostro Signore.

8. Mostraci la tua continua benevolenza, Signore, e assisti il tuo popolo che ti riconosce suo pastore e guida; rinnova l'opera della tua creazione e custodisci ciò che hai rinnovato. Per Cristo nostro Signore.

9. Guarda con bontà, Signore, il popolo che confida in te, e fa' che porti a tutti gli uomini la testimonianza del tuo amore. Per Cristo nostro Signore.

10. Benedici, Signore, il tuo popolo che attende i doni della tua misericordia, e porta a compimento i desideri di bene che tu stesso gli hai ispirato. Per Cristo nostro Signore.

11. Nella tua provvidenza, sostieni, o Dio, il popolo che ti riconosce come suo Signore, e confermalo nel tuo servizio. Per Cristo nostro Signore.

12. Salva il tuo popolo, Signore misericordioso, perché ti serva con tutto il cuore e viva serenamente nella tua protezione. Per Cristo nostro Signore.

13. Stendi la tua destra, Signore, a difesa del tuo popolo, perché ti cerchi con tutto il cuore e veda esauditi i suoi desideri di giustizia e di pace. Per Cristo nostro Signore.

14. Si allieti oggi e sempre, Signore, la tua famiglia, radunata per la celebrazione dei santi misteri, e perseverando nel bene ottenga i benefici della tua redenzione. Per Cristo nostro Signore.

15. Sii propizio, Signore, al tuo popolo, perché di giorno in giorno si purifichi da ogni egoismo e trovi la sua gioia nel fare la tua volontà. Per Cristo nostro Signore.

16. La tua destra, Signore, protegga il popolo raccolto in preghiera: lo purifichi, lo conforti e lo guidi nel cammino verso l'eredità eterna. Per Cristo nostro Signore.

17. Guarda con amore, Padre, questa tua famiglia, per la quale il Signore nostro Gesù Cristo non esitò a consegnarsi nelle mani dei nemici e a subire il supplizio della croce. Per Cristo nostro Signore.

18. Concedi al tuo popolo, Signore, di raccogliere il frutto delle celebrazioni pasquali e di vivere, con la fede e con le opere, la propria vocazione battesimale, nell'attesa della gloria futura. Per Cristo nostro Signore.

19. Dona prosperità e pace ai tuoi fedeli, Signore, con l'abbondanza dei tuoi favori, perché da te benedetti benedicano il tuo nome ed esultanti ti lodino senza fine. Per Cristo nostro Signore.

20. Dio vi benedica con ogni benedizione del cielo, e vi renda puri e santi ai suoi occhi; effonda su di voi le ricchezze della sua gloria, vi ammaestri con le parole di verità, vi illumini col Vangelo di salvezza, vi faccia lieti nella carità fraterna. Per Cristo nostro Signore.

21. Rinnova i tuoi fedeli, Signore, perché, trasformati dall'azione del tuo Spirito, vincano le suggestioni del male e gustino la soavità del tuo amore. Per Cristo nostro Signore.

22. La tua benedizione agisca in noi, Signore, e ci trasformi con la sua potenza rinnovatrice, perché possiamo essere interamente disponibili al servizio del bene. Per Cristo nostro Signore.

23. Conferma, Signore, i tuoi fedeli, sostienili con il vigore della tua grazia, perché, perseverando nella preghiera e nella carità fraterna, ti riconoscano come Padre. Per Cristo nostro Signore.

24. O Dio, protettore di chi spera in te, benedici, salva, difendi e rinnova il tuo popolo, perché, libero dalle suggestioni del maligno, viva sempre nel tuo amore. Per Cristo nostro Signore.

25. Esulti, Signore, il popolo cristiano nel ricordo dei santi, membra gloriose del corpo di Cristo, e possa aver parte con loro alla tua eredità per lodarti eternamente nella liturgia del cielo. Per Cristo nostro Signore.

INDICI

1. INDICE DELLE LETTURE BIBLICHE

2. INDICE GENERALE

Settembre

Ottobre

Novembre

Dicembre

RITO DELLA MESSA

INDICI

Finito di stampare nel mese di dicembre 2009
Mediagraf – Noventa Padovana, Padova